中国自由贸易试验区

知识产权保护制度研究

孙益武⊙著

ZHONGGUO ZIYOU MAOYI SHIYANQU ZHISHICHANQUAN
BAOHU ZHIDU YANJIU

知识产权出版社
全国百佳图书出版单位

图书在版编目（CIP）数据

中国自由贸易试验区知识产权保护制度研究/孙益武著. —北京：知识产权出版社，2018.4

ISBN 978-7-5130-5397-6

Ⅰ.①中… Ⅱ.①孙… Ⅲ.①自由贸易区—知识产权保护—研究—中国 Ⅳ.①D923.404

中国版本图书馆 CIP 数据核字（2018）第 006622 号

内容提要

本书主要从自由贸易试验区知识产权保护的国际规则和域外经验、加强自由贸易试验区知识产权保护的必要性、完善我国自由贸易试验区知识产权保护制度三个方面进行研究，提出了自由贸易试验区知识产权保护制度设计重点需要平衡促进贸易的目标价值与知识产权保护手段价值的关系，本地实践与全国推广的关系，本土规则与国际惯例的关系的基本观点，有助于解决我国自由贸易试验区建设的现实问题。

读者对象：知识产权研究者、政府相关官员、企业知识产权工作者以及其他读者。

责任编辑：胡文彬　　　　　　　责任校对：潘凤越
装帧设计：刘　伟　　　　　　　责任出版：刘译文

中国自由贸易试验区知识产权保护制度研究
孙益武　著

出版发行：	知识产权出版社 有限责任公司	网　　址：	http://www.ipph.cn
社　　址：	北京市海淀区气象路 50 号院	邮　　编：	100081
责编电话：	010-82000860 转 8031	责编邮箱：	huwenbin@cnipr.com
发行电话：	010-82000860 转 8101/8102	发行传真：	010-82000893/82005070/82000270
印　　刷：	北京嘉恒彩色印刷有限责任公司	经　　销：	各大网上书店、新华书店及相关专业书店
开　　本：	720mm×1000mm　1/16	印　　张：	23.25
版　　次：	2018 年 4 月第 1 版	印　　次：	2018 年 4 月第 1 次印刷
字　　数：	380 千字	定　　价：	89.00 元

ISBN 978-7-5130-5397-6

前　言

　　自由贸易试验区在中国已经不是一个新生事物，自由贸易港也即将呼之欲出。无论是自贸区或是自由港，根本目的还是最大程度地实现自由贸易和促进贸易便利化，它们势必在海关监管、税制安排等方面更为特殊。在国境"一线"最大程度放开后，能不能有效在关境"二线"进行风险管控，是对自贸区、自由港最大的挑战。自贸区知识产权保护与执法也存在"放得开"与"管得住"的根本矛盾，即如何在保障自由贸易的同时，不致使知识产权保护成为合法贸易的障碍，这也是回到知识产权在乌拉圭回合被引入世贸规则的初衷。自贸区知识产权保护未来在"放得开"上，重点探索实现知识产权确权、保护、运用和公共服务供给方面的便利化；而在"管得住"上，要应用风险管理理论和技术，在大数据分析的基础上确定负面清单和重点监管对象，精准高效地守住知识产权执法的底线。

　　本书对目前的自由贸易试验区知识产权保护制度进行了较为系统的梳理和总结。第一章"自由贸易试验区知识产权保护概论"对现行的自贸区知识产权保护制度作了简要概述，并结合上海自贸试验区的实践作出评析；第二章"自由贸易试验区知识产权保护制度国际协调"介绍了世界知识产权组织（WIPO）、世界海关组织（WCO）、世界贸易组织（WTO）、自由贸易协定以及国际商会对自贸区知识产权保护制度的关注和国际协调；第三章"自由贸易试验区知识产权保护的域外实践"重点评析了欧盟自由区和美国对外贸易区知识产权保护制度和实践；第四章"自贸试验区知识产权行政保护与公共服务制度研究"关注知识产权行政保护制度、知识产权的公共政策设计和公共服务供给，构建契合自贸区发展的知识产权动力系统和生态体系；第五章"贸易便利化与自贸试验区知识产权海关保护"从海关的职能着手，讨论自贸区海关面临贸易便利和贸易安全的双重压力，并且需要微妙地平衡二者的关系，不能顾此失彼；第六章"自贸试验区知识产权司法保护与争端解决机制"讨论如何在自贸试验区强化知识产权司法保护的导向性、实效性和权威性，并呼吁多元纠纷解决机制发挥作用，制止和打击各类知识产权侵权行为，营造公平竞争的市场经济秩序；第七章"自贸试验区知识产权运营法律制度"关注知识产权运营的文化意义、自贸试验区知识产权运营中心（交易市场）建设及合规问题；第八章"自贸试验区知识产权保护：反思与展望"以自贸区知识产权保护为样本，讨论知识产权保护的棘轮效应与执法合作，同时从知识产权保护的地域性、知识产权执法的比例协调原则对未来自贸区知识产权保护制度发展作出预判。

　　本书内容涉及自由贸易试验区规则的国际协调和域外实践、自贸试验区的管理制度和知识产权执法体系；特别是中国自贸区知识产权的司法保护、海关保护等执法议题，可供对相关领域感兴趣的法律学者、学生、政府（企业）管理人员等作为研究和学习的参考资料。因相关法律制度和管理政策变化较快，难免挂一漏万，请读者结合最新法律和实践进行批判性阅读。

2017 年 12 月

目　录

绪　论

一、研究现状

中国自由贸易试验区的知识产权保护问题是全新的研究课题，涉及国际经济法、知识产权法和海关法等多个学科。国内外学者从不同角度对国际贸易相关知识产权保护问题进行了研究，但在理论和实证层面专门讨论自由贸易试验区知识产权保护的文献非常有限，尚未形成具有权威性的理论和代表性制度体系。

首先，自由贸易试验区知识产权保护问题在理论层面涉及国际贸易和知识产权保护的关系。大量现有文献为掌握自由贸易相关知识产权保护政策奠定了基础，对我国当前自由贸易试验区知识产权保护政策体系建设有一定启发意义。但是，已有研究主要集中在国际贸易与知识产权保护的基本理论、TRIPS 规则分析等方面，未见对自由贸易试验区知识产权保护的必要性、合理性及制度建设方面的研究成果。这为本课题研究留下了发挥空间，凸显了研究的必要性。

其次，自由贸易试验区知识产权保护问题需要兼顾国际贸易便利化与知识产权海关保护等不同利益诉求。在逐步推进自由贸易的同时，贸易便利化成为国际社会关注的重要贸易议题。2013 年 12 月世界贸易组织（WTO）第九次部长级会议已就《关税与贸易总协定》（GATT）第 5 条、第 8 条和第 10 条规定的细化和澄清达成共识，世界贸易组织（WTO）《贸易便利化协定》也已生效实施。随着贸易便利化国际进程的推进，世界海关组织（WCO）通过制定标准和指南为贸易便利化规则的国家实践提供技术支持。联合国欧洲经济委员会、联合国亚太经济社会委员会、世界银行等国际组织对贸易便利化的国家实践、贸易便利化协定的结构和内容等进行了专题讨论。

在知识产权海关保护与执法方面，国内研究文献较多，多以 TRIPS 边境措施和我国《知识产权海关保护条例》为基础，分析知识产权海关保护的理论和实践；其中少数文献从比较研究的视角分析中美、中欧知识产权海关保护制度的区别。这部分文献为本书贸易便利化与知识产权海关保护的研究奠定了文献基础。在经验借鉴方面，已有成果注意到国外贸易便利化和知识产权保护的实践，同时意识到在本国语境下借鉴他国经验的重要性。但目前研究缺少域外自由贸易试验区知识产权海关保护的专题讨论，以及对域外经验如何本土化的实践探索，本书将对这些问题展开研究。

再次，有关我国自由贸易试验区知识产权执法机制的研究并不突出。我国实行司法保护和行政保护两条途径并行运作的知识产权保护模式，《国家知识产权战略纲要》指出：加强司法保护体系和行政执法体系建设，发挥司法保护知识产权的主导作用，提高执法效率和水平。关于我国知识产权执法机制的研究成果较为丰富，许多来自行政执法和司法保护一线的官员和学者结合我国实践提供观点和解决方案，这些成果在研究内容与研究方法等方面值得借鉴。但是，现有文献在如何促进自由贸易试验区知识产权行政执法和司法保护，保证执法效果和执法合作等方面着墨不多。中共十八届三中全会《关于全面深化改革若干重大问题的决定》提出：要维护宪法法律权威，深化行政执法体制改革，确保依法独立公正行使审判权检察权。这将为自由贸易试验区知识产权行政执法和司法保护体制创新提供了重要的顶层政策支持。

最后，在自由贸易试验区知识产权保护的国际协调与国家实践方面。已有文献对《美韩自由贸易协定》《反假冒贸易协定》（ACTA）和《跨太平洋伙伴关系协定》（TPP）等国际条约中自由贸易区相关知识产权执法规则的分析为本书研究奠定了基础；但国际自由贸易协定知识产权执法水平的提升与自由贸易试验区知识产权保护的内在关系需要探究，我国自由贸易试验区知识产权保护的制度设计需要结合国内实践进一步探究确立。另外，美国早在 1934 年根据《对外贸易区法》建立对外贸易区制度；欧盟的《海关法典》和 2014 年 1 月修订生效的《知识产权海关执法条例》都规定了自由区知识产权保护制度；这些域外经验可为自由贸易试验区知识产权保护制度设计服务。美国与欧盟在自由贸易试验区知识产权保护实践中有许多重要案例，这些案例中反映出的问题同样值得加以总结和归纳。

综上所述，已有成果对国际贸易和知识产权保护、贸易便利化与知识产权海关保护等已有较多讨论，为本书的理论探讨奠定了法理基础；相关国际自由贸易协定和知识产权海关保护的国家实践的分析，为本书的经验比较和制度借鉴提供了参考模板；关于 TRIPS、ACTA 等知识产权执法规则的研究，为本书中制度构建提供了分析样本。而直接涉及自由贸易试验区知识产权保护的研究文献较少，特别是贸易便利化的视角下全面分析自由贸易试验区知识产权保护政策构建的必要性和可行性的文献就更少。本书研究具有一定挑战性，由于研究主题范围较广，专题讨论深度需要着力解决。

二、选题价值

本书有助于解决我国自由贸易试验区建设的现实问题。鉴于促进自由贸易和贸易便利化的需要，自由贸易试验区内监管减少、政策优惠等便利条件导致其在知识产权保护方面具有脆弱性，可能成为生产、销售假冒及盗版货物的温床。此外，自由贸易试验区知识产权保护政策应当契合我国自由贸易区发展战略，本书研究对于扩大开放背景下我国知识产权保护政策体系的规划也有重大现实意义。

本书研究有助于揭示自由贸易试验区建设的改革契机与知识产权保护的内在需求。目前，需要全面认识国家自由贸易试验区战略建设与知识产权保护政策体系的内在关系，深刻理解知识产权保护对于加工和贸易大国的复杂影响，才能在此基础上建立合理有效的自由贸易试验区知识产权保护政策体系。

本书研究有助于相关政策在国家层面的实施提供决策参考。本书探寻契合自由贸易试验区的知识产权保护政策，统筹考虑国际形势与中国国情，为完善我国知识产权制度建设提供了决策参考和支持。

本书研究有助于我国应对自由贸易试验区知识产权保护国际规则的挑战。ACTA 和 TPP 中知识产权执法对象已经拓展到过境货物和自由贸易试验区货物，国际组织和相关条约已将自由贸易试验区列为知识产权执法的重点领域。与此同时，中国将大力发展自由贸易区和自由贸易试验区，本书将为我国应对自由贸易区知识产权执法的国际协调提供解决方案。

三、研究内容

本书主要研究内容有以下三个方面。

（1）国际规则和域外经验研究：重点研究世界海关组织自由区规则、美国和欧盟相关制度和实践，这些国际经验可以为我国自由贸易试验区知识产权保护制度设计所用；域外经验研究还要着重剖析国外自由贸易区知识产权保护实践中的典型案例。

（2）加强自由贸易试验区知识产权保护的必要性研究：包括自由贸易试验区建设的背景和目标，我国海关特殊监管区知识产权保护政策的现状，自由贸易试验区内实行的知识产权保护政策的评价和完善。

（3）完善我国自由贸易试验区知识产权保护制度研究：重点放在自由贸易试验区知识产权保护机构、执法机制以及海关保护规则等方面，确保研究结论既能契合自由贸易试验区建设和我国自由贸易区战略需要，又能具有普适性，与通行国际规则相兼容。

四、基本观点

我国自由贸易试验区知识产权保护政策既要为完善国内知识产权制提供试验机会，同时要考虑国际形势发展，有效应对国际挑战。因此，自由贸易试验区知识产权保护制度设计重点需要平衡下列三对关系。

一是促进贸易的目标价值与知识产权保护手段价值的关系。制度设计的基本原则是尊重自由贸易试验区的目标与功能，不能因强调知识产权保护与执法，而影响促进自由贸易和贸易便利化的目标。

二是本地实践与全国推广的关系。自由贸易试验区知识产权保护政策要能在地方实践的基础上，能够推广到我国的其他特殊经济区或综合保税区，乃在全国范围内实践。因此，需要保证制度规则的规范性和通用性。

三是本土规则与国际惯例的关系。在注重本土规则设计针对性的前提下，注意吸收域外优秀经验，同时前瞻性地预估到国际规则的演变与发展；保证我国自由贸易试验区知识产权保护规则的国际化程度，能为我国加入国际条约和协调相关议题提供实践样本。

五、研究方法

一是规范分析与实证分析相结合。既在理论上对贸易便利化规则、知识产权保护政策、国际条约规则进行规范分析与阐释，又注重对域外实践和司法个案进行实证剖析。

二是国情分析与境外经验相结合。既要充分考虑自由贸易试验区制度创新所基于的现实国情，又要注意有选择地借鉴和参考域外典型经验和最佳实践。

第一章 自由贸易试验区
知识产权保护概论

我国自由贸易试验区知识产权保护制度并不是从无到有的完全创新，而是在已有规则和实践的基础上不断发展和突破。国务院关于自由贸易试验区的总体方案对自贸试验区知识产权制度创新设定了基本框架，但各地仍然可以利用先行先试的政策契机不断完善知识产权保护和执法规则。上海等自贸试验区已经从知识产权综合管理改革、纠纷解决机制、知识产权运营与金融创新等角度进行了有效探索，这些经实践考验的创新规则可以适时向全国推广和复制。

第一节 我国自由贸易试验区知识产权保护概述

一、我国自由贸易试验区知识产权保护制度改革

我国关于自由贸易区建设的讨论和动议由来已久，从公开文献可知的提议有大连长兴岛自由贸易试验区❶、黑瞎子岛自由贸易区❷、海南自由贸易区❸、宁波梅山岛自由贸易区❹、海峡西岸（漳州）自由贸易区❺和天津

---

❶ 建议设立长兴岛自由贸易试验区 ［EB/OL］. （2011 - 03 - 08）［2017 - 06 - 30］. http：//www. dlxww. com/newscenter/content/2011 - 03/08/content_63167. htm.

❷ 姜国刚, 衣保中, 乔瑞中. 黑瞎子岛建设自由贸易区的构想与对策 ［J］. 东北亚论坛, 2012 （6）：39 - 45.

❸ 黄舸. 论海南"自由贸易区"建设 ［J］. 咸宁学院学报, 2010 （3）：4 - 5, 14.

❹ 滕紫娜. 梅山岛自由贸易建设对宁波外贸的影响研究 ［J］. 中国商贸, 2012 （34）：206 - 207.

❺ 卢国能. 构建海峡西岸（漳州）自由贸易区的背景与战略构想 ［J］. 吉林师范大学学报（人文社会科学版）, 2010 （4）：64 - 66.

滨海新区自由贸易区❶等。然而，自由贸易区的建设需要良好的综合环境来支持。从基础条件来说，上海无疑是有得天独厚的优势，包括先期经济发展的基础、雄厚的人才储备和"长三角"经济圈的支撑等。2010 年以后，中央政府陆续批复上海为国际金融中心、国际贸易中心、国际航运中心和国际物流中心（以下简称"四个中心"）。目前，上海正在如火如荼地建设第五个中心"国际科创中心"。为顺应全球经贸发展趋势，更加积极主动对外开放，2013 年 7 月 3 日，国务院常务会议原则通过《中国（上海）自由贸易试验区总体方案》，在上海外高桥保税区等四个海关特殊监管区域内建设中国（上海）自由贸易试验区。中国（上海）自由贸易试验区的使命是推动建设具有国际水准的投资贸易便利、监管高效便捷、法制环境规范的自由贸易试验区，使之成为推进改革和提高开放型经济水平的"试验田"，形成可复制、可推广的经验，发挥示范带动、服务全国的积极作用，促进各地区共同发展。

　　下文以中国（上海）自由贸易试验区为主要对象，以事件发展的时间顺序对自由贸易试验区相关知识产权保护制度的改革与实践做简要回顾。

　　2013 年 8 月 17 日，国务院批准设立中国（上海）自由贸易试验区，范围涵盖上海市外高桥保税区、外高桥保税物流园区、洋山保税港区和上海浦东机场综合保税区等四个海关监管区域，总面积为 28.78 平方公里。

　　2013 年 8 月 30 日，第十二届全国人民代表大会常务委员会第四次会议通过《全国人民代表大会常务委员会关于授权国务院在中国（上海）自由贸易试验区暂时调整有关法律规定的行政审批的决定》，授权国务院在上海外高桥保税区、上海外高桥保税物流园区、洋山保税港区和上海浦东机场综合保税区基础上设立中国（上海）自由贸易试验区，对国家规定实施准入特别管理措施之外的外商投资，暂时调整《外资企业法》《中外合资经营企业法》和《中外合作经营企业法》规定的有关行政审批。上述行政审批的调整在 3 年内试行，对实践证明可行的，应当修改完善有关法律；对实践证明不宜调整的，恢复施行有关法律规定。

　　2013 年 9 月 26 日，上海市第十四届人民代表大会常务委员会第八次会议通过《关于在中国（上海）自由贸易试验区暂时调整实施本市有关地

---

❶　孟广文，刘铭. 天津滨海新区自由贸易区建立与评价 [J]. 地理学报，2011 (2)：223 –234.

方性法规规定的决定》。为依法推进中国（上海）自由贸易试验区建设，会议决定：根据《全国人民代表大会常务委员会关于授权国务院在中国（上海）自由贸易试验区暂时调整有关法律规定的行政审批的决定》的规定，在中国（上海）自由贸易试验区内，对国家规定实施准入特别管理措施之外的外商投资，停止实施《上海市外商投资企业审批条例》。并且，凡法律、行政法规在中国（上海）自由贸易试验区调整实施有关内容的，上海市有关地方性法规做相应调整实施；本市其他有关地方性法规中的规定，凡与《中国（上海）自由贸易试验区总体方案》不一致的，调整实施。

2013 年 9 月 27 日，国务院印发《中国（上海）自由贸易试验区总体方案》（以下简称《总体方案》）❶；《总体方案》共分为"总体要求""主要任务和措施""营造相应的监管和税收制度环境""扎实做好组织实施"等四个方面内容；并将六大领域的服务业扩大开放措施作为方案附件详细列明。其主要内容包括：加快政府职能转变、扩大投资领域的开放、推进贸易发展方式转变、深化金融领域的开放创新和完善法制领域的制度保障等 5 项任务和 9 项措施。

2013 年 9 月 29 日，中国（上海）自由贸易试验区挂牌仪式在上海外高桥保税区举行。2013 年 9 月 30 日，上海市人民政府规章《中国（上海）自由贸易试验区管理办法》（以下简称《上海自贸区管理办法》）公布，并自 2013 年 10 月 1 日起施行。《上海自贸区管理办法》共有 7 章 39 条，主要内容体现在第 2 章至第 6 章，分别规范管理机构、投资管理、贸易发展和便利化、金融创新与风险防范，以及综合管理和服务。

2013 年 10 月 22 日，中国（上海）自由贸易试验区仲裁院揭牌成立，其职责为区内当事人提供零距离的仲裁咨询、立案、开庭审理等仲裁法律服务，积极探索争议解决的新途径，充分借鉴国内外争议解决机构的先进制度和实践，进一步完善仲裁规则、充实专家资源，为创新自贸试验区多元化争议解决机制作贡献，并努力建设成为区域性国际商事仲裁中心。

2013 年 11 月 15 日，上海市浦东新区人民法院成立自贸试验区法庭，

---

❶ 《中国（上海）自由贸易试验区总体方案》（国发〔2013〕38 号），颁布时间：2013 年 9 月 18 日。

特别安排知识产权法官组成合议庭，审理涉及自贸试验区的知识产权案件。自贸试验区法庭的知识产权受案范围为：诉讼标的额不超过人民币500万元的知识产权民事案件，以及诉讼标的额人民币500万元以上不超过1 000万元且当事人住所地均在上海市的知识产权民事案件，但专利纠纷、植物新品种纠纷、集成电路布图设计纠纷、驰名商标认定纠纷以及垄断纠纷案件除外。

2014年4月8日，《中国（上海）自由贸易试验区仲裁规则》（以下简称《自贸区仲裁规则》）颁布，并于5月1日正式实施。该规则是中国首部自贸试验区相关的仲裁规则，它由上海国际经济贸易仲裁委员会（上海国际仲裁中心）制定。它适用于涉及争议当事人、争议标的、法律事实发生在上海自贸试验区内的案件，也包括知识产权案件；其内容与国际通行的仲裁规则接轨。

2014年4月22日，上海海关就自贸试验区海关监管服务制度创新有关情况向社会通报，并推出14项自贸试验区监管服务制度，包括先进区后报关制度、简化备案清单制度等。这些举措拓展了海关监管货物的时空概念，相应延展了知识产权海关保护的过程，而跨境贸易电子商务和过境货物中转集拼等新型业态对知识产权保护提出新要求。

2014年4月24日，上海自贸试验区法庭知识产权第一案依法宣判，被告佳华公司停止生产侵犯商标权的产品，并赔偿原告LG公司损失人民币109 770元。[1]

2014年4月29日，上海市第一中级人民法院公布《涉中国（上海）自由贸易试验区案件审判指引（试行）》，并于2014年5月1日起试行。《涉中国（上海）自由贸易试验区案件审判指引（试行）》包括总则、涉自贸试验区案件的立案与送达、审理、执行、审判机制、审判延伸等7章内容，其中审理部分对自贸试验区知识产权的保护进行了规定，包括专利权保护、商标权保护、著作权保护、规范竞争等多个方面。

2014年5月4日，上海市第二中级人民法院发布《关于适用〈中国（上海）自由贸易试验区仲裁规则〉仲裁案件司法审查和执行的若干意见》，其全文20条意见针对自贸试验区仲裁案件司法审查和执行的专项工

---

[1] 上海市浦东新区人民法院民事判决书（2013）浦民三（知）初字第1019号。

作。该意见从鼓励创新及支持保障自贸试验区先行先试的角度出发，实现对《自贸区仲裁规则》中制度创新的及时、高效的司法对接。

2014 年 8 月 1 日，《中国（上海）自由贸易试验区条例》（以下简称《上海自贸区条例》）正式实施。《上海自贸区条例》指出要加强自贸试验区知识产权保护工作，完善行政保护与司法保护衔接机制。同时，《上海自贸区条例》要求有关部门应当和国家有关部门加强协作，实行知识产权进出境保护和境内保护的协同管理和执法配合，探索建立自贸试验区知识产权统一管理和执法的体制、机制。《上海自贸区条例》还指出要完善自贸试验区知识产权纠纷多元解决机制，鼓励行业协会和调解、仲裁、知识产权中介服务等机构在协调解决知识产权纠纷中发挥作用。

2014 年 9 月 26 日，中国（上海）自由贸易试验区管理委员会知识产权局成立。时任上海市副市长赵雯出席仪式并为"中国（上海）自由贸易试验区管理委员会知识产权局"揭牌。上海自由贸易试验区管理委员会知识产权局首创国内专利、商标、版权的知识产权"三合一"模式，探索自贸试验区知识产权管理制度创新。

2014 年 9 月 28 日，上海市浦东新区法院发布《关于进一步推进司法服务保障中国（上海）自由贸易试验区建设的意见》，并开通自贸试验区法庭中英文双语网站。

2014 年 11 月 13 日，国家版权贸易基地（上海）揭牌仪式暨 2014 中国（上海）自由贸易试验区文化授权交易会开幕式在上海自贸试验区举行。结合上海自贸试验区相关政策与功能，国家版权贸易基地（上海）确定五大功能定位：国际版权作品展示交易、国际版权纠纷调解、国际版权评估与交易、国际版权金融服务和国际版权人才培训等。

2014 年 11 月 16 日，根据上海市人民政府《关于浦东新区知识产权工作有关事项的决定》（沪府〔2014〕80 号），集专利、商标、版权行政管理和综合执法职能于一身、全国首家单独设立的知识产权局在上海浦东新区成立，并于 2015 年 1 月 1 日正式运行。

2014 年 12 月 10 日，国务院办公厅发布《关于转发知识产权局等单位〈深入实施国家知识产权战略行动计划（2014—2020 年）〉的通知》。《深入实施国家知识产权战略行动计划（2014—2020 年）》提出：开展国内自由贸易区知识产权保护状况调查，探索在货物生产、加工、转运中加强知识产权监管，创新并适时推广知识产权海关保护模式，依法加强国内自由贸易区知识产权执法。

2014 年 12 月 12 日，国务院常务会议同意在广东、天津、福建特定区域再设 3 个自由贸易园区，以上海自贸试验区试点内容为主体，结合地方特点，充实新的试点内容。

2014 年 12 月 28 日，第十二届全国人民代表大会常务委员会第十二次会议通过《全国人民代表大会常务委员会关于授权国务院在中国（广东）自由贸易试验区、中国（天津）自由贸易试验区、中国（福建）自由贸易试验区以及中国（上海）自由贸易试验区扩展区域暂时调整有关法律规定的行政审批的决定》。上海自贸试验区的地理范围扩大，除原先 4 个海关特殊监管区 28.78 平方公里外，扩展区域包括陆家嘴金融片区共 34.26 平方公里，金桥开发片区共 20.48 平方公里，张江高科技片区共 37.2 平方公里。

2014 年 12 月 28 日，上海知识产权法院揭牌。上海知识产权法院将依法妥善化解各类知识产权纠纷，激发创新动力、创造潜力和创业活力，为上海加快"四个中心"建设作出贡献，同时瞄准国际前沿，争做国际知识产权司法保护新规则的制定者和引领者。上海知识产权法院成为涉自贸试验区知识产权普通一审案件的二审上诉法院。

2015 年 1 月 7 日，上海市商务委员会、中国（上海）自由贸易试验区管委会、上海海关、上海出入境检验检疫局和上海市工商行政管理局联合发布《关于在中国（上海）自由贸易试验区开展平行进口汽车试点的通知》，上海自贸试验区开展平行进口汽车试点业务正式展开，注册在自贸试验区内的汽车经销商，经商务部进口许可，可以从事进口国外汽车的经营活动。

2015 年 4 月，国务院印发《进一步深化中国（上海）自由贸易试验区改革开放方案》（国发〔2015〕21 号）的通知。《进一步深化中国（上海）自由贸易试验区改革开放方案》指出，上海自贸试验区需要完善专利、商标、版权等知识产权行政管理和执法体制机制，完善司法保护、行政监管、仲裁、第三方调解等知识产权纠纷多元解决机制，完善知识产权工作社会参与机制。优化知识产权发展环境，集聚国际知识产权资源，推进上海亚太知识产权中心建设。

2015 年 4 月 9 日，上海市浦东新区人民法院自贸试验区知识产权法庭正式挂牌。

2015 年 9 月，上海自贸试验区首个"三合一"专业领域知识产权运营平台"上海张江智慧医疗知识产权运营平台"正式启动。该平台集专利、商标、版权于一身，以开展跨境知识产权交易服务为特色，将推动浦东企业与海外高端技术转移机构、科研机构、企业的跨境知识产权交易。

2016 年 1 月，全国首个上海自贸试验区知识产权协会成立仪式暨上海自贸试验区知识产权综合服务平台启动仪式举行。该协会由创新科技企业及各类知识产权服务机构代表组成，旨在促进知识产权各领域的业务发展，为企业解决知识产权问题并提供资源共享平台。该平台通过整合对接现有服务资源，充分利用互联网，通过线上线下服务相结合，为企业提供专利创造、管理、运用、保护综合服务。

2016 年 3 月，位于中国（上海）自由贸易试验区保税区域的"上海市跨境电子商务示范园区"在外高桥保税区宣告启动，标志着上海市跨境电子商务综合改革试点进入一个新阶段，也是上海自贸试验区先行先试、深化改革的又一重大举措。

2016 年 11 月，上海市浦东新区人民法院发布了《浦东法院加强知识产权司法保护服务保障中国（上海）自由贸易试验区建设三年情况》白皮书。据白皮书披露，2013 年 9 月 30 日至 2016 年 9 月 30 日，浦东法院共受理涉自贸试验区知识产权案件 4 070 件，包括民事案件 4 064 件、刑事案件 5 件、行政案件 1 件。共审结涉自贸试验区知识产权案件 3 832 件，包括民事案件 3 826 件、刑事案件 5 件、行政案件 1 件。

2016 年 12 月 30 日，最高人民法院发布《关于为自由贸易试验区建设提供司法保障的意见》。该《意见》共 12 条，涉及正确行使刑事、民事、行政等审判职能作用，依法支持自贸试验区企业的创新，鼓励探索新的经营模式，探索审判程序的改革与创新等内容。该《意见》特别提出："加强对自贸试验区内知识产权的司法保护。鼓励自主创新，提高侵权成本。完善有关加工贸易的司法政策，促进加工贸易的转型升级。准确区分正常的贴牌加工行为与加工方擅自加工、超范围超数量加工及销售产品的行为。妥善处理商标产品的平行进口问题，合理平衡消费者权益、商标权人利益和国家贸易政策。鼓励以知识产权为标的的投资行为，推动商业模式创新，简化维权程序，提升维权质效。鼓励知识产权质押融资活动，促进知识产权的流转利用。"

2017 年 3 月 30 日，国务院印发《全面深化中国（上海）自由贸易试验区改革开放方案》，要求上海自贸试验区健全知识产权保护和运用体系；充分发挥专利、商标、版权等知识产权引领作用，打通知识产权创造、运用、保护、管理和服务的全链条，提升知识产权质量和效益；以若干优势产业为重点，进一步简化和优化知识产权审查和注册流程，创新知识产权快速维权工作机制；探索互联网、电子商务、大数据等领域的知识产权保护规则；建立健全知识产权服务标准，完善知识产权服务体系；完善知识产权纠纷多元解决机制；支持企业运用知识产权进行海外股权投资；创新发展知识产权金融服务；深化完善有利于激励创新的知识产权归属制度。

此外，广东省知识产权局、广东省自贸办于 2015 年 10 月联合印发《加强中国（广东）自由贸易试验区知识产权工作的指导意见》，该《意见》是广东省出台的首个针对自贸试验区知识产权工作的指导性文件。该《意见》围绕知识产权管理和执法体制、知识产权纠纷多元解决机制、新型知识产权运营机制、知识产权金融服务、专利导航和知识产权服务转型升级等 6 个方面部署 12 项重点工作，包括：完善知识产权政策法规、探索建立统一的知识产权行政管理和执法体系、强化知识产权保护协作机制、完善知识产权纠纷调解和维权援助机制、建立广东自贸试验区重点产业知识产权纠纷快速处理机制、推动全国知识产权运营公共服务横琴特色试点平台建设、探索在前海蛇口片区建立知识产权运营中心、大力发展知识产权金融、开展专利导航产业发展工作、加强专利信息公共服务、推进广东自贸试验区知识产权服务业集聚、提升广东自贸试验区专利申请服务等。

天津也积极创新自由贸易试验区知识产权保护制度，在天津自贸试验区设立滨海新区知识产权保护服务中心，先行尝试保护服务中心和行政、司法、仲裁、人民调解"1+4"知识产权保护运行模式；与天津仲裁委员会共建知识产权国际仲裁中心，丰富自贸试验区知识产权保护方式，强化创新主体知识产权保护力度。

2015 年 8 月，福建自贸试验区正式设立"三合一"知识产权局，集中专利、商标、版权等知识产权管理与执法工作，建立与国际接轨的知识产权管理机制，为自贸试验区提供更现代化、便捷化的知识产权管理服务。

其中，厦门片区在管委会内设知识产权局，福州片区在综合监管和执法局加挂知识产权局，平潭片区在市场监督管理局加挂知识产权局，负责专利、商标、版权的综合行政管理和执法工作。

综上所述，无论是国务院层面的宏观政策，还是地方自贸试验区的积极实践，都将自贸试验区知识产权保护工作放在极其重要的地位。知识产权是国际经济贸易的重要支柱，随着全球经济一体化的深入发展，技术和知识密集型产品在国际贸易中的比重不断上升，知识产权与货物、服务贸易并列世界贸易三大支柱。知识产权及其保护与国际贸易的关联日益紧密。可以预见，伴随经济全球化的深入及知识产权密集型产品的迅速崛起，知识产权与自由贸易区的关系将更为紧密，对自由贸易试验区的知识产权保护工作相应地更加重视。

二、自贸试验区知识产权制度创新

在政府职能转变和执法管理体制方面，国务院对各地自贸试验区的知识产权保护工作都有总体要求，也是最低限度的制度创新要求。首先，探索开展知识产权综合管理改革试点，要求各个自贸试验区"紧扣创新发展需求，发挥专利、商标、版权等知识产权的引领作用，打通知识产权创造、运用、保护、管理、服务全链条，建立高效的知识产权综合管理体制，构建便民利民的知识产权公共服务体系，探索支撑创新发展的知识产权运行机制，推动形成权界清晰、分工合理、责权一致、运转高效、法治保障的体制机制"。这种相同的表述出现在多个自贸试验区的总体方案中。这也是国务院《关于新形势下加快知识产权强国建设的若干意见》和《深入实施国家知识产权战略行动计划（2014—2020年）》对全国各地的统一创新要求。

即使是国务院统一部署❶，各个自贸试验区的改革进程和实践仍然会存在差异，实践过程中的阻力和不同声音还会持续，直到改革的效果十分明显，各方对于综合管理机构和机制形成共识。以上海为例，上海自贸试验区及其所在的浦东新区均实现了版权、商标和专利的"三合一"的知识

---

❶ 国务院办公厅《关于印发知识产权综合管理改革试点总体方案的通知》（国办发〔2016〕106号），2016年12月30日。

产权局。但是，现实中，由于各自的上级主管机关仍然分而治之，这种从底层开始的改革面临诸多困难。因为传统的行政管理机关的垂直隶属便于业务层级上的执行，也包括行政复议等救济方式上的条线管理。所以，虽然上海自贸试验区在知识产权综合管理改革方面已经率先垂范，但面临的现实问题依然有待进一步探索和完善。❶

在执法机制方面，除了要求各个自贸试验区完善知识产权纠纷调解和维权援助机制外，还特别要求各个自贸试验区"提高知识产权行政执法与海关保护的协调性和便捷性，建立知识产权执法协作调度中心"。商标、版权等执法涉及属地的行政管理机关，但海关实行垂直管理，并不依托于当地政府的管理。例如，当在自贸试验区外生产的假冒货物流入自贸试验区时，就涉及当地反假冒执法与海关在自贸试验区内知识产权执法的冲突和协调。例如，为提高知识产权行政执法与海关保护的协调性和便捷性，打造自贸试验区良好的知识产权保护环境，福建省专利、商标、版权知识产权行政管理部门与海关联合建立福建自贸试验区知识产权行政执法与海关保护协作机制，在制度建设、执法信息共享、重大案件会商、执法协助等多方面达成共识。❷ 保护协作机制的具体措施包括：一是建立联席会议制度。作为协作机制成员单位信息交流、议事的平台，通过定期或根据需要组织召开联席会议，通报协作机制运作情况，针对部门协作过程中遇到的问题共商解决方案等。二是共享执法信息。对联席会议成员单位收到的知识产权违法案件举报投诉信息，以及各成员单位在查处知识产权违法行为中涉及的案件和线索通过联席会议制度、信息专报等平台实现互通共享。三是建立案件会商制度。充分发挥专利、商标、版权行政管理部门在知识产权案件认定方面的技术、智力资源，针对海关执法中遇到的知识产权疑难案件，组织相关法律、技术专家进行研讨、判定，为海关查处知识

---

❶ 国家知识产权局《关于确定知识产权综合管理改革第一批试点地方的函》（国知发管函字〔2017〕158号），2017年7月18日。根据《国务院办公厅关于印发知识产权综合管理改革试点总体方案的通知》（国办发〔2016〕106号）（以下简称《总体方案》）部署，按照国务院领导同志指示要求，经研究，确定福建厦门、山东青岛、广东深圳、湖南长沙、江苏苏州、上海徐汇区等6个地方为知识产权综合管理改革第一批试点地方，在市级层面（上海徐汇区为区级层面）试点开展知识产权综合管理改革，期限为1年。

❷ 郭伟杰. 福建自贸试验区建立知识产权行政执法与海关保护协作机制［EB/OL］.［2017－06－30］. http：//www.sipo.gov.cn/dtxx/gn/2015/201508/t20150810_1157834.html.

产权案件提供支持。四是加强执法协作。各成员单位依照各自职责对福建自贸试验区内发生的知识产权违法案件进行查处，发现涉及其他成员单位职责范围的案件及线索应及时移送处理，并对其他单位调查取证、产品查扣等执法工作依法予以协助。

在加强知识产权的运用和保护方面，通过自贸试验区的实践，初步完成全国范围内的知识产权运营中心的布局。例如，广东自贸试验区方案提出：建立华南地区知识产权运营中心，探索开展知识产权处置和收益管理改革试点；天津自贸试验区方案提出：探索开展财政资金支持形成的知识产权处置和收益管理改革试点，建立华北地区知识产权运营中心；湖北自贸试验区方案提出：建立长江经济带知识产权运营中心，积极推进高校知识产权运营等特色平台建设；这与武汉拥有众多高校资源，以及知识产权人才资源的支持密不可分；河南自贸试验区方案提出：探索建设中部地区知识产权运营中心，加快建设郑州国家知识产权服务业集聚区。但是，各个知识产权运营中心的建设和效果还需时日体现。

在创新发展知识产权金融方面，各地自贸试验区方案涉及创新知识产权投融资及保险、风险投资、信托等金融服务，推动建立知识产权质物处置机制等主要内容。

对于小众知识产权客体的开发，四川自贸试验区方案提出：创新文化服务海外推广模式，支持发展以传统手工技艺、武术、戏曲、民族音乐和舞蹈等为代表的非物质文化遗产与旅游、会展、品牌授权相结合的开发模式，这与四川省非物质文化遗产资源丰富的地域特色密不可分。上海自贸试验区带头探索互联网、电子商务、大数据等领域的知识产权保护规则。

在知识产权军民融合方面，陕西自贸试验区方案提出：创新军民融合发展机制，建立军民成果双向转化"人才池"和"专利池"；积极推动国家军民融合知识产权运营工作，依托国家知识产权运营军民融合特色试点平台，探索国防专利横向流通转化、国防专利解密与普通专利跟进保护有机衔接、普通专利参与军品研发生产等机制，促进军民科技成果共享共用；推动西部地区军民技术相互有效利用，开展军民两用技术联合攻关，推动产业化发展。

另外，鉴于国家对发展知识产权服务业的鼓励和支持，武汉、郑州等地自贸试验区方案中提出"建设知识产权服务业集聚区"。发展知识产权服务业，有利于提升自主创新的效能与水平，有利于提高经济发展的质量和效益，有利于形成结构优化、附加值高、吸纳就业能力强的现代产业体系。尽管知识产权服务业技术与知识密集、附加值高，对科技创新、产业发展、对外贸易和文化发展的支撑作用日益显现，市场前景广阔，但仍然存在政策体系不完善、市场主体发育不健全、高端人才匮乏、综合服务能力不强等问题，与我国经济社会发展的要求不相适应，亟待着力培育发展。因此，利用自贸试验区建设的契机，加快发展知识产权服务业，既是促进科技和经济紧密结合的重要抓手，又是提高产业核心竞争力、促进经济结构调整、加快转变经济发展方式的重要举措。❶

表 1－1　自贸试验区方案中的知识产权保护制度

方案名称	内　　容	时　　间
《中国（上海）自由贸易试验区总体方案》	建立集中统一的市场监管综合执法体系，在质量技术监督、食品药品监管、知识产权、工商、税务等管理领域，实现高效监管，积极鼓励社会力量参与市场监督。 建立知识产权纠纷调解、援助等解决机制。	2013 年 9 月 18 日
《中国（广东）自由贸易试验区总体方案》	完善知识产权管理和执法体制，完善知识产权纠纷调解和维权援助机制，探索建立自贸试验区重点产业知识产权快速维权机制。 提高知识产权行政执法与海关保护的协调性和便捷性。 建立华南地区知识产权运营中心，探索开展知识产权处置和收益管理改革试点。 创新知识产权投融资及保险、风险投资、信托等金融服务，推动建立知识产权质物处置机制。 发挥自贸试验区高端要素集聚优势，搭建服务于加工贸易转型升级的技术研发、工业设计、知识产权等公共服务平台。	2015 年 4 月 8 日

---

❶　国家知识产权局等《关于加快培育和发展知识产权服务业的指导意见》，2012 年 11 月 13 日。

续表

方案名称	内 容	时 间
《中国（天津）自由贸易试验区总体方案》	加强知识产权保护和服务，完善知识产权管理和执法体制以及纠纷调解、援助、仲裁等服务机制。 发挥专业化社会机构力量，提高知识产权保护成效。 探索开展财政资金支持形成的知识产权处置和收益管理改革试点，建立华北地区知识产权运营中心，发展知识产权服务业。 开展知识产权跨境交易，创新知识产权投融资及保险、风险投资、信托等金融服务，推动建立知识产权质物处置机制。 提高知识产权行政执法与海关保护的协调性和便捷性，建立知识产权执法协作调度中心。 依法合规开展知识产权转让，建立专利导航产业发展协同工作机制。	2015 年 4 月 8 日
《中国（福建）自由贸易试验区总体方案》	完善知识产权管理和执法体制以及纠纷调解、援助、仲裁等服务机制。 发展知识产权服务业，扩大对台知识产权服务，开展两岸知识产权经济发展试点。 创新知识产权投融资及保险、风险投资、信托等金融服务，推动建立知识产权质物处置机制。 提高知识产权行政执法与海关保护的协调性与便捷性，建立知识产权执法协作调度中心和专利导航产业发展工作机制。	2015 年 4 月 8 日
《中国（辽宁）自由贸易试验区总体方案》	开展知识产权综合管理改革试点。 紧扣创新发展需求，发挥专利、商标、版权等知识产权的引领作用，打通知识产权创造、运用、保护、管理、服务全链条，建立高效的知识产权综合管理体制，构建便民利民的知识产权公共服务体系，探索支撑创新发展的知识产权运行机制，推动形成权界清晰、分工合理、责权一致、运转高效、法治保障的体制机制。 搭建便利化的知识产权公共服务平台，设立知识产权服务工作站，大力发展知识产权专业服务业。 探索建立自贸试验区跨部门知识产权执法协作机制，完善纠纷调解、援助、仲裁工作机制。 探索建立自贸试验区重点产业专利导航制度和重点产业快速协同保护机制。	2017 年 3 月 15 日

续表

方案名称	内　　容	时　　间
《中国（浙江）自由贸易试验区总体方案》	开展知识产权综合管理改革试点。 紧扣创新发展需求，发挥专利、商标、版权等知识产权的引领作用，打通知识产权创造、运用、保护、管理、服务全链条，建立高效的知识产权综合管理体制，构建便民利民的知识产权公共服务体系，探索支撑创新发展的知识产权运行机制，推动形成权界清晰、分工合理、责权一致、运转高效、法治保障的体制机制。 搭建便利化的知识产权公共服务平台，设立知识产权服务工作站，大力发展知识产权专业服务业。 探索建立自贸试验区跨部门知识产权执法协作机制，完善纠纷调解、援助、仲裁工作机制。 探索建立自贸试验区重点产业专利导航制度和重点产业快速协同保护机制。	2017 年 3 月 15 日
《中国（河南）自由贸易试验区总体方案》	开展知识产权综合管理改革试点，紧扣创新发展需求，发挥专利、商标、版权等知识产权的引领作用，打通知识产权创造、运用、保护、管理、服务全链条，建立高效的知识产权综合管理体制，构建便民利民的知识产权公共服务体系，探索支撑创新发展的知识产权运行机制，推动形成权界清晰、分工合理、责权一致、运转高效、法治保障的体制机制。 探索建立自贸试验区跨部门知识产权执法协作机制，完善纠纷调解、援助、仲裁工作机制。 搭建便利化的知识产权公共服务平台，设立知识产权服务工作站，大力发展知识产权专业服务业。 探索建立自贸试验区重点产业专利导航制度和重点产业快速协同保护机制。 探索建设中部地区知识产权运营中心，加快建设郑州国家知识产权服务业集聚区。	2017 年 3 月 15 日
《中国（湖北）自由贸易试验区总体方案》	建立知识产权质押融资市场化风险补偿机制，按照风险可控、商业可持续的原则，开展知识产权质押融资。 加快发展科技保险，推进专利保险试点。	2017 年 3 月 15 日

方案名称	内　容	时　间
《中国（湖北）自由贸易试验区总体方案》	积极引进海外创新投资机构落户自贸试验区开展相关业务。 全面推进产业技术创新、科技成果转移转化、科研机构改革、知识产权保护运用、国际创新合作等领域体制机制改革。 健全知识产权保护运用机制。开展知识产权综合管理改革试点。 紧扣创新发展需求，发挥专利、商标、版权等知识产权的引领作用，打通知识产权创造、运用、保护、管理、服务全链条，建立高效的知识产权综合管理体制，构建便民利民的知识产权公共服务体系，探索支撑创新发展的知识产权运行机制，推动形成权界清晰、分工合理、责权一致、运转高效、法治保障的体制机制。 搭建便利化的知识产权公共服务平台，设立知识产权服务工作站，大力发展知识产权专业服务业。 加快建设武汉东湖国家知识产权服务业集聚区。 探索建立自贸试验区跨部门知识产权执法协作机制，完善纠纷调解、援助、仲裁工作机制。 探索建立自贸试验区重点产业专利导航制度和重点产业快速协同保护机制。 建立长江经济带知识产权运营中心，积极推进高校知识产权运营等特色平台建设。	2017 年 3 月 15 日
《中国（重庆）自由贸易试验区总体方案》	开展知识产权综合管理改革试点。 紧扣创新发展需求，发挥专利、商标、版权等知识产权的引领作用，打通知识产权创造、运用、保护、管理、服务全链条，建立高效的知识产权综合管理体制，构建便民利民的知识产权公共服务体系，探索支撑创新发展的知识产权运行机制，推动形成权界清晰、分工合理、责权一致、运转高效、法治保障的体制机制。 搭建便利化的知识产权公共服务平台，设立知识产权服务工作站，大力发展知识产权专业服务业。 探索建立自贸试验区跨部门知识产权执法协作机制，完善纠纷调解、援助、仲裁工作机制。 探索建立自贸试验区重点产业专利导航制度和重点产业快速协同保护机制。	2017 年 3 月 15 日

方案名称	内　　容	时　间
《中国（重庆）自由贸易试验区总体方案》	大力培育高端饰品、精密仪器、智能机器人、集成电路、平板显示等加工贸易新产业集群，搭建加工贸易转型升级的技术研发、工业设计、知识产权等公共服务平台。	2017 年 3 月 15 日
《中国（四川）自由贸易试验区总体方案》	开展知识产权综合管理改革试点。 紧扣创新发展需求，发挥专利、商标、版权等知识产权的引领作用，打通知识产权创造、运用、保护、管理、服务全链条，建立高效的知识产权综合管理体制，构建便民利民的知识产权公共服务体系，探索支撑创新发展的知识产权运行机制，推动形成权界清晰、分工合理、责权一致、运转高效、法治保障的体制机制。 探索建立自贸试验区跨部门知识产权执法协作机制，完善纠纷调解、援助、仲裁工作机制。 探索开展知识产权、股权、探矿权、采矿权、应收账款、订单、出口退税等抵质押融资业务。 搭建便利化的知识产权公共服务平台，设立知识产权服务工作站，大力发展知识产权专业服务业。探索建立自贸试验区重点产业专利导航制度和重点产业快速协同保护机制。 依托现有交易场所开展知识产权跨境交易，推动建立市场化运作的知识产权质物处置机制。 支持和鼓励商标品牌服务机构在品牌设计、价值评估、注册代理、法律服务等方面不断提升服务水平。扩大对外文化贸易和版权贸易。 创新文化服务海外推广模式，支持发展以传统手工技艺、武术、戏曲、民族音乐和舞蹈等为代表的非物质文化遗产与旅游、会展、品牌授权相结合的开发模式，鼓励广播影视、新闻出版等企业以项目合作方式进入国际市场，试点国外巡演的商业化运作。	2017 年 3 月 15 日

方案名称	内　容	时　间
《中国（陕西）自由贸易试验区总体方案》	开展知识产权综合管理改革试点。 紧扣创新发展需求，发挥专利、商标、版权等知识产权的引领作用，打通知识产权创造、运用、保护、管理、服务全链条，建立高效的知识产权综合管理体制，构建便民利民的知识产权公共服务体系，探索支撑创新发展的知识产权运行机制，推动形成权界清晰、分工合理、责权一致、运转高效、法治保障的体制机制。 探索建立自贸试验区跨部门知识产权执法协作机制，完善纠纷调解、援助、仲裁工作机制。 探索建立重点产业快速协同保护机制。 支持知识产权服务业集聚发展，完善挂牌竞价、交易、信息检索、政策咨询、价值评估等功能，推动知识产权跨境交易便利化。 加强自贸试验区内重点产业知识产权海外布局和风险防控。 加强文化知识产权保护。 及时总结推广"双创"示范、系统推进全面创新改革及知识产权保护的经验，推动有条件的地区建设具有强大带动力的创新型城市和区域创新中心，培育一批知识产权试点示范城市和知识产权强市、强县。 创新军民融合发展机制，建立军民成果双向转化"人才池"和"专利池"。 建立重点产业专利导航工作机制，建设国家知识产权服务业聚集区。 积极推动国家军民融合知识产权运营工作，依托国家知识产权运营军民融合特色试点平台，探索国防专利横向流通转化、国防专利解密与普通专利跟进保护有机衔接、普通专利参与军品研发生产等机制，促进军民科技成果共享共用。 推动西部地区军民技术相互有效利用，开展军民两用技术联合攻关，推动产业化发展。	2017 年 3 月 15 日

续表

方案名称	内　　容	时　间
《全面深化中国（上海）自由贸易试验区改革开放方案》	健全知识产权保护和运用体系。 充分发挥专利、商标、版权等知识产权引领作用，打通知识产权创造、运用、保护、管理和服务的全链条，提升知识产权质量和效益。 以若干优势产业为重点，进一步简化和优化知识产权审查和注册流程，创新知识产权快速维权工作机制。 探索互联网、电子商务、大数据等领域的知识产权保护规则。 建立健全知识产权服务标准，完善知识产权服务体系。 完善知识产权纠纷多元解决机制。 支持企业运用知识产权进行海外股权投资。 创新发展知识产权金融服务。 深化完善有利于激励创新的知识产权归属制度。	2017 年 3 月 30 日

第二节　自由贸易试验区知识产权执法

2015 年 12 月，国务院发布《关于加快实施自由贸易区战略的若干意见》❶，该意见常被误以为是加强国内自由贸易试验区的战略。国家政策文件中的"自由贸易区"和"自由贸易试验区"并不是同一事物。对于二者在促进贸易和投资中的作用，《关于加快实施自由贸易区战略的若干意见》中有明确的指导意见：继续深化国内自由贸易试验区试点是加快实施自由贸易区战略的安全保障体系的重要内容。上海等自由贸易试验区是我国主动适应经济发展新趋势和国际经贸规则新变化、以开放促改革促发展的试验田；可把对外自由贸易区谈判中具有共性的难点、焦点问题，在上海等自由贸易试验区内先行先试，通过在局部地区进行压力测试，积累防控和化解风险的经验，探索最佳开放模式，为对外谈判提供实践依据。因此，

---

❶ 《国务院关于加快实施自由贸易区战略的若干意见》（国发〔2015〕69 号），2015 年 12 月 6 日。

有必要对自由贸易区、自由贸易试验区和自由区等概念作出澄清。

我国自由贸易试验区尽管承载着诸多改革设计的职能，但其本质上源于海关特殊监管区的发展脉络。就知识产权保护而言，自贸试验区的知识产权执法应在传统知识产权海关保护的基础上，应对自由贸易试验区贸易便利化的要求，提高执法效果。

一、WTO 与国际自由贸易区

自由贸易区有国际和国内两种概念界定。国际的自由贸易区（Free Trade Area）是指：由签订自由贸易协定（Free Trade Agreement，FTA）的国家或地区组成的贸易区，这是区域经济一体化组织的一种形式，旨在通过免除区域内成员国关税及非关税限制，消除成员国间经贸差别待遇，扩大该区域成员国相互贸易和投资，但是每个成员国对其他非成员国保留了原有的独立关税和非关税壁垒。北美自由贸易区、中国—东盟自由贸易区就是此类。国内的自由贸易区是一国在其本土内划定的以贸易为主要内容的特殊经济区域。

学术文献中的自由贸易区多指国家或地区间通过签订双边或数边协议的方式达成的自由贸易区，例如中国商务部国际经贸关系司主办的"中国自由贸易区服务网"❶ 所列举的自由贸易区。国家间的自由贸易区是当前区域经济合作的一种主要形式，它与 WTO 为代表的多边贸易体制相辅相成、互为补充。自由贸易区所依赖的国际的"自由贸易协定"在 WTO 体制内也被称为区域贸易协定（Regional Trade Agreements，RTA）。虽然传统的自由贸易协定由于地缘政治和贸易便利需要等原因，往往是在地理上相邻的国家或地区之间达成的协定；但现在地理范围上接壤或相邻已经不是区域贸易协定的前提条件。例如，中国已经签署自由贸易协定涉及 20 多个国家和地区，包括中国与东盟、新加坡、巴基斯坦、新西兰、澳大利亚、智利、秘鲁、哥斯达黎加、冰岛和瑞士的自由贸易协定等。由此可见，自

---

❶ 中国自由贸易区服务网网址为 http：//fta. mofcom. gov. cn/index. shtml，其主旨和功能是向公众提供中国自由贸易区建设情况，供国内外企业和消费者了解和查询中国自由贸易区发展带来的各种贸易、投资优惠和便利，推动社会各界对自由贸易区谈判的认识和参与，促进有关自由贸易协定的宣传和实施。

由贸易协定的合作主体并不一定是地理上相邻或相近的贸易伙伴。此外，内地与香港、澳门的更紧密经贸关系安排（CEPA），以及大陆与台湾的海峡两岸经济合作框架协议（ECFA）可以视为中国在 WTO 的 4 个成员方之间的特殊贸易安排。

根据《关税与贸易总协定》（GATT）第 24 条，自由贸易区应理解为由两个或两个以上的关税领土所组成的一个对这些组成领土的产品贸易，已实质上取消关税或其他贸易限制的集团。因此，自由贸易区是对 WTO 最惠国待遇原则的例外。自由贸易区建设需要遵守必要的规范和约束。例如，GATT 第 24 条第 5 款规定：对自由贸易区或过渡到自由贸易区的临时协定来说，在建立自由贸易区或采用临时协定以后，每个组成领土维持的对未参加贸易区或临时协定的缔约各国贸易所适用的关税和其他贸易规章，不得高于或严于同一组成领土在未成立自由贸易区或临时协定时所实施的相当关税和其他贸易规章。此外，自由贸易区的建立还应当履行通知义务，即"任何缔约国决定加入关税联盟或自由贸易区，或签订成立关税联盟或自由贸易区的临时协定，应当及时通知缔约国全体，并应向其提供有关拟议的联盟或贸易区的资料，以便缔约国全体得以斟酌向缔约各国提出报告和建议"。❶

通过自愿签订协定发展各国之间经济的一体化，有利于促进扩大贸易的自由化。所以，国家间成立关税联盟或自由贸易区是为组成联盟或自由贸易区的各领土之间贸易提供便利，但对其他缔约国与这些领土之间进行的贸易，不得提高壁垒。因此，建立自由贸易区必须遵守 WTO 的一般原则和规则，但在市场准入方面，双方或数方相互给予的待遇可以比在最惠国待遇基础上给予其他 WTO 成员的条件更加优惠。换言之，自由贸易区与 WTO 倡导的贸易自由化宗旨和目标相一致的，但自由贸易区在市场开放程度上比 WTO 体制下的国际义务更进一步。

WTO 体制下的双边或数边自由贸易区的特点之一是主体数量相对较少，一般只涉及两个或数个主体。相关主体不一定是主权国家，可为 WTO 单独关税领土（区）成员。由于主体数量有限，国际协调成本较低，往往容易达成协调成果，从而相对容易形成国家间的自由贸易协定。相比之

---

❶　参见 GATT 第 24 条第 7 款。

下，多边体制的国际协调举步维艰，WTO 体制内许多重要改革议题止步不前。双边或数边自由贸易区的特点之二是内容全面，合作领域广泛，涉及贸易、投资、知识产权保护和争端解决机制等诸多领域。以中国东盟自由贸易协定为例，《中国—东盟全面经济合作框架协议》内容包括《货物贸易协议》《服务贸易协议》《投资协议》和《争端解决机制协议》等诸多方面。

然而，国家间自由贸易区的兴盛也给多边体制带来不少冲击和影响。以知识产权执法规则为例，自由贸易协定是增强"TRIPS 递增"（TRIPS – plus）条款法律义务的新载体。"TRIPS 递增"源于英语"TRIPS – plus"的翻译，"TRIPS 递增"指的是高于 TRIPS 的知识产权保护和执法标准的条款或协定。因此，TRIPS 递增（条款）涵盖双边、区域或多边框架下的各种自由贸易协定和知识产权协定。由于 TRIPS 所设定的规则是"地板"而非"天花板"，所以，国际协调才出现许多"TRIPS 递增"（TRIPS – plus）、"TRIPS 额外"（TRIPS – extra）等内容的条约或条款，❶ 甚至出现"TRIPS 倍增"（TRIPS – plus – plus）❷ 等不同称谓。它们的共同点是以 TRIPS 规则为最低标准基础上强化知识产权保护与执法。实践中，《反假冒贸易协定》（数边）、欧盟的《知识产权海关执法条例》（地区）、众多美国主导的自由贸易协定（双边）中都存在大量"TRIPS 递增"义务的条款。❸

国际自由贸易区中的 TRIPS 递增义务主要分为两大类，一类是强化知识产权的执法，另一类是增加网络环境下知识产权的保护。这两类义务明显体现在美国主导参加的自由贸易协定中；美国正在打造一个以美国为中心的自由贸易协定网络，借助这个网络来实现美国在多边贸易体制中不能

---

❶ PETER K. YU . The International Enclosure Movement ［J］. Indiana Law Journal, 2007, 82（827）: 827 –907.

❷ SUSAN K. SELL. The Global IP Upward Ratchet, Anti – Counterfeiting And Piracy Enforcement Efforts: The State Of Play ［EB/OL］. ［2017 – 06 – 30］. http: //keionline. org/misc – docs/Sell_IP_Enforcement_State_of_Play – OPs_1_June_2008. pdf.

❸ TIMOTHY P. TRAINER. Intellectual Property Enforcement: A Reality Gap（Insufficient Assistance, Ineffective Implementation）? ［J］. John Marshall Review Intellectual Property Law, 2008, 8（1）: 47 –79.

实现的利益，其中突出保护美国知识产权的利益。❶ 以 2012 年生效的《美国—韩国自由贸易协定》为例，与 TRIPS 相比，在保护标准的国际义务方面，《美国—韩国自由贸易协定》中关于知识产权效力、范围和使用的标准方面并未有很大突破；而在知识产权执法程序部分有较大发展，例如高于 TRIPS 边境措施的海关执法程序。国际自由贸易区强化网络环境中知识产权执法，是由于多边体制的 TRIPS 执法程序产生于互联网盛行前的时代，网络环境中的知识产权执法问题当时并未成为关注对象。另外，TRIPS 生效实施以来，假冒商品贸易对正常的国际贸易的影响日益加剧，加强立法尤其是更全面地加强知识产权执法成为打击假冒商品贸易的关键。❷ 所以，当多边场合难以推动知识产权保护国际协调时，在自由贸易协定和国际自由贸易区中加强知识产权执法成为诸多 WTO 成员的"明智之举"。

二、国际海关制度中的国内自由贸易区

国内自由贸易区的概念可追溯到世界海关组织《关于协调和简化海关手续的国际公约》（以下简称《京都公约》）中的"自由区"（free zone）和"海关仓库"（customs warehouse）。"自由区"是指在缔约方境内的一部分，进入这一部分的任何货物，就进口税费而言，通常视为在关境之外。对于自由区的设立、允许进入自由区的货物种类以及自由区货物应遵守的作业性质的要求，则由国家立法规定。❸《京都公约》中"海关仓库"制度的主要目的是最大限度地方便贸易，在货物以供境内使用清关出库前，储存在海关仓库就无缴纳进口税费的义务；如果货物重新出口，则就免除进口税费。海关仓库也可为存放货物的货主提供更多的时间，以便其在国内或国外市场洽谈和销售，或以另一种海关制度的规定处理，将货物

---

❶ 朱颖. 美国知识产权保护制度的发展——以自由贸易协定为拓展知识产权保护的手段 [J]. 知识产权，2006（5）：87－91.

❷ CHRISTOPHER WADLOW. Including Trade In Counterfeit Goods：The Origin Of Trips As A GATT Anti－Counterfeiting Code [J]. Intellectual Property Quarterly，2007（3）：350－402.

❸ 关于简化和协调海关制度的国际公约（京都公约）：总附约和专项附约指南 [M]. 海关总署国际合作司，译. 北京：中国海关出版社，2003：262－263.

用于加工和制造。❶

　　国内自由贸易区相关的国家（地区）实践有美国的"对外贸易区"（foreign trade zone）和欧盟的"自由区"（free zone）。美国的对外贸易区制度建立较早，根据1934年《对外贸易区法案》而建立，它是指在美国进口口岸内或毗邻地区设立的一片限制进入的地理区域；在该区域内，外国货物不需要办理通常海关进口手续和缴纳关税，并可以进行储存、展示、分级、清洗、混合、销毁、批发、加工、制造或其他处理，但任何导致货物税则归类发生改变的加工、制造活动必须事先得到批准。❷ 欧盟《现代化海关法典》在"保存制度"中沿用了《欧共体海关法典》中的海关仓库和自由区制度；它们是为了便利欧盟国家与非欧盟国家之间的贸易往来，海关仓库和自由区是共同体关境的一部分或是位于关境内但与关境内其他地区相隔离的地域。在自由区及自由仓库中，非共同体货物在清关或履行其他海关业务制度前被视为尚未进入共同体关境；自由区或自由仓库内允许进行任何工业、商业或服务业活动，但进行此类活动应事先通知海关。❸

　　由此可知，国际海关法视角下的国内自由贸易区类似中国海关制度中的海关特殊监管区。由于存在国内自由贸易区等海关特殊监管区域，货物进出境的目的可能进口或出口，可能在海关特殊监管区内进行简单加工或实质加工，也可能利用海关特殊监管区的中转物流服务；或者是利用海关特殊监管区执法规则的空白或漏洞而规避知识产权执法。

三、我国海关特殊监管区及其功能形态

（一）海关特殊监管区的概念界定

　　根据《海关法》第100条的规定，"海关监管区"是指设立海关的港口、车站、机场、国界孔道、国际邮件互换局（交换站）和其他有海关监

---

　　❶ 关于简化和协调海关制度的国际公约（京都公约）：总附约和专项附约指南［M］. 海关总署国际合作司，译. 北京：中国海关出版社，2003：252.

　　❷ 周阳. 美国海关法律制度研究［M］. 北京：法律出版社，2010：215.

　　❸ 参见欧盟《欧共体海关法典》第3章第1节第166条至第181条，欧盟《现代化海关法典》第3章第3节"海关仓库"，第4节"自由区"。

管业务的场所，以及虽未设立海关，但是经国务院批准的进出境地点。❶虽然"海关特殊监管区域"多次出现在《海关法》和海关行政规章中的条文中，❷但并未给出一个明确的定义。这就导致想要清楚地比较二者内涵和外延存在一定困难。根据《海关对保税物流园区的管理办法》❸第55条的规定，海关特殊监管区域是经国务院批准设立的保税区、出口加工区、园区、保税港区及其他特殊监管区域。一般认为：海关特殊监管区域是经国务院批准，设立在中华人民共和国关境内，赋予承接国际产业转移、连接国内国际两个市场的特殊功能和政策，由海关为主实施封闭监管的特定经济功能区域。海关法学者认为上述定义侧重从经济角度来对海关特殊监管区域概括，而从海关管理的角度，海关特殊监管区域应是指经国务院批准设立在特定区域，具有保税加工、储存、国际物流、国际贸易等功能，全封闭且实施特殊税收和管理措施的海关监管区。❹从定义上看，海关监管区与海关特殊监管区域二者是不同的；从实际操作的角度来看，特殊监管区域也是独立于海关监管区的特殊场所，"特殊之处"在于海关特殊监管区域所承担保税加工、储存、国际物流、国际贸易等特殊功能。

　　海关特殊监管区并不完全等同于《京都公约》中的"自由区"，《京都公约》中的"自由区"是指在缔约方境内的一部分，进入这一部分的任何货物，就进口税费而言，通常视为在关境之外。是否设立自由区、允许何种货物进入自由区等都是主权国家的国内管辖事项。❺

　　另外，海关特殊监管区也不同于前文所述说的"自由贸易区"，自由贸易区是指两个或两个以上国家（地区）签订自由贸易协定，缔约国同意减除彼此间的贸易障碍，包括关税和非关税壁垒，这种自由贸易协定所适用的地理范围就形成一个"自由贸易区"，它并不需要在地理上相连或相近。

---

❶　《中华人民共和国海关监管场所管理办法》（海关总署令第171号）2008年1月30日对外公布，2008年3月1日施行。

❷　参见《海关法》第34条。

❸　《中华人民共和国海关对保税物流园区的管理办法》（海关总署令第134号）2005年11月28日发布，后根据2010年3月15日海关总署令第190号公布的《海关总署关于修改〈中华人民共和国海关对保税物流园区的管理办法〉的决定》修正。

❹　邵铁民. 试论海关特殊监管区域的若干问题［J］. 商场现代化，2009（29）：88－89.

❺　关于简化和协调海关制度的国际公约（京都公约）：总附约和专项附约指南［M］. 海关总署国际合作司，译. 北京：中国海关出版社，2003：262－263.

本书使用"海关特殊监管区域"这一概念,基于以下两个考虑:一是概括了所有不同称谓区域的共性,它们都实施了与一般海关管理不同的制度;二是可以保留各种概念之间的差异性,包括国别、政策和开放程度的差异性。❶

(二)海关特殊监管区的法律渊源

除了《中华人民共和国海关法》第 34 条,中国的其他法律或行政法规未涉及特殊监管区。目前只有多个海关总署的规章对此作出规定,且一个规章对应一个类别的海关特殊监管区域,导致内容雷同,规章众多,普通民众也不易知悉这些海关特殊监管区域的相同和区别之处。常见的海关特殊监管区规章有《中华人民共和国海关对保税物流园区的管理办法》《中华人民共和国海关保税港区管理的暂行办法》❷《中华人民共和国海关珠澳跨境工业区珠海园区管理办法》《中华人民共和国海关对出口加工区监管的暂行办法》❸ 和《保税区海关监管办法》等❹。有学者总结了海关特殊监管区域六种模式:保税区、出口加工区、保税物流园区、跨境工业园区、保税港区和综合保税区;❺ 根据海关总署的相关规定,海关特殊监管区域包括保税区、出口加工区、保税物流园区、保税港区、综合保税区、跨境工业区和国际边境经济合作中心配套区等。❻

(三)海关特殊监管区的类型与数量

中国保税区出口加工区协会(China Free Trade Zone and Export Processing None Association,CFEA)是经民政部核准登记的,由中国关境内的保税区、出口加工区、保税物流园区(中心)、跨境工业园等海关特殊监管

---

❶ 杨建文. 中国保税港区:创新与发展 [M]. 上海:上海社会科学院出版社,2008:2.

❷ 《中华人民共和国海关保税港区管理的暂行办法》(海关总署第 164 号令)2007 年 9 月 3 日对外公布,2007 年 10 月 3 日正式施行。

❸ 海关总署令第 81 号令《中华人民共和国海关对出口加工区监管的暂行办法》,2000 年 5 月 24 日公布,后根据 2003 年 9 月 2 日《国务院关于修改〈中华人民共和国海关对出口加工区监管的暂行办法〉的决定》修订。

❹ 《中华人民共和国保税区海关监管办法》(海关总署第 65 号令)。

❺ 国务院:《关于促进海关特殊监管区域科学发展的指导意见》(国发〔2012〕58 号),2012 年 10 月 27 日。

❻ 《关于海关特殊监管区域企业双重身份管理问题》是海关总署公告 2008 年第 17 号发布的海关规范性文件。

区域（场所）、区内企业及相关人士自愿组成的、非营利性的全国性社团组织。虽然协会名称不是"海关特殊监管区协会"，但实践中成为沟通海关特殊监管区域（场所）与政府部门的桥梁。协会对"海关特殊监管区"的概念采用了不完全列举的方式说明；根据该协会截至 2011 年 9 月的统计，全国共有保税港区 14 家，❶ 保税区 12 家，❷ 综合保税区 34 家，❸ 出口加工区 46 家，❹ 保税物流园区 5 家，❺ 跨境工业区 2 家，即珠澳跨境工业区（珠海园区）和霍尔果斯国际边境合作中心中方配套区，❻ 出口加工区 B 区 9 家，❼ 各类海关特殊监管区共计 122 家。综合上述海关特殊监管区域的类别，就其功能而言可以分为两类：一类是单一功能的，如出口加工区、保税物流园区，分别具有加工功能和储存物流功能；另一类属于多功能区域，如保税区具有加工、储存、国际贸易功能，保税港区具有口岸、物流和加工功能等。❽

近 30 年来，海关特殊监管区域在承接国际产业转移、推进加工贸易转型升级、扩大对外贸易和促进就业等方面发挥了积极作用，但发展中也存在种类过多、功能单一，重视申请设立、轻视建设发展等问题。为进一步推动特殊监管区域科学发展，国务院于 2012 年 10 月提出：在基本不突破

---

❶　中国大陆的保税港区共有洋山保税港区、大连大窑湾保税港区、天津东疆保税港区、海南洋浦保税港区、宁波梅山保税港区、广西钦州保税港区、厦门海沧保税港区、青岛前湾保税港区、广州南沙保税港区、深圳前海湾保税港区、重庆两路寸滩保税港区、张家港保税港区、烟台保税港区、福州保税港区等共计 14 家，参见：中国保税区出口加工区协会统计数据. [EB/OL].[2017 - 06 - 30]. http://www.cfea.org.cn/lq05.asp.

❷　中国大陆的保税区共有大连保税区、天津港保税区、上海外高桥保税区、宁波保税区、厦门保税区、福州保税区、深圳盐田保税区、深圳福田保税区、深圳沙头角保税区、广州保税区、珠海保税区、汕头保税区共计 12 家，参见：中国保税区出口加工区协会统计数据 [EB/OL].[2017 - 06 - 30]. http://www.cfea.org.cn/lq03.asp.

❸　参见中国保税区出口加工区协会统计数据 [EB/OL]. [2017 - 06 - 30]. http://www.cfea.org.cn/lq06.asp.

❹　参见中国保税区出口加工区协会统计数据 [EB/OL]. [2017 - 06 - 30]. http://www.cfea.org.cn/lq04.asp.

❺　参见中国保税区出口加工区协会统计数据 [EB/OL]. [2017 - 06 - 30]. http://www.cfea.org.cn/lq07.asp.

❻　参见中国保税区出口加工区协会统计数据 [EB/OL]. [2017 - 06 - 30]. http://www.cfea.org.cn/lq08.asp.

❼　参见中国保税区出口加工区协会统计数据 [EB/OL]. [2017 - 06 - 30]. http://www.cfea.org.cn/lq09.asp.

❽　邵铁民. 试论海关特殊监管区域的若干问题 [J]. 商场现代化，2009 (29)：88 - 89.

原规划面积的前提下，逐步将现有出口加工区、保税物流园区、跨境工业区、保税港区及符合条件的保税区整合为综合保税区；并且，新设立的特殊监管区域，原则上统一命名为"综合保税区"。❶ 2015 年 9 月，海关特殊监管区的改革进一步深化，国务院发布《加快海关特殊监管区域整合优化方案》，根据该方案的要求，海关特殊监管区要建立保护知识产权、维护质量安全、促进守法便利、维护公平、奖优惩劣、互联互通的管理机制，为海关特殊监管区域发展营造更好的环境；并逐步统一各类海关特殊监管区域的监管模式，规范海关特殊监管区域政策。❷

（四）海关特殊监区的功能形态

前文从功能上将海关特殊监管区分为两类，即单一功能和多功能于一体的海关特殊监管区。按照经营形态，可将单一功能的海关特殊监管区分为商业型和工业型。那么，海关特殊监管区按照经营形态就可以分为三类：第一类是商业型，专为储运及转口贸易所设的海关特殊监管区，此类特殊监管区的主要功能是提供服务；第二类是工业型，为加工制造业所设置的出口加工区等海关特殊监管区；第三类是综合型，集转运、仓储、贸易、工业及金融服务、观光等多功能于一体的海关特殊监管区。在具有储运功能的海关特殊监管区内，虽然不能对货物进行实质性加工，但可对商品进行储存、整理、分装、加标签、更换标示等，并提供分拨、配送、转运等物流服务。❸

四、海关特殊监管区中的知识产权侵权问题

（一）海关特殊监管区知识产权重点执法环节

对于海关特殊监管区内货物的知识产权执法而言，可能的侵权行为涉及简单加工、实质性加工和中转物流三类。

---

❶ 国务院：《关于促进海关特殊监管区域科学发展的指导意见》（国发〔2012〕58 号），2012 年 10 月 27 日。

❷ 国务院：《加快海关特殊监管区域整合优化方案》（国办发〔2015〕66 号），2015 年 9 月 6 日。

❸ 参见海关总署令第 134 号《中华人民共和国海关对保税物流园区的管理办法》第 7 条和第 8 条；《中华人民共和国海关对保税物流中心（A 型）的暂行管理办法》（海关总署令第 129 号）第 13 条和第 14 条。

首先，"简单加工"在《海关法》中的术语全称是"流通性简单加工和增值服务"，它是指对货物进行分级分类、分拆分拣、分装、计量、组合包装、打膜、加刷唛码、刷贴标志、改换包装、拼装等辅助性简单作业的总称。❶ 例如，组合包装、加刷唛码、刷贴标志、改换包装、拼装等行为的侵权风险较高；如果将侵权标识和无标识货物黏附在一起，就形成了侵权货物；如果将被不侵权的产品组件拼装到一起也可能构成专利侵权。其中，刷贴标志和改换包装极易造成商标假冒；而且，侵权标识和货物可能通过独立的运输通道进行海关特殊监管区，并在海关特殊监管区内完成最后的"组装"；而且，嫌疑人故意将侵权标识和无标识货物分别运输，这样可以降低执法检查的风险，即使侵权标识本身遭受执法检查，其损失相对于货物被查无疑是较小的。另外，货物在贴标之前，属于无标识货物，虽有侵犯专利和版权的可能，但不可能侵犯权利人的商标权。如果在特殊监管区内对商业标识和外包装进行改变、隐藏，以规避海关风险管理的追踪和实物查验，这样可以帮助侵权人最大限度地减少遭遇执法检查的风险。

其次，在工业型和综合型海关特殊监管区域内可直接实施生产加工行为，即实质性加工❷。而实质性加工采用实质性改变标准，它是指使用进口的原材料在出口国（地区）内制造、加工的货物，并由于在该出口国（地区）内的制造和加工程序，改变了它们原有的特征并达到了实质性的改变；往往是经过多种加工、制造程序，利用进口原材料生产的制成品在性质、形状或用途上已经产生了不同于进口原材料的永久性和实质性变化。❸ 这种加工不是简单的贴牌、分类和更换包装，不仅会造成假冒等商标侵权，还可实施侵犯专利、集成电路布图设计等复杂的侵权行为。此外，加工生产行为还可能改变产品的原产地，给边境侵权行为进行风险识别带来更大的迷惑性。❹ 侵权人可能利用进入海关特殊监管区的原材料，

---

❶ 参见《中华人民共和国海关对保税物流中心（A型）的暂行管理办法》（海关总署令第129号）第35条，《中华人民共和国海关对保税物流中心（B型）的暂行管理办法》（海关总署令第130号）第40条。

❷ 参见《中华人民共和国海关对出口监管仓库及所存货物的管理办法》（海关总署令第133号）第23条。

❸ 参见《关于非优惠原产地规则中实质性改变标准的规定》（海关总署令第122号）第3条。

❹ 朱秋沅. 特殊区域内知识产权边境侵权规制问题比较研究［C］. 第五届海关法论坛学术研讨会资料汇编，2012：138－139.

通过加工生产形成侵权货物，再将货物从海关特殊监管区出口，从而成功地将侵权货物送出国门。

最后是中转物流服务。海关特殊监管区具有国际分销与配送的功能，对进口保税货物进行分拣、分配、分销、分送等。此外，进入海关特殊监管区的国际中转货物和国内货物，可以进行分拆、集装箱拼箱，再运至境内外目的地。侵权人可能利用海关特殊监管区的这种强大的物流功能，❶ 使侵权货物免于进出口通关手续，或清关之后，再在区域内通过物流服务又进入流通领域或运输关至境外目的地。

（二）过境货物知识产权执法

尽管在功能上有所区别，但自由区与海关仓库具备共同的目标和特点，即为了方便贸易和鼓励进出口。自由区的设立、允许进入自由区的货物种类以及自由区内货物应遵守的作业性质的要求都应遵守国家立法。《京都公约》专项附约 4 指南中的建议条款对自由区、海关仓库与知识产权保护的关系作出明确表述，分别是《京都公约》专项附约 4 指南第 1 章"海关仓库"的建议条款 5 和《京都公约》专项附约 4 指南第 2 章"自由区"的建议条款 6。❷ 所以，基于知识产权保护和执法的需要对海关特殊监管区的货物有所限制是符合海关国际规则的做法。

虽然，就进出口税费而言，存在一个特殊监管区域。但就知识产权保护而言不应该存在特殊监管区域。特殊监管区域承担许多产品分装、转运与生产等业务，特殊监管区的知识产权保护状况影响着国际贸易知识产权保护和执法情况。有学者坦言：多数国家的海关不在特殊监管区域内提供知识产权边境保护，因此，特殊监管区域成为侵权产品的重要来源地与流通枢纽，甚至使集团犯罪在区域内滋生，这也是全球共扼跨境侵权，但侵权货物仍能在国家间肆意流动，且侵权量急剧增长的原因之一。❸ 根据世界海关组织对世界范围内被查获的侵权货物的数量统计，特殊监管区域的

❶ 李铭典，张仁颐．海关保税物流中各特殊监管区域之间的关系［J］．物流科技，2007（1）：95-98．

❷ 关于简化和协调海关制度的国际公约（京都公约）：总附约和专项附约指南［M］．海关总署国际合作司，译．北京：中国海关出版社，2003：255，264．

❸ 朱秋沅．特殊区域内知识产权边境侵权规制问题比较研究［C］．第五届海关法论坛学术研讨会资料汇编，2012：137．

侵权行为成为边境执法中查获侵权货物的七大地点之一，其余 6 个分别是
海港、空港、内陆、行邮、陆地边界和铁路。

表 1 - 2　世界海关组织报告自由贸易区知识产权执法情况表❶

年份	自由贸易区查扣的案件数/件	自由贸易区查扣的商品数/件
2007	13	2 502 000
2008	12	541 000
2009	38	1 658 000
2010	37	739 000
2011	54	N/A

　　由于世界海关组织报告中收集的只是其 177 会员国中的 70 个左右国家
的数据，数据并不完整，不能完全代表全球的真实情况；再者，已经上报
数据的国家也可能对自由贸易区等海关特殊监管区域并不进行知识产权执
法，而没有相关统计数据。那么，海关特殊监管区的实际知识产权侵权情
况可能要比表 1 - 2 中所列的情况要严重。

　　中国作为一个贸易大国，依然深度依赖进出口加工贸易。所以，中国
海关特殊监管区的发展非常迅速，无论是数量还是质量较 1990 年上海外高
桥保税区成立之初都有了长足的发展。改革开放以来，从"三来一补"到
来料加工、进料加工，从"放养式"的加工企业、保税仓库、保税工厂到
"圈养式"的保税区、出口加工区等各类海关特殊监管区域，海关这一新
型管理制度极大地推动了加工贸易的发展，使加工贸易进出口值曾连续多
年占据中国外贸进出口的"半壁江山"。如今，保税监管已经成为中国海
关的一种重要监管方式。如果货物在保税区内的加工易受到海关的严格监
管，可能会推动企业转变经济增长方式，加快升级和转型，这对于中国经
济长期、可持续地发展必然有重要和深远的影响。然而目前，中国的海关
特殊监管区的知识产权执法还存在诸多问题。

　　首先，海关特殊监管区对知识产权货物监管存在盲点。《知识产权海
关保护条例》未包含海关特殊监管区中知识产权执法的相关规定，海关特

---

　　❶　根据世界海关组织 2007 年到 2011 年的《海关与知识产权》年度报告整理，报告原文参
见世界海关组织官网 www.wcoomd.org。

殊监管区的相关管理规范和文件中也没有明确知识产权执法问题。特殊监管区的存在客观上使得货物的进出境目的变得十分复杂，进境不再意味着进口，特别是消费意义上的最终进口；进境的货物可能是来料加工，可能是分装，可能是再出口；而海关的通关程序也相应地分为多种，有过境、通运、转运、暂时进出口、保税进口等，其中，过境货物、转运货物和通运货物问题又尤为突出。国际贸易货物进境后，可能更换包装、分拆或拼箱，或更换交通工具继续运往下一个目的地，其中的物流服务和简单加工功能都可在海关特殊监管区域内完成，所以，如果海关特殊监管区对货物的知识产权状态视而不见，那么侵权货物可以轻易在世界各国的海关特殊监管区之间流转。侵权人会利用货物过境和进出特殊监管区相结合的方式来规避海关等边境执法部门的执法检查，为侵权货物进入流通领域打开方便之门。根据世界海关组织 2010 年《海关与知识产权报告》，在各国海关查获的侵权货物中，有 13% 的货物（2 980 批次）是在运往目的地的过境转运途中查获的，其中 393 批次过境转运 2 次以上，82 批次是过境转运 3 次以上，甚至一些货物在最终目的地被海关查获之前，已经经历了 5 次过境转运。过境转运似乎已经成为侵权者掩盖真实的来源地，迷惑海关机构注意力的"有效战略"。❶ 根据 2014 年世界海关组织《非法贸易报告》，2 184 个过境执法案例中，有 30% 案例经历过两次以上过境转运，过境程序中海关执法查获侵权货物的案例仅次于进口环节知识产权执法案例的数量。❷

表 1 - 3　世界海关组织过境执法报告案例简表❸

年份	案件数/件	占所有海关程序比例
2011	2 286	8.4%
2012	1 688	7.5%
2013	2 202	8.8%
2014	2 184	9.9%

❶ WCO. Customs and IPR Report 2010 ［R］. 2011: 10.

❷ WCO. Illicit Trade Report 2014 ［EB/OL］. ［2017 - 06 - 30］. http: //www. wcoomd. org/en/topics/enforcement - and - compliance/resources/publications. aspx.

❸ WCO Illicit Trade Report 2012, 2013, 2014 ［EB/OL］. ［2017 - 06 - 30］. http: //www. wcoomd. org/en/topics/enforcement - and - compliance/resources/publications. aspx.

其次，海关特殊监管区中可能存在监管不到位与多头管理的情况。目前，中国海关特殊监管区管理往往采用政府派出机构管理的模式，区域内除了管理委员会一级管理机构之外，还有海关、公安（消防）、工商、税务、检验检疫、外汇等业务管理部门。海关特殊监管区沿袭了经济特区制度的特点，虽然地域范围内属于当地政府管辖，但往往独立于当地政府，有一套自己的管理体制和运作方式。这是由于海关特殊监管区实行封闭式管理的需要，并行且独立于地方管理体系的操作模式导致缺少对海关特殊监管区本身的监管。这也对海关特殊监管区的执法监管是否存在监管不到位，或多头管理出现重复执法产生疑问。例如，当海关特殊监管区的生产加工行为侵犯知识产权时，主管的执法机关是园区管理委员会、海关还是工商、质检部门？如果海关特殊监管区的生产加工行为视为与进出口无关的生产行为，那么海关对特殊监管区的加工贸易货物的知识产权状态是不予监管的，而是由侵犯的知识产权类型的管理部门负责执法检查。但是，一般的海关特殊监管区域没有版权和专利管理部门的配置，这是否意味着侵犯著作权和专利权的违法行为无法得到及时纠正？所以，对于海关特殊监管区货物的知识产权保护不仅要监管，而且要理顺监管体制，明确执法规则，从而确保执法效果。

五、加强自由贸易试验区知识产权保护的必要性

根据《知识产权海关保护条例》，法规中没有出现"海关特殊监管区域"相关的任何表述，海关总署的行政规章《中华人民共和国海关关于〈中华人民共和国知识产权海关保护条例〉的实施办法》也没有处理海关特殊监管区知识产权侵权行为的操作指南。无论是 1997 年制定的《保税区海关监管办法》还是 2007 年施行的《中华人民共和国海关保税港区管理暂行办法》都没有知识产权保护和执法的相关内容。虽然，《知识产权海关保护条例》第 3 条规定：国家禁止侵犯知识产权的货物进出口，但对于货物在境外和特殊监管区域之间的流动不被视为进出口，海关监管程序上并不适用普通货物进出口监管程序。❶《保税区海关监管办法》第 8 条规

---

❶ 参见《保税区海关监管办法》（海关总署令第 65 号）第 9 条和第 10 条。

定：国家禁止进出口的货物、物品，不得进出保税区。那么，侵犯知识产权的货物是否属于国家禁止进出口的货物呢？根据《对外贸易法》第 18 条，国务院对外贸易主管部门会同国务院其他有关部门，制定、调整并公布限制或者禁止进出口的货物、技术目录。然而，根据目前已经公布的目录，侵犯知识产权的货物并不在目录中。侵犯知识产权货物往往是由于知识产权的权利状态瑕疵造成的，货物本身可能是符合产品质量标准，并且没有违背相关的禁止性或限制性的规定。案件处理过程中，如果权利人和涉嫌侵权货物的货主能够达成许可或和解协议，货物的侵权性质马上可以得到削除。因此，如果将侵犯知识产权货物列为禁止进出口货物目录，这种做法是并不科学，且不利于双方达成和解和解决案件纠纷。❶

如前所述，中国对于海关特殊监管区货物的知识产权状态的监管存在盲点，这既为过境侵权货物的中转打开了方便之门，同时由于生产加工行为监管的缺失，也会让海关特殊监管区成为知识产权侵权行为的"飞地"。

海关特殊监管区的"特殊"之处在于进口税费和手续便利，绝不应该是行政管理的盲区，或者是治外法权的"飞地"。当然，是否在出口税费、原产地规则、海关估价、知识产权保护等方面适用更加简化和便利的操作规则，完全取决于本国的立法，前提是要遵守 WTO 的基本原则和条约义务。所以，我们不应该将海关特殊监管区视为"国境之内、关境之外"的特殊区域，而是给予其税收和通关便利，当然对价是由于它承载国际贸易、先进制造、现代物流及保税商品展示交易等多种经济功能，对当地的经济发展有着突出贡献。《京都公约》关于"自由区"的附约中建议条款 6 规定："不应仅因为从国外进入的货物受到禁止或限制而拒绝准予进入自由区，无论原产国、发运国或者目的国如何，除因维护公共道德或秩序、公共安全、公共卫生或健康，或动植物检疫的需要，或保护专利、商标和版权的需要。"所以，自由区的货物因知识产权保护需要而受到监管也是国际社会的一种共识。虽然，TRIPS 中没有如此细致的相关规定，但《反假冒贸易协定》（ACTA）第 16 条第 2 款规定：成员方可以采用或维持程序来对嫌疑过境货物或海关监管下的其他情形货物进行知识产

---

❶ 徐枫. 知识产权海关保护的行政调解应用研究 [D]. 上海：复旦大学，2010.

权执法。此处的"海关监管下的其他情形货物"则包括了海关特殊监管区域中的货物。

海关特殊监管区的知识产权执法与过境货物相关知识产权执法之间彼此相互联系。海关转运和海关特殊监管区内知识产权执法如果严格规范，那么侵权货物的进出口及过境都会受到遏制。在海关特殊监管区内构建完整、合理、层次清楚的知识产权边境保护制度，有利于弥补当前知识产权海关保护体制中的不足和漏洞，实现海关特殊监管区中经济效益和社会效益的双丰收，同时也会减轻过境货物知识产权执法的压力，有效减少过境货物侵权的可能性。

在贸易领域，自由贸易试验区实施"一线逐步彻底放开、二线安全高效管住、区内货物自由流动"的创新监管服务新模式，这是与其他海关特殊监管区的主要区别。所谓"一线"，是指国境线；"二线"是指国内市场分界线，也就是自由贸易试验区的地理空间分界线。"一线放开，二线监管"也是目前国内保税区探索升级成自由贸易区的主要思路。创新监管模式提出要将一线监管集中在对人的监管，口岸单位只做必要的检验检疫等工作；海关方面将不再采用批次监管的模式，而采用集中、分类、电子化监管模式。通过这种模式，可以达到自由贸易试验区内人与货物的高效快捷流动。总之，通过简化手续和降低成本，在自由贸易试验区实现"境内关外"，即一种不同于"关内"特殊规则，甚至包括部分法律法规的暂停实施或修正。❶

自由贸易试验区不是简单的地理范围或特殊政策，更重要的是保证贸易自由和贸易便利的改革。贸易自由主要体现在服务贸易领域，特别是金融与投资等以往重点监管的领域；而贸易便利更多体现在货物贸易领域，如何进一步提高货物生产与流通的效率，减少货物交易的流通成本。自由贸易试验区的免税政策和便利手续将有利于吸引高端制造业，从而吸引更多的加工、制造、贸易和仓储物流企业聚集，但自由贸易试验区内聚集的企业并不享受知识产权执法上的超国民待遇。所以，自由贸易试验区绝不意味着知识产权法制的空白或选择性适用。自由贸易试验区中知识产权保

---

❶ 何欣荣，叶锋. 上海自由贸易试验区强化法制保障 凸显改革新动向［EB/OL］.［2017-06-30］. http://www.legaldaily.com.cn/locality/content/2013-08/20/content_4778416.htm.

护和执法应当尊重内外一致的基本原则，参照海关特殊监管区的知识产权监管模式，适当根据试验区贸易便利化的要求，在执法程序和执法效率上做好相应配套规范。

海关特殊监管区是一种广泛存在并承载促进国际贸易功能的特殊监管场所。虽然就进出口税费而言，海关特殊监管区通常视为关境之外；但就知识产权的保护和执法而言，它并不是侵权行为的避风港。《京都公约》中关于"自由区"标准条款和建议条款都没有否认国家对海关特殊监管区进行知识产权执法的权力。而目前中国的海关特殊监管区在知识产权保护和执法方面，存在监管盲点、监管不到位和多头监管等现实问题。当务之急，不仅要对海关特殊监管区的货物加强监管，而且要理顺自由贸易试验区的知识产权监管体制、明确执法规则，确保其不会成为侵权货物的自由港。如果海关特殊监管区和自由贸易试验区的货物得到有效监管，那么就会减少侵权货物进出口和过境。因为，自由贸易试验区与货物进出境的行为密切相关，货物进出境的目的不再是简单地进口或出口，可能是简单加工或实质加工，也有可能是利用过境国的高效的中转和物流服务，但也可能是利用过境国海关特殊监管区或自由贸易试验区的知识产权执法规则的空白或漏洞而规避执法，从而使侵权货物潜入过境国市场或转运至第三国。因此，海关特殊监管区和自由贸易试验区的知识产权执法相辅相成，任何一方面的欠缺或不力，都会对另一方的执法效果造成负面影响；只有二者在执法规则上协调互补，才能确保国际贸易供应链的安全，使侵权知识产权的货物无所遁形。

第二章 自由贸易试验区
知识产权保护制度国际协调

无论是世界知识产权组织（WIPO）、WTO 还是 WCO，尽管其各自的宗旨有所不同，但对于知识产权执法议题的关注是共同的。从 WIPO 管辖的国际公约开始，便有知识产权边境执法规则，后来逐渐演进到对自由贸易区知识产权保护和执法的关切。同时，不能否认，有关自由贸易区知识产权保护的强制性条约义务并不多见。然而，自由贸易协定和区域主义的兴起使得贸易伙伴的自由贸易区知识产权保护义务更加凸显；自由贸易区知识产权保护和执法规则的趋同使得主权国家的自主政策空间被严格限制，自由贸易区知识产权保护的国际协调将向纵深发展。

第一节 WIPO 知识产权执法规则的国际协调

WIPO 对知识产权保护的国际协调时间较早，涉及主题广泛。WIPO 管辖条约中有部分知识产权执法条款涉及知识产权海关执法规则，虽然它们在实施效果上并不尽如人意，但却为 WCO 和 WTO 的知识产权海关保护措施提供了很好的借鉴与指引。

不可否认，WIPO 在促进知识产权保护国际协调方面，起到了十分重要的作用。目前，WIPO 管辖的公约共有 26 个，分为三大类，其中关于知识产权保护的实体条约共有 16 个，关于全球保护体系的共有 6 个，而与国际分类制度有关的条约共有 4 个。❶ 为了实现 WIPO 的目标，其具体职能包括：（1）促进措施的发展，以便利知识产权在全球范围内的有效保护，并

---

❶ WIPO. WIPO – Administered Treaties ［EB/OL］. ［2017 – 06 – 30］. http：//www. wipo. int/treaties/en/.

协调这个领域的国家立法；（2）履行巴黎联盟、与巴黎联盟相关的特别联盟和伯尔尼联盟的行政职能；（3）同意承担或参与促进知识产权保护的其他国际条约的管理；（4）鼓励旨在促进知识产权保护的国际条约的缔结；（5）提供给成员国请求的知识产权领域的法律和技术协助；（6）收集并传播关于知识产权保护的信息，执行和促进知识产权领域的研究，并且发布研究成果；（7）维持便利知识产权国际保护的服务，并且必要时，提供知识产权领域的注册，并发布注册相关的数据；（8）采取所有其他适当的行动。因此，WIPO 主要职能是协调知识产权领域的国际立法，并不是侧重于知识产权执法。❶

在知识产权执法协调方面，WIPO 贡献有限，对于知识产权边境执法方面也没有较为全面和深入的协调成果，但 WIPO 管理的基础性公约对于知识产权边境执法有许多原则性的规定。由于对国家主权原则的恪守，WIPO 国际协调的事项难以触及深层的执法问题，并且 WIPO 缺乏有效的监督条约实施的机制。所以，WIPO 并不重视知识产权执法的国际协调。但这不能否认 WIPO 条约体系中知识产权执法条款的存在，其中一些执法条款成为后来执法国际协调借鉴的示范条款。

一、《巴黎公约》中的知识产权边境执法义务

缔结于 1883 年的《巴黎公约》是各种工业产权公约中缔结最早、成员国最多的综合性知识产权国际公约，它也是在知识产权条约中最早规定知识产权边境执法条款的国际公约。提到《巴黎公约》，容易想到公约中规定的国民待遇原则、优先权原则和独立性原则等，而很少提及它的执法条款。由于《巴黎公约》主要是一个"保护性"条约，其主要内容以规定保护工业产权客体为主。然而，如果只有保护立法，没有严格的执法，不能为被侵权提供救济，那么这种保护的实际效果容易受到质疑。

根据《巴黎公约》第 9 条和第 10 条的相关规定，知识产权边境执法所保护的客体是商标、厂商名称和相关标记。一切非法标有商标或厂商名称的商品，或者直接或间接使用虚假的商品原产地、生产者、制造者或商

---

❶ See, Article 4 of Convention Establishing the World Intellectual Property Organization Signed at Stockholm on July 14, 1967 and as amended on September 28, 1979.

人的标记的商品，在进口到该商标或厂商名称受到法律保护的联盟国家时，应予以扣押。边境执法的环节是进口环节，不包括出口环节。但如果一国法律不允许在进口时扣押，应代之以禁止进口或在国内扣押。如果一国法律既不准许扣押，也不准许禁止进口或在国内扣押，则在法律作出相应修改以前应代之以该国国民在此种情况下按该国法律可以采取的诉讼和救济手段。由此看来，边境执法并不是强制的条约义务，成员方可以在国内扣押或其他方式执法。执法行为的启动模式则包括了依利害关系人的申请，或依检察机关等主管机关的请求，而利害关系人则包括自然人或法人，也包括有利害关系的企业家、生产者或商人的联合会和社团向法院或行政机关控诉的权利。❶ 这些联合会或社团必须具备两个条件：其存在不违反成员国的法律；起诉权或者请求权在请求保护国法律所允许的范围内。执法的法律依据是进口国其本国的法律的规定，虽然没有指明是准据法还是实体法，但根据规定的精神来看，应当是进口国的知识产权实体法。

此外，《巴黎公约》中也有过境货物相关的知识产权执法条款，第9条第4款规定：各机关对于过境商品没有执行扣押的义务。而《巴黎公约》的权威释义认为，该条款的规定是不言而喻（self‐explanatory）；但并没有明确解释为什么。❷ 其背后逻辑是：首先，早期的对过境自由原则的限制并不关注货物的知识产权权利状态，这是由于当时知识产权保护的意识还不强烈，国际流通货物中带有知识产权的产品比例还不高，虽然进口环节的边境执法规则已经在条约中有所体现，而要在国家层面做到全面有效的执法还十分困难。因此，当时情况下，对过境货物进行知识产权执法的必要性和可行性都不充足。其次，《巴黎公约》的协调初衷并不涉及知识产权执法和过境货物的流动，它主要是为保护工业产权而进行的国际协调。因此，没有必要也不可能规定成员国有义务对过境货物进行知识产权执法。

此外，《巴黎公约》第5条之三确立了过境交通工具专利侵权例外的

---

❶　参见《巴黎公约》第10条之三。

❷　博登豪森. 保护工业产权巴黎公约指南 [M]. 汤宗舜，段瑞林，译. 北京：中国人民大学出版社，2003：90‐92.

原则，这个原则也被后来的《国际民用航空公约》所采纳，并得到成员国立法的支持。根据《巴黎公约》第5条之三的规定，过境交通工具专利侵权例外的对象是船舶、飞机和陆地车辆，至于具体的船舶、飞机和陆地车辆的含义，公约并没有明确，而是留给成员国的国家机关作出解释。例外成立的特殊情形是"暂时或偶然地进入联盟内其他国家"。"偶然"可以理解为无意为之，即因迷航或故障、事故等客观原因造成的；"暂时"则是计划中进入和经停，包括了商业航班的定期进入。对于船舶，构成例外的器械包括船体、机械、滑车、传动装置及其他附件，包括了航海仪器、装货和卸货器械，具体需要根据船舶的性质和用途而定；对于飞机和陆地车辆，例外适用于飞机或陆地车辆及其附件的构造或机能中使用成为专利主题的器械的情况。如果是与其构造或机能无关的物件，不能免除侵犯专利的责任。

《巴黎公约》第5条是关于专利权的权利内容的规定，即专利权人享有哪些具体权利，有权禁止第三人实施的侵权行为，而一旦第三人实施了相关行为，权利人可以追究侵权人的法律责任；而第5条之三则从例外的角度规定了交通工具过境的侵权例外，即不构成对专利权人专利权的侵犯。第5条之三是一种禁止性规则，而第9条第4款是一种免责性条款，二者之间是没有冲突的。第9条第4款，成员方没有义务对过境商品执法扣押，但并没有否定成员方的执法权力。而第5条之三恰恰是否定了成员方对过境交通工具进行知识产权执法的权力。所以，这样看来似乎表面上存在法律冲突，而实际则不然。首先，交通工具和商品是不同的概念，交通工具是运载商品的运输工具，它本身并不是国际贸易的对象，所以过境交通工具不符合过境商品的定义。当然，并不排除轮船、汽车和飞机等成为国际贸易的对象，作为交易的标的物和作为运输工具的性质是截然不同的。其次，即使是作为交通工具的过境侵权免责，也有严格的限制条件。对于船舶来说，使用专利的自由首先适用于在该船舶船体上使用专利。这种自由还包括在船的附件上使用取得专利的发明，但使用自由仅限于专为船舶需要而使用取得专利的器械。对于飞机和陆地车辆，适用于在飞机或陆地车辆或其附件的构造或机能中使用成为专利主题的器械的情况。因此，在飞机或陆地车辆上使用与构造或机能无关的物件，就不能免除侵犯专利的责任。再次，第5条之三是为了维持运输自由的公共利益，而对专利权的充分行使做了必要的限制。所以，交通工具必须是偶然或暂时地进入第三国，包括了迷航或需要维修和补给等为确保运输完成的特殊需要。最后，这种过境例外只适用于专利权，并不包括商标等其他知识产权客体。由于专利对交通工具发挥它的运输功能是必不可少的，而商标和外观设计并没有构造或机能上的实用价值。另外，由于专利的地域性和独立性，无法保证专利权在全世界范围的国家和地区都得到有效保护，而货物又需要在全球范围内流通和运输。所以，专利权的过境侵权例外是在不影响国际贸易（运输）的前提下设计的一种必要的例外制度。

二、《伯尔尼公约》中的知识产权执法义务

《伯尔尼公约》中也有知识产权执法的相关条款，《伯尔尼公约》第16条规定：在该作品受到法律保护的本联盟各成员国，应该对作品的侵权复制品进行扣押。[1] 但并没有规定是在边境环节还是在国内进行执法扣押，具体的扣押行为需要依照成员国法律进行。关于扣押的执法主体，《伯尔尼公约》没有规定，国内法可委托法院或海关执行，也可以规定其他主体可以依法申请扣押。虽然《伯尔尼公约》中的执法条款只有一条，规定得也不够详细，但其宗旨十分明确，即对盗版作品的执法。这也是著作权保护的重中之重。在技术发展有限的时代，作者最重要的经济权利是复制权，侵犯复制权的后果是侵权复制品的泛滥。因此，有必要加强对侵权复制品的打击。

1908 年修订《伯尔尼公约》时所补充的第 16 条第 2 款准许对来自不保护该作品或该作品已进入公有领域的国家的复制品进行扣押，这也体现了著作权的地域性和作品保护的独立性。对于国际贸易来说，作品合法复制件的流动必然涉及不同国家之间保护的差异，那么不管复制品在原属国处于何种法律状态，如果这种复制品进口到对该作品给予保护的成员国，它们就是侵权复制品，从而应当进行扣押。根据该款推论，过境国是有义务对过境货物进行知识产权执法，而不论过境货物在来源国或目标国的法律状态。

---

[1]　参见：保护文学和艺术作品伯尔尼公约（1971 年巴黎文本）指南：附英文文本 [M]. 刘波林，译. 北京：中国人民大学出版社，2002：76.

经比较发现，缔结时间晚于《巴黎公约》的《伯尔尼公约》中的执法条款反而较少。在 19 世纪末，与商品和贸易密切联系的工业产权的国际协调相对更加关注执法问题，而当时版权相关的文化产品的国际贸易相对较少，《伯尔尼公约》则侧重于保护而非执法。

此外，《伯尔尼公约》对知识产权保护和执法的贡献，还体现在其对最低保护义务的确立。根据《伯尔尼公约》第 19 条的规定，对国内法的效力，该公约的规定不排除作者请求给予本联盟成员国的立法可能给予的任何更广泛的保护。据此，《伯尔尼公约》对于版权保护的国际协调确立了一个最低保护标准，并不妨碍成员方给予更宽泛的保护。❶ 最低保护原则的确立给成员国国内加强保护和执法提供了国际法依据。TRIPS 第 1 条也有类似表述，虽然时隔百年，但其基本意思完全一致。虽然《巴黎公约》也规定：在公约之外，成员国之间可以签订不和《巴黎公约》相抵触的关于保护工业产权的专门协定。❷ 同时《巴黎公约》也强调：缔约国要承诺，根据其宪法，采取保证该公约适用的必要措施，❸ 但并没有直接提及成员国可以实施比该公约要求更宽泛的保护。所以，《伯尔尼公约》所规定的最低保护原则为知识产权国际协调的棘轮效应的起点，最低保护原则成知识产权保护这个不停运转的棘轮机构的止回棘爪，保护水平和执法标准从此只升不降。❹

三、《制裁商品来源虚假或欺骗性标志协定》的边境执法规则

《制裁商品来源虚假或欺骗性标志协定》于 1891 年在马德里缔结，截至 2017 年 6 月，已经有 36 个成员国参加了该协定，中国并没有参加该条约。❺

---

❶ 参见《伯尔尼公约》第 20 条。

❷ 参见《巴黎公约》第 19 条。

❸ 参见《巴黎公约》第 25 条。

❹ SUSAN K. Sell The Global IP Upward Ratchet，Anti‐Counterfeiting And Piracy Enforcement Efforts：The State Of Play [EB/OL]．[2017‐06‐30]．http：//keionline. org/misc‐docs/Sell_IP_Enforcement_State_of_Play‐OPs_1_June_2008. pdf.

❺ WIPO. Contracting Parties > Madrid Agreement（Indications of Source）（Total Contracting Parties：36）[EB/OL]．[2017‐06‐30]．http：//www. wipo. int/treaties/en/ShowResults. jsp？lang = en&treaty_id = 3.

《制裁商品来源虚假或欺骗性标志协定》全文非常精简，只有7个条文。最重要的实体义务条款是第1条和第2条。第1条规定：成员国如果发现任何商品上标示着涉及某成员国或成员国国内企业或地方的虚假标志或欺骗性标志，无论是间接的还是直接的，都必须禁止该商品进口或在进口时予以扣押，或采取其他制裁措施。该协定第1条、第2条表述的主要内容同《巴黎公约》第9条相同，但又有不同之处。

首先，执法对象不一致。《巴黎公约》规定的执法对象是非法标有商标或厂商名称的商品；而该协定的执法对象是带有虚假或欺骗性标志的商品。从某种意义上说，非法标有商标和厂商名称也可能是一种带有虚假性或欺骗性产地标志的行为；显然，后者的执法对象不局限于假冒商标和厂商名称的商品，而是侧重于打击虚假标记原产地的商品。商品的真实产地往往意味着商品品质的一种保证，虚假的标记必然对国际贸易产生严重的负面影响，不仅对消费者是一种欺骗行为，同时也影响到国家关税的征收，由于成员国对于不同原产地的商品征收的税费是差别很大的。❶

其次，执法主体规定的差异。《巴黎公约》中没有明确执法机关，只是提及"扣押应依检察官、任何其他主管机关或任何有关当事人的请求，按照各国本国法的规定进行"。而在该协定中，明确指出执法应当"以海关当局提议而进行"。这是在知识产权相关的国际条约中"海关"首次作为执法主体出现，后来的国际实践表明海关在知识产权边境执法中扮演着重要的角色。条约中不仅规定：扣押须应海关当局提议进行，而且"海关当局应即刻通知有关当事人（自然人或法人），使其可依自己意愿采取适当步骤将扣押作为有效的保护措施"。这种海关与当事人的沟通和通知程序为日后的海关备案制度的建立也提供了某种制度尝试。除了海关提议的扣押行为之外，检查机关或其他主管机关可以应受害方的请求或自行决定提请扣押，届时则依正常扣押程序。所以，有关执法主体和执法程序的规定与《巴黎公约》差异明显。有学者认为现代知识产权边境执法制度最早源自美国1930年《关税法》第337节对"进口贸易中的不公平做法"（"337条款"）的规制，但是"337条款"的海关自执行程序是一种事后

---

❶　厉力.原产地规则及其在区域贸易安排中适用问题研究［M］.北京：中国海关出版社，2009：8-9.

实现救济措施的程序，❶《制裁商品来源虚假或欺骗性标志协定》才是知识产权边境执法制度最早的国际渊源。

再次，关于执法环节的规定，《巴黎公约》和该协定基本一致。首先强调货物在进口时进行扣押，这应当是成员国首选的执法环节。而如果成员国法律不允许进口时扣押，应代之以禁止进口，这是进口扣押的替代措施。而如果成员国法律既不允许进口时扣押，也不禁止进口，也不允许在国内扣押，则在法律作出相应修改之前，代之以该国法律在相同情况下给予其国民的诉讼权利和补救手段。条约规定第三种替代措施是该国国民在国内可以寻求的救济手段，然而这种措施具有临时性，条约要求成员国的法律作出相应的修改，以选择进口扣押或禁止进口的执法程序。

最后，第 1 条第 5 款规定：如果对制止虚假或欺骗性产地标志未设专门的制裁，则应适用有关商标或厂商名称的法律条款规定的制裁。这一款也表明该协定和《巴黎公约》的关系，加入该协定成员方应当是《巴黎公约》的成员国；此外，这也表明了两者之间是特别法与一般法的关系。

对于货物过境情形，该协定规定没有扣押义务，这种表述与《巴黎公约》的过境货物免于知识产权执法的条约义务相同。❷ 这也是继《巴黎公约》之后，第二个在国际条约中明确规定过境货物免于执法的条款。

上述 WIPO 知识产权条约都是协调知识产权立法保护的条约，但其中执法条款也极为关键。知识产权保护与执法密不可分，在立法保护中必然有执法规范的规定，要保证保护性规则得到遵守与执行，执法性规范应该明确和直接，便于行政机关的执行和司法机关的解释和适用。因此，WIPO 作为促进立法保护的国际组织，其条约体系中包括执法要求的条约是非常正常的现象。然而，由于 WIPO 体制中对于条约的监督和执行缺乏有约束力的执行机构，导致执法条款的实施和解释并不理想，这也削弱了成员国履行知识产权执法义务的动力。

---

❶ 于洋. 美国 337 条款实施机制研究［M］. 北京：法律出版社，2012：186 – 191.
❷ 《制裁商品来源虚假或欺骗性标志协定》第 2 条第 2 款英文原文为 "The authorities shall not be bound to effect seizure in the case of transit"；《巴黎公约》第 9 条第 4 款英文原文为 "The authorities shall not be bound to effect seizure of goods in transit"。

第二节 知识产权海关保护国际协调的发展

海关是政府对国际贸易实行监督管理并获取财政收入而形成的一种行政制度，它具有一定的实用功利性，也具有一定的合理技术性。然而，其设立之初的职能并不包括知识产权保护，TRIPS 之前的国际协调中也没有强调海关的知识产权保护功能。近年来，海关履行知识产权保护、国家安全、环境保护等非传统职能的实践体现了海关在国际贸易和国家安全等领域的地位和作用越来越重要。以知识产权海关保护为例，TRIPS 边境措施和世界海关组织（WCO）《知识产权保护示范法》都大大强化了海关在知识产权保护中的重要作用。《反假冒贸易协定》（ACTA）和众多的自由贸易协定继续强化海关在知识产权保护方面的作用，这种强化本身不仅是对海关保护知识产权作用的肯定，同时也体现出自由贸易试验区知识产权海关保护的责任越来越重大。

一、TRIPS 之前的知识产权国际协调

如前所述，说到知识产权的国际协调，自然要提到 1883 年议定并于 1884 年 7 月 7 日正式生效的《保护工业产权巴黎公约》（以下简称《巴黎公约》）。《巴黎公约》所确立的国民待遇原则、优先权、宽限期和临时性保护等制度一直沿用至今，并且通过 TRIPS 的纳入，发挥了更大的影响力。1886 年缔结的《保护文学艺术作品伯尔尼公约》（以下简称《伯尔尼公约》）对著作权及邻接权的保护进行国际协调。《伯尔尼公约》也为日后世界知识产权组织（WIPO）体系的众多的国际条约奠定了基础。2002 年生效的针对互联网环境著作权保护的《世界知识产权组织版权条约》和《世界知识产权组织表演及录音制品公约》也将《伯尔尼公约》的主要内容在网络环境下进行了拓展和延伸。

基于保护知识产权的国际协调运动发展的需要，WIPO 于 1967 年诞生，1970 年 WIPO 设立了"知识产权国际局"，代替了原来《巴黎公约》和《伯尔尼公约》的联合国际局，作为该组织的秘书处。WIPO 主要宗旨是通过各国合作和在必要时与其他国际组织协作，促进世界范围的知识产

权保护。在 WIPO 成立后，先后主持制定了《专利合作条约》《保护集成电路知识产权华盛顿公约》《商标法条约》《专利法条约》《世界知识产权组织版权条约》和《世界知识产权组织表演及录音制品公约》等重要的知识产权国际条约。WIPO 现有 189 个成员国，并于 1974 年成为联合国系统的特别机构之一，在知识产权国际协调运动中发挥着主导作用，为 TRIPS 的诞生和发展起到了重要的辅助作用。❶

综上所述，《巴黎公约》和《伯尔尼公约》是知识产权国际协调的基础性公约，而 WIPO 的诞生为知识产权国际协调的系统化提供了体制保证，并在实践中发挥着重要作用。由于 WIPO 对国家主权的强调，深度国际协调的难度在加大。然而，以北美自由贸易区（NAFTA）和欧盟（EU）等为代表的知识产权的区域协调也是对 WTO 和 WIPO 等多边主义的背离，并有愈演愈烈之势。这种协调成果远可追溯至 1977 年的非洲知识产权组织的《班吉协定》，近可定位到 1994 年《北美自由贸易协定》，最近则是 ACTA 和《跨太平洋战略经济伙伴关系协定》（TPP）的国际协调。尽管对于知识产权谈判的体制转换（Regime Shift）理论还存在争论，但在实践中众多国际自由贸易协定中都存在大量的 TRIPS 递增（TRIPS – plus）义务的条款，其中包括高于 TRIPS 所要求的边境措施标准。

二、TRIPS 与知识产权海关保护

知识产权海关保护国际协调的历史可追溯至《关税与贸易总协定》（GATT）时期东京回合的《反假冒守则》谈判文本（L4817 和 L5382 文本），当时的谈判方试图规定：成员方应当给本协定所保护的商标权利人或他们的代表必要的司法或行政手段来保护他们的权利，在海关当局放行货物之前阻击进口假冒商品。虽然《反假冒守则》最终夭折，但主要思想和制度还是体现在后来的 TRIPS 之中。

在 TRIPS 前一年生效的《北美自由贸易协定》中已经包含知识产权海关保护的内容，由于只在北美生效，影响力自然不及 TRIPS。在知识产权国际协调的所有成果中，对知识产权海关保护规定最为系统的国际条约当属

---

❶ WIPO. Member States ［EB/OL］. ［2017 – 06 – 30］. http：//www.wipo.int/members/en/.

TRIPS。TRIPS 既是知识产权国际协调阶段性的重大成果，同时又为后续的国际协调树立了标杆。TRIPS 在《巴黎公约》和《伯尔尼公约》的基础上，又纳入随着技术发展而产生的一些新兴客体，如数据库、计算机软件和集成电路布图设计等。

与知识产权海关保护有关的边境措施的内容主要在 TRIPS 第 3 部分第 4 节即第 51 条至第 60 条。TRIPS 第 51 条规定：如果权利人有正当的理由怀疑进口商品是采用假冒商标的商品或盗版商品，缔约方在遵守下述规定的条件下应制定程序，使该权利人能够向适当的司法部门或行政部门提交书面请求，要求由海关中止放行，不让这样的商品进入自由流通。从该条规定可以看出，对于涉嫌假冒商标的或盗版的进口货物，WTO 成员方在符合条件的情形下应当采取措施，要求海关中止放行此类货物进入流通领域；而对于出口货物，TRIPS 则仅规定成员方可以制定关于海关中止放行自其领土出口的侵权货物的相应程序。TRIPS 还在脚注 13 中进一步明确：对于过境货物，各方无义务适用中止放行程序。因此，单从这一条来看，虽然 TRIPS 没有规定成员方可以扣押侵权的过境货物，但也没有禁止性规定，问题完全交给成员方依据各自情况处理，这也是 TRIPS 最低标准义务的本意。

此外，过境环节知识产权保护的争议还涉及 TRIPS 第 52 条规定中的"进口国"的理解。TRIPS 第 52 条规定：只有依据进口国的法律，货物侵犯了知识产权的才能采取措施。"进口国"是否特指贸易商品目的地国，还是包括有"进境"环节的"过境国"？依据不同的解释可能会得出不同的结论。如果"进口国"只是最终目的地国，那么转口贸易中的中转方也不属于进口国，尽管从国际贸易合国的角度来看，转口方是独立的进口方，同时又是同一批货和另一笔交易的出口方。

TRIPS 所规定的知识产权海关保护的特点是：第一，在保护模式上，分为依职权的主动保护和依权利人申请的被动保护两种；第二，在保护客体上，只强制规定了侵犯商标和著作权两种，对于其他客体则由成员方自行选择是否保护；第三，在保护环节上，只强制规定了进口环节的知识产权保护，对于出口和过境环节，则由成员方决定。

虽然 TRIPS 等知识产权保护条约要求成员方采取制度来保护边境环节的知识产权，但并没有具体要求采用何种制度，而只是规定了最低的保护义务。正如 TRIPS 第 41 条执法一般义务中规定："为知识产权执法，而代之以不同于一般法律的执行的司法制度，本部分也不影响成员执行其一般法律的能力。本部分的任何规定均不产生知识产权执法与一般法的执行之间涉及财力物力分配的义务。"所以，从条约义务上来看，成员方的知识产权海关执法制度的设计较其他行政执法制度而言并不具有特殊性。

知识产权海关保护制度的选择要既能保护知识产权权利人的利益又能便利海关执法和国际贸易，同时应当和成员方的具体国情相结合。由于不同的国际条约对于知识产权的海关保护制度的设计规定并不一致，相应地，不同条约的成员方在国家实践中实践的方式也不尽相同。

第三节 自由贸易试验区知识产权执法的国际协调

一、自由贸易试验区知识产权执法议题的兴起

2011 年开放签署的 ACTA 第 16 条第 2 款规定：成员方可以采用或维持程序对嫌疑过境货物或海关监管其他情形货物进行知识产权执法；海关监管的其他货物则包括自由贸易区中的货物。2012 年 3 月 15 日生效的《美韩自由贸易协定》也在"边境措施相关的特别要求"中规定：一旦进口、出口、过境货物或自由贸易区中的货物被怀疑是假冒货物或盗版货物，每一成员方应当规定其主管机关可以依职权启动边境措施。❶ TPP 的特征之一就是严格知识产权执法，在知识产权边境执法环节，将过境货物和自由贸易区货物相关知识产权执法纳入协调范围。TPP 草案中曾规定：每一成员应赋予主管机关有权依职权就出口、进口、过境以及自由贸易区中的涉嫌假冒和盗版的货物采取边境措施。从执法环节的角度来看，TPP 的知识产权执法标准将高于 ACTA 的规定，它已明确将自由贸易区货物知识产权执法义务上升为强制性条约义务。

国际商会（ICC）于 2013 年 5 月发布《控制区域：在世界自由贸易区内平衡便利与打击非法贸易》的研究报告，重点关注自由贸易区相关知识

---

❶ The United States – Korea Free Trade Agreement（KORUS FTA）Chapter 18. ARTICLE 18. 10： para. 22.

产权侵权问题。ICC 承认自由贸易区在促进投资和贸易便利化中的重要作用，同时也对由于自由贸易区脆弱性所带来的非法贸易日趋严重的问题表示担忧，并提出加强海关对自由贸易区的知识产权执法等建议。❶

2013 年 7 月 3 日召开的国务院常务会议原则通过《中国（上海）自由贸易试验区总体方案》，8 月 17 日，国务院正式批准设立中国（上海）自由贸易试验区。《中国（上海）自由贸易试验区总体方案》已经提出"建立集中统一的市场监管综合执法体系，在知识产权等领域实现高效监管"，并要求探索"建立知识产权纠纷调解、援助等解决机制"；且自贸试验区知识产权保护还涉及知识产权行政管理体制、知识产权行政执法与司法保护、贸易便利化与知识产权海关执法、自贸试验区知识产权保护与国际高标准知识产权规则等问题。因此，首先要梳理国际法对自贸试验区知识产权保护的规则，以便明确我国自贸试验区知识产权保护的目标和手段，并采取相应的应对策略，争取契合自贸试验区发展并符合国际规则的知识产权保护制度安排。

二、WCO 与自由贸易试验区知识产权执法

自由贸易试验区的概念可追溯到世界海关组织《关于协调和简化海关手续的国际公约》（以下简称《京都公约》）中的"自由区"（free zone）和"海关仓库"（customs warehouse）。"自由区"是指在缔约方境内的一部分，进入这一部分的任何货物，就进口税费而言，通常视为在关境之外。对于自由区的设立、允许进入自由区的货物种类以及自由区货物应遵守的作业性质的要求，则由国家立法规定。❷《京都公约》中"海关仓库"制度的主要目的是最大限度地方便贸易，在货物以供境内使用清关出库前，储存在海关仓库就无缴纳进口税费的义务；如果货物重新出口，则就免除进口税费。海关仓库也可为存放货物的货主提供更多的时间，以便其在国内或国外市场洽谈和销售，或以另一种海关制度的规定处理，将货物

---

❶ International Chamber of Commerce. BASCAP report，Controlling the Zone：Balancing facilitation and control to combat illicit trade in the world's Free Trade Zones［R］. 2013.

❷ 关于简化和协调海关制度的国际公约（京都公约）：总附约和专项附约指南［M］. 海关总署国际合作司，译. 北京：中国海关出版社，2003：262 - 263.

用于加工和制造。● 《京都公约》关于"自由区"的附约中明确规定：不应仅因为从国外进入的货物受到禁止或限制而拒绝准予进入自由区，无论原产国、启运国或者目的国如何，除因维护公共道德或秩序、公共安全、公共卫生或健康，或动植物检疫的需要，或保护专利、商标和版权的需要。所以，自由区的货物因知识产权保护需要而受到监管在世界海关组织看来已经是共识。

本书第一章第二节中已经讨论了自由贸易试验区与海关特殊监管区的关系。自由贸易试验区企业经营形态可以分为：商业型，专为储运及转口贸易所设的业务，此类业务主要功能是提供服务；工业型，以加工制造业为主；综合型，集转运、仓储、贸易、工业及金融服务等多功能业务于一体。因此，在自由贸易试验区内，不仅能对货物进行实质性加工，还可以对商品进行储存、整理、分装、加标签、更换标示等，并提供分拨、配送、转运等物流服务。另外，违法者可能利用自由贸易试验区作为侵权货物转运或转装的过境通道或站点，完成侵权货物分销或销售。对于自由贸易试验区知识产权执法而言，货物可能在区域内利用政策和执法漏洞，规避海关等执法部门的监管。

根据 2008 年 WCO《海关与知识产权》报告，查获侵权货物中，有21%（3 311 批次）的货物是在最终目的地之前过境第三国时发现的；其中，306 批次尝试过境 2 次，52 批次尝试过境 3 次，有些甚至在最终被海关查获之前已经过境 5 次。这些数据表明，不法分子希望通过过境中转的策略来掩盖产品的真实来源地，转移海关执法部门的注意力。根据 2010 年WCO《海关与知识产权报告》，查获侵权货物的 13%（2 980 批次）的商品是在最终目的地之前过境第三国时发现的；其中，393 批次尝试过境 2次以上，82 批次尝试过境 3 次。● 通过这两组数据比对发现：虽然过境侵权货物占查处侵权货物比例在下降，但查扣批次和过境次并没有明显减少，侵权货物的过境转运或转装运输的现象依然十分严重；同时，显示出在自由贸易试验区进行知识产权过境执法的必要性。

● 关于简化和协调海关制度的国际公约（京都公约）：总附约和专项附约指南 [M]. 海关总署国际合作司，译. 北京：中国海关出版社，2003：252.

● WCO. Customs and IPR Report [EB/OL]. [2017 – 06 – 30]. http：//www.wcoomd.org.

此外，WCO 在 2001 年修订的《为履行与 TRIPS 相一致的公平和有效的边境措施的国内立法示范法》中强调：知识产权的边境保护应当包括进口、出口和过境等环节，❶ 但并未明确包括自由贸易区的范围。WCO 曾在 2007 年 2 月发起了《海关统一知识产权执法的临时标准》项目。《海关统一知识产权执法的临时标准》工作草案（以下简称"SECURE 草案"）由导言和 4 个部分组成：第一部分"知识产权立法和执法制度的发展"，第二部分"与私营部门的合作"，第三部分"风险分析和情报分享"，以及第四部分"知识产权执法的能力建设和国际合作"。WCO 成立 SECURE 工作组的目的是制定一套超越 TRIPS 的知识产权海关执法标准。由于发展中国家的反对，SECURE 草案在 WCO 政策委员会第 60 次会议上被中止，❷ 但 SECURE 草案的内容还是应当引起重视。❸ "知识产权立法和执法制度发展"是 SECURE 草案的重要组成部分，其中提出知识产权执法的 12 条标准。第一条标准中知识产权边境执的范围比 TRIPS 要宽泛。因为，第一条标准将知识产权边境执法从进口扩展到了各种类型的交易，包括但不限于出口、转口、仓库、转船、保税区、免税店等。

WCO 作为海关国际组织，并没有直接协调知识产权执法议题的职责，但其宗旨是简化和协调海关制度；虽然《京都公约》成员方可自行选择接受"自由区"专项附约的内容，但为确保成员方海关执行货物的通关便利和快速过境的程序，WCO 通过各类指南、建议书和执法项目来提升执法能力和提高执法效率，❹ 例如，《便利适用 ITI 公约措施的建议书》《海关转运体系间建立联系的建议书》《旨在防止侵犯版权与商标的知识产权的货物的国际贸易发展更有效的海关监管的建议书》《国际贸易供应链安全与便利的决议》和《全球贸易安全与便利标准框架的决议》等。

---

❶　2001 年《为履行与 TRIPS 相一致的公平和有效的边境措施的国内立法示范法》第 6 条第 1 款和第 17 条。

❷　李轩. 世界海关组织《关于海关统一知识产权执法的临时标准》（SECURE）：一项严重超 TRIPS 标准的知识产权实施动议之流产的启示［R］. 南方中心，2008.

❸　杨国华. 保护知识产权，海关在行动［J］. WTO 经济导刊，2008（7）：94.

❹　朱秋沅. 国际海关法研究［M］. 北京：法律出版社，2011：100.

三、WTO 与自由贸易试验区知识产权执法

GATT 第 5 条规定：成员方有义务确保来自或前往其他缔约方领土的过境运输不得受到任何不必要的迟延或限制，但过境国可因遵守海关法律和法规的情况而设置例外。虽然 GATT 中并没有对"过境"（transit）和"自由"（freedom）分别单独作出解释，"过境自由"是成员方必须给予其他成员方的一种便利，而且过境线路应当是对于国际过境来说最为便利的通道。但是并不因此排除过境国对过境货物进行执法（知识产权执法和公共卫生执法等），即可能对过境货物造成合理的限制或延误，并且肯定过境国有权收取合理的费用和服务成本。所以，成员方对过境自由权的保障并不是绝对的且无条件的，对于不同的性质和不同的运输方式的过境货物，过境国的执法措施可能也不尽相同。

从广义上理解，"海关法律法规"包括国内对知识产权海关保护措施的规定，例如中国的《知识产权海关保护条例》。因此，对于自由贸易区过境货物采取知识产权执法措施，以及执法和扣押导致的迟延和限制并不构成对过境自由义务的违反。在印度和巴西于 2010 年 5 月向欧盟提起磋商的 WTO 争端中，争议措施涉及 GATT 第 5 条和 TRIPS 相关条款的解释，❶但由于欧盟努力，该案迟迟没有进入专家组审查阶段。所以，迄今为止 WTO 并未对 GATT 第 5 条规定的贸易便利化与知识产权保护的关系作出明确决议。WTO《贸易便利化协定》文本中规定"不得使用对合法贸易构成变相地歧视的过境限制措施"。❷虽然，过境货物知识产权执法规则并不是一种任意和无端的歧视，但却可能构成对国际贸易一种变相的限制，这也是谈判或争端解决中需要解释的争议热点。

在 TRIPS 诞生前，知识产权执法规则的协调可追溯到 GATT 时期的《反假冒守则（草案）》。虽然《反假冒守则》谈判文本没有成为国际条约，但其中边境执法规则对 TRIPS 边境措施的条约义务产生直接影响。与

---

❶ WTO DS408, European Union and a Member State—Seizure of Generic Drugs in Transit Request for Consultations by India WT/DS408/1 G/L/921 IP/D/28, 19 May 2010. WTO DS409, European Union and a Member State—Seizure of Generic Drugs in Transit Request for Consultations by Brazil WT/DS409/1 IP/D/29 G/L/922, 19 May 2010.

❷ 参见 WTO《贸易便利化协定》第 11 条。

贸易有关知识产权执法协调的目标十分明确，即阻止假冒货物的国际贸易。这一目标扮演着 TRIPS 指导原则和知识产权执法"一般义务"的作用。首先，边境执法的目的是通过成员方的国际合作阻止假冒货物的国际贸易，强化打击措施的同时不能影响合法贸易货物的自由流动。其次，边境执法措施还要注意到成员方根据 GATT 第 20 条可以行使的权力，包括采纳或执行保护商标相关的法律和法规；并且意识到成员方之间法律体系和海关程序的差异，需要采取多种与《反假冒守则》相一致的方法来处理假冒货物。❶ 最后，边境执法措施中设定阻止假冒货物进口的最低要求；《反假冒守则》规定了阻止进口假冒商品措施的最低要求，但不应被解释为阻止成员方采用进一步的措施，❷ 这一点类似于 TRIPS 规定的最低保护标准义务。

《反假冒守则》侧重于知识产权边境执法规则的国际协调，试图通过在国际贸易的进口环节阻止假冒货物的进口，通过切断贸易环节的经济激励来影响假冒货物的生产和供应，从而抑制假冒货物国际贸易的泛滥。❸ 在救济手段上，强调主管当局的边境执法，特别是扣押程序的有效实施，假冒的判断标准和国内执法判断标准一致。对于假冒货物的处理，强调没收和清理出商业渠道，通过经济利益的剥夺，产生足够的威慑以影响假冒贸易经济动机。《反假冒守则》承认边境执法对合法贸易存在干扰；为减少这种干扰，《反假冒守则》设置了少量例外豁免、扣押程序的替代措施、保证金制度和特殊情况下的灵活处理措施等制度。总体上，TRIPS 边境措施沿用《反假冒守则》的规定，对边境执法制度进一步细化和完善，但并未涉及自由贸易试验区知识产权执法问题。对于过境货物，TRIPS 第 51 条项下注释 13 明确，各成员方"无义务"对过境货物采取中止放行程序。因此，在 TRIPS 规定在进口环节采取边境措施是成员方应履行的条约义务，换言之，TRIPS 不强制成员方对自由贸易试验区出口、过境货物采取边境措施。

---

❶ 参见 GATT 谈判文本（L5382）序言。
❷ 参见 GATT 谈判文本（L5382）第 1 条第 3 款。
❸ 参见 GATT 谈判文本（L5382）第 1 条第 1 款。

四、国际协调对于我国自贸试验区知识产权保护的启示

WCO 明确支持成员国海关对自由贸易区的知识产权执法，GATT 第 5 条确立的过境自由原则作为贸易便利化的核心内容得以在国际条约中基本确立，但它并不否认知识产权执法的例外。虽然 TRIPS 没有明确纳入自由贸易区知识产权执法规则，但根据 TRIPS 的最低义务，WTO 成员完全可以在国内立法中规定高于 TRIPS 义务的自由贸易试验区知识产权执法规则。

我国自贸试验区不是简单的地理范围或特殊政策，更重要的是保证贸易自由和贸易便利的改革。自贸试验区的税收政策和便利手续将有利于吸引高端制造业，从而吸引更多的加工、制造、贸易和仓储物流企业聚集；但自贸试验区内企业并不能享受知识产权执法上的超国民待遇。所以，自贸试验区绝不意味着知识产权执法的空白或选择性适用。

综上所述，我国自贸试验区中知识产权执法应当尊重"内外一致"的基本原则，完善知识产权监管模式，适当根据 WTO 贸易便利化的要求，在执法程序和执法效率上做好配套规范，以期为相关规则的国内推广和国际协调提供试验基础。

第四节　ACTA 与知识产权边境执法

相较于 TRIPS，ACTA 作为全面提升知识产权执法标准的新条约，它在知识产权边境执法规则上有许多新突破，扩大了保护客体，增加了执法环节，强化了依职权的主动执法。ACTA 的本质仍然是反假冒贸易，边境执法规则设计也紧紧围绕这个重点目标，并且十分注重执法规则的操作性和实效性，以期通过 ACTA 的有效实施，试图解决国际贸易中假冒贸易猖獗的顽疾。

一、ACTA 概述

ACTA 的条约名称非常具有代表性，它将国际协调的目的（立法目的）直接作为条约的名称，继承 GATT 时期《反假冒守则（草案）》命名特点，但其实际内容主要是关于"知识产权执法"。这样并不是否定

"知识产权执法"与"国际贸易"的关系，反而是强调知识产权保护与执法为贸易服务的工具性。条约的名称非常简单、直接地指出 ACTA 国际协调的宗旨——反假冒贸易。条约名称帮助我们回忆起 TRIPS 的条约全名："与贸易（包括假冒贸易在内的）有关的知识产权协定"。❶ 当初，学者们还争论 TRIPS 到底是一个纯粹的知识产权协定，还是一个"与贸易有关的"知识产权协定，如今恐怕再没有人争论 ACTA 为什么不被称为《（反假冒）知识产权（执法）协定》了。如今，我们对于贸易与知识产权连接的本质已经有所认识，国际贸易领域的知识产权保护和执法都是为了国家的经济战略和贸易利益服务的；虽然它们仍然有保护创新、促进公平竞争的作用，但已经不是国际贸易相关知识产权执法的重点。

对于海关的知识产权边境执法行为有不同的概念来定义，分别称之为"知识产权海关保护""知识产权边境保护""知识产权边境措施"和"知识产权边境执法"等。其中，知识产权"边境保护"与"海关保护"的用法比较常见，知识产权海关保护是强调海关作为一个职能部门在边境执法时对知识产权的保护；而知识产权边境措施（保护）则强调保护是发生在边境环节，即进出境（关境）环节的知识产权保护。许多文献中对这两个词不做区别，互换使用。❷ 而本书此节使用"知识产权边境执法"这个相对生疏的概念是出于以下几点考虑：首先，TRIPS 中的边境措施是处于第三部分"知识产权执法"（Intellectual Property Enforcement）之下的结构安排。同样在 ACTA 中，"边境措施"与"民事执法"和"刑事执法"一起放在"知识产权执法的法律框架"同一章中。其次，"保护"与"执法"本身的区别，前者更多强调立法协调，后者则注重法律实施。如果说 TRIPS 中的边境措施更多是一种边境立法保护，那么，通过 TRIPS 在世界上 160 多个主要经济体中得到实施，国家（地区）在立法层面接受 TRIPS 边境措施已经不再是问题，重点是边境措施如何得到更加严格和有效的执

---

❶　郑成思. 知识产权论［M］. 北京：法律出版社，2007：41.

❷　查询数据库为中国期刊网，查找对象为 1980 年至 2016 年收录的所有期刊文献，查找匹配模式为"精确匹配"，范围为"全部期刊"，文章标题中带有"知识产权海关保护"的共 120 篇，带有"知识产权边境保护"的共 27 篇，带有"知识产权边境措施"的共有 8 篇，带有"知识产权边境执法"的共有 6 篇。"知识产权海关保护"的用法最为常见和《知识产权海关保护条例》法律规定不无关系。

行。最后，国际上已经将"知识产权边境执法"（IPR Border Enforcement）作为一个常用的概念来使用。❶ 然而，如果不做严格区别，"知识产权边境执法"和"知识产权海关保护"可以互换使用。

ACTA 条约文本共有 6 章，分别是：初始条款及一般定义、知识产权执法的法律框架、执法实践、国际合作、制度安排和最后条款。除序言之外，总共有条文 45 条，其中第 2 章知识产权执法总共有 22 条（第 6～27 条），从篇幅上就可以看出第 2 章是条约的核心内容，成员方的权利义务主要由第 2 章来协调。而在第 2 章中，一般义务共 1 条（第 6 条）、民事执法共有 6 条（第 7～12 条），而边境执法规则占 10 条（第 13～22 条），而刑事执法只有 4 条（第 23～26 条），网络环境下的知识产权执法共 1 条（第 27 条）。综上，从条约的篇幅分布上来看，知识产权的边境执法规则是 ACTA 的重中之重，占到全部执法条款的近 1/2，这还不包括 ACTA 第 3章和第 4 章中与边境执法有关的条款。美国在 2011 年的 301 报告中直言："阻止假冒和盗版货物的生产、进口、出口、过境和分销的必需措施是严格而更加有效的刑事和边境执法。"❷

二、ACTA 中知识产权执法一般义务

ACTA 中有关知识产权执法一般义务主要体现在第 6 条，其中，第 1款和 TRIPS 中"一般义务"的规定几乎是完全相同，都强调执法程序应当能制止知识产权侵权行为，而且这些程序应当避免构成合法贸易的障碍，

---

❶ 例如，政府海关报告有 IPR Border Enforcement by Japan Customs, see http://www. customs. go. jp/mizugiwa/chiteki/pages/a_003_e. htm；U. S. CBP Enforcement of Intellectual Property Rights, see http://www. cbp. gov/linkhandler/cgov/trade/legal/informed_compliance_pubs/enforce_ipr. ctt/enforce_ipr. pdf. 题名中使用"边境执法"的代表性学术文章有：SINGH, HEMANT; JHA, MAMTA RANI. Government Steps up Border Enforcement Measures [J]. Managing Intellectual Property, 2008, 181 (181): 103 – 105. Hossain, Syed Saifuddin. Border Enforcement of IPR Laws in Australia [J]. Global Trade And Customs Journal, 2009, 4 (1): 1 – 14. GUPTA, ADITYA. Border Enforcement of Intellectual Property Rights in India: Recent Developments [J]. Trade, Law And Development, 2009, 1 (2): 260 – 288. KUMAR, SHASHANK P. International Trade, Public Health, and Intellectual Property Maximalism: The Case of European Border Enforcement and Trade in Generic Pharmaceuticals [J]. Global Trade and Customs Journal, 2010, 5 (4): 155 – 169.

❷ USTR. 2011 special 301 report [EB/OL]. [2017 – 06 – 30]. http://www. ustr. gov/about – us/press – office/reports – and – publications/2011/2011 – special – 301 – report.

同时防止执法措施滥用。❶

　　ACTA 第 6 条第 2 款和 TRIPS 第 41 条第 2 款表述也基本相同，但 AC-
TA 又补充："要给予所有执法程序的参与者提供适当保护的权利"，这也
可以视为对"公平、合理的执法"程序的澄清，即强调"所有参与者"，
而不仅是权利人，或嫌疑人和相关第三人。另外，ACTA 使用"适当保护"
的概念，做到既不过度保护，又避免保护不力。第 3 款规定："在实施本
章规定时，缔约方应考虑侵权的严重性，第三方利益以及可适用的措施，
救济和处罚之间相称的必要性。"而 TRIPS 中"相称性"规定出现在"民
事和行政程序与救济"一节中的第 46 条，由此可见决定救济方案时"相
称性"考虑已经上升为一般义务，适用于民事、行政和刑事执法，而不局
限于民事程序（执法）。

　　此外，知识产权执法的"一般性"在 ACTA 中继续得到肯定，即与其
他行政执法相比，知识产权执法并不具有特殊性。ACTA 第 2 条规定：协
定并未创设在知识产权执法与一般法律实施之间进行资源配置的义务；此
外，ACTA 第 33 条第 3 款规定：知识产权执法合作应与有关国际条约一
致，并应符合缔约方的法律、政策、资源配置与法律实施的优先次序。虽
然 TRIPS 和 ACTA 没有赋予知识产权执法任何的优先级，但不排除成员国
在国内执法安排中，给予知识产权执法以重点支持。

　　当然，论及知识产权执法的一般义务，不能忘记 ACTA 与 TRIPS 之间
的本质联系。ACTA 第 35 条规定，各成员方可以与有关私营企业或国际组
织合作开展活动。虽然这里的"国际组织"并没有明确说明，但在 2010
年 4 月公布的文本中直接指明了相关国际组织就是 WTO 秘书处和 WIPO 等
其他国际组织。❷ 尽管 ACTA 是另起炉灶的数边条约，但与 TRIPS 和 WIPO
所管理的知识产权基础公约有着天然的、密不可分的联系。ACTA 与
TRIPS 的联系体现在以下几个方面：

---

　　❶ 参见 ACTA 第 6 条，如果未有特别注明，ACTA 均指最后文本，即面向谈判方开放签署的
2011 年 5 月文本。

　　❷ 2010 年 4 月 ACTA 文本第 3 条，Article 3.3：Capacity Building And Technical Assistance。除
了文本内容的变化外，在结构上，2010 年 4 月文本第三、四章的顺序是国际合作和执法实践，而
最后文本则对两章的顺序做了调整，第三章为执法实践，第四章为国际合作，逻辑结构上也更加
合理，第三章执法实践紧跟第二章知识产权执法的法律框架。

首先，ACTA 是对 TRIPS 的有效补充，特别在知识产权执法部分。正如 ACTA 序言中所指出的，ACTA 希望通过国际合作和更有效的国际执法来打击假冒和盗版商品的增加；为了补充 TRIPS 中关于知识产权执法的相关规定、提供有效和适当的手段。❶ 从执法条文篇幅比较来看，TRIPS 中执法条款共有 21 条，共有 2 997 个单词；ACTA 第 2 章共有 22 条，共有 4 363 个单词；❷ 虽然条文数不相上下，但从条款的内容上来看，明显看出 ACTA 的规定更加具体和详细。其中，对 ACTA 的条文统计还不包括"执法实践"和"国际合作"等章节中的执法条款。

其次，ACTA 适用 TRIPS 的基本原则。关于成员方的义务性质与范围的条款，ACTA 第 1 条第 2 款的第 3 段明确规定：TRIPS 第一部分规定的目标和原则，特别是第 7 条和第 8 条的规定应当在本条约中参照适用。此外，ACTA 序言中提及：在考虑到各成员方法律体系与实践差异的基础上，为实施 TRIPS 提供有效与适当的知识产权执法手段。除了 TRIPS 本身之外，《TRIPS 与公共健康多哈宣言》中规定的原则也将在 ACTA 中得到适用。

最后，ACTA 的保护客体与 TRIPS 的保护客体完全一致。ACTA 第 1 章第 2 节的一般定义中，"知识产权"的概念是指 TRIPS 第 2 部分第 1 节至第 7 节规定的所有类型的知识产权。条约用语也基本一致，TRIPS 中用动词"涉及"（refers to），而 ACTA 中使用"意思是"（means），宾语都是"TRIPS 第 2 部分第 1 至第 7 节"的表述。因此，两个国际条约的调整对象是包括了著作权及相邻权、商标、地理标志、工业设计、专利、集成电路布图设计和未披露信息的保护。然而，这个保护范围与《建立世界知识产权组织条约》的"知识产权"定义存在一定的差异，ACTA 并没有选择《建立世界知识产权组织条约》中所列举的知识产权类型作为执法保护对象。

由于 ACTA 不对成员方关于知识产权获取、保护范围、有效性及维持的法律产生损抑，即对于成员方所保护的却不在 ACTA 保护范围的知识产权客体，不影响其成员方内部或依据其他国际条约进行保护和执法。同样，对于根据成员方内部法律不受保护的客体，ACTA 不对根据成员方法

---

❶ ACTA 序言第 5 段。

❷ 单词数根据使用微软公司 WORD 软件中"字数统计"功能得出的"字数"。

律法规不受保护的知识产权产生任何义务。根据 ACTA 第 43 条的规定，只有 WTO 成员方才可以申请加入 ACTA，那么在理论上就不会出现，ACTA 所要求保护的客体而在成员方内部法律却不要求保护的情况。

除了上述 ACTA 与 TRIPS 的关系，在 ACTA 第 2 章第 2 节的禁令条款和第三节边境措施范围的相关条文中也有明确说明，分别是："在成员方遵守 TRIPS 第二部分相关规定的前提下，成员方可以限制有效的救济措施来对对抗政府使用，或经政府授权的第三方使用"；以及 "为了和成员方的域内知识产权保护体系一致并且不对 TRIPS 的要求造成损害，成员方视不同情况不应当对知识产权和避免对合法贸易产生障碍之两者之间产生不合理歧视"。这些条款都表明了 ACTA 的实施不能和 TRIPS 相冲突，不对 TRIPS 项下的权利义务产生任何损抑。此外，第六章最后条款中还规定只有 WTO 成员才能加入 ACTA，希望已经履行 TRIPS 的国际条约义务的成员方加入 ACTA，在 TRIPS 的基础上加强知识产权的执法实施。

三、知识产权边境执法规则

（一）执法对象

ACTA 中可以对哪些知识产权客体进行边境执法，又明确排除哪些情形不适用边境执法？❶ 想要界定清楚 ACTA 中知识产权边境执法的客体范围，首先要对第 2 章第 3 节的 3 个脚注作出解释，它们是理解 ACTA 边境执法范围的基础和关键。

脚注 4 规定：当一缔约方与另一缔约方形成了海关同盟的一部分而对来自另一缔约方跨境货物移动实际解除了所有的监管，则不应要求其在边境上适用本节的规定。脚注 4 规定的内容和 TRIPS 的第 12 个脚注的主要内容一致。因此，ACTA 继续排除了成员方在海关同盟内部实行边境执法措施的条约义务，这也体现了尊重海关同盟内部货物自由流动的原则。

脚注 5 规定：没有义务将本节中规定的程序适用于经过权利持有人同意或权利持有人同意下置于另一国市场的货物。对于权利穷竭理论，ACTA 持一种世界范围内的权利穷竭原则；合法售出的货物应该在世界范

---

❶　参见 ACTA 第 13 条和第 14 条。

围内得到自由流动。ACTA 脚注 5 的内容同 TRIPS 脚注 13 的主要内容一致，但 TRIPS 脚注 13 声明：对于过境货物也无义务适用边境程序，而在 ACTA 中对于过境货物成员可以选择适用边境执法程序，下文执法环节中将重点讨论。

脚注 6 规定：缔约方同意专利和未披露信息的保护不属于本节的范围。据此，边境执法明确排除了对专利和未披露信息适用，而 TRIPS 中的商标、著作权、外观设计、地理标志和集成电路布图设计都是 ACTA 中边境执法的保护客体，与 TRIPS 边境措施只适用假冒商标和盗版作品相比，有较大的突破和扩张。

根据 ACTA 第 14 条"关于小件货物和个人行李"❶ 的规定，对于小件货物和个人行李并非一律豁免边境执法。首先要判断小件货物是否具有商业性，然后才确定是否适用边境执法程序。第 14 条第 1 款明确规定：各缔约方应将具有商业性质的小件货物纳入本节适用范围之内。ACTA 从正面明确了成员方具有对商业性质的小件货物适用边境执法程序的条约义务。而 TRIPS 第 60 条规定：成员方可将旅客个人行李中携带的或在小件托运中运送的少量非商业性商品，排除于上述规定之外。❷ 因此，在 TRIPS 中对于商业性质的小件货物是否适用边境执法程序并没有直接规定，只是确定成员方有权将非商业性少量进口不作为边境执法对象的选择性条约义务，在 ACTA 中明确为成员方对于商业性货物进行边境执法的条约义务。而对"商业性"的解释两个条约都没有明示；在中美知识产权争端中，WTO 争端解决专家组的结论是：商业并不是简单的买卖，而是有所经济回报或利润的活动；虽然"商业性"是一个定性的词，但仍然包括数量的意思，商业是和市场相联系的，商业性是和个人使用或家庭使用（personal or domestic use）相对应的，而区别商业活动最本质的特征就是它是否以获利为目的。❸ 而根据《布莱克法律词典》，"商业"是指"在城市间、州之间和国家之间涉及运输的大宗货物交易和服务交易"。因此，可以推断"交易性"是判断商业性与否的一个重要依据。

---

❶ 参见 ACTA 第 14 条。
❷ 参见 TRIPS 第 60 条。
❸ See，WT/DS/362，para. 7. 542 – 7. 544.

对于代购等存在转售交易环节的交易行为，应当在知识产权边境执法的适用范围之内。此外，而条款中的"小件货物"做何理解？条文中的"sent"是仅指普通托运还是包括行邮或快递渠道？"small consignments"是数量上的相对值还是绝对值？中国对于小件货物和个人行李的规定是：对个人携带或者邮寄进出境的物品，超出自用、合理的数量并涉嫌侵犯《知识产权海关保护条例》第 2 条规定的知识产权的，海关应当扣留；对经调查认定为侵权的，由海关予以没收。❶ "自用"和"合理"也有很大的解释空间，"自用"是指货物的性质，即非商业性；而"合理"是指货物的数量相对较少，和"自用"的目的相一致，但"自用"并不等于"合理"，二者并不是重复的规定。

TRIPS 第 60 条没有说明对于小件货物和个人行李是在进口还是出口环节，但其标题（微量进口，de minimis imports）却直接表明了执法义务只在进口环节，而 ACTA 第 14 条的名称为"小件货物和个人行李"，❷ 并没有提及它们的适用环节，也就意味着成员方如果有相关规定，对于小件货物和个人行李可以在进口、出口和过境等环节进行边境执法。这无疑是在执法环节上的一种扩张。

此外，个人行李或托运的货物检查还会涉及当事人的隐私。ACTA 规定：缔约方可将旅客个人行李中的非商业性少量货物排除于本节适用范围之外。言外之意就是，缔约方也可对旅客个人行李中的非商业性少量货物进行知识产权边境执法；这又回到 ACTA 谈判之初，民众对于边境执法对个人隐私侵犯的担忧。这种选择性义务有可能在日后的国际协调中得到加强，从而演变成条约义务，让自然人流动所携带的必需品也无处遁形。所以，缔约方对此十分谨慎。

综上所述，ACTA 边境执法的保户客体涵盖 TRIPS 中保护的商标、著作权、外观设计、地理标志和集成电路布图设计等类型的知识产权；此外，商业性的小件托运货物也在边境执法范围之中，并且不限于在进口环节。

---

❶ 朱秋沅. 知识产权边境保护制度理论与实务［M］. 上海：上海财经大学出版社，2006：120.

❷ ACTA 第 14 条标题为"Small Consignments and Personal Luggage"，而 2010 年 4 月的 ACTA 文本该条款标题为"De Minimis Provision"。

（二）执法重点

如 ACTA 名称所示，ACTA 的执法重点依然是"反假冒"。当然，如今"假冒"一词的含义已经得到了拓展和延伸，而不仅仅是指"假冒商标（商品）"；有时"假冒"已经泛指侵犯商标和著作权等知识产权侵权活动。"假冒"的英语表述有"counterfeit""pass – off""fake"等，但为常见的表述为"counterfeit"，其本义是指不合法的伪造、复制或模仿。"counterfeit"一词有三种词性，分别可以做形容词、动词、名词，做形容词主要是指货币或笔迹的伪造或仿造等；"counterfeit"做动词，既可做及物动词，也可做不及物动词；做名词主要指伪造物、假冒物和仿制品。❶ 而"counterfeit"做名词时，就包括了众多侵犯知识产权的非法复制件。本节所讨论的假冒是指狭义的假冒，仅指侵犯商标的假冒。而假冒商标的非法复制件的泛滥是影响权利人经济利益的最大障碍，所以从这个角度来看，反假冒就是边境执法重中之重。中国将"打击侵犯知识产权和制售假冒伪劣商品专项行动"翻译成"special operation against IPR infringement and counterfeiting"，而在以前的政府文件中，将"假冒伪劣商品"译为"fake and low – quality goods"，❷ 由此可见中国语境下常常将"假冒"与"伪劣"联系在一起，主要是指假冒货物的质量堪忧。

从 GATT 时期的《反假冒守则》到 WTO 的 TRIPS，再到 ACTA 和 TPP，知识产权规则都在尝试结合贸易议题致力于解决知识产权的保护和执法问题，尤其是假冒和盗版等知识产权侵权行为。❸ 郑成思教授将 TRIPS 的全名翻译成"与贸易（包括假冒商品贸易在内）有关的知识产权协议"，并提醒读者：TRIPS"既要规范与一般贸易活动有关的知识产权，更要规范与假冒商品贸易有关的知识产权"。❹ 所以，与贸易有关的知识产权国际协调的初衷是打击假冒商品的贸易。TRIPS 通过脚注的方式明确了假冒和

---

❶ 陆谷孙. 英汉大词典（第二版）[M]. 上海：上海译文出版社，2007：420.

❷ 国务院. 关于整顿边境贸易经营秩序制止假冒伪劣商品出境的通知（Circular of The State Council concerning Rectifying The Order of Frontier Local Trade Management And Checking The Flow of Fake And Low – quality Commodities across The Border），颁布时间：1993 年 9 月 23 日.

❸ CHRISTOPHER WADLOW. "Including Trade In Counterfeit Goods"：The Origin Of Trips As A GATT Anti – Counterfeiting Code [J]. Intellectual Property Quarterly，2007（3）：350 – 402.

❹ 郑成思. 知识产权论 [M]. 北京：法律出版社，2007：41.

盗版商品的概念，❶ ACTA 在第 5 条"一般定义"中对假冒和盗版商品作出界定，且两个条约对于假冒和盗版的定义基本一致，但对于判定是否为假冒或盗版的国家作出不同规定。在 TRIPS 中，假冒和盗版货物的概念出现在边境措施中，并且成员方只有在进口环节进行执法的条约义务，所以，援引的法律自然是进口国的法律；而在 ACTA 中假冒和盗版货物的概念适用于第 2 章所有执法程序，而所援引的法律是要依据第 2 章中程序所指的国家的相关法律，即执法程序所在国的相关法律。

TRIPS 所确立的知识产权的保护和执法标准已经在成员域内得到遵守和执行。然而，持续和普遍的假冒和盗版现象依然严重。❷随着技术的发展，假冒和盗版从手工技术活动日益演变成规模化的商业活动；互联网的发展使得假冒和盗版在技术上更易实现，成本大大降低，侵权产品更加容易储存、运输和处理，侵权活动更秘密。因此，知识产权边境执法面临更加严峻的困难。

从中国海关知识产权备案保护的实践来看，商标备案占据多数，也是执法中最常见的涉案知识产权类型。截至 2017 年 6 月 30 日，权利人向海关总署备案的知识产权共有商标专用权备案 33 910 个，著作权 2 039，专利权 3 341 个。❸ 实践中，2016 年海关查扣的知识产权类型包括商标专用权、专利权、著作权等，其中涉及涉嫌侵犯商标权的货物高达 4 145.64 万余件，占侵权嫌疑货物总量的 98.56%。❹ 所以，尽管商标、著作权、专利都是中国海关保护的客体，但海关执法实践表明：商标是海关知识产权边境执法的重点客体。

综上所述，无论从知识产权国际协调历史还是当前实践来看，知识产

---

❶ TRIPS 脚注 14："对于本协议：假冒商标的商品，系指任何下列商品（包括包装）：其未经授权使用了与在该商品上有效注册的商标相同的商标，或者使用了其实质部分与有效注册的商标不可区分的商标，因而依照进口国的法律侵犯了该商标所有人的权利；盗版商品，系指任何下列商品：其未经权利持有人本人、或在商品制造国的被正当授权之人许可而复制，其直接或间接依照某物品制造，而该物品的复制依照进口国的法律已经构成侵犯版权或有关权利。"

❷ MICHAEL BLAKENEY, LOUISE BLAKENEY. Stealth Legislation? Negotiating The Anti – Counterfeiting Trade Agreement（ACTA）[J]. International Trade Law and Regulation, 2010, 16（4）：87 – 95.

❸ 海关总署. 知识产权备案系统 [EB/OL]. [2017 – 06 – 30]. http：// www. haiguanbeian. com/.

❹ 海关总署. 2016 年中国海关知识产权保护白皮书 [EB/OL]. [2017 – 06 – 30]. http：// www. customs. gov. cn/publish/portal0/tab49564/info846639. htm.

权边境执法的重点还是反假冒，打击对象主要是假冒商品。当然，一方面，假冒商品对经济的影响有显著的扩大，从奢侈品到对个人健康和安全有影响的产品；影响的方面更是上至国家安全，下至消费者健康，包括政府的税收损失和企业的利润损失等。❶ 反假冒作为边境执法的重点，另一方面是因为假冒案件的多发性，本质是在于假冒侵权容易发生，即制假售假的利润空间高，假冒操作实施的难度较小。同样，海关等边境执法机关在进行侵权判定时，商标侵权相对比较容易判定。在备案系统和权利人的帮助下，比较涉案商品的商标是否与权利人的商标相同或实质相似并不困难。

（三）执法环节

这里讨论的"执法环节"是针对国际贸易流程中的进口、出口和过境等环节而言，而非海关知识产权执法保护中的备案、中止放行、担保、扣留、调查和认定、没收和处罚等行政执法环节。

根据 ACTA 第 16 条，对于进口和出口货物，海关能够主动中止涉嫌侵权的货物的放行。在适当情况下，根据这些规定，权利人可以请求主管机关中止涉嫌侵权的货物的放行；而对于过境货物或其他海关控制下的货物，海关可以主动中止涉嫌侵权的货物的放行或者扣押货物。在适当情况下，根据这些规定，权利人可以请求主管机关中止涉嫌侵权的货物的放行。ACTA 规定表明海关等边境主管机关在进行知识产权执法时，对于进口和出口货物具有强制性的条约义务来执法。而对于过境货物和海关控制的其他情况，成员国具有一种选择性义务，即成员国自行决定是否在过境等环节进行知识产权执法。

ACTA 的边境执法规则已经突破了 TRIPS 仅在进口环节进行边境执法的条约义务。进口环节执法的正当性可以通过知识产权的地域性得到验证。判断侵权与否应当依据侵权行为发生所在国（进口国）的法律来判断。众所周知，侵犯知识产权的前提是在成员方内存在一个合法有效的知识产权的权利，如果不曾有权利产生或权利已经无效，那么就没有侵权的可能。然而，知识产权不同于有形财产，由于时间性和无形性等特点，知

---

❶ OECD. The Economic Impact Of Counterfeiting And Piracy ［R］. OECD, 2008：14.

识产权的权利基础比较薄弱。即使是符合法定条件授予的权利可能因不再符合法定条件而无效。例如，在授权后发现权利侵占了公有领域或侵犯了其他在先权利，有可能被提起异议而无效；哪怕是一经创作完成自动受保护的著作权，也可能因为抄袭等原因而无效。所以，侵权判定环节的首要问题就是有效权利的确定。依照"进口国"的法律来判断侵权与否，这是从尊重知识产权的地域性原则和方便操作实践的角度所进行的考量。所以，在进口环节保护知识产权是顺理成章的。

而对于出口环节是否能进行执法，则具有一定的争议。实践中，知识产权在出口国侵权，而在货物目的地的进口国（过境国）不一定侵权或者不侵权；那么，在出口环节判断知识产权侵权与否的合理性就值得讨论，特别是当有关知识产品不在生产国内销售，专供某个国外市场，而依据该外国法律又不属于侵权行为时。有学者认为：在涉外贴牌加工贸易中，贴附境外委托人商标的产品全部交付给委托人，不在境内销售就不会给境内商标权人的利益造成任何损害，也就是说，不构成侵犯商标权行为的实质要件。其中，关于生产过程中的贴牌是否是商标法上的"使用"就是一个争议焦点。有观点认为，加工方将商品标识上商品上的行为不属于商标在商业活动中的使用；另有观点认为，允许商标权人控制他人在商品、商品包装或者容器上使用其标志，其实质就是允许商标权人控制商品的生产、制造和加工行为，而这些本身就是商业行为或商业活动。

对于过境货物进行选择性执法，由于其具有较大的争议性，国际社会并没有对此形成共识，早在 2010 年 4 月公布的 ACTA 文本中就规定：知识产权边境执法的强制义务适用范围包括进出口和过境等环节。❶ 而最后的ACTA 文本，又把强制性的条约义务降格为成员方可选择的执法义务。

过境环节的知识产权执法涉及两个根本问题，除了知识产权的地域性与国际贸易的冲突，另一个则是过境执法与贸易便利化原则的矛盾。"过境"的本质特征是过境国提供运输通道的方便，过境产品不会进入过境国的市场而进行流通，不会对过境国造成竞争损失。过境贸易作为一种贸易

---

❶ 2010 年 4 月 ACTA 文本，ARTICLE 2. X：SCOPE OF THE BORDER MEASURES，This section sets out the conditions for action by the competent authorities when goods are suspected of infringing intellectual property rights，within the meaning of this agreement，when they are imported，exported，in - transit or in other situations where the goods are under customs supervision.

形态有其存在的必要性和合理性，特别是内陆国的过境需要更是一种得到国际法保护的权利。❶ 所以，在国际贸易制度设计之初，就对过境贸易给予许多特别优待。从1921年的《自由过境公约与规约》，到GATT第5条，"过境自由"作为一项原则而逐步得到确立。过境自由本质是一种"过境运输"，指货物（包括行李）及船舶和其他运输工具通过相关领土过境，而不论是否有转船、仓储、卸货或改变运输方式发生。WTO专家组在哥伦比亚入境口岸限制措施案中裁定如下，GATT第5条为成员方所设置的基本义务是：作为过境国，不得阻碍过境运输，包括不对过境货物施加不合理的限制或不合理地收取费用或产生不合理的延误。❷ 那么，如果对过境货物进行知识产权执法，势必会影响货物过境的快捷和便利。所以，从法理和相关条约规定也可引申出一个结论：对于过境货物不宜进行知识产权边境执法。

其次，从海关操作实践的角度，也不宜规定知识产权过境执法程序。过境贸易根据过境货物是否在过境国有仓储行为，分为直接过境和间接过境。直接过境贸易是外国商品单纯转运的性质，只是经过一国，在海关监督下，从一个港口通过国内航线装运到另一个港口再输出国外；或在同一港口内从这艘船装到另一艘船；或在同一车站从这列火车转装到另一列火车后离开关境。间接过境贸易是外国商品运到关境后，先存放在海关保税仓库，不做其他加工之类，只是储存，然后又从海关保税仓库提出，再运出关境。❸ 无论是直接过境还是间接过境，过境国实际上扮演着过境通道的作用。通道本身应该是中立和无害的，并且是保持畅通，以实现快速通过的重要作用，从而降低国际贸易的运输成本，最终惠及全世界范围内的终端消费者。

根据ACTA规定，"过境货物"是指处于"海关转运"或"转装"制度下的货物。海关转运即转关运输，是指货物在海关监管下从一个海关机

---

❶ 联合国贸易和发展会议. 内陆国家过境贸易公约（Convention on Transit Trade of Land-locked States）[EB/OL]. [2017-06-30]. http://www. wipo. int/wipolex/zh/other_treaties/details. jsp? group_id=22&treaty_id=293.

❷ 邓丽娟. GATT过境自由争端第一案评析——评哥伦比亚入境口岸限制措施案 [J]. 国际经贸探索, 2009 (11): 80-84.

❸ 赵应宗，章伟坤. 国际贸易学教程 [M]. 北京：中国科学技术出版社, 2007: 6.

构运至另一个海关机构的海关程序；而转装是指在海关监管下，在同一既办理进口又办理出口的海关办公机构的区域内，货物从进口运输工具换装至出口运输工具的海关制度。因此，ACTA 中的过境货物都是处于海关监管之下，并不包括中国《海关法》规定的不转换运输工具而只是停留港口或机场由原运输工具运出境外的"通运货物"。通运货物对过境国的危害风险小，货物最终流入过境国商业渠道的可能性较小，而狭义的"过境货物"或"转运货物"虽在海关监管之下，但由于通往过境国内陆地区，并且涉及卸货、转换运输工具等众多环节，货物流入过境国的安全风险加大。所以，需要对海关转运和转装货物进行知识产权执法；此外，这些货物本身处于海关监管之下，无论是依职权还是依申请，执法操作更加便利和切实可行。当然，存在和 GATT 第 5 条为 WTO 成员方所设置的过境自由的基本义务相抵触的可能。

综上所述，为减少贸易便利化与知识产权边境执法的冲突，理性的方法应当是克制海关主动行政执法权，对于过境货物执法，可依权利人的申请而进行边境执法，从而提高执法效率，确保贸易便利化措施得到遵守。

（四）执法保护模式

根据《知识产权海关保护条例》，知识产权权利人请求海关对其知识产权采取保护措施，可以选择"依职权保护"和"依申请保护"两种模式。然而，"保护模式"的提法并不是直接源于法律条文。根据《海关法》《知识产权海关保护条例》和《中华人民共和国海关关于〈中华人民共和国知识产权海关保护条例〉的实施办法》等法律法规，并没有明确提及"保护模式"的概念，但理论上和实践中已经形成了约定俗成的说法，❶ 所以本文就继续采用"保护模式"的概念。

TRIPS 中规定了依职权和依申请两种保护模式，并且没有强调二者之间的主次之分。但根据条文安排的顺序，TRIPS 第 51 条提出权利人向主管机关提出申请中止涉嫌侵权商品进入自由流通。而主管机关依职权采取行动并不是强制性的条约义务，TRIPS 第 58 条规定"如果成员方要求主管机

---

❶ 朱秋沅. 知识产权边境保护制度理论与实务［M］. 上海：上海财经大学出版社，2006：206-224. 周阳. 美国海关法律制度研究［M］. 北京：法律出版社，2010：199. 王殊. 中国知识产权边境保护［M］. 北京：北京师范大学出版社，2011：12.

关自行采取行动……"（Where Members require competent authorities to act upon their own initiative），这样的表述相当于 "Members <u>may</u> require competent authorities to act upon their own initiative"，而并没有规定："Members <u>shall</u> require competent authorities to act upon their own initiative"。从条文可以看出依职权并不是强制性的，而是选择性的，然而一旦成员提供主管机会依职权采取行动的程序，则主管机关可随时向权利人寻求任何有助于行使其职权的信息，并将中止放行的决定及时通知进口人和权利人。❶

ACTA 第 16 条规定，成员方应当提供依职权保护和依申请保护，并且将依职权保护排在第 1 款，而将依申请的保护排在第 2 款，并加限定语"适当时"（where appropriate）。❷ 然而，国家实践层面却可能对主动保护有所侧重；以中国为例，实践中发生的侵权商品数量和价值绝大多数是在依职权保护的案件中查获的，以职权保护是中国海关保护知识产权的主要模式，❸ 这与 ACTA 的规定可谓是"不谋而合"，与中国当时反对 ACTA 的立场形成鲜明的对比。

此外，依法行政责任豁免范围的扩大从侧面表明 ACTA 对依职权行动的依赖和重视程度大大提高。TRIPS 第 58 条第 3 款规定：成员方应仅豁免公共机关及其官员采取适当救济措施的责任，如系出于善意而采取或拟采取行动。❹ 根据 TRIPS 的规定，如果公共机关所采取的执法行为是不适当的行为，是应当承担法律责任的。而 ACTA 第 6 条第 4 款规定，第 2 章知识产权执法法律框架中的任何规定不应被理解为要求成员方官员为其履行公务中的行为承担责任。❺ ACTA 的这条规定意味着知识产权执法官员在进行民事、行政、刑事执法时的任何行为不用承担法律责任，这种规定显然与依法行政的理念不符；依法行政需要建设法治政府，加强对行政人员的管理和监督，促进行政人员依法履行行政职责，如果公职人员不履行、违

---

❶ 参见 TRIPS 协定第 58 条。

❷ 参见 ACTA 第 16 条。

❸ 朱秋沅. 知识产权边境保护制度理论与实务 ［M］. 上海：上海财经大学出版社，2006：206 - 224.

❹ TRIPS 协定第 58 条第 3 款：Members shall only exempt both public authorities and officials from liability to appropriate remedial measures where actions are taken or intended in good faith.

❺ ACTA 第 6 条第 4 款：No provision of this Chapter shall be construed to require a Party to make its officials subject to liability for acts undertaken in the performance of their official duties.

法履行、不当履行行政职责，导致国家利益、公共利益或者公民、法人和其他组织的合法权益受到损害，或者造成不良影响，应当进行行政问责。

　　既然知识产权是一种私权，为什么作为私权的知识产权受到如此重视？在知识产权边境执法环节中，为什么要规定海关要行使职权主动保护，而不仅是依据权利人的申请进行保护？私权的救济应该主要通过权利人的自力救济，而一旦发生侵权行为，则应通过司法诉讼来主张自己的权利保护。然而，在知识产权边境执法环节上，依职权或是依申请只是启动执法程序上有所不同，最终都是依赖海关的行政执法。依职权的主动保护的相关规定体现了国家层面对行政执法的重视和依赖，担心依据权利人申请的被动保护模式遭到阻碍或不合理的延误，希望通过主动执法，来提高执法效果，更好地保护权利人的利益，维护公平的国际贸易。

（五）边境执法中侵权货物的处理

　　ACTA 对侵权货物的处理规定是：主管机关有权下令销毁侵权货物；如在货物没有销毁时，成员方要保证货物要清理出商业渠道，以避免对权利人造成损害；当涉及假冒商标的货物时，简单清除不合法的依附商标并不足以放行货物进入商业渠道，除非是特例情况。成员方还可以设定相关的行政处罚。❶ 根据 TRIPS 第 46 条和第 59 条，主管机关有权责令销毁或处理侵权货物。❷ 而根据 ACTA 第 20 条的表述，对于侵权货物只能销毁，没有并列的"处理"（disposal）程序。❸ 尽管 TRIPS 没有直接说明"处理"程序的具体内容，通过比较 TRIPS 的第 46 条和第 59 条可以得知，对侵权货物的处理是指"清理出商业渠道而无任何补偿"，那么依此规则，中国

---

　　❶ 参见 ACTA 第 20 条。

　　❷ TRIP 第 59 条：Without prejudice to other rights of action open to the right holder and subject to the right of the defendant to seek review by a judicial authority, competent authorities shall have the authority to order the destruction or disposal of infringing goods in accordance with the principles set out in Article 46. In regard to counterfeit trademark goods, the authorities shall not allow the re - exportation of the infringing goods in an unaltered state or subject them to a different customs procedure, other than in exceptional circumstances.

　　❸ ACTA 第 20 条：1. Each Party shall provide that its competent authorities have the authority to order the destruction of goods following a determination referred to in Article 19（Determination as to Infringement）that the goods are infringing. In cases where such goods are not destroyed, each Party shall ensure that, except in exceptional circumstances, such goods are disposed of outside the channels of commerce in such a manner as to avoid any harm to the right holder.

将侵权货物捐赠给慈善机构的做法是完全符合 TRIPS 的规定，然而却不满足 ACTA 的要求。根据 ACTA 的要求，对侵权货物的处理的一般和普遍做法就是"销毁"程序；当然例外情况下适用"处理"程序，即如果侵权货物未被销毁，各缔约方应确保此类货物被清理出商业渠道，以免对权利人造成任何损害。

与 TRIPS 相同，ACTA 对于侵权货物的处理有两个层次：一是针对侵犯任何类型知识产权的商品的处理，即销毁侵权货物，和少数情况下在不给予任何补偿而将侵权货物清除出商业渠道；二是特别针对假冒商标货物的处理。关于假冒商标货物的处理，ACTA 第 20 条第 2 款规定：不能简单去除假冒商品的商标后而让其进入商业渠道。❶ 此外，TRIPS 第 59 条还规定：对于假冒商标货物，主管机关不得允许侵权货物在未作改变的状态下再出口或对其适用不同的海关程序，但例外情况下除外。而 ACTA 中首先对货物适用销毁程序的规定，已经不可能让假冒商标货物有再出口或转关等的机会，ACTA 中也就没有相应的表述。所以，无论是 TRIPS 还是 AC-TA，对于假冒商标侵权商品的处理比一般侵权商品的处理更加严格，这和假冒贸易的猖獗是密切相关，也印证了"反假冒"是知识产权边境执法的重点。对 ACTA 和 TRIPS 都提及的"例外情况"（exceptional case），两个条约都没有明确的解释。目的都是强调：不能简单清除非法商标后而进入商业渠道。在 WTO 中美知识产权争端案件中，专家组对"例外"（exceptional）给出了解释：首先根据《简明牛津英语词典》作出字面解释，然后提出例外的解释要和条款的目标相一致，即当仅去除商标放行商品进入商业渠道并不构成对权利人的损害，才构成少数例外。❷

对货物处理过程涉及的任何申请费、存储费和销毁费用，由 ACTA 成员方自行规定，但不能不合理地阻止程序的进行。❸ 和 TRIPS 相比，这是 ACTA 新增的内容，也是提高和明确执法程序的操作性的重要体现。行政执法必然涉及执法成本问题，特别经济成本。例如，销毁侵权货物是政府

---

❶　ACTA 第 20 条第 2 款规定和 TRIPS 第 46 条最后一句表述完成相同。In regard to counterfeit trademark goods, the simple removal of the trademark unlawfully affixed shall not be sufficient, other than in exceptional cases, to permit release of the goods into the channels of commerce.

❷　See, WT/DS362/R, para. 7. 386 – 7. 393.

❸　参见 ACTA 第 21 条。

买单，还是由侵权人支付，还是由权利人承担，ACTA 并没有强制规定，成员方可以根据本国国情自行规定，但不管由哪个主体承担，都不应当不合理地阻止程序地适用。本条规定也和知识产权执法的一般义务要求相对应，即"执法程序不应过于繁杂或成本过高，或有不合理的时限造成无理延迟"。❶

此外，ACTA 还规定了销毁侵权货物时的环境考量，对侵犯知识产权货物的销毁应符合销毁行为发生地所在缔约方有关环境事务方面的法律法规的规定。❷ 这也是在知识产权条约中首次强调侵权货物的处理要遵守当地环境法。由于在 ACTA 中，销毁程序是侵权货物的处置的主要程序，如果知识产权侵权现象没有从根本上得到遏制的情况下，销毁侵权货物的次数和频率可能会相应有所增加，而销毁程序必然对环境会造成负面影响，这样的条文可以给成员方在销毁侵权货物的具体程序设计上有更多的空间，以确保遵守当地环境法，将销毁侵权货物对环境影响减少到最低。

ACTA 中共有 17 个脚注，在"边境执法"一节就有 5 个，和 TRIPS 一样其条文有 10 条之多，是在 ACTA 中所有章节中最多的一节，在执法部分可谓是重中之重。TRIPS 中的保护知识产权边境措施的目的主要是中止放行进口的侵权商品，即在进口环节控制假冒商标商品和盗版商品；而对于制止侵权商品的出口，TRIPS 只规定成员可以提供相应的程序，但不是必须履行的国际义务。而 ACTA 在保护客体、执法环节等方面都有重大突破，而在边境执法具体规定上也更加细致和更具操作性。ACTA 中强化边境执法是与国际层面知识产权执法水平日趋严格的形势相一致的，不仅体现了发达国家对于侵权货物全球流动的担忧，也表明了知识产权执法为贸易和经济利益服务的本质。

第五节 国际商会与自贸试验区知识产权保护

国际商会（ICC）于 2013 年 5 月发布名为《监控自由贸易区：平衡便

❶ 参见 ACTA 第 6 条第 2 款。

❷ ACTA 第 32 条：The destruction of goods infringing intellectual property rights shall be done consistently with the laws and regulations on environmental matters of the Party in which the destruction takes place.

利和监控以打击在各国自由贸易区的非法贸易》❶（以下简称《ICC 自贸区知识产权报告》）的研究报告，该报告指出：不法分子为了掩盖其产品的非法性质，越来越多地通过多个不同地域的自由贸易区来进行货物运输或转运；一旦假冒产品进入自由贸易区，就会进行一系列的后续操作，比如装配、制造、加工、仓储、再包装、重贴标签以及进一步转运等；这些行为一旦完成，这些货物就可能直接进口到自由贸易区所在国境内或者再输出到另外的自由贸易区进行类似的"洗白"加工。

一、《ICC 自贸区知识产权报告》概要

国际商会于 1919 年在美国发起，1920 年正式成立，总部设在法国巴黎。国际商会是为世界商业服务的非政府间组织，是联合国等政府间组织的咨询机构。国际商会以贸易为促进和平、繁荣的强大力量，推行一种开放的国际贸易、投资体系和市场经济。由于国际商会的成员公司和协会本身从事于国际商业活动，因此它所制定用以规范国际商业合作的规章，例如《托收统一规则》《跟单信用证统一惯例》《国际贸易术语解释通则》（INCOTERMS）等被广泛地应用于国际贸易中，并成为国际贸易不可缺少的一部分。鉴于国际商会在国际经济贸易中的影响力，《ICC 自贸区知识产权报告》作为第一个系统评述自由贸易区知识产权保护和执法问题的报告，其重要意义不容小觑。

《ICC 自贸区知识产权报告》第一部分为"摘要"，主要内容包括：自由贸易区的脆弱性、假冒与盗版、海关与自由贸易区的关系、加强国家政府对国际公约的遵守、授权国家海关执法、经济利益与控制之间找到平衡、建议总结。

《ICC 自贸区知识产权报告》第二部分包括第 1 章题为"假冒和盗版脆弱性"，分为 3 节，分别是"自由贸易区促进知识产权滥用""过境与转装""海关监管仓库"。第 2 章题为"海关、自由贸易区及其交叉议题"，包括"海关职权""自由贸易区的诞生"和"海关与自由贸易区的关系"3 节内容。第 3 章题为"国际条约、国家立法和司法判决"，包括"国际条

---

❶ International Chamber of Commerce. BASCAP report, Controlling the Zone：Balancing facilitation and control to combat illicit trade in the world's Free Trade Zones ［R］. 2013.

约""贸易协定""国家自由贸易区立法"和"司法判决"等内容。第4章题为"立法和治理模型的建议",包括"导论""改变自由贸易区滥用趋势的做法"和"建议"3部分内容,建议分别针对 WCO、WTO、国家政府和自由贸易区操作者(使用者)等角度,提出较为完善的治理方案。

关于自由贸易区的脆弱性,《ICC 自贸区知识产权报告》指出:自由贸易区能为合法商业提供重要机会,并在全球贸易中扮演重要角色。全世界的国家政府都意识到:自由贸易区宽松的监管条例、有限的税收以及减少监管能够刺激经济增长,为增加国际贸易和投资提供便利。然而,近年来伴随着自由贸易在全球方兴未艾,违法者利用海关放松监管和控制,自由贸易区透明度缺乏等问题导致其在合规制度上的脆弱性。自由贸易区脆弱性还包括存在洗钱等违法行为,例如,滥用自由贸易区的行为包括:参与有组织犯罪集团、敲诈勒索、非法运输毒品、诈骗、假冒贸易货物和走私等,特别是有组织犯罪网络滥用自由贸易区以帮助假冒货物的生产、分销和销售。如果说所有的自由贸易区都容纳或帮助非法活动则是误解,许多自由贸易区是国家经济中重要且合法的工具,起到便利国际贸易和发展的作用。然而,自由贸易区确实存在这一相同特性,即提供合法贸易的机会可能被有组织犯罪网络利用和滥用以生产、分销或销售假冒货物。当这种违法活动被允许发生或被忽视,自由贸易区促进贸易和经济增长的根本目标最终会遭到破坏。然而,"海关自由区"的概念在全球贸易中扮演重要角色,迫切需要处理此类滥用问题。如果仅仅因为它是某种类型,或因为它们发生自由贸易区的边界之内而允许此种非法活动,则是非理性的做法。

对于假冒与盗版议题,《ICC 自贸区知识产权报告》关注自由贸易区的角色,而它们对助长全球假冒贸易完全是意料之外。根据 2008 年 OECD《假冒和盗版的经济影响》显示:假冒贸易是巨大的,并处在增长之中;假冒和盗版货物的全球经济价值每年可多达 6 500 亿美元;假冒国际贸易约 3 600 亿美元,占一半多,并且在 2015 年增长到 9 600 亿美元。❶ 自由贸易区扮演了知识产权滥用的协助者角色,缺乏监管使得自由贸易区成为吸

---

❶ OECD. Economic Impact of Counterfeiting and Piracy(Paris, 2008)[EB/OL].[2017 - 06 - 30]. http://www.oecd.org/sti/industryandglobalisation/theeconomicimpactofcounterfeitingandpiracy.htm.

引假冒和盗版货物参与者的场所。《ICC 自贸区知识产权报告》解释了违法者如何将进口到自由贸易区的假冒货物洗白，通过掩盖原产地、贴附假冒商标、制造或重新包装以便出口等方式，把自由贸易区作为走私和运输假冒货物的通路。ICC 意识到，在某些自由贸易区内，违法者进行非法活动遭遇知识产权执法风险较小，甚至没有风险。

自由贸易区对于一体化的全球经济变得很重要，因为政府依赖自由贸易区来发展经济，它们的影响还在逐渐增加。不幸的是，有组织犯罪网络和假冒贸易不法分子也对自由贸易区感兴趣，他们在利用这个特殊的生态系统。由于有关自由贸易区的标准、监管和条例并没有跟上发展形势，导致刑事犯罪网络利用自由贸易区这一特殊制度安排。改变这种趋势需要意识到：（1）自由贸易区是国家领土的一部分；（2）自由贸易区只是海关程序或特定状态下货物存放的物理地点；（3）简化程序并不意味着免于执法或处罚。《ICC 自贸区知识产权报告》的目标是调查助长自由贸易区滥用问题的情形有哪些，有哪些措施可以解决这些问题。所以，《ICC 自贸区知识产权报告》的章节安排逻辑是：第 1 章介绍自由贸易区的概念，重点普及自由贸易区是什么，怎么产生的，它们的利益，它们与国家海关之间的关系；第 2 章调查自由贸易区滥用的风险点，阐述假冒货物非法者如何利用这些自由贸易区；第 3 章，调查自由贸易区治理的法律框架，包括国际协定、国家立法和司法判决；第 4 章给出结论，包括政策、立法和司法建议，以改变自由贸易区滥用的趋势。

《ICC 自贸区知识产权报告》承认，政府政策制定者逐渐认识到假冒和盗版对经济的消耗，他们理解自由贸易区的脆弱性造成问题恶化，他们面临着平衡贸易监管和贸易便利化的艰巨任务。因为，自由贸易区以货物自由流动为导向，严格监管的潜在措施可能会阻碍国际贸易。然而，自由贸易区内有效的知识产权执法并不意味着，政策制定者必须牺牲使用自由贸易区促进合法贸易和发展的目标。相反，主动建立标准，完善最佳实践，并实施特别的自由贸易区立法和监管措施，会帮助解决自由贸易区面临假冒和盗版的全球威胁，且不阻碍自由贸易区的有效性。

《ICC 自贸区知识产权报告》包括一系列特别政策和立法建议，帮助保留和扩大自由贸易区的福利，支持合法贸易者，保护公众和守法业务免受非法业务的影响。这些建议基于对已有自由贸易区相关国际条约和国家立法的考察，包括它们如何履行和实施。《ICC 自贸区知识产权报告》也纳入了报告诞生之前的建议，那些仍然相关并值得继续关注的有效建议。《ICC 自贸区知识产权报告》之所以聚焦自由贸易区知识产权保护，寻求更大范围的对话解决更多的议题，解决自由贸易区滥用或自由贸易区内的非法活动，因为自由贸易区的非法利用不仅损害合法的商业利益，它还会对每个人的健康和福利产生危险。

二、澄清对自由贸易区知识产权执法的错误认识

对于海关与自由贸易区的关系，《ICC 自贸区知识产权报告》特别指出一种常见的误解，即认为自由贸易区是域外的，不受国家海关和海关法管辖。这种误解容易导致非法活动渗透到自由贸易区。WCO 通过对《京都公约》的强调，尝试纠正这种错误。只有就进口税费而言，自由贸易区货物才被视为在关境之外。《京都公约》有许多指南解决这些问题，包括明确海关对自由贸易区的管辖权、货物原产地规则、海关转运和转装程序等。不幸的是，《京都公约》关于自由贸易区管理的特别条款（专项附约4 第 2 章）是选择性的。很少有签署国实施《京都公约》的选择性条款，实质性解决海关对于自由贸易区全面管辖的问题，它要求海关能以透明和专业的方式来促进合法贸易。《ICC 自贸区知识产权报告》也注意到对于海关实施的关税措施和非关税措施的区别存在明显的混淆；除去海关传统的征税角色（关税监管）导致非关税措施的弱化（包括边境检查和查扣等），国家政府需要小心确保自由贸易区的经济激励（如免税状态）不要干扰或消除海关实施的非关税监管措施。

国际商会还提醒国家政府加强对国际公约的遵守。《ICC 自贸区知识产权报告》意识到，国际条约和公约没有跟上自由贸易区知识产权有效执法的节奏。尽管现有公约已经覆盖绝大部分需要关注的议题，但仍有缺陷。最显著的是，最低标准允许成员国留有解释空间，经常导致成员国采取最少行动。《京都公约》、TRIPS 和 ACTA 都致力于解决知识产权保护和执法问题，并包括海关执法相关的条款。《京都公约》充分覆盖了自由贸易区监管货物，例如，海关有权进入自由贸易区检查货物，实施关税和非关税的法律和条例。根本缺陷在于，《京都公约》专项附约对于 WCO 成员国并

不是强制性的。TRIPS 提供了保护知识产权所要求的综合措施，包括边境措施，然而，TRIPS 并没有特别关注自由贸易区。此外，TRIPS 中部分严格执法条款对于 WTO 成员并不是强制性的。ACTA 解决了《京都公约》和 TRIPS 的缺点，既特别指出自由贸易区，又提供了可选措施的指南。但是 ACTA 缺少有效的争端解决机制，例如 WTO 的争端解决机制（DSM）。此外，ACTA 只包括有限数量的成员，而且还没有生效。

　　完善海关执法不仅依靠国际条约中的强制性执法条款，同时依赖国家将这些条款转化成严格的国内法律规范，这些包括 TRIPS 中弹性原则的法律能解决许多问题。此外，国内法院只能适用生效实施的法律。许多最近的司法判决都支持当局对自由贸易区的监管行为，但在许多国家，司法体系不能克服海关职权的有限性，因为那是国内法规范明确授权规定的职权。所以，"授权国家海关执法"在《ICC 自贸区知识产权报告》中被明确要求。由于没有自由贸易区相关的精确立法，也没有条约义务增加非强制性条款，如 TRIPS 和《京都公约》的情况，国家自主颁布了许多知识产权保护和执法的条款。例如，一些国家授权海关监管自由贸易区中的货物和行为；另一些国家由于对自由贸易区作为海关监管场所存在误解，没有赋予海关对自由贸易区货物的监管权。这些国家的操作是假定自由贸易区内的货物没有清关，没有进口行为发生。《ICC 自贸区知识产权报告》强调，强健的知识产权国家立法应当包括所有海关程序；明确海关职责，首先应当授权海关有权对所有区域的货物监管，包括自由贸易区，这是打击假冒和有组织违法的关键。

　　当然，只是通过法律和颁布条例是一个并不完整的流程，除非这些法律措施在实践中得到有效应用。因为在一些国家，规范已经存在，但没有被切实运用。《ICC 自贸区知识产权报告》建议国家立法和相关实施措施包括下列条款：（1）审议和实施国家立法，包括语言，要使法律适用国家领土上的所有货物和所有海关程序，包括转运、过境和自由区制度；（2）规定发现违禁货物可导致民事和刑事处罚；（3）授权海关有权监管所有领土上的货物，包括自由贸易区、特殊经济区（SEZ）和自由港；（4）通过立法澄清：自由贸易区、特殊经济区和自由港处在国家海关当局的管辖范围之内；国家海关有权进入这些区域，观察作业，审核公司账册和记录，确保货物状态合法和遵守关税和非关税措施；（5）赋予海关依职权执法，扣留涉嫌侵犯知识产权的货物，包括自由贸易区、特殊经济区和自由港等；（6）允许海关当局与自由贸易区或自由港管理当局展开合作，确保有效的反假冒执法，包括民事和刑事程序，以管理假冒违法行为；（7）规定简化通知商标权利人程序的条款，允许商标权利启动执法程序，设立销毁侵权货物的简易程序，防止嫌疑货物更换目标地点逃避执法。

三、经济利益与规则控制之间的平衡

为了达到自由贸易区的目标，必须在激励经济增长和维持管辖权，边境海关监管和防止非法行为之间达成平衡。过度监管可能影响商业发展、增长和利润；而适度恰当地监管能促进发展，建立一个可预测的环境以制止不正当竞争行为。目前，在全球海关体系内，执法当局有权力也有责任惩罚违法者，承认和奖励国际贸易供应链中的守法者。WCO《全球贸易安全与便利标准框架》（SAFE 框架）就是一例，守法贸易者和认证授权经营者（AEO）受到海关优待，包括更少的检查和快速的通关程序，以及更低的业务运输成本。如果海关在 FTZ 内运转良好，FTZ 和区内企业能够同时享受这些福利。当海关当局不能在 FTZ 内实施这些正当的职责时，违法行为就可能滋生。当货物在海关和其他执法机关监管之外，处于转运过境或自由区状态时，问题变得严重；违法者可能任意妄为，而不担心法律制裁。

根据相关国际条约，考虑到国家立法的成功和失败经验、权利人的经济利益和国际最佳实践，《ICC 自贸区知识产权报告》对自由贸易区知识产权保护和执法从 WCO、WTO、国家（地区）政府和自由贸易区经营者等不同角度给出较为全面的立法建议和管理措施。

对于 WCO，ICC 建议：（1）强健地促进《京都公约》的实施，包括专项附约 4 第 2 章，更加积极地寻求成员国政策强制采纳；（2）加强 WCO 知识产权工作指南修订；（3）将自由贸易区视为一种与贸易有关的商业类型，建议 WCO 成员方将自由贸易视为 SAFE 框架下 AEO 状态；（4）修改 SAFE 框架以涵盖知识产权保护的 AEO 状态的承认，将这种承认扩展到供应链安全；（5）WCO 应当囊括自由贸易区内海关人员的观察模型；（6）修改 WCO 知识产权保护示范条款，增加自由贸易区的合规要求；（7）同公共部门、利益攸关者一起振兴自由贸易区最佳实践和示范立法；（8）建立侵犯知识产权的企业和自由贸易区数据库；（9）建立伞形条约或其他协调自由贸易区的国际条约，以共享贸易数据和最佳实践。

对于 WTO，ICC 建议：（1）重设 TRIPS 执法工作组对 TRIPS 的实施进行同行审查以督促改善成员方的立法和执法措施以反映 TRIPS 的意图；（2）澄清 TRIPS 的管辖权；既然 TRIPS 并未排除对自由贸易区的适用，WTO 成员方应将 TRIPS 的要求适用于所有域内领土。

对于国家（地区）政府，ICC 的立法建议包括：（1）审议并实施域内的知识产权立法，以确保此种立法适用于管辖范围的所有领土，包括转运、过境、自由区等所有海关程序；（2）敦促没有加入《京都公约》的国家立即采取替代措施修正问题，考虑将《京都公约》自由区条款作为实施指南；（3）重构规制自由贸易区的法律框架，具体包括：澄清自由贸易区、特殊经济区、自由港等处于国家海关的管辖之下，赋予海关不受限制进入和观察日常操作的权力，确保因公共道德、公共安全、公共健康与卫生、动植物检疫、保护专利、商标和著作权而禁止的货物也不得出现在自由区中；（4）赋予海关下列职权：依职权查扣涉嫌侵犯知识产权的货物，而不论其海关状态；鼓励简化程序通知商标权利人和启动执法行为；建立销毁侵权货物的清楚简易程序；（5）澄清海关有权决定货物进入国家、地区边境或自由贸易区，且这种权力独立于任何其他自由贸易区授权机构；（6）禁止侵犯商标权的货物进入自由贸易区，或通过自由贸易过境、转运或存储，而不论货物的来源地、中转地或目的地。

除了上述立法建议之外，ICC 还对国家或地区政府给出一些政策建议：（1）考虑自动化海关系统实施的快速通道；（2）在合作和私有部门共同担责方面适用 WCO 的 SAFE 标准，特别是为自由贸易区及区内企业引入 AEO 状态；（3）对于贸易一体化国家，开发适用于自由贸易区的统一的海关规则、条例和实践；（4）审议自由贸易区知识产权保护优势国家关于自由贸易区许可和管制的最佳实践；（5）促成国家海关当局与自由贸易区（自由港）特别当局的合作；（6）提供面向海关职员的培训，包括监控自由贸易区企业的政策和程序，以及自由区海关机制的特殊因素；（7）在进行贸易条约谈判时，知识产权议题应得到应有的关注；（8）敦促 WTO 成员方对知识产权侵权持续严重的成员方使用 WTO 争端解决程序；（9）知识产权保护和海关法都是法律实践的特殊领域，两者交叉时，需要专业的人力支持，本地的知识产权管理部门应和海关合作以设计相关法律指南。

对于自由区管理者和操作者，ICC 建议：（1）负责自由贸易区的政府机构和私营企业应结合其商业模式考虑本政策文件的条款；（2）进行预防盗版和假冒自我规制；（3）为海关法局监督现场作业、验证关税和非关税要求是否合规提供便利；（4）培训派驻自由贸易区的海关人员；（5）国家海关应在自由区管理中适用最佳实践，海关有责任将自由贸易区经营者视为一个合法客户而服务其需求；（6）如果自由贸易区所在国家承诺遵守 WCO 的 SAFE 标准，并且实施 AEO 项目，自由贸易区运营者和使用者应咨询海关获得 AEO 认证；如果所在国已经通知 WCO 有意遵守 SAFE，但尚未实施 AEO 项目，自由贸易区运营者和使用者应当游说当局尽早实施；（7）自由贸易运营者应设计与海关自动化系统对接的数据接口和数据交换以便验证货物状态；（8）自由贸易区应为海关现代化提供诸多机会。

第三章 自由贸易试验区
知识产权保护的域外实践

自由贸易试验区在不同国家和地区的法律渊源和功能定位都有所区别，因此，自由贸易试验区知识产权保护规则也是千差万别；但无论如何，没有一个国家或地区明确承认自由贸易区可以成为知识产权执法豁免区。执法资源分配的多寡本身并不影响自由贸易区知识产权保护的正当性和必要性。换言之，自由贸易区知识产权保护是共识，但由于技术和资源支持力度不同，各地的实践存在差别。契合本地情况的不同实践恰恰是有生命力的保护和执法，我国可以借鉴域外实践的普适经验和特色做法，结合我国自贸试验区的特点加以消化吸收。

第一节 自贸试验区知识产权保护制度的差异性

一、自贸试验区知识产权保护制度的弹性规定

由于国际条约没有明确对自由贸易区知识产权保护问题作出界定，自由贸易区知识产权保护规则都由各法域自行规定。根据知识产权的地域性和自由贸易区在关税领土上的特殊性质，自由贸易区并非"境内关外"的飞地，自由贸易区知识产权保护规则应当是"内外一致"，适用于自由贸易区的知识产权保护制度并没有特殊性。然而，由于自由贸易区在国际贸易中具有特殊地位，其较多地涉及涉外定牌加工货物、平行进口货物和过境货物的知识产权风险问题。实践中，不同法域对上述议题的规定差别较大。

以自由贸易区过境货物知识产权保护为例，由于对过境货物进行知识

产权执法没有成为普遍和强制性的条约义务，因此，并非所有国家和地区在过境环节进行知识产权执法。即便在采纳过境执法措施的法域，不同国家和地区的过境执法规则差异也较大。首先，由于过境执法属于知识产权海关保护或边境执法的范畴，海关执法规则以单独关税区为独立管辖范围，例如欧盟地区的《知识产权海关执法条例》、我国的《知识产权海关保护条例》、中国香港的《进出口条例》和《商品说明条例》等。其次，知识产权海关执法规则的立法模式不同，有些法域采纳统一立法，对自由贸易区过境货物知识产权执法在内的边境执法规则进行系统的规定，例如欧盟的《知识产权海关执法条例》和我国的《知识产权海关保护条例》；在另一些法域，自由贸易区相关过境货物知识产权执法规则是散落于海关法、知识产权法、进出口管理法等法律法规之中，例如美国、中国香港等。其中，有些法域将过境货物相关知识产权执法规则规定在知识产权法规中，例如法国、❶ 新加坡、中国香港；有些国家在海关法规中规定过境执法规则，例如巴布亚新几内亚❷和马耳他❸等。最后，过境货物有关的知识产权侵权的认定标准并不统一：欧盟成员国遵循欧盟《知识产权海关执法条例》和欧洲法院的判决，把过境货物投放过境国市场作为判定侵权的要件，例如德国、比利时、英国等；部分法域设置独立的判断规则，如中国香港对进港不转换运输工具的过境货物免于执法，❹ 新加坡规定过境货

---

❶ 《法国知识产权法典》第 716 条规定：商业目的而标有假冒商标的生产、进口、出口、复出口和转口是一种刑事违法行为。《法国知识产权法典》L. 716 - 9 以销售、供应、许诺销售或租赁侵犯商标权的商品为目的，有下列情事者，处 4 年监禁及 40 万欧元罚金：（1）进口、出口、再出口或转口侵犯商标权的商品；（2）工业化生产侵犯商标权的商品；（3）指示或命令实施（1）和（2）所述行为的。涉及团伙犯罪，或涉及人体和动物的健康和安全的商品的，处 5 年监禁及 50 万欧元的罚金。参见：十二国商标法 ［M］. 十二国商标法翻译组，译. 北京：清华大学出版社，2013：60.

❷ 2005 年 11 月，巴布亚新几内亚独立国的国会通过题为"禁止侵犯知识产权货物进口"（The Importation of Goods that Infringe upon Intellectual Property Rights）的海关法修正案，并被纳入《禁止进口海关条例》（Customs（Prohibited Imports）Regulation 1973）的第 6 部分，条文中虽然没有直接对"过境货物"的概念作出界定，但根据该条例，权利人可以申请海关中止放行或扣留侵犯知识产权的进口、出口或过境货物。

❸ 《马耳他法典》第 414 章，即 2000 年的《知识产权跨境措施法案》，Chapter 414 Intellectual Property Rights（Cross - Border Measures）Act。See，WIPO. WIPO lex ［EB/OL］. ［2017 - 06 - 30］. http：//www. wipo. int/wipolex/en/text. jsp？file_id = 128773.

❹ 参见中国香港《进出口条例》（the Import and Export Ordinance）第 2 条和中国香港《商品说明条例》第 12 条。

物的收货人需要在新加坡有商业存在或物理存在。❶

　　除了立法制度之间的差异外，相关法域过境货物知识产权执法措施也各具特色。首先，部分法域的立法和执法实践脱节，虽有明文规定但执法中存在差距，保护没有得到落实。其次，在采取过境执法措施的法域中，多数法域承认货物过境本身获得知识产权执法豁免，在没有证据证明过境货物有意进入过境国市场的前提下，过境货物免于知识产权执法；但也有法域附加条件，如新加坡有"商业存在"或"物理存在"的要求，或中国香港对于不改变运输工具的过境货物进行执法豁免。这些附加条件反映了相关法域意图在知识产权保护和贸易便利之间达成平衡，保证过境货物对过境国家或地区的风险和威胁程度降到最低。最后，荷兰、马耳他等部分欧盟成员国曾对所有海关监管状态中的货物都进行知识产权执法，而且判决侵权时并不考虑货物的海关状态，也不考虑货物是否有意进入过境国（地区）市场，这种执法实践后来被欧盟法院判决所否定。

二、典型自由贸易港的知识产权保护制度

（一）中国香港

　　中华人民共和国香港特别行政区是一个极具代表性的国际贸易自由港。一般情况下，进出香港的货物均无须缴纳任何关税，无论进口还是在本地生产，但酒类、烟草、碳氢油类及甲醇等四类商品均须缴税。❷ 香港作为重要的国际港口城市，国际贸易占有举足轻重的地位。由于贸易与知识产权紧密相连，海关在管辖货物的同时，不得不涉及知识产权问题，这使得知识产权执法成为香港海关主要职能之一。

　　根据香港法律，海关享有各种处理侵权货物的权利，不仅有权在口岸扣押货物，还有权执行所有与知识产权保护有关的法律。❸ 这与多数法域知识产权边境执法体制相同，由海关负责知识产权边境保护。香港海关保

---

❶　Copyright Act（Chapter 63，Section 140b（8）），Copyright（Border Enforcement Measures）Regulations，［16th April 1998］. Trade Marks Act，（Chapter 332，Section 108），Trade Marks（Border Enforcement Measures）Rules，［15th January 1999］.

❷　参见香港法例第 109 章《应课税品条例》第 3 条。

❸　易朝蓬. 试论我国大陆与香港知识产权边境保护之异同 ［J］. 武汉公安干部学院学报，2004（1）：43－48.

护五类知识产权客体：专利、版权、商标、外观设计和集成电路布图设计，但边境保护只适用于商标和版权。香港知识产权法律具体包括：《商标条例》（香港法例第 559 章）、《专利条例》（香港法例第 514 章）、《注册外观设计条例》（香港法例第 522 章）、《版权条例》（香港法例第 528 章）、《防止盗用版权条例》（香港法例第 544 章）、《集成电路布图设计条例》（香港法例第 445 章）、《植物品种保护条例》（香港法例第 490 章）、《商品说明条例》（香港法例第 362 章）等。

香港海关的版权及商标调查科负责海关保护措施的执行，保护对象必须是在香港知识产权署登记注册的商标、电影等作品，包括受到 WTO 保护的知识产权。❶ 商标、版权侵权有刑事和民事责任，专利、外观设计、集成电路布图设计等其他知识产权的侵权行为只有民事责任，没有刑事责任。根据香港《商品说明条例》第 12 条第 3 款规定，禁止货物进出口的规定不适用于任何"过境货品"。❷ 根据《进出口条例》规定，"过境货品"是指"货物被带进香港只是为了带出香港，而且一直处于装载的船只、飞机或被带进香港时的状态中"。❸ 根据上述定义，如果货物在香港改变运输工具，或进行再加工之后而出口，则不属于过境货物。

香港将"过境货物"界定为狭义的不转变运输工具的过境方式运送的货物，类似于内地《海关法》中的"通运货物"。香港陆上只与中国内地接壤，空运和海运是其主要的运输方式。由于香港是重要的国际贸易中转港口，过境贸易在香港经济中占据重要地位，所以对纯粹"过境货物"进行知识产权执法的豁免。这种制度规则既是遵守过境自由原则的表现，同时考虑到"过境货物"对过境中转地的安全风险较小。总之，香港知识产权海关保护制度较好地平衡了过境自由、贸易便利和贸易安全之间的微妙关系。

（二）新加坡

1969 年，新加坡《自由贸易区法》颁布实施；❹ 同年，新加坡在裕廊

---

❶ 段立红. 香港知识产权及商标保护研修报告［J］. 中华商标，2008（3）：6–11.

❷ 参见香港《商品说明条例》第 12 条。

❸ 参见香港《进出口条例》第 2 条。

❹ 新加坡. 自由贸易区法（Free Trade Zones Act）［EB/OL］.［2017–06–30］. http：//statutes. agc. gov. sg/aol/search/display/view. w3p；page = 0；query = DocId% 3A61924426 – e056 – 401a – 9d5f – 3823b4200f0f% 20Depth% 3A0% 20Status% 3Ainforce；rec = 0.

工业区裕廊码头内划设第一个自由贸易区。如今，新加坡已经发展成为一个高度开放的贸易自由港。新加坡的国际航运中心不是一日建成的，同时也与其地理位置有关，具备天时、地利、人和的条件。身处马六甲海峡的优越地理位置，同时也有身靠东盟国家的便利条件，不但成立海洋法庭，更积极争取世界大海运公司都去落户，给予一切可能的优惠。目前，新加坡境内的自由贸易区有 7 个，除坐落于樟宜机场的自由贸易区主要负责空运货物外，其余 6 个自由贸易区均负责海运货物。这 7 个自由贸易区都以围墙与外界区隔，进出自由贸易区的出入口由海关检查站管理。

新加坡针对知识产权保护的边境执法措施只适用于商标和著作权两类知识产权客体；而对于专利、动植物新品种、集成电路布图设计等则不提供边境保护。新加坡《商标法》和《著作权法》中有明确的边境执法规则，而非由新加坡《海关法》或《自由贸易区法》所调整。商标边境保护的法律渊源在 1998 年《商标法》的第 81 条至第 100 条，❶ 以及 1998 年《商标法边境执法措施条例》中的相关规定。2001 年修订的《商标法边境执法措施条例》将假冒商标货物的知识产权边境执法扩展到过境货物，但收货人必须在新加坡有"商业存在"或"物理存在"。❷

新加坡 1998 年通过的《著作权边境执法措施条例》中规定了对著作权的边境保护。❸ 2006 年修订《著作权法》对"过境货物"（goods in transit）进行界定，它是指进口的货物运往另一个国家，不论是否入境或在新加坡转运，也不论是否使用相同的交通工具。❹ 这意味着版权的边境保护对象已经覆盖到过境货物。新加坡海关检查货物和扣留货物是不同的概念，海关可以检查任何涉嫌侵权的货物，包括过境货物，但扣留只能是进出口货物和收货人在新加坡有商业存在或物理存在的过境货物。❺ 所以，

---

❶ 蔡磊. 新加坡共和国经济贸易法律选编 [M]. 北京：中国法制出版社，2006：344 – 383.

❷ Trade Marks Act（Chapter 332, Section 108），Trade Marks（Border Enforcement Measures）Rules. R 2 G. N. No. S 5/1999 Revised Edition 2001（31st January 2001）[15th January 1999].

❸ Copyright Act（Chapter 63, Section 140B（8）），Copyright（Border Enforcement Measures）Regulations, Rg 5 G. N. No. S 224/2009 Revised Edition 2009（31st March 2009）.

❹ Copyright Act（Chapter 63）（Original Enactment：Act 2 of 1987）Revised Edition 2006（31st January 2006）. Division 6—Border Enforcement Measures.

❺ Copyright Act（Chapter 63, Section 140b（8）），Copyright（Border Enforcement Measures）Regulations,［16th April 1998］. Trade Marks Act,（Chapter 332, Section 108），Trade Marks（Border Enforcement Measures）Rules,［15th January 1999］.

关键是理解"商业存在或物理存在"的概念。

"商业存在"（commercial presence）是一种重要的服务提供方式。WTO 成员的服务提供者在任何其他成员境内建立商业机构（附属企业或分支机构），为所在国和其他成员的服务消费者提供服务以获取报酬，具体包括通过设立分支机构或代理提供服务等。例如，一国电信公司在国外设立电信经营机构，参与所在国电信服务市场的竞争就属于"商业存在"，它的特点是服务提供者（个人、企业或经济实体）到国外设立企业提供服务。"物理存在"（physical presence）则是指收货人本人（公司）位于新加坡。如果收货人在新加坡或在新加坡设立企业提供服务，涉案侵权货物就可以被查扣。这也是过境货物侵权执法中的一种独特规定，过境货物要和过境国存在某种密切联系，这种联系构成过境货物执法扣留的正当性。同时，由于有物理存在或商业存在，以过境程序为掩饰货物实际进入过境国市场的风险增加。另外，从便于过境国执法的角度来说，由于收货人在过境国商业存在或物理存在，主管机关的执法相对会比较便利，执法效果容易得到保证。这也体现了执法本地化原则，既是对法域管辖权的尊重，也是执法规则实效性的要求。

新加坡作为一个重要的国际贸易中转港，与许多国家签订双边自由贸易协定。对于不同贸易伙伴，新加坡双边贸易协定对知识产权边境执法议题作出不同安排。《美国新加坡自由贸易协定》已经将知识产权边境执法义务扩展到过境环节，而《中国新加坡自由贸易协定》中则没有相关规定。[1] 虽然新加坡立法完备，但并没有查到新加坡对侵犯知识产权的过境货物进行执法的案例或文献记载。

新加坡和中国香港一样本身的资源优势并不明显，也不以生产加工等制造业见长，因此，内生性的知识产权侵权问题并不突出，但作为重要的贸易中转地，自由贸易港的知识产权问题依然受到其贸易伙伴和国际社会的高度关注。

---

❶《中国新加坡自由贸易协定》并没有知识产权保护和执法的内容，更谈不上知识产权的边境执法规则问题。商务部. 中华人民共和国政府和新加坡共和国政府自由贸易协定［EB/OL］.［2017 - 06 - 30］. http：//fta. mofcom. gov. cn/singapore/singapore_xieyi. shtml.

第二节　欧盟自由区知识产权保护制度

一、欧盟自由区海关制度概述

欧共体于 1969 年制定了《协调有关自由区的法律、法规和行政计划的指令》（以下简称《自由区指令》）。❶ 然而，欧盟层面于 1969 年开始协调自由区，并不意味着欧盟成员国的自由区从 1969 年才得以建立；恰恰相反，由于成员国存在不同的自由区制度和规则，才显示出欧盟层面区域协调的必要性。实际上，欧洲现代意义上的自由区始于 1888 年 10 月 15 日正式建立的汉堡自由港。1988 年 7 月 25 日，欧共体理事会颁布《自由区和自由仓库条例》（以下简称《自由区条例》）。❷ 其后虽经修订，但基本奠定了欧盟自由区海关制度的主要规则。

（一）基本概念

欧盟自由区是欧盟关税领土的部分，但分离于其他关税领土；就进口关税和商业政策进口措施而言，只要其没有放行自由流通，也没有根据《自由区条例》设置的条件进入另一个海关程序，放置其中的非共同体货物视为不在欧盟关税领土境内。此概念的界定与《京都公约》相比，虽然并无实质变化；但仍反映了欧盟自由区与其他单个主权国家或单独关税区的自由贸易区制度有两点不同之处：一是进入自由区的货物也无须受制于欧盟内部市场的共同商业政策；二是进口关税和商业政策的豁免对象是"非共同体货物"，而非普通单独关税区界定的"进口货物"。根据《自由区条例》和 1992 年《欧共体海关法典》，"共同体货物"是指完全在共同体关税领土上获得，没有附加来自欧盟关税领土之外的第三国或领土的货物，或者来自欧盟关税领土之外的第三国但已进入欧盟成员国自由流通之货物，或者虽在共同体关税领土上获得，但产品原材料完全源自欧盟关境之外或境内加工货物。因此，所有其他不属于"共同体货物"的货物则都

---

❶ Council Directive 69/75/EEC of 4 March 1969 on the Harmonisation of Provisions Laid Down By Law, Regulation or Administrative Action Relating to Free Zones.

❷ Council Regulation （EEC） No 2504 / 88 of 25 July 1988 on Free Zones and Free Warehouses.

认定为"非共同体货物"。

（二）自由区的建立和运行

欧盟作为区域性组织，虽然其总部位于布鲁塞尔，但其本身并没有领土可供建立自由区。因此，欧盟成员国可以指定其关税领土的一部分作为自由区或许可建立自由仓库。建立自由区的成员国应当决定每一自由区覆盖的地域范围和自由区的进出口，并确保自由区是封闭的。自由区内建设任何建筑应当事先经成员国海关当局许可。

对于货物放置在自由区或自由仓库的时间期限没有限制。在遵守《自由区条例》的前提下，任何工业、商业或服务业活动都被允许在自由区或自由仓库中进行。然而，考虑到相关货物的性质或海关监管的要求，海关当局可以对某些业务活动设置禁止或限制条件。成员国海关当局也可以禁止那些不遵守《自由区条例》的法人或个人在自由区进行生产加工等业务操作活动。

此外，根据1993年欧盟《海关法典实施条例》的规定，自由区分为Ⅰ型自由区和Ⅱ型自由区。Ⅰ型自由区实施封闭管理，船舶和货物进出均不用到海关结关；而Ⅱ型自由区不封闭，监控较为复杂，货物进出自由区需要提出登记申请，主要是参照海关仓库程序管理。根据2008年制定并于2013年6月24日开始在欧盟成员国适用的《现代化海关法典》，Ⅱ型自由区将退出欧盟海关法的历史舞台。

（三）自由区的海关监管

欧盟成员国中自由区和自由仓库的边界、进出口应当由海关当局监管。海关当局可以检查进出自由区的人员和交通工具。对于可能违反《自由区条例》的自然人和法人，海关可拒绝其进入自由区。海关也可以检查进入、离开或保留在自由区的货物；为了确保此种检查得以实施，与货物一起的运输文档的复制件必须提交给海关当局。如因检查需要，货物本身也应向海关当局提交和展示。

欧盟成员国的自由区应向所有货物开放，不论其性质、数量、原产国、起运国或目的国。但是可能基于以下例外而拒绝货物进出自由区，例如基于保证公共道德、公共政策、公共安全，保护人类、动植物生命，保护具有艺术、历史和考古价值的国家宝藏或保护工商业产权的理由而实施禁止或限制措施。另外，危险货物有可能损害其他货物，海关当局有权要求将其置放在特别容纳该货物的特殊设施之中。

放置在自由区或自由仓库的非共同体货物可以放行进入欧盟关境自由流通，也可以临时进口海关程序进入欧盟关境之内。当成员国国内法有相关规定时，货主也可以放弃货物并移交给国库；在必要时，货物也可以被销毁。但是，放弃或销毁货物不得增加成员国国库财政成本。然而，非共同体货物不得在自由区内被消费或使用。

对自由区中的货物进行涉及存储、加工、销售或采购活动时，必须以海关批准的形式保存库存记录。库存记录必须能使海关核对货物，必须记录货物的流向；而且，货物一旦进入自由区受控设施内就应当及时登记在案，以便海关实施监管。在自由区内转装（transshipment）的货物，必须记录转装操作相关文档以备海关查验；与转装作业有关的短期存储应视为转装操作的一部分。在不影响履行特殊海关条约安排时，从自由区离开的非共同体货物可以出口至欧盟关税领土以外，或者根据海关规则，移至共同体关税领土的其他部分。

二、欧盟自由区海关制度的特点

（一）区域协调的强制性与成员国的自主性

1969 年，欧共体通过"指令"的形式进行区域立法协调，然而到 1988 年时已经演变成通过"条例"来协调成员国的制度。"指令"（Directive）是由欧盟作出的对成员国有拘束力的，并责成该特定成员国通过国内程序将其内容转换为国内立法，以履行其所承担的条约义务的立法性文件。"指令"的规则往往是原则性规定，需要欧盟成员国国内法进一步细化和落实。因此，指令没有直接而全面的拘束力，仅在其协调目标上有拘束力，而在实现该目标的方式和方法上，则没有拘束力。"条例"（Regulation）具有全面的拘束力，它既表现在按其规定的需要取得的特定结果方面，也表现在取得该结果须采取的方式和措施等方面。这也是指令与条例最主要的区别。另外，条例直接适用于欧盟所有成员国，它经颁布实施和生效，自然成为欧盟成员国法的一部分，不需要成员国立法机构转化为国内法。

因此，可以看出欧盟希望在具体规则上统一自由区海关制度，从而减少各国转化立法和实施造成的差距和不平衡，从而影响欧盟共同市场的稳定和统一。但是，欧盟无法直接左右成员国是否设定自由区或设定自由区的数量。如果成员国不能通过设立自由区获得促进经济发展的巨大利益时，那么欧盟成员国自然是"无利不起早"。

（二）自由区数量变化印证发展困境

1969 年《自由区指令》颁布实施时，欧共体全境只有 6 个自由区，其中，法国 2 个，德国、比利时、意大利和英国各 1 个。根据统计，截至 2013 年 8 月 13 日，欧盟全境共有 91 个自由区，多数位于中东欧地区；而截至 2017 年 6 月 1 日，欧盟 28 个成员国全境共有 76 个自由区，多数位于中东欧地区。其中，保加利亚 6 个，克罗地亚 11 个，捷克 8 个，丹麦 1 个，爱沙尼亚 3 个，芬兰 2 个，法国 2 个，德国 2 个，希腊 3 个，意大利 2 个，拉脱维亚 4 个，卢森堡 1 个，立陶宛 12 个，马耳他 1 个，波兰 7 个，葡萄牙 1 个，罗马尼亚 5 个，斯洛文尼亚 1 个，西班牙 4 个；而奥地利、比利时、塞浦路斯、匈牙利、爱尔兰、荷兰、斯洛伐克、瑞典和英国境内无自由区。[1] 虽然，从 1969 年的 6 个自由区发展到 2013 年的 91 个自由区再到 2017 年的 76 个自由区，但欧盟自由区数量增加主要是伴随着欧盟东扩所形成的，这种数量变化并不能证明欧盟自由区制度本身的巨大成功。相反，西欧国家并没有显示出对自由区制度的热情，甚至反思自由区对贸易便利化的负面影响。例如，2013 年 1 月 1 日开始，汉堡港自由贸易区正式终结其 125 年的历史，退出自由贸易区的历史舞台。虽然，爱尔兰香农自由贸易区却是另一种成功景象，但由于爱尔兰香农的独特之处，难以保证其在欧洲大陆普遍适用。

原先设立自由区为了便利国际货物的免税转运、储存和加工；在目前欧盟海关便利化协调和航运发展迅速的新形势下，已经没有当初设立自由区的背景和意义了。首先，航运业务发展与繁荣导致库存减少，越来越少的货物需要长期贮存在自由区，集装箱运输方式使货物的中转时间大大缩短。其次，贸易商对延迟支付关税的需求日渐减少，欧盟允许各地建设海关保税仓库的优惠政策也替代了自由区的部分保税库存功能。再次，在欧

---

[1] EU. Taxation and Customs Union. Free zones [EB/OL]. [2017 - 06 - 30]. http：//ec. europa. eu/taxation_customs/customs/procedural_aspects/imports/free_zones/index_en. htm.

盟跨境的共同体货物本身享受自由移动，不受海关监管和共同商业政策影响；由于 WTO 和其他双边（区域）贸易协定的关税协调，入境欧盟的非共同体货物的关税也已经显著下降。所以，自由区的关税减免作用也在部分消失。最后，对进出自由区边界的交通控制会造成自由区外围，特别是空港和海港附近道路的交通堵塞，降低物流的效率。上述因素也是解释欧盟自由区发展并不繁荣的主要原因。

（三）欧盟自由区制度的反思

由于欧盟共同市场和海关法律的高度统一，欧盟已经形成一套成熟且适用于共同体货物跨境移动的管理制度。非共同体货物在欧盟自由区存储中转的需求逐渐减少，欧盟自由区有限的地理位置和高价劳动力又使得自由区内的加工制造业发展受到局限。因此，我国自贸试验区建设需要辩证看待欧盟自由区制度的发展。我国自贸试验区的建设不仅是海关制度的革新，更是给国际和国内市场的一个刺激信号，它能帮助上海成为国际经济、贸易、金融和航运中心，促进我国经济的升级，同时为我国建设更多自由贸易试验区提供可复制的经验。

欧盟自由区海关制度对我国建设自由贸易试验区的启示是：不断拓展自由贸易区的传统功能，始终保持自由贸易区制度的灵活和便利，从而持续保证自由贸易区对经济和投资的促进作用。这些也是自由区制度在欧盟和美国发展并不均衡的原因所在。

三、欧盟自由区知识产权保护规则

自从 1986 年 12 月 1 日欧洲共同体理事会制定《关于确定禁止假冒商品进入自由流通之条例》开始，欧盟知识产权海关保护的区域协调就处在不断发展和完善之中。作为欧洲知识产权体系的重要组成部分，欧盟知识产权海关保护规范的协调较为顺利，先后出台了四部关于知识产权海关保护的条例，即 Regulation3842/86 （以下简称《1986 年条例》）、❶ Regula-

---

❶ EU. Council Regulation （EEC） No 3842186 of 1 December 1986 laying down measures to prohibit the release for free circulation of counterfeit goods ［EB/OL］. ［2017 – 06 – 30］. http：//eur - lex. europa. eu/LexUriServ/LexUriServ. do？ uri = OJ：L：1986：357：0001：0004：EN：PDF.

tion3295/94（以下简称《1994 年条例》）❶、Regulation 1383/2003（以下简称《2003 年条例》）❷ 和 Regulation（EU）No 608/2013（以下简称《2013 年条例》）❸。

1986 年 12 月 1 日通过并于 1988 年 1 月 1 日开始实施的《1986 年条例》最早在欧盟层面尝试协调欧盟的知识产权海关保护，其主要内容是授权成员国海关制止假冒货物进入欧盟，执法对象是假冒货物，执法保护模式是依据权利人的申请而进行海关执法，海关没有依职权主动执法的义务。因此，从《1986 年条例》的全称"禁止放行假冒货物自由流通的措施"可知其立法目的和主要条约义务。

1995 年 1 月 2 日开始实施的《1994 年条例》规定：欧盟成员国禁止假冒和盗版货物完成清关后获准自由流通、出口、再出口和保税进口。与《1986 年条例》相比，知识产权海关保护除针对假冒货物外，还增加了对盗版货物的执法。《1994 年条例》条款中并不直接涉及对过境货物的知识产权执法，但 2002 年比利时海关依据《1994 年条例》扣押了从中国起运过境比利时的涉嫌侵权的飞利浦牌剃须刀，❹ 案件争议关键在于能否根据《1994 年条例》第 6 条第 2 款这一争议条款得出"生产假设"理论，即假定过境货物是在采取海关行动的过境国进行生产，从而根据过境国实体法判定过境货物侵权成立。1999 年欧盟对《1994 年条例》进行修订，专利以及补充保护证书被纳入海关保护范围。因此，海关保护的执法对象不再只是假冒和盗版货物，修订后条例的第 5 章标题相应改成"侵犯知识产权货物的条款适用"。此外，海关保护的边境执法范围已经扩展到海关监管

---

❶ EU. Council Regulation（EC）No 3295/94 of 22 December 1994 laying down measures to prohibit the release for free circulation，export，re－export or entry for a suspensive procedure of counterfeit and pirated goods［EB/OL］.［2017－06－30］. http：//eur－lex. europa. eu/LexUriServ/LexUriServ. do? uri＝OJ：L：1994：341：0008：0013：EN：PDF.

❷ EU. Council Regulation（EC）No 1383/2003 of 22 July 2003 concerning customs action against goods suspected of infringing certain intellectual property rights and the measures to be taken against goods found to have infringed such rights［EB/OL］.［2017－06－30］. http：//eur－lex. europa. eu/LexUriServ/LexUriServ. do? uri＝CELEX：32003R1383：EN：HTML.

❸ Regulation（EU）No 608/2013 of the European Parliament and of the Council of 12 June 2013 Concerning Customs Enforcement of Intellectual Property Rights and Repealing Council Regulation（EC）No 1383/2003.

❹ Philips v. Postech c. s.，Supreme Court，19 March 2004.

状态下的货物，包括转船等过境货物和在保税区或保税仓库中的货物。❶

2004 年 7 月 1 日生效的《2003 年条例》对欧盟知识产权海关保护措施作出系统修订，强化海关主动依职权执法。❷《2003 年条例》规定：当海关有"充足理由怀疑"侵犯知识产权货物时，就可以进行执法扣留，降低海关启动执法扣留嫌疑货物的标准。《2003 年条例》特别强调权利人与海关的执法合作；如果缺少权利人提供的详细信息，海关很难发现嫌疑货物并确定货物侵权。另外，《2003 年条例》扩大海关保护的知识产权客体类型，将植物多样性权利、地理标志和原产地标记纳入保护范围。❸ 为了更好实施《2003 年条例》的内容，❹ 欧洲理事会于 2004 年 10 月 21 日通过《2003 年条例》的实施细则《2004 年实施条例》。❺ 例如，对于《2003 年条例》中的"权利人"，《2004 年实施条例》明确其包括知识产权的集体管理组织；《2004 年实施条例》详细规定了权利人申请海关执法程序的文档材料要求，并在附件中提供了申请执法的表格样式，以及欧盟成员国接受权利人申请的海关当局联系方式等。

《2013 年条例》明确海关边境执法条例不对成员国判定知识产权侵权与否的实体法产生影响，不会增加或减少知识产权侵权判定的国内法标准，它从欧盟区域立法层面明确排除了"生产假设"理论的适用。《2013 年条例》坚持知识产权边境执法环节的全覆盖，包括货物的进出口环节、过境环节、海关仓储和自由区等环节。《2013 年条例》对海关边境执法保护客体和侵权种类的扩充适用于过境货物的知识产权执法，而且知识产权海关执法中认定侵权类型的增加远远超越 TRIPS 边境措施中的规定。

---

❶ Council Regulation (EC) No 241/1999 of 25 January 1999, amending Regulation (EC) No 3295/94 laying down measures to prohibit the release for free circulation, export, re – export or entry for a suspensive procedure of counterfeit and pirated goods, Official Journal L 027, 02/02/1999, P. 0001 – 0005.

❷ EC Regulation 1383/2003, Article 4.

❸ EC Regulation 1383/2003, Article 2.1.

❹ 赵学武. 欧盟知识产权边境措施及应对方法 [J]. 电子知识产权, 2008 (7)：57 – 61.

❺ Commission Regulation (EC) No 1891/2004 of 21 October 2004, laying down provisions for the implementation of Council Regulation (EC) No 1383/2003, concerning customs action against goods suspected of infringing certain intellectual property rights and the measures to be taken against goods found to have infringed such rights.

四、欧盟自由区过境货物知识产权保护

尽管存在欧盟海关条例等法律规定，但欧盟成员国并没有对过境货物知识产权执法达成一致。荷兰的过境货物知识产权执法实践在欧盟国家中具有一定的代表性，其独特性表现在以下几个方面：首先，荷兰是过境执法案件频发的一个国家，相关司法判例也较多。其次，荷兰对欧盟的知识产权边境执法条例有自己独特的解释规则，开创性地使用了"生产假设"理论。再次，WTO 争端解决机构目前仅有的两件过境知识产权执法争端都涉及荷兰的过境执法问题。最后，荷兰具有得天独厚的地理位置；荷兰本身地处欧洲大陆西北部，东面与德国为邻，南接比利时，北濒临北海，荷兰陆、海、空国际运输均十分发达，位于莱茵河与马斯河出海口的鹿特丹港是世界第一大港，阿姆斯特丹机场是欧洲主要航空港之一。

表 3 - 1　2007—2010 年查扣过境货物案件国家统计排名❶

排名	2007 年	2008 年	2009 年	2010 年
第一名	德国（512 件）	德国（854 件）	德国（664 件）	德国（783 件）
第二名	荷兰（409 件）	荷兰（445 件）	荷兰（300 件）	荷兰（297 件）
第三名	法国（283 件）	法国（222 件）	中国香港（288 件）	中国香港（230 件）
第四名	中国香港（142 件）	中国香港（146 件）	法国（243 件）	意大利（221 件）
第五名	比利时（132 件）	挪威（121 件）	墨西哥（68 件）	美国（207 件）
第六名	波兰（86 件）	西班牙（115 件）	西班牙（57 件）	法国（186 件）
第七名	罗马尼亚（79 件）	罗马尼亚（110 件）	希腊（56 件）	西班牙（130 件）
第八名	保加利亚（75 件）	比利时（82 件）	意大利（17 件）	墨西哥（77 件）
第九名	西班牙（73 件）	保加利亚（79 件）	克罗地亚（16 件）	克罗地亚（69 件）
第十名	智利（38 件）	智利（64 件）	美国（1 件）	希腊（53 件）

英国法院在司法实践中否认"生产假设"理论的适用。2009 年 7 月 29 日，在假冒诺基亚手机案中，英格兰和威尔士高等法院王座法庭判决：欧盟《2003 年条例》没有授权或要求海关当局在没有证据表明货物是进入

---

❶　根据 WCO2008 年和 2010 年《海关与知识产权报告》基础数据统计，前提是假定 WCO 成员方如实准确地将过境知识产权侵权的执法数据上报给 WCO。

欧盟成员国市场时，查扣过境的假冒货物。❶诺基亚不服判决而上诉至英国民事最高上诉法院。由于法院意识到欧盟成员国对过境货物相关知识产权执法持不同观点，有必要对《2003 年条例》作出系统和一致的解释，所以，当时的英国民事最高上诉法院要求欧洲法院作出初步裁决。

2011 年 2 月 3 日，欧洲法院给出咨询意见：标有共同体商标的非共同体商品在成员国海关监管下，并从一个非成员国到另一非成员国时，可以由海关查扣，如果有充足证据怀疑商品是假冒商品，并且尤其是当这些商品将遵守海关程序或通过非法转移手段进入共同体市场时。❷

2011 年 12 月，欧洲法院对于过境比利时的假冒飞利浦剃须刀和过境英国的假冒诺基亚手机案一并作出初步裁决。欧洲法院认为：如果要证明过境的非同体货物侵犯相关权利被认定为假冒或盗版货物，那么要首先证明货物意图在欧盟销售。证明的内容包括：货物已经销售给欧盟客户，或者已经对欧盟客户进行要约或广告，或者从文件或信函中明显得出货物转向欧盟客户的结论；而其他证据迹象可以包括：货物目的地没有申报而申请的保税制度要求此项申报，缺少关于生产者或发货人的身份或地址的精确或可靠信息，缺乏和海关当局的合作，发现关于表明涉案货物可能会转向欧盟消费者的文件或信函。❸根据欧洲法院的判决，《1994 年条例》第 6 条第 2 款并不意味着国家法院可以忽视货物的临时存储和过境状态，也不暗示国家法院可以适用"生产假设"理论，因为"生产假设"理论不能从《1994 年条例》第 6 条第 2 款字面中推断出来。欧洲法院既然对《1994 年条例》第 6 条第 2 款第 2 项作出否定，"生产假设"理论也不能基于《2003 年条例》序言第 8 段得出，因为二者在文字表达上相同。

2012 年 2 月，欧盟委员会发布《过境货物知识产权执法指南》。其中规定，如果过境欧盟的货物被欧盟海关当局认定为有进入欧盟市场的风险，而且该类货物在欧盟成员国境内又有权利人主张知识产权保护的，欧

---

❶ Nokia Corporation v. Her Majesty's Commissioners of Revenue & Customs (HMRC) [2009] EWHC 1903 (Ch).

❷ Opinion of Advocate General Cruz Villalón delivered on 3 February 2011 (1), Joined Cases C - 446/09 and C -495/09.

❸ Joined Cases C -446/09 and C -495/09, 1 Dec. 2011.

盟海关有权扣留。❶《过境货物知识产权执法指南》实际上是对《2003 年条例》的解释和适用作出澄清，原因有三：一是由于在 2012 年，新条例的修订和通过尚需时日，所以，迫切需要一份指南来指导成员国海关的执法；二是经过欧盟法院对飞利浦和诺基亚的初步裁决，欧盟法院已经统一对过境货物知识产权执法的尺度，《过境货物知识产权执法指南》是对案例中的共同原则作出整理和归纳；三是对 WTO 争端磋商结果作出主动回应，避免印度和巴西要求成立专家组从而进入正式的争端解决主体程序。❷

欧盟《2003 年条例》规定：当怀疑货物侵犯知识产权时欧盟海关可以采取执法行动的条件和程序，以及相关货物被认定侵犯知识产权时可以采取的措施。根据《2003 年条例》第 1 条第 1 款，海关有权对所列的任何情形下的货物进行监管，通过欧盟关境的货物不论是否进行仓储、卸货、换装运输工具或改变运输方式，只要该货物通过欧盟关境部分的行程只是总体行程中的一部分且其开始地点和结束地点都位于欧盟关境之外，就被认为是通过欧盟关境过境的货物。所以，外部过境货物和海关仓储制度下的过境货物也不能成为海关执法豁免的对象。《过境货物知识产权执法指南》肯定了知识产权执法对海关业务制度的全面覆盖。

在荷兰法院出现的"生产假设"理论❸涉及条例是否赋予过境货物知识产权侵权判定的新标准的问题，《过境货物知识产权执法指南》确认《2003 年条例》不包含判定过境货物侵犯知识产权的实体性规则。所以，"生产假设"理论不应根据《2003 年条例》而得到支持，判断侵权与否的根据只能是欧盟层面的知识产权实体法和成员国的知识产权实体法。

根据《过境货物知识产权执法指南》，当来源于非欧盟成员国的货物（《欧共体海关法典》中的非同共体货物）在欧盟关境内出现而没有进入自由流通，或者在货物到达欧盟关境前，就有针对欧盟市场的商业行为，如

---

❶　王春蕊. 欧盟发布"过境货物知识产权海关执法指南"[J]. 中国海关, 2012 (6)：42 - 43.

❷　WTO DS408 European Union and a Member State—Seizure of Generic Drugs in Transit Request for Consultations by India WT/DS408/1 G/L/921 IP/D/28, 19 May 2010. WTO DS409 European Union and a Member State—Seizure of Generic Drugs in Transit Request for Consultations by Brazil WT/DS409/1 IP/D/29 G/L/922, 19 May 2010.

❸　Philips v. Postech c. s. Supreme Court 19 March 2004 (Philips / Postech c. s.). The English text of the judgment [EB/OL]. [2017 - 06 - 30]. http：//www. eplawpatentblog. com/PDF_December09/Dutch%20Supreme%20Court%20Philips%20v%20Postech%20EN. pdf.

销售、许诺销售或广告宣传，或者从单证、单据或有关货物的往来函件上可明显看出该货物有意转向欧盟市场，则该货物可构成侵犯知识产权的货物。除了存在面向欧盟市场的商业行为之外，涉嫌欺诈和拒绝与海关合作等存在转向欧盟市场的具体风险的迹象，这些情形也可能构成侵犯知识产权的嫌疑，从而被成员国的海关当局暂时扣留。这些迹象包括未按海关要求申报货物的目的地，海关法规要求提供货物制造商或托运人的名称或地址而没有提供准确或可信赖的信息的，不配合海关当局工作的，或者从单据或有关货物的来往信函中发现有关货物可能转向欧盟市场销售的。❶

《过境货物知识产权执法指南》的规定非常清晰，导向十分明确。与欧盟知识产权边境执法条例相比，《过境货物知识产权执法指南》具有非常强的可操作性，同时为 ACTA 第 16 条第 2 款将来在欧盟成员国和其他 ACTA 缔约方的实施奠定基础。

第三节　美国对外贸易区知识产权保护制度

一、美国对外贸易区概要

美国对外贸易区建设和发展历史较长，早在 1934 年，为应对 1929 年开始的"大衰退"带来的负面影响，美国国会通过《互惠贸易协定法》和《对外贸易区法》两个重要法案，兼顾国际与国内两个层面的贸易政策调整：前者是授予总统调整关税税率及与外国签订贸易协定的权利；后者是启动对外贸易区项目，以发展和鼓励对外贸易。

美国对外贸易区（Foreign Trade Zone）实则为国际上通行的"自由贸易区"（Free Trade Zone），《京都公约》称之为"自由区"。美国对外贸易区是指在进口口岸或其毗邻地区内设立的一片限制进入的地理区域。根据用途的不同，对外贸易区可分为一般用途对外贸易区（general purpose zone）和对外贸易区分区（subzone），简称"主区"和"分区"。对外贸

---

❶ European Commission . Guidelines of the European Commission concerning the enforcement by EU customs authorities of intellectual property rights with regard to goods, in particular medicines, in transit through the EU.

易区从图纸规划到投入实际运营，须先由申请人提出申请，经美国对外贸易区委员会（Foreign Trade Zones Board）审查合格后，方可得到正式批准。❶美国境内外货物都可以进入对外贸易区，进行存储、展示、加工等。根据规定，从国外进入对外贸易区的货物，不需要正式的进关程序和关税支付，除非货物要供美国国内消费。当外部货物进入海关程序时，进口时通常可以选择按照进入对外贸易区时的原材料纳税，或按加工后的成品纳税。国内货物以出口为目的进入对外贸易区，可以在进对外贸易区时视为出口从而享受出口退税状态。所有在外贸易区的行动受美国联邦、州和当地政府和执法机构的管辖。

美国对外贸易区委员会具有区内制造活动审批权。在区内从事加工制造活动须经过审批，申请人可向对外贸易区委员会申请长期许可，为满足企业短期和临时加工制造活动需要，对外贸易区委员会允许企业申请临时制造许可。❷2008年12月开始，美国对外贸易区委员会采纳"可选址框架计划"（Alternative Site Framework，ASF）对主区和分区的设置和管理方式进行调整，简化审批流程，大幅降低了运营主体入区及从事制造加工活动的壁垒。❸此前，企业入区被要求递交冗长的申请表，在ASF监管框架下，企业入区或申请设立分区的审批权下放到区，审批时间大大缩短。ASF监管有助于发挥对外贸易区的主观能动性，近年对外贸易区吸纳的货物价值量和出口增长速度均呈现加速态势。

到2015年年末，美国已经批准以及在有效期内的对外贸易区已达186个；对外贸易区内2 900多家公司有效解决42万人就业，进入对外贸易区的货值超过6 600亿美元，产业涉及炼油、汽车、电子、制药、机器设备

---

❶ U. S. Foreign – Trade Zones Board ［EB/OL］. ［2017 – 06 – 30］. http：//enforcement. trade. gov/FTZPAGE/index. html.

❷ 周阳. 美国对外贸易区制度（一）［J］. 中国海关，2008（11）：44 – 47. 周阳. 美国对外贸易区制度（二）［J］. 中国海关，2008（12）：46 – 47.

❸ Alternative site framework（ASF）is an optional approach to designation and management of zone sites allowing greater flexibility and responsiveness to serve single – operator/user locations. The ASF was adopted by the Board as a matter of practice in December 2008. See，15 CFR Part 400 – FTZ Regulations，§400. 2 Definitions.

等。❶ 美国对外贸易区经验对于推动我国自由贸易试验区建设和发展具有借鉴作用。

二、美国对外贸易区知识产权保护规则

对外贸易区实际是国际通行"自由贸易区"的美国版，它处在美国海关与边境保护局监管之下，就关税支付而言，它被视为在美国领土之外。法律渊源来自美国1934年《对外贸易区法》，现为《美国法典》第19篇第81节（19U. S. C. 81a–81u）以及《对外贸易区管理委员会条例》，现为《联邦行政法规》第15篇部分内容（15C. F. R. Part 400）。由于自由贸易区处于海关监管之下，法律渊源包括海关条例（19C. F. R. Part 146）在对外贸易区的适用。

（一）国内立法

1. "337条款"和知识产权海关执法规则

谈起美国知识产权海关保护，不能回避著名的"337条款"（《美国法典》第19篇第1337节），该条针对的是进口贸易中的不公平做法，特别是为了保护美国知识产权权利人的利益不受进口侵权货物的侵害。除了"337条款"之外，美国《联邦行政法规》第19篇"海关职责"的第133节规定了"商标、厂商名称和版权"，它也是美国海关具体实施知识产权边境保护的法律依据；第133节包括"商标的备案""商号的备案""带有注册商标与备案商号商品的进口""版权的备案""违反版权法货物的进口"以及"没收或协定损害赔偿金的评估程序"等6个分节，共53个条文，非常详细地规定了知识产权边境执法的具体操作步骤。❷

上述法规和条文中并未提及出口及过境货物的知识产权执法问题，由此容易得出错误结论：美国不保护出口和过境环节的涉嫌被侵犯的知识产权。❸ 虽然，严格意义上海关没有主动对自由贸易区过境货物进行依职权执法，但海关仍然可以依据民事诉讼中法院的判决或国际贸易委员会的禁

❶ Foreign – Trade Zones Board. 77th Annual Report of the Foreign – Trade Zones Board to the Congress of The United States, 2015 [EB/OL]. [2017 – 06 – 30]. http：//www. trade. gov/ftz.

❷ 周阳. 美国海关法律制度研究 [M]. 北京：法律出版社，2010：170 – 188.

❸ 唐东华. 美国知识产权海关保护法律制度研究 [D]. 上海：复旦大学，2010：36.

令对其进行执法和查扣，这种做法并不违反 TRIPS 的条约义务。TRIPS 边境措施规定：指缔约方有义务对进口环节侵犯商标和著作权的假冒和盗版货物进行执法；❶ 但成员方国内是采取单独立法的模式，抑或是在海关法或知识产权法体系中规定相关内容，是成员方所具有的自由裁量权。根据 TRIPS 的规定，成员方具有以适当的方式在其本国的法律体制和实践中执行本协议规定的自由。❷

此外，尽管对于关税而言，国外货物进入对外贸易区可以视为进口行为，进口货物视为在美国关税领土之外。但对于知识产权执法行为，即使是因过境而进入对外贸易区的货物也处在美国关税领土之上，并且应接受联邦或州法律的管辖。

2. 《优化知识产权资源与组织法》

美国《联邦政府行政法规》第 19 篇 "海关职责" 的第 133 节明文规定 "进口"（importation），如将之解释为包含 "过境" 则有些牵强。美国《优化知识产权资源与组织法》（Prioritizing Resources and Organization for Intellectual Property Act of 2008，PRO IP Act）于 2008 年 10 月 13 日经布什总统签署成为正式法令。《优化知识产权资源与组织法》试图通过强化民事与刑事救济、增设协调机构、增加司法资源、完善域外保护等方面，威慑与遏制愈演愈烈的假冒盗版现象，保障美国在全球市场中的经济利益。《优化知识产权资源与组织法》对《美国法典》第 17 篇第 6 章版权法相关内容作出修订，增加了出口盗版作品的违法认定。❸《优化知识产权资源与组织法》还对《美国法典》第 18 篇第 2230 节的刑事条款作出修改，假冒货物的出口和过境被视为一种刑事违法行为。❹

（二）美国自由贸易协定中的对外贸易区知识产权执法

在 "美式" 双边自由贸易协定中，出现高于 TRIPS 条约义务的条款是在情理之中的，也有学者将美国在国际范围的知识产权保护模式总结为：

---

❶　参见 TRIPS 第 51 条。

❷　参见 TRIPS 第 1 条。

❸　参见美国《优化知识产权资源与组织法》第 105 条。

❹　参见美国《优化知识产权资源与组织法》第 205 条。

"TRIPS + FTA"。❶ 自由贸易协定中知识产权保护协调的实质是：美国在让 WTO 成员遵守 TRIPS 条约义务的基础上，针对个别贸易伙伴再施加高于 TRIPS 的 FTA 新规则，除了知识产权保护范围和水平的提升，更重要的是执法规则的拓展。

《美国韩国自由贸易协定》于 2007 年 4 月启动谈判，谈判历经 4 年 10 个月，韩国和美国双边自由贸易协定于 2012 年 3 月 15 日正式生效。《美国韩国自由贸易协定》第 18 章详细规定双方对于知识产权保护和执法的条约义务。虽然从篇章结构上来看，只有 12 个条文，但每个条文都规定得全面而具体，可操作性非常强。❷ 第 10 条 "知识产权执法" 条款中包括 30 个条文，超过 TRIPS 第三部分知识产权执法部分的 21 个条文。❸ 在 "边境措施相关的特别要求" 一节中，《美国韩国自由贸易协定》规定：一旦进口、出口、过境货物或自由贸易区中的货物被怀疑是假冒货物或盗版货物，每一成员方应当规定其主管机关可以依职权启动边境措施。❹ 此外，协定通过脚注进一步明确，所谓 "依职权" 是指不需要来自私有方或权利人正式的申诉。在边境执法环节已经包括自由贸易区货物；执法对象的涵盖范围也更广泛，不仅包括假冒货物和盗版货物，还包括货物中含有与所在国保护的商标相比容易产生混淆的类似商标，这种扩展大大突破传统的反假冒贸易的基本立场，考虑到商标区别商品的本质目标，为商标权人提供了更加全面的保护，有利于具有品牌价值相关产品的国际贸易。因此，自由贸易区过境执法的侵权认定范围更加宽泛，判定规则变得更加复杂，

---

❶ 朱颖. 美国知识产权保护制度的发展——以自由贸易协定为拓展知识产权保护的手段 [J]. 知识产权，2006 (5)：87 - 91.

❷ 《美国韩国自由贸易协定》第 18 章第 1 条为 "一般条款"，在该条之下又有 12 个条文分别规定：成员方的实施义务、应当加入的国际协定、国民待遇原则和透明度义务等基本规定；就其结构和条约内容来看，与 TRIPS 第 1 部分 "总条款与基本原则" 基本相同，但对成员方要求的条约义务又明显高于 TRIPS。其余内容包括：第 2 条 "商标和地理标志"，第 3 条 "互联网的域名"，第 4、5、6 条 "版权和相关权"，第 7 条 "保护加密载波卫星和电缆信号"，第 8 条 "专利"，第 9 条 "某些规制产品的相关措施"，第 10 条 "知识产权执法"，第 11 条 "对某些公共健康措施的谅解"，第 12 条 "过渡条款"。

❸ 在结构安排上，《美国韩国自由贸易协定》第 18 章第 10 条先后包括了如下内容：一般义务 (3 条)、民事、行政程序和救济 (12 条)、可替代争端解决 (1 条)、临时措施 (2 条)、边境措施相关的特别要求 (7 条)、刑事程序和救济 (4 条) 和服务提供者的责任和限制 (1 条)。

❹ The United States – Korea Free Trade Agreement (KORUS FTA) Chapter 18 [EB/OL]. [2017 - 06 - 30]. http：//www. ustr. gov/trade – agreements/free – trade – agreements/korus – fta/final – text.

而不仅仅是狭义的"假冒"。对"令人混淆地相似"（confusingly similar）的判断比相同商标和实质部分与有效注册商标不可区的商标侵权的判断都更加困难；这种自由贸易区过境商标执法侵权判定难度的增加不利于进出口商所享有的过境自由与便利原则，因为延长涉嫌商标侵权的商品在口岸等待侵权认定结果的滞留时间，不利于国际贸易货物的自由流通。鉴于判断"令人混淆地相似"的主观随意性较大，商标权利人涉嫌侵权商标不相同或实质部分不相同时，会以"令人混淆地相似"为由提出中止放行货物的申请；它可能被商标权利人作为商业策略而滥用；这种侵权认定范围的扩大可能阻碍合法国际贸易，因而有违反 TRIPS 第 1 条、第 41 条和 ACTA 第 6 条的嫌疑。

　　除了上述《美国韩国自由贸易协定》中规定了对过境货物的知识产权执法义务外，在《美国新加坡自由贸易协定》也有类似的制度设计。❶《美国新加坡自由贸易协定》第 16 章规定了知识产权保护和执法的内容，第 9 条详细规定了知识产权执法条款。根据《美国新加坡自由贸易协定》的规定，知识产权边境执法的环节应当包括出口和进口环节，即每一成员方应当规定主管机关可以依职权主动发起边境措施，而不需要私有方或权利人的正式申请；这些措施应当适用于从成员方进口或出口的假冒和盗版商品。对于自由贸易区过境货物是否进行知识产权执法，《美国新加坡自由贸易协定》规定只适用于转装货物，并且是应经请求而执法，并非海关依职权主动执法。根据《美国新加坡自由贸易协定》第 16 章第 9 条第 19 段规定：对于不是交付本方的转装货物，成员方应当经请求努力检查上述货物。如果货物自某一成员方的领土转装运输至另一方的领土，前者应当合作并为后者提供有效信息，以便于实施打击假冒和盗版的有效执法。当假冒或盗版货物正在运往某成员方的路途中时，该成员方可以请求另一成员方进行合作；成员方应当确保其有权承担这种合作，以回应另一方的

---

　　❶　2004 年 1 月 1 日《美国新加坡自由贸易协定》正式实施，新加坡也成为与美国签署自由贸易协定的第一个东南亚国家。无论是谈判时间还是生效时间，《美国新加坡自由贸易协定》都早于《美国韩国自由贸易协定》。因此，《美国新加坡自由贸易协定》中规定的知识产权执法条款并没有达到《美国韩国自由贸易协定》的保护高度，但它存在的价值不容忽视。

请求。❶

与《美国韩国自由贸易协定》的自由贸易区过境执法规则相比，《美国新加坡自由贸易协定》的执法条款明显是过渡期的产物；对于自由贸易区过境货物采取"附条件"地执法，为实施《美国韩国自由贸易协定》和ACTA中全面加强过境执法奠定实践基础。条件之一是，过境执法只适用转装货物，并不适用于海关转运之下的货物；条件之二是，过境执法须经权利人或私有主体的申请或申诉，主管当局并不依职权主动执法。此外，《美国新加坡自由贸易协定》中的过境货物执法规则还确立一种边境执法合作的模式，即当某一成员方为过境国时，虽然不一定在过境环节进行扣押，但有义务为目的国提供有效信息，以便于目的国在进口环节进行边境执法，这种有效合作能确保假冒和盗版货物被排除在商业渠道之外，真正有效地保护权利人的知识产权。

（三）美国对外贸易区过境货物执法规则与国际条约的比较

根据 ACTA 第 16 条第 1 款，出口环节的知识产权的执法已经成为缔约方强制的条约义务，而且是海关等主管部门有依职权主动执法的义务。但自由贸易区过境环节是 ACTA 成员方可选择适用海关执法措施。尽管美国政府声称 ACTA 是属于总统行政协定，无须修改国内法律，所以无须国会批准，但是美国学者指出许多美国法律规定存在与 ACTA 的不一致之处，包括美国知识产权海关执法规则的缺陷。❷

然而，美国现有这种边境执法的立法框架有违反 ACTA 和《美国韩国自由贸易协定》相关规定的嫌疑。然而，此外，根据 2012 年 5 月生效的《美国韩国自由贸易协定》第 10 章第 22 条的规定，缔约方应当规定主管当局可以依职权对进口、出口、过境或自由贸易区货物启动边境措施。美国海关当局认为：《联邦行政法规》第 19 章第 133 节没有区分过境货物和目的地是美国的货物，所以条例中的反假冒条款同时适用进口货物和过境货物。所以，美国无须为执行《美国韩国自由贸易协定》而修改法律。

---

❶ UNITED STATES – SINGAPORE FREE TRADE AGREEMENT, Article 16. 9 para. 19. [EB/OL]. [2017 – 06 – 30]. http：//www. ustr. gov/sites/default/files/uploads/agreements/fta/singapore/asset_upload_file708_4036. pdf.

❷ FLYNN, SEAN. ACTA's Constitutional Problem：The Treaty Is Not a Treaty [J]. American University International Law Review, 2011 (26)：903 – 926.

三、对外贸易区知识产权保护的司法实践

虽然，美国相关成文法没有明确对外贸易区的知识产权执法，也没有否定海关的执法权，而且在近年来的立法中已经逐渐明确执法机关针对对外贸易区货物的执法权力。自20世纪70年代开始，美国有多个对对外贸易区知识产权侵权货物有关的司法判例。

（一）1979年A. T. Cross公司诉Sunil贸易公司

在A. T. Cross公司诉Sunil贸易公司案[1]中，原告是一家位于美国罗德岛的具有百年历史的书写工具生产商，被告则是一家出口一般商品的纽约贸易公司。涉嫌假冒货物在中国台湾生产，放置在美国纽约对外贸易区中，准备运往第三国西班牙所属加那利群岛（Canary Islands）以"美国制造"的真品Cross圆珠笔面向消费者。被告辩称，货物专门存在对外贸易区，货物没有进入美国，不构成《商标法》上所要求的商标"在商业中使用"。

法院将该案的关键问题界定为《对外贸易区法》的调整对象和《商标法》的管辖范围。首先，法院认为：根据《对外贸易区法》，建立对外贸易区是为了鼓励和便利外国生产的货物从美国出口，允许货物免交进口税。尽管对外贸易区中的货物可以存储、销售、展示、拆卸、重新包装、组装、分拨和分类，甚至和国内外生产的产品混合在一起，但对外贸易区在性质上"只是一个担保仓库"（simply a bonded warehouse），专门运往外国港口的过境货物在此存储，而不被视为美国关税法上的进口，对外贸易区的特殊地位并不包括知识产权执法豁免。其次，《商标法》授予美国法院广泛的管辖权。《商标法》立法目的是在国会控制下管理商业，对商业中欺骗性或误导性使用标志而采取行动，为了保护从事贸易的人不受不正当竞争干扰，防止商业中使用复制、备份、假冒注册商标的彩色模仿而遭欺骗和欺诈，提供根据美国和外国参加的保护商标、商号和反不正当竞争的条约和公约规定的权利和救济。

（二）1989年Reebok公司诉美国销售公司案

在Reebok案中，假冒Reebok商标鞋子在中国台湾生产，放置在美国

---

[1] A. T. Cross，Co. v. Sunil Trading Corp.，467 F. Supp. 47（S. D. N. Y. 1979）.

洛杉矶对外贸易区中，被告在美国进行针对第三国的许诺销售或销售行为，部分货物准备销往日本、新加坡和比利时安特卫普。❶

加利福尼亚州地区法院再次确认，《商标法》的管辖权适用于所有国会合法监管的商业行为；《商标法》中的"商业"（commerce）既包括国内商业又包括国际商业，而且根据《对外贸易区法》，除该法另有规定，所有进出对外贸易区的货物受美国法管辖。法院基于这些理由认定，自由贸易区中过境货物受制于国会权力在《商标法》中的实施。

（三）1991年海洋花园公司海产品侵权案

在海洋花园公司海产品案中，原告海洋花园公司生产经营罐头鱼和海产品，并使用"Calmex"品牌；被告 Marktrade 公司销售相似产品，使用"Sardimex"和"Seamex"的品牌；Marktrade 公司罐装鲍鱼产品包装同海洋花园公司"Wheel Brand"包装相似。1990年12月，初审法院支持原告的初步禁令，禁止被告模仿、复制和未经授权使用原告的商标。被告不服向二审法院提出上诉，认为地区法院没有管辖权，要求撤销禁令。❷

首先，联邦法院认为，法院对经对外贸易区过境的货物既有管辖权，同时具有域外管辖权。法院同时坚持：行使域外管辖权需要具备相应条件，例如，域外行为对美国商业有影响；这种影响体现在原告受到损害；美国对外贸易的利益和外国商业之间联系紧密。该案的情形符合上述测试条件，所以，法院确认管辖权的存在。其次，自由贸易区中的过境侵权货物不应该排除美国海关法规则的适用。根据《联邦行政法规》第19篇第146节（19C. F. R. 146），禁止进口货物是基于公共政策和公共道德的理由，或者由委员会命令排除出对外贸易区的货物，例如，诱导叛国的书和色情图片等。根据《联邦行政法规》第19篇第113节（19C. F. R. 113），国内外生产的标有复制或模仿注册商标的货物应当禁止进入，并作为禁止进口货物而被没收。因此，海关法规则完全适于对外贸易区过境中转的侵权货物。法院还举出一个不能对对外贸易区过境货物基于1946年《商标法》适用司法管辖权的例子。例如，瑞士公司在香港销售法国货物，而商

---

❶ Reebok Int'l LTD v. American Sales Corp 1989 WL 418625（C. D. Cal.）.

❷ Ocean Garden, Inc. v. Marktrade Co., Inc., 21 U. S. P. Q. 2d 1493（9th Cir.（Cal.）Dec 31, 1991）.

标在美国不受保护，法国货物却侵犯了英国商标，争议货物放置在美国对外贸易区中，英国公司能否在美国起诉瑞士公司，美国显然在此案中没有利益相关性。如果涉案商标在美国得到保护，那么美国法院管辖权就理直气壮。综上所述，侵权货物进入对外贸易区的行为足够在商业上触发联邦法院基于《商标法》的司法管辖权。

（四）2006 年灰色市场香烟案

在灰色市场香烟案中，美国生产的出口香烟重新进口到美国，并放置在加利福尼亚对外贸易区中，美国品牌香烟在国外生产并销往美国境外。海关检查在对外贸易区仓库时，怀疑涉案货物香烟的性质。涉案香烟违反了原产地规则，货主说香烟来自瑞士，但实际却来自捷克、德国、荷兰和马来西亚。香烟最终被查扣，被法庭拍卖销售。[1] 被告认为海关搜查和没收没有理由和法律基础。法院认为，对外贸易区使用者获得利益，那么获益者应当告知海关他们的活动，并且海关有权检查他们的操作。当企业或货物进驻对外贸易区时，就应当意识到这种交换和平衡。实际上，对外贸易区内发生的所有活动都在海关检查和控制的范围之内。据此，第九巡回上诉法院认定，即使没有搜查令，搜查被告仓储区域也是有效的且合理的行政执法。

综合上述案例分析，美国对外贸易区的建立是激励贸易和进出口的初衷。这种系统设计能便利贸易，不把货物视为进口，避免税收和其他商业政策措施。然而，这绝不意味着排除美国法律的适用。美国法院不仅认为管辖权界限延伸到对外贸易区，而且侵权货物进入对外贸易区行政机关和联邦法院都有权对其行为进行执法和管辖。

四、美国对外贸易区知识产权保护的启示

（一）知识产权保护为经济利益服务

美国不遗余力地在各种场合推动自由贸易协定，其中一个重要目标是鼓励贸易伙伴按美国法律的标准保护知识产权。美国在与其他国家的谈判中都要求按美国法律标准实施知识产权保护，通过贸易协定施加的条约义

---

❶　U. S. v. 4, 432 Master cases of Cigarettes, More Or Less, 448 F. 3d 1168, 1189（9th Cir. 2006）.

务而促使贸易伙伴根据协定内容修改国内法律，以达到与美国国内知识产权法相一致或高于 TRIPS 的保护水平和执法标准。❶ 因此，自由贸易协定被认为是一种保护美国知识产权的有效机制，其根源在于美国产业发展的兴盛无法离开知识产权的有效保护。美国每年超过 5 万亿美元的 GDP 收入来自于知识产权密集型产业，而每个行业均直接或间接地产出和使用知识产权。根据美国商务部发布报告，美国电影公司、制药商和其他依靠版权、专利和商标保护的企业支撑着大约 4 000 万个就业岗位，约占美国员工总数的 28%。❷ 因此，美国在要求贸易伙伴遵守自由贸易区知识产权执法规则时，不得不自己首先做好表率，切实保护美国知识产权和贸易利益。因此，美国对外贸易区不可能成为知识产权侵权货物的避风港，美国必然在立法和司法实践中严格对外贸易区知识产权的保护。

（二）完善立法与司法实践并行

由于对外贸易区在性质上有助于知识产权侵权行为的发生和持续。在 1979 年的 A. T. Cross 案中，法院就意识到被告利用纽约对外贸易区实现两个重要功能：一是被告从中国台湾购买的假笔进入美国并未交纳进口关税；二是让被告有机会掩盖假冒货物的真实来源，帮助被告将假冒货物洗白，将假冒圆珠笔视为"美国制造"。因为，一旦货物可在对外贸易区中存储很长时间，被告便有机会获得假冒的原产地证书。因此，美国法院在解释《对外贸易区法》和《商标法》时，都注意美国法律管辖权的适用范围；两部法律都是依据国会监管商业权力而诞生的，两者之间不可能存在根本冲突，因此，无论是立法目的还是具体规则，二者都将对外贸易区货物的知识产权执法纳入监管范围。在联邦法规没有明确相应规则之前，由司法机关保证对自由贸易区知识产权执法规则的实施。同时，国会积极协调立法，试图通过《优化知识产权资源与组织法》等进一步明确美国对自由贸易区以及过境货物知识产权执法的态度和具体实施措施。

我国自贸试验区的制度设计是促进贸易自由和便利化的创新举措。然

---

❶ 朱颖. 美国知识产权保护制度的发展——以自由贸易协定为拓展知识产权保护的手段 [J]. 知识产权，2006（5）：87 - 91.

❷ U. S. Economics and Statistics Administration, the United States Patent and Trademark Office. Intellectual Property and the U. S. Economy: Industries in Focus [R]. March, 2012: 5 - 7.

而，贸易便利与自由是相对的，是在不影响国家贸易安全和重大贸易利益之下的有限自由；贸易便利和贸易安全之间必然要取得平衡，而不能有所偏颇。尽管贸易便利化是大势所趋，但过境国不会轻易取消那些必要的执法检查环节，其中就包括知识产权执法。此外，国际条约赋予了过境国为了确保本国的安全（贸易安全）而采取自由贸易区知识产权执法的权力，这种执法检查是有限的基于保护本国公共秩序、生命及财产安全而采取的必要检查，执法检查制度本身应当是公平合理的，并且力求对合法的国际贸易的负面影响减少到最小。中国对自贸试验区货物的知识产权监管，可以借鉴美国立法和实践，以规范中国对自由贸易试验区的海关执法实践和法院司法适用。

此外，我国目前没有国家层面的自贸试验区立法。各个自贸试验区的总体方案作为自贸试验区建设指导性规范文件，其指导意义十分明显，但其法律位阶定性依然不清，甚至不是法律、法规或行政规章，使其成为自贸试验区国家层面法规依然缺乏足够的法律依据和法理支撑。借鉴欧美的立法实践，中国可考虑适出台国家层面的《自由贸易试验区法》或《自由贸易试验区条例》作为法律代替各地自贸试验区的总体方案，充分发挥国家立法引领规划、统筹协调自贸试验区建设的功能和作用，以为我国自贸试验区发展提供最为专业有效、稳定可靠的顶层法治保障。同时，国家统一立法可以合理限定自贸试验区所在地政府的地方立法权限和管理职能，最大限度避免自贸试验区地方性政策相互攀比和立法竞争等不利情形的发生，进一步增强自贸试验区设立、运行、变更、撤销制度透明度，防止自贸试验区立法权限过度分散，有效维护我国现行法律体制整体健康稳定。❶

---

❶　李猛．中国自贸区国家立法问题研究［J］．理论月刊，2017（1）：88–103．

第四章 自贸试验区知识产权 行政保护与公共服务制度研究

知识产权行政保护虽非我国所特有的救济方式，却在中国的知识产权保护制度体系中扮演着重要作用。知识产权行政保护的制度顽疾也被学界和业界所诟病，各个自贸试验区完全可以利用知识产权综合管理改革的契机对行政保护的机构和机制进行改革与探索。此外，我国的知识产权公共服务建设与加快转变经济发展方式的要求并不适应。知识产权的公共政策设计和公共服务供给需要强调知识产权管理部门的服务职能，创新服务载体和服务形式，丰富服务产品和服务内容，构建促进经济社会健康发展的知识产权动力系统和生态体系。

第一节 自贸试验区知识产权行政保护： 上海实践与反思

一、上海自贸试验区知识产权行政保护体制

（一）自贸试验区行政管理体制

根据《上海自贸区条例》第 6 条规定，上海自贸试验区按照深化行政体制改革的要求，坚持简政放权、放管结合，积极推行告知承诺等制度，在上海自贸试验区建立事权划分科学、管理高效统一、运行公开透明的行政管理体制。上海自贸试验区管理委员会为上海市人民政府派出机构，具体落实上海自贸试验区改革试点任务，统筹管理和协调上海自贸试验区有关行政事务。

上海自贸试验区管委会领导工商、质监、税务、公安等部门在区内的

行政管理工作，并协调金融、海关、检验检疫、海事、边检等部门在区内的行政管理工作。这样的区别对待是由于我国存在实行垂直管理的行政执法部门。政府垂直管理部门具有非行政区划性、垂直性、相对独立性的特点，例如海关和边检等政府部门。垂直管理部门从地方政府序列中分离后，存在许多优点，例如：国家宏观调控力度得到切实强化，行政执法工作减少地方保护主义等诸多不利的消极因素，执法效率与质量能够得到提高。由于省级管理部门的人权、财权和物权统一到省级单位，上海自贸试验区管委会经上海市人民政府授权可以对工商、质监、税务和公安等部门的工作进行监管和执法。对于金融、海关、检验检疫、海事和边检等垂直部门的工作，上海自贸试验区管委会无权直接领导，只能进行协调；但海关、检验检疫、海事、边检、工商、质监、税务、公安等垂直管理部门设立上海自贸试验区工作机构（统称"驻区机构"），依法履行有关行政管理职责。

（二）上海自贸试验区知识产权管理体制

上海自贸试验区知识产权综合执法是指在上海自贸试验区内，由一个行政机关或法律法规授权的组织或者依法授权的组织，依据一定的法律程序综合行使多个行政机关或法律法规授权的组织的法定职权的行政执法制度。

在上海自贸试验区管委会知识产权局成立之前，自贸试验区管委会所辖"综合监管和执法局"的执法权限的地理范围只限于自贸试验区内，并对区内专利和著作权进行行政管理与执法工作。2013 年 9 月，国务院批准的《中国（上海）自由贸易试验区总体方案》中明确要求：建立集中统一的市场监管执法体系，在知识产权等管理领域，实现高效监管。上海市政府规章《中国（上海）自由贸易试验区管理办法》规定，自贸试验区管委会负责自贸试验区知识产权的行政管理工作，接受市知识产权局和版权局的委托，行使部分委托职责。另外，依据《知识产权海关保护条例》的规定，上海海关对自贸试验区进出口侵犯专利、商标、版权等货物实施边境执法。

2014 年 9 月 26 日，上海自贸试验区管委会成立知识产权局。除海关知识产权边境保护外，上海自贸试验区的专利、商标、版权的管理和执法工作将统一由知识产权局负责。为保持与知识产权行政执法的专业性相适应，上海自贸试验区管委会将在直属事业单位综合执法大队下设具有较高专业素质的知识产权执法分队，具体负责知识产权现场执法。上海自贸试验区知识产权局的职责范围在两个方面进行扩充：一是在承担原有专利、版权的行政管理和执法职能基础上，增加商标行政管理和执法职能。二是将原先有限的审批事权拓展为更广泛的行政管理职能，包括提供相应的公共服务。

二、上海自贸试验区知识产权行政保护体制改革的积极意义

上海自贸试验区管委会知识产权局的成立是对新型知识产权管理体制的尝试，它对于完善我国知识产权行政管理体系具有重要意义。上海自贸试验区管委会知识产权局独立于综合监管和执法局，它将商标局、专利局和版权局等机构的执法权限进行整合。在性质上，上海自贸试验区管委会知识产权局的知识产权执法不同于过去的联合执法和执行等执法方式，它是一个具有法律人格的执法主体，能够以上海自贸试验区管委会的名义进行行政执法活动，并承担责任。这也是对自贸试验区综合执法体系的重构与完善，它是响应知识产权行政管理改革和提高知识产权保护水平的呼声，❶ 为提升知识产权保护水平释放了制度空间。

首先，从国际层面来看，根据《巴黎公约》的协调，专利和商标相关规定放在同一个条约之中。多数国家也将专利与商标的管理放在同一个行政部门，典型代表为美国专利商标局（USPTO）。另外，在实践中，专利、商标、版权"三合一"体制符合知识产权统一管理的国际惯例，例如新加坡知识产权局。对于主要知识产权客体的统一管理，有利于提高执法效率，协调知识产权执法的尺度和标准，有利于进一步加大知识产权保护力度，树立良好的知识产权保护国际形象。

其次，上海自贸试验区知识产权综合监管与执法是落实国家知识产权战略的有效举措。专利、商标和著作权"三合一"体制通过专业队伍统一管理和执法的方式为提升知识产权保护效能提供制度保障，有利于促进知

---

❶ 朱雪忠，黄静．试论我国知识产权行政管理机构的一体化设置［J］．科技与法律，2004（3）：82－85.

识产权的创造、运用、管理、保护，也有利于知识产权资源的开发和利用，响应我国经济转型和发展的要求。它也将为完善知识产权管理的政策环境，有效对接知识产权司法保护体制创造条件。

再次，上海自贸试验区知识产权综合监管与执法改革也是国务院对机构改革和职能转变的要求。知识产权的统一管理和执法是完善市场监管体系，促进市场公平竞争，维护市场正常秩序的重要环节。国务院《关于促进市场公平竞争维护市场正常秩序的若干意见》中提出：整合优化执法资源，减少执法层级，健全协作机制，提高监管效能。知识产权管理和执法的"三合一"是整合规范市场监管执法主体的代表性措施，这对于推进跨部门、跨行业综合执法，相对集中执法权的改革具有示范意义。

最后，上海自贸试验区在知识产权方面建立统一的行政保护体制，有利于权利人简便地申请行政保护，避免重复的行政调查，促进执法标准统一，进而提升执法权威，对自贸试验区知识产权保护的环境和氛围形成积极效应。此种改革将为创新我国自贸试验区特有的知识产权综合管理与执法的行政保护模式积累经验，助推新兴贸易业态和技术创新的发展，同时为全国层面的改革提供可复制和可推广的经验。

三、自贸试验区知识产权行政保护的制度完善

（一）自贸试验区知识产权行政保护的客体范畴

知识产权是一个不断扩张的概念，随着科技在社会创新中的作用不断扩大，它的内涵和外延不断扩张。知识产权的权利客体类型并不限于著作权、专利权和商标权。在国家层面，除了国家知识产权局对专利和集成电路布图设计的管理和执法、国家工商行政管理总局和国家版权局对商标和对著作权的保护和执法之外，知识产权管理体制还包括国家质量监督检验检疫总局对原产地名称的保护，农业部、国家林业局对植物新品种权的保护，工信部对互联网域名的管理，海关总署对知识产权在边境上的保护，公安部对知识产权刑事犯罪的打击等。

根据上海市编办《关于同意中国（上海）自由贸易试验区管理委员会内设机构的批复》，上海自贸试验区管委会增设知识产权局，主要承担上海自贸试验区知识产权统一的行政管理，开展重点领域、重点产业、重大

专项知识产权保护，推动知识产权服务体系建设，促进知识产权的转化运用等职责。因此，上海市编办的批复中没有明确其职责范围是否仅为专利、商标和著作权的保护。根据知识产权的特性和行政职权的稳定性，上海自贸试验区管委会知识产权局管理和执法的客体应该包括目前主要的知识产权客体，以及未来可能纳入知识产权客体范畴的其他客体。但从法律授权的角度，相关法律法规应当对此进一步明确，毕竟上海市编办的批复并非法律法规，也不是行政规章。如果上海自贸试验区出现地理标志的争议，可能出现监管空白或多头管理的情况。从机构设立的目标来看，知识产权统一管理机构的意义不仅在于行政资源的节约和效率的提高，也应符合知识产权的性质和发展规律，有利于适应各种新兴知识产权权利保护的要求。❶ 现代社会科技发展日新月异，新型知识产权的客体相继出现，权利的保护形式也难以预料。如果仅根据目前实践将不同知识产权归口分配给不同部门管理，势必导致每个部门都要设立自己的知识产权部门，从而产生重复建设的问题。

此外，上海自贸试验区建立统一的知识产权管理机关并不排斥知识产权管理部门就与本部门相关知识产权事务向自贸试验区提供公共服务，它可以表现为知识产权宣传和教育，为公众提供信息咨询服务、扶持中小企业融资和发展等。承担这种知识产权公共服务的部门可以包括国家知识产权局、国家工商行政管理局、国家版权局、财政部、科技部、文化部、国家质量监督检验检疫总局、农业部、国家林业局等。

最后，虽然知识产权概念之下专利、商标、版权等客体具有共性，但也有差异性。在统一管理和执法的同时，执法机关需要关注不同客体的特性，它们的保护、管理以及公共服务都存在一定的差异。只有把握对知识产权的共性和特性的理解，这种"三合一"的行政保护模式才能充分发挥其功效，因此，在具体机制建设和执法资源配置都方面需要结合不同客体的特点有所侧重。

（二）自贸试验区知识产权行政执法的协调与救济

根据目前的改革方案，上海自贸试验区内具有综合执法性质的海关和

---

❶ 董希凡. 知识产权行政管理机关的中外比较研究［J］. 知识产权，2006（3）：39－44.

公安部门则保留原有职能；前者重在边境上控制知识产权的侵权，后者重在打击知识产权犯罪，相关职能没有并入统一的上海自贸试验区知识产权管理机关。根据自贸试验区的业务特点，自贸试验区的生产加工业务与进出口业务密切相关，知识产权海关保护与上海自贸试验区管委会知识产权局行政执法之间的协调显得特别重要。此外，在上海自贸试验区确立知识产权统一管理和执法体制的情况下，上海自贸试验区管委会还需建立与公安部门知识产权刑事保护的联动机制，切实有效地加强对严重侵权行为的打击。

根据《中国（上海）自由贸易试验区条例》第55条规定，上海自贸试验区实行相对集中行政复议权制度。如果公民、法人或者其他组织不服管委会、市人民政府工作部门及其驻区机构、浦东新区人民政府在自贸试验区内作出的具体行政行为，可以向市人民政府申请行政复议。

根据《行政复议法》的规定，如果对上海市浦东新区知识产权局的具体行政行为不服，既可以向上海市浦东新区提出行政复议，也可向上海市知识产权局提出复议。❶ 由于自贸试验区管委会知识产权局是上海自贸试验区管委会的内设机构，并不是地方政府的工作部门，所以，上海市自贸试验区管委会知识产权局的行政行为视为自贸试验区管委会的行为，那么应向上海市人民政府申请行政复议，而不能向上海市知识产权局提出行政复议。

行政法学界对于自贸试验区管委会这类机构的性质仍有争论，有学者认为：它们应当既非派出机构，也非派出机关，而恰恰应当是地方政府为管理具有地方特色的"地方性事务"而设立的综合性行政管理机关。❷ 根据《中国（上海）自由贸易试验区管理办法》和《中国（上海）自由贸易试验区条例》，上海自贸试验区管委会为上海市人民政府的派出机构。根据《行政复议法》，对政府工作部门依法设立派出机构依照法律、法规或者规章规定，以自己名义作出的具体行政行为不服的，向设立该派出机构的部门或者该部门的本级地方人民政府申请行政复议。

---

❶　参见《行政复议法》第12条。
❷　袁明圣. 宪法架构下的地方政府［J］. 行政法学研究，2011（1）：99－105.

(三) 市场监管改革与自贸试验区知识产权行政执法

虽然前文已经论述了上海自贸试验区管委会知识产权局成立的重要意义,然而,知识产权局与综合执法局并存作为上海自贸试验区管委会的内设机构,并不符合大市场监管格局下行政管理体制改革的趋势。2014年7月,国务院公布《关于促进市场公平竞争维护市场正常秩序的若干意见》❶。该意见提出,在强化市场行为监管方面,国家知识产权局等部门按职责分工负责依法保护各类知识产权,鼓励技术创新,打击侵犯知识产权和制售假冒伪劣商品的行为。虽然该意见没有直接提及知识产权管理机构和执法力量的整合问题,但改革监管执法体制的目标非常明确,即整合优化执法资源,减少执法层级,健全协作机制,提高监管效能。

首先,知识产权监管与执法是整个市场监管的有机组成部分。《关于促进市场公平竞争维护市场正常秩序的若干意见》提出:加强对市场行为的风险监测分析,加快建立对高危行业、重点工程、重要商品及生产资料、重点领域的风险评估指标体系、风险监测预警和跟踪制度、风险管理防控联动机制。这种风险监控体系应当包括知识产权侵权风险的监测和跟踪。其次,在知识产权管理体制内部,需要整合和规范知识产权行政执法主体,推动跨部门、跨行业综合执法和相对集中执法等。最后,《关于促进市场公平竞争维护市场正常秩序的若干意见》还提出:市场监管部门直接承担执法职责,原则上不另设具有独立法人资格的执法队伍;一个部门设有多支执法队伍的,业务相近的应当整合为一支队伍;不同部门下设的职责任务相近或相似的执法队伍,逐步整合为一支队伍。因此,尽管在中央政府层面,存在国家知识产权局和国家工商行政管理总局(商标局)等负责确权的行政管理单位确有必要;但在地方和基层执法领域,我国应该积极整合知识产权执法资源,提高执法效率。因此,在知识产权管理体制之外,知识产权监管职能与工商、质监、食药监、价格监督检查等市场监管行为应当逐渐融合,真正形成统一的大市场监管格局。这种改革打破以往分段和分块管理格局,有利于实现对市场的全过程监管。同时,原来职能部门之间的外部协调变为内部协调,有利于实现人、财、物等执法资源

---

❶ 《国务院关于促进市场公平竞争维护市场正常秩序的若干意见》(国发〔2014〕20号),2014年6月4日。

的集约配置、结构优化和资源共享。例如，原先各部门涉及的 12315（工商）、12331（食药监）、12365（质监）、12345（公共管理、公共服务）、12330（知识产权）等投诉、求助平台可整合为统一的公众诉求处置平台，更快更好地维护消费者利益。

我国知识产权执法与市场监管的融合可以追溯到深圳的行政管理改革。2009 年，深圳市成立市场监督管理局整合商标、专利、版权等知识产权职能，努力构建知识产权一体化格局。2012 年 2 月 8 日，深圳市市场监管局加挂"知识产权局"的牌子。对于挂牌的意义，时任深圳市市长许勤当时表示："挂牌不意味着增设任何机构、人员，职能也不会作出调整，而只是将现在市场监管局知识产权的职能显化，更好地适应对外开展工作。" [1] 时任国家知识产权局局长田力普称："（深圳市知识产权局）牌子挂出来，体现了深圳市对知识产权事业高度重视，也标志着深圳知识产权管理工作开全国先河，（知识产权）集中管理体制名副其实正式确立。这是我国知识产权界的一个里程碑事件，代表着将来中国知识产权事业发展方向以及中国将来创新型国家发展方向。" [2] 然而，深圳模式并没有得到其他省市的争先效仿。在 2009 年，苏州市版权局的职责整合到知识产权局，苏州市知识产权局加挂版权局的牌子。 [3]

综上，从综合市场监管的角度，上海自贸试验区管委会在综合监管和执法局之外另设知识产权局的做法值得商榷。上海自贸试验区扩容后，并不限于原来的 4 个海关特殊监管区，新增陆家嘴金融片区、金桥开发片区和张江高科技片区；上海自贸试验区知识产权行政保护与所在行政区划（浦东新区）知识产权保护职能之间存在重叠。因此，不妨确定以浦东新区知识产权局为主的行政执法资源配置，通过建立浦东新区和自贸试验区管委会联席会议制度、规范案件移送程序等措施，形成高效的知识产权行政执法机制，在现有的行政管理管理制度框架下简化执法程序，提高执法

---

❶　傅江平. 深圳市场监管局加挂知识产权局牌子［EB/OL］. ［2017 - 06 - 30］. http：//www. cqn. com. cn/news/zgzlb/diyi/530984. html.

❷　孙颖. 深圳市场监管局加挂知识产权局牌子［EB/OL］. ［2017 - 06 - 30］. http：//epaper. southcn. com/nfdaily/html/2012 - 02/09/content_7054856. htm.

❸　根据 2010 年 4 月 12 日，苏州市人民政府办公室印发的《苏州市知识产权局（苏州市版权局）主要职责内设机构和人员编制规定》的通知，苏州市知识产权局对全市的知识产权进行管理和执法，但不含商标。

效率。

另外，关于自贸试验区知识产权行政保护体制，还有学者曾建议：不妨在继续坚持行政与司法双重保护机制的基础上，大胆尝试加强海关监管力度。❶ 上海自贸试验区涉及 4 个海关的特殊监管区域，上海海关已经积累多年的知识产权保护机制和经验。如果海关在职能上能做两点突破，就可满足上海自贸试验区的知识产权行政保护的需求：一是在监管流程上，海关要从单纯的货物进出口监管延伸到在整个自贸试验区中的产品制造、销售和进出口环节；二是在保护对象上，要从海关进出口保护的专利、商标和著作权延伸到自贸试验区内所有合法的知识产权。但是，在上海自贸试验区扩区之后，由海关统领自贸试验区知识产权保护工作在实践中已经不具可操作性。

第二节　自贸试验区知识产权综合管理改革与行政保护

一、知识产权综合管理改革的背景与意义

2015 年 2 月，中共江苏省委和江苏省人民政府《关于加快建设知识产权强省的意见》（苏发〔2015〕6 号）提出：强化知识产权行政执法机构和队伍建设，优化行政执法资源配置，加快建立集中统一的知识产权执法机制。

2015 年 10 月，国家知识产权局《关于印发〈加快推进知识产权强省建设工作方案（试行）〉的通知》（国知发管字〔2015〕59 号）在引领型知识产权强省建设试点省主要任务中指出：全面深化知识产权领域综合改革。围绕全面深化体制机制改革，加快实施创新驱动发展战略的需求，以知识产权权益分配改革为核心，以严格保护和高效监管为重点，以放开和搞活市场为突破口，破除制约知识产权创造、运用、保护和管理的体制机制障碍。

---

❶ 蒋正龙. 上海自贸区的知识产权保护应先行先试 [EB/OL]. [2017 – 06 – 30]. http：// www. sipo. gov. cn/mtjj/2013/201308/t20130830_815646. html.

2015 年 12 月，国务院《关于新形势下加快知识产权强国建设的若干意见》（国发〔2015〕71 号）提出推进知识产权管理体制机制改革，具体包括：完善国家知识产权战略实施工作部际联席会议制度，由国务院领导同志担任召集人；积极研究探索知识产权管理体制机制改革；授权地方开展知识产权改革试验；鼓励有条件的地方开展知识产权综合管理改革试点。

2017 年 1 月 12 日，国务院办公厅印发《关于〈知识产权综合管理改革试点总体方案〉的通知》（国办发〔2016〕106 号）。如前文所述，知识产权综合管理改革在学术界和企业界早有呼声，这次《知识产权综合管理改革试点总体方案》特别强调注重顶层设计与基层探索相结合，突破妨碍知识产权发展的思想观念制约，尊重基层首创精神，激发全社会创新活力，允许多种类型、多种模式的改革探索和试验。此外，改革试点地区选择设有或纳入国家统筹的国家自主创新示范区、国家综合配套改革试验区、全面创新改革试验区、自由贸易试验区等各类国家级改革创新试验区和国家战略规划重点区域，或设有知识产权法院的地方。因此，自贸试验区知识产权综合改革的试点完全契合国务院《知识产权综合管理改革试点总体方案》的精神。

2017 年 7 月 18 日，国家知识产权局确定福建厦门、山东青岛、广东深圳、湖南长沙、江苏苏州、上海徐汇区等 6 个地方为知识产权综合管理改革第一批试点地方，在市级层面（上海徐汇区为区级层面）试点开展知识产权综合管理改革，期限为 1 年。

在实践层面，2014 年 9 月 26 日，上海自贸试验区管委会知识产权局成立。福建自贸试验区于 2015 年 8 月 26 日正式设立"三合一"知识产权局，集中专利、商标、版权等知识产权管理与执法工作，建立与国际接轨的知识产权管理机制；其中，厦门片区在管委会内设知识产权局，福州片区在综合监管和执法局加挂知识产权局，平潭片区在市场监督管理局加挂知识产权局，负责专利、商标、版权的综合行政管理和执法工作。2015 年 10 月，广东省知识产权局和广东自贸试验区工作办公室联合印发《加强中国（广东）自由贸易试验区知识产权工作的指导意见》，它是广东省出台的首个针对自贸试验区知识产权工作的指导性文件，其中明确提出：探索建立统一的知识产权行政管理和执法体系。

地方试点的积极性和首创精神不容置疑,但对于试点的明确目标在《知识产权综合管理改革试点总体方案》得到充分体现,通过在试点地方深化知识产权综合管理改革,推动形成权界清晰、分工合理、责权一致、运转高效、法治保障的知识产权体制机制。通过深化简政放权、放管结合、优化服务改革,实现知识产权行政管理更加顺畅、执法保护体系进一步完善、知识产权市场监管和公共服务水平明显提升,有力促进大众创业、万众创新,加快知识产权强国建设,为全面建成小康社会提供有力支撑。

综合管理改革的内涵并不是简单统一知识产权的行政管理机关,而是从体制机制到市场效率的全方位改革。鉴于存在知识产权管理体制机制不完善、保护不够严格、服务能力不强、对创新驱动发展战略缺乏强有力支撑等突出问题,2016 年 12 月,中央全面深化改革领导小组对开展知识产权综合管理改革试点进行了部署。❶ 因此,虽然综合管理改革仍然是自上而下的顶层设计,但也充分考虑到我国知识产权工作中存在的诸多现实问题,也是对基层改革呼声的积极回应。

首先,综合管理改革是充分发挥知识产权作为要素资源的市场效率。知识产权制度是市场化配置创新资源的基本制度。深入实施创新驱动发展战略、促进大众创业、万众创新,必须提高知识产权制度的整体运行效率,优化知识产权的制度供给。知识产权综合管理改革需要打通知识产权创造、运用、保护、管理和服务全链条的关键,有效加强技术创新成果供给,更有效促进各类资源向创新者集聚,增强经济发展的内生动力和活力。

其次,知识产权综合管理改革是实行严格知识产权保护的保障前提。根据 2016 年 11 月《中共中央 国务院关于完善产权保护制度依法保护产权的意见》,保护知识产权在内的各类产权是坚持社会主义基本经济制度的必然要求。体制机制障碍是我国知识产权保护不力、侵权多发的原因之一。如前文所述,多个部门分别管理不同类别的知识产权造成管理职责不清,行政效率不高,行政资源分散,不利于全面、依法、严格保护各类市

---

❶ 2016 年 12 月 5 日,习近平主持召开中央全面深化改革领导小组第三十次会议,审议通过《关于开展知识产权综合管理改革试点总体方案》等重要文件。

场主体的知识产权，亟须加强行政资源整合，科学划分管理职责，抓紧构建统筹协调、权界清晰、分工合理、责权一致的知识产权体制机制。

再次，知识产权综合管理改革是政府职能转变的应有之义。目前按照类别多部门分别管理知识产权的模式，行政管理效率不高，公共服务水平难以满足社会需要，增加了市场主体创新和维权成本。按照开放政府、数据政府的建设要求，知识产权综合管理应当秉持"精简、统一、效能"的原则，各个自贸试验区可率先探索有效可行的知识产权综合管理体制机制，切实提高政府知识产权部门战略规划、政策引导、社会管理和公共服务能力，切实推动法治政府和服务型政府建设。

最后，知识产权综合管理改革是对接国际通行规则的必然要求。知识产权是国际经贸往来和技术合作的通行规则。从各国实践来看，对各类知识产权实行综合集中管理符合客观规律和国际通行做法。根据国家知识产权局的统计，截至2016年12月31日，WIPO的188个成员国中有181个国家实行综合管理。❶ 所以，我国的自贸试验区要在借鉴国际经验的基础上，结合我国发展现实需要，形成有中国特色的、更加高效的知识产权综合管理体制机制，更好维护我国国家和企业利益。

二、知识产权行政管理机关的统一

民间关于统一行政管理机关的呼声非常高，主要的意见是整合现有行政管理资源，建立与国际接轨、适应我国发展需要的全国统一的知识产权行政管理体制，成立集专利、商标、版权等知识产权于一体的综合行政管理部门。❷ 在笔者看来，简单地统一行政管理机关并不是解决问题的有效之道，况且，知识产权涉及客体的范畴众多，不同客体的背景和产业差异较大。因此，不同知识产权政策制定和战略协调的考虑因素也大相径庭，不必强行将其放入统一管理机关。

在中央政府层面的知识产权行政管理机关改革时，可以考虑将需要行

---

❶ 赵雯. 建立统一集中管理的知识产权行政管理机构［EB/OL］.［2017－06－30］. http：//www. thepaper. cn/newsDetail_forward_1438752.

❷ 九三学社. 建立全国统一的知识产权综合行政管理体制的建议［EB/OL］.［2017－06－30］. http：//www. zytzb. gov. cn/tzb2010/jcjyxd/201603/9c6c7cca642d4d0a954aaca25138e0ca. shtml.

政确权的专利和商标等管理机关进行合并处理，对于自动保护的版权可考虑调整到文化产品管理机关，充分实现以产业为导向的市场化改革。在省级以下层面，知识产权行政执法职能应统一并入市场监督局或综合执法（监管局），符合大市场和大监管的趋势，不再另设知识产权局。中央政府层面的知识产权行政管理机关只负责宏观战略和政策，以及需要权威统一的权利授权、权利异议等职责。中央政府层面的知识产权管理机关与省级以下的知识产权执法机关不存在垂直领导或隶属关系。行政执法中的差异或错误通过行政复议或司法程序进行统一救济。例如，美国专利商标局并不涉及具体的专利或商标的行政执法，行政执法却依托于国土安全部、商务部和司法部等行政部门；又如欧洲（盟）层面的欧洲专利局、欧盟知识产权局也并不涉及成员国国内的知识产权执法程序。此种制度设计既能兼顾我国司法、行政双轨制的优点，防止部门立法所带来的权力寻租和自成体系，又能借鉴国外优秀实践，将中央政府的知识产权行政管理机关从具体行政执法事务中脱身出来，专注于知识产权战略的实施及其效果的评价。同时，将执法任务完全依托于地方政府，加强地方政府对知识产权保护的积极性和主动性；市场监管的统一执法既能解决分散执法效率低下的问题，又能便利执法主体和执法对象，真正做到提升执法效率和效果。

三、知识产权执法战略的颁布和实施

中国知识产权执法已经逐渐摆脱过去"运动式"执法的特点，行政执法的常态化机制已经得到较好的适用，但是执法战略的规划和实施仍有不足。我国应当利用综合管理改革契机加强知识产权执法战略工作，并可以借鉴美国知识产权执法战略的有益经验。

美国知识产权执法协调员（Intellectual Property Enforcement Coordinator，IPEC）是根据 2008 年《优化知识产权资源与组织法案》而设立的，隶属于美国总统行政办公室。2010 年 6 月 22 日，IPEC 正式发布美国历史上第一份《知识产权执法联合战略计划》。IPEC 协调着两个跨政府部门的委员会，一个是知识产权执法高级咨询委员会，另一个是知识产权执法咨询委员会。知识产权执法高级咨询委员会的成员包括国务院、财政部、司法部、商务部、健康与人类服务部、国土安全部、管理和预算办公室（Office of Management and Budget）和美国贸易代表办公室等9个部门。知识产权执法咨询委员会成员则为高级咨询委员会下辖的具体管理机构，例如，商务部下辖的美国专利商标局、司法部下辖的联邦调查局、国土安全部下辖的海关与边境保护局，外加美国版权办公室。

2010年《知识产权执法联合战略计划》直言不讳地说明了美国加强知识产权执法的原因是：为了促进就业、增加出口和保护经济增长；为了提升美国在全球经济中的比较优势的创新和安全；为了保护消费者的信任和安全；为了维护国家和经济安全与确保宪法所保护的权利。美国《知识产权执法联合战略计划》主要特点包括以下六个方面：

（1）政府示范，以身作则。《知识产权执法联合战略计划》明确提出：只有政府在自己做好表率的前提下，才能要求他人有效地保护知识产权。IPEC负责召集专门工作组，成员包括国家安全委员会、航空航天总署、总务管理局、商务部小企业管理局和其他知识产权执法协调办公室指定的参与者。工作组由IPEC、总务管理局、联邦采购政策部门和国防部采购、技术和后勤部的管理者共同领导。此外，美国政府要求联邦机构确保只使用合法的正版软件，以起到示范作用。

（2）增加执法透明度。信息和信息分享对有效执法非常关键。因此，美国政府支持提高执法政策的透明度，加强联邦机构间的信息共享，及时报告国内外的执法活动。

① 提高知识产权政策制定和国际协调的透明度。美国政府会通过网络在线宣传、利益攸关者接触、国会咨询等提高公众参与的透明度。美中不足的是，在贸易协商的背景下，政府仍会考虑国际贸易协商秘密性的需要，ACTA的协商过程似乎是对此的最好注解，也曾引起公众对透明度问题的极大争议。

② 增加和权利人或受害者的信息分享与沟通。在确认侵权时，如果有权利人在专业上给予支持，执法工作将会更加顺利一些。此外，信息分享也会有助于权利人自己的调查取证，政府与权利人的合作将会提高执法效率和效果。此外，政府还将帮助受害者或权利人获得维权的相关知识和方法。

③ 增加沟通来强化337执法。根据1930年关税法第337节，国际贸易委员会（ITC）负责调查进口贸易的涉嫌知识产权侵权案件。一旦ITC认定侵权成立，签发排除禁令，海关和边境保护局（Customs and Border Protection)，CBP 就禁止侵权产品的进口。在"337 调查"阶段，1TC 和 CBP 需要加强沟通；CBP 还须主动提高禁令实施的效率和透明度，包括与相关权利人的沟通。

④ 执法活动的跟踪与报告。司法部负责报告知识产权侵权者的起诉数量，国土安全部负责报告侵权产品查扣数量。此外，根据《优化知识产权资源与组织法案》，司法部和联邦调查局每年向国会提交详细的执法活动报告。

（3）注重协调效率。目前美国有多个联邦执法机构赋予调查知识产权刑事案件的权力。为了有效利用专业力量和专家资源，IPEC 将和联邦机构、国家知识产权协调中心一起加强协调与合作来共享数据库和减少冲突等。加强知识产权案件的协调会让执法部门分享不同级别执法部门的专家资源和经验，也会减少资源的重复和执法机构间的冲突。联邦机构与州级、当地执法机构、非营利机构（如全美白领犯罪中心和美国州检察长协会）共同努力为相关人员提供培训及材料。

打击海外知识产权侵权是美国政府优先考虑的项目。因此，政府会优先考虑派驻保护知识产权的海外机构和人员。美国政府已经在国际层面采取实质性的努力来降低知识产权侵权，通过各种能力建设措施，如研讨会、工作坊、培训项目等来教育外国政府、居民和私有机构利益相关者。

（4）在国际层面保护美国知识产权。众所周知，关注其他国家的侵权活动也是保护美国知识产权的一个关键组成部分。为实现这个目标，美国政府将与国际社会共同努力来加强知识产权执法。

① 加强和外国、国际组织的执法合作国际执法合作对于打击全球的盗版和假冒非常关键。联邦执法机构鼓励与外国同行展开合作来加强跨境的知识产权执法行动。IPEC 和相关联邦机构、国家知识产权协调中心一起和国际组织合作来加强知识产权执法。合作对象包括但不限于：WIPO、WTO、WCO、世界卫生组织（WHO），20 国集团（G20）、国际刑警组织（INTERPOL）、亚太经合组织（AEPC）、经济合作发展组织（OECD）等。

② 通过贸易政策工具加强知识产权执法。美国政府一贯寻求使用贸易政策工具来严格知识产权执法，包括双边贸易对话、301 报告表达美国的关注，通过贸易协议促使贸易伙伴承诺保护美国知识产权，如 ACTA、TPP，如有必要还将通过 WTO 争端解决程序来强化知识产权执法，中美知识产权争端就是鲜活的案例。

③ 继续加强特别 301 行动方案。美国贸易代表办公室每年对外国的知识产权保护和市场准入实践进行评审。美国贸易代表每年发布报告，设定不同关注程度的观察列表，如重点观察国家、观察国家和重点国家。美国贸易代表还制订行动计划和类似文档来制定基准，鼓励列表上国家积极行动，以便从列表中删除。

（5）保证美国的供应链安全。《知识产权执法联合战略计划》关注美国政府将通过执法努力和加强与私人机构的合作，来保证供应链安全以遏制侵权产品的流通。在这一部分中，重点是打击药品和医学产品的假冒和侵权。一方面是由于药品对人的生命和公共健康的影响，另一方面也是因为药品企业和行业协会在美国举足轻重的影响力。

① 对食品、药品和其他医学产品的高度关注。由于假药对公共健康存在严重风险，制造商和进口商在知道是假药或其他假冒医用产品时被要求需主动通知 FDA。通知中要指出已知假药对健康的负面影响；药品生产商也要主动向 FDA 提供一个列表，每年两次告知当前分散在美国市场上的所有合法药品的完整描述。这样，FDA 就能更新该制造商销售的所有药品和医学设备的相关信息。IPEC 将和相关联邦机构（如 CBP、ICE、HHS、FDA 等）合作加强执法合作、协调和信息分享，制止假的药品和医疗器械在流通市场的扩散。

② 促进减少互联网知识产权侵权的合作。《知识产权执法联合战略计划》重申：美国政府支持互联网上的信息的自由流通和表达自由。同时，政府鼓励与业界合作来减少互联网盗版。政府与内容提供商、服务供应商、广告代理商、支付代理商、搜索引擎等在内的私有部门的合作对于解决问题非常关键。另外，政府也将积极调查和起诉网络刑事活动，为了制止网络盗版提供相应的解决方案。

（6）用数据说话，建立数据驱动型政府。美国将改善知识产权相关活动的数据和信息收集，评估国内外立法和执法活动，确保一个对知识产权权利人有利的开放、公平的环境。美国政府在以前的知识产权评估报告中往往引用业界的调查数据，显示盗版和侵权对产业的发展、企业收入的减少、就业岗位的丧失的影响；然而采取何种调查方式、数据来源如何都没有公布；而企业界作为一个利害关系人，这个主体所做的调查难免受人质疑。因此，要求政府部门客观和公正地收集数据是有效管理的前提。

2013 年 6 月 20 日，美国白宫通过知识产权执法协调办公室发布了《2013 年知识产权执法联合战略计划》❶，这是继 2010 年首份《知识产权执法联合战略计划》后，美国政府推出的第二份知识产权执法战略计划。该计划对 2010 年以来美国政府在知识产权执法方面的成效进行总结，同时制订了未来 3 年知识产权执法工作的路线图，《2013 年知识产权执法联合战略计划》从 6 个方面提出了 26 条执法措施。与 2010 年战略保持一致，《2013 年知识产权执法联合战略计划》重在提高透明度和公共宣传教育，确保执法效率与协作，增强国外执法合作，保护美国供应链以及采用数据驱动型政府的理念。美国"知识产权执法"❷ 的措施不仅是针对美国本土的知识产权保护，也会涉及海外市场，特别是和国际贸易有关的假冒商品和侵权货物，意在维护贸易大国的地位和利益。

2016 年 12 月，美国发布第三份《知识产权执法联合战略计划》❸，该计划与前两份稍有不同，其主标题已经改为"支持创新、创造和创业"（Supporting Innovation，Creativity and Enterprise），再次明确了知识产权执法的目标和任务，在具体内容上主要包括全球范围内知识产权侵权行为、减少在线侵权以促进网络安全、促进安全的跨境贸易、增强知识产权执法效果的框架和政策。从逻辑体系来看，2016 年的战略计划更加全面，首先用大量数据指出知识产权侵权的严重性；其次重点关注网络执法与贸易安全；最后提出改进执法的具体战略和政策。

四、加快自贸试验区知识产权信用体系建设

根据十八届三中全会"建立健全社会征信体系，褒扬诚信，惩戒失信"的总体要求，2014 年 6 月，国务院印发我国首部国家级社会信用体系

---

❶ U. S. INTELLECTUAL PROPERTY ENFORCEMENT COORDINATOR. 2013 Joint Strategic Plan on Intellectual Property Enforcement ［EB/OL］．［2017 - 06 - 30］．https：//obamawhitehouse. archives. gov/sites/default/files/omb/IPEC/2013 - us - ipec - joint - strategic - plan. pdf.

❷ 根据《优化知识产权资源与组织法案》的定义，知识产权执法是指与保护著作权、专利权、商标权、其他形式知识产权、商业秘密等有关的法律实施的相关事项，无论是在美国本土还是海外，尤其包括打击假冒和侵权货物的相关事项。

❸ U. S. INTELLECTUAL PROPERTY ENFORCEMENT COORDINATOR. Joint Strategic Plan on Intellectual Property Enforcement for 2017—2019 ［EB/OL］．［2017 - 06 - 30］．https：//obamawhitehouse. archives. gov/sites/default/files/omb/IPEC/2016jointstrategicplan. pdf.

建设专项规划《社会诚信体系建设规划纲要（2014—2020 年）》，这对我国信用体系建设具有重要的里程碑意义。《社会诚信体系建设规划纲要（2014—2020 年）》提出，知识产权等部门在市场监管和公共服务过程中，要深化信用信息和信用产品的应用，对诚实守信者实行优先办理、简化程序等"绿色通道"支持激励政策；同时要加强对失信主体的约束和惩戒，强化行政监管性约束和惩戒，在现有行政处罚措施的基础上，健全失信惩戒制度，建立黑名单制度和市场退出机制。

自由贸易试验区知识产权市场监管的主要职责是依法保护各类知识产权，促进自由贸易和贸易便利化，提高知识产权密集型商品和相关品牌与技术的传播，打击侵犯知识产权的行为。近年来，伴随着信息技术的快速发展，特别是国际贸易和跨境贸易电子商务的持续增长，知识产权信息的跨境传播越来越快捷、广泛，侵权假冒产品的模仿水平越来越高，扩散速度越来越快，这对国际贸易相关知识产权领域的市场监管工作提出了许多挑战。同时，作为监管部门，面对侵权假冒行为，除了运用行政手段之外，通过加强信用体系建设，可以有效遏制各种违法违规行为，从而提高监管的有效性，实现监管手段的现代化。

我国可从三个方面在自贸试验区建设过程中加快知识产权信用体系建设。首先，推进自由贸易试验区知识产权信用体系信息系统建设。在明确知识产权领域社会信用记录内容的基础上，对自贸试验区知识产权管理机构履行管理和执法职能中产生的信用信息进行记录、完善和整合，实现信用记录的电子化存储，将知识产权信用记录纳入统一的信用体系信息共享平台。在知识产权管理和公共服务中加强信用信息应用，积极推进与其他系统政务信息的交换与共享，提高履职效率。

其次，自贸试验区市场监管和知识产权执法部门要大力推进执法信息公开。根据《政府信息公开条例》，行政机关应当依法及时公开执法办案的制度规范、程序时限等信息。根据《国务院批转全国打击侵犯知识产权和制售假冒伪劣商品工作领导小组〈关于依法公开制售假冒伪劣商品和侵犯知识产权行政处罚案件信息的意见（试行）〉的通知》（国发〔2014〕6号），国家工商行政管理总局、国家知识产权局和国家新闻出版广电总局分别颁布了《工商总局关于依法公开制售假冒伪劣商品和侵犯知识产权行政处罚案件信息的意见（试行）》《关于公开有关专利行政执法案件信息具体事项的通知》和《新闻出版（版权）行政执法部门依法公开制售假冒伪劣商品和侵犯知识产权行政处罚案件信息的实施细则（试行）》等规范性文件。我国知识产权行政案件信息公开工作已经成为执法监督的重要内容，自由贸易试验区知识产权行政机关必须严格履行案件信息公开的责任和义务。

最后，国务院办公厅发布的《2014年政府信息公开工作要点》特别强调推进行政处罚信息公开。在自贸试验区知识产权行政执法中，加大制售假冒伪劣商品和侵犯知识产权行政处罚案件信息公开力度，除依法需要保护的涉及商业秘密和个人隐私的案件外，对适用一般程序查办的制售假冒伪劣商品和侵犯知识产权行政处罚案件，应当主动公开案件名称、被处罚者姓名或名称，以及主要违法事实和处罚种类、依据、结果等，并及时回应社会关切。知识产权信用记录应当包括依法公开作出行政处罚决定的知识产权案件信息，认定侵权事实成立、作出处理决定的侵权纠纷案件信息等。❶ 自贸试验区知识产权行政执法应当健全权利人、企业主体和代理机构等不同市场主体的知识产权信用评价制度。在知识产权信用体系内加强对不同主体侵权和失信行为公开力度，通过网络及时公开信息，提示相关主体可能存在的知识产权风险。

总之，社会信用体系建设事关经济社会发展全局。自贸试验区知识产权信用体系建设可以充分调动和整合自贸试验区的所有利益攸关者，加快建设知识产权信用体系，切实提高知识产权保护水平，积极营造促进创新发展、维持公平竞争和良好贸易秩序环境。

第三节　自贸试验区知识产权公共政策的供给改善

一般来说，公共政策是以政府为主的公共机构，在一定时期为实现特定的目标，通过政策成本与政策效果的比较，对社会的公私行为作出有选择性的约束和指引。公共政策可以表现为法令、条例、规定、规划、计划、措施、项目等。知识产权公共政策，实质上是在国家层面上制定、实

---

❶ 马维野. 加快知识产权信用体系建设更好服务经济社会健康发展［EB/OL］.［2017－06－30］. http：//www. iprchn. com/Index_NewsContent. aspx？ newsId＝76675.

施和推进的，政府以国家的名义，通过制度配置和政策安排对于知识产权资源的创造、归属、利用以及管理等进行指导和规制。就国家层面而言，知识产权制度是一个社会政策的工具；是否保护知识产权，对哪些知识赋予知识产权，如何保护知识产权，是一个国家根据现实发展状况和未来发展需要作出的制度选择和安排。❶

　　这里讨论的知识产权公共政策指一种狭义的公共政策，是指法律法规之外，以本国经济和科技等发展现状为基础，应对未来一定阶段的社会发展需要制定的知识产权公共政策。在我国公共政策体系中，促进经济增长和社会发展的任务目标并不能让知识产权公共政策独立承担，而是需要知识产权公共政策与其他公共政策共同配合实施。因此，知识产权公共政策中的某些规范在其他公共政策中有所体现，知识产权公共政策的实施也有赖于其他公共政策予以配合；甚至为了其他重要公共政策的实施，知识产权公共政策需要加以限制和调整，以适应服务于经济和社会发展的总目标。❷ 知识产权公共政策密切关联的公共政策有文化教育政策、经济产业政策、科技发展政策、公共健康政策和国际经贸政策等。例如，自贸试验区知识产权公共政策与国际经贸政策、经济产业政策相互交织与影响。

一、知识产权公共政策的重要意义

（一）弥补自发市场的不足

　　按照经济学的观点，任何公共政策的产生和选择都是人们对其成本和收益进行比较的结果。因此，建立某种知识产权公共政策，必然是其能带来经济发展或社会进步。知识产权公共政策之所以必要，较之于市场自发解决，它能纠正市场自发的不足，以较低的社会成本促进发展。政府的知识产权公共政策是一种在市场解决问题时社会成本过高的情况下所作出的替代选择。由于知识产权的公共产品属性，政府有必要采取特殊的公共政

---

❶ 吴汉东. 中国应建立以知识产权为导向的公共政策体系 [J]. 中国发展观察，2007 (5)：4 - 6.

❷ 周莹，刘华. 知识产权公共政策的协同运行模式研究 [J]. 科学学研究，2010 (3)：351 - 356.

策对知识产权市场进行干预。

（二）有效应对国际形势发展

虽然 WIPO 的国际条约和 WTO 的 TRIPS 为国家设定了履行条约的最低义务，但其中的灵活性条款也为国家层面公共政策应对国际形势发展提供了制度空间。

我国已逐步建立起较为全面的知识产权保护法律体系，形成了相对比较完整的法律形态公共政策。相较于法律法规的稳定性和滞后性，非法律形态的知识产权公共政策具有更大的灵活性，能够及时应对国际形势，针对突出问题及时作出有效回应。如果没有形成全面而系统的知识产权公共政策，或其发展缓慢，将使得我国知识产权制度的整体效用大打折扣。在相关知识产权公共政策成熟时，及时将其上升为法律法规，接轨国际规范。

（三）根据不同发展阶段作出政策调整

知识产权公共政策选择的基础是本国国情。根据国家不同发展阶段和不同发展需求，对知识产权制度作出选择性政策安排，是国际社会的普遍做法。❶ 甚至在同一发展阶段的不同特殊时期，知识产权公共政策也要相应作出调整，回应紧迫性要求。例如，在金融危机时期，应当更加强调以知识产权为导向的公共政策体系建设。❷

（四）促进国内经济发展和科技创新

知识产权公共政策调整人们在创造、运用知识和信息过程中产生的利益关系，激励创新，推动经济发展和社会进步。随着知识经济和经济全球化深入发展，知识产权日益成为国家发展的战略性资源和国际竞争力的核心要素，成为建设创新型国家的重要支撑。发达国家以创新为主要动力推动经济发展，充分利用知识产权制度维护其竞争优势。我国作为发展中国家，更应积极采取适应国情的知识产权公共政策措施，促进自身发展。

---

❶ 王珍愚，骆楚田. 国际背景下知识产权公共政策的历史及其启示 [J]. 科学学与科学技术管理，2010（6）：40-48.

❷ 吴汉东：国际金融危机下的中国知识产权战略实施 [EB/OL]. [2017-06-30]. http://www.sipo.gov.cn/yl/2009/200905/t20090522_461748.html.

（五）促进对外贸易和国家软实力

自从 WTO 将国际贸易与知识产权连接以来，世界主要国家和地区都纷纷实施知识产权保护与对外贸易直接挂钩的政策举措，各种双边自由贸易协定或区域经济一体化安排都将知识产权制度纳入其中，知识产权成为货物贸易、服务贸易、对外投资等国际经贸体制的基本规则之一。

以知识产权为竞争优势，既提高了出口贸易的产品附加值，同时推动了文化产品的贸易，为提升国家文化软实力提供了有效载体。因此，知识产权公共政策应当加强知识产权领域的对外交流合作，建立和完善知识产权对外信息沟通交流机制，积极参与国际知识产权秩序的构建，有效参与国际组织有关议程的谈判，为本国对外贸易和文化产品出口争取有利条件。

二、我国知识产权公共政策供给现状及评述

自 1984 年新中国第一部《专利法》颁布以来，直到 2001 年加入 WTO 之前，我国专注于制定和完善知识产权法律法规，以产权形式对相关知识产品和财产提供有效的法律保护。我国知识产权公共政策存在整合性、协调性和实操性不高等问题。[1] 近 10 多年来，我国在履行知识产权保护国际义务的基础上，逐渐制定与国情发展相适应的公共政策，并提供实施条件与手段，建立起了促进产业发展、科技进步、国际贸易和知识产权运用等相关公共政策实施的配套机制。

（一）产业政策相关的知识产权公共政策

在知识产权创造方面，以我国专利申请政府资助政策为例分析我国激励知识产权创造方面的公共政策供给现状和存在的问题。专利资助政策是国家和地方各级政府积极运用财政政策的调控功能，以政府财政专项费用的形式补贴专利申请、审查和维持费用，以促进自主创新和专利事业发展的一项重要举措。从其实际运行来看，该政策实施的直观效果表现为专利

---

[1]　张鹏. 知识产权公共政策体系的理论框架、构成要素和建设方向研究［J］. 知识产权，2014（12）：69－73.

申请量的快速增长。❶ 同时，专利资助派生出垃圾专利的弊端，导致财政资源使用效率降低。因为，专利资助不当会影响到其直接作用的专利制度的运行，误导专利申请人对申请专利的态度。相对于国家知识产权局实施的专利费用普遍缓减制度，❷ 地方政府实行的专利申请资助政策具有较强的自主性和选择性，政策导向作用更加明显，导致不少垃圾专利。❸

为了解决专利资助公共政策所带来的负面效应，提升专利含金量和限缩资助范围是专利资助政策走出困境的有效途径。此外，资助形式可由货币资助改为专利实施过程中的税收减免等间接政策激励方式，既能发挥专利资助政策的本意，同时又能引导专利权人积极实施专利，引导技术传播和扩散。只有如此改革，专利资助政策才能沿着激励创新的正确方向走得更远。

2012 年 4 月，为支持国内申请人积极向国外申请专利，保护自主创新成果，开展我国知识产权的海外布局，并为我国高科技产品的出口清除知识产权壁垒，财政部颁布《资助向国外申请专利专项资金管理办法》，这一政策考虑到国内地方专利资助政策的弊端，对国外专利申请进行重点资助和事后资助。重点资助是指，专项资金重点支持符合国家知识产权战略需求导向，有助于提升自主创新能力，支撑我国高技术产业与新兴产业发展的技术领域。事后资助是向国外申请专利项目在外国国家（地区）完成国家公布阶段和正式获得授权后分两次给予资助；并且，向国外申请专利项目已经完成国家（地区）公布的，应当具有新颖性、创造性和实用性等条件，已经正式获得授权的，应当具有相对稳定的法律状态。

在专利审查和授权方面，国家知识产权局于 2012 年 6 月颁布《发明专利申请优先审查管理办法》，后被 2017 年 8 月 1 日施行的《专利优先审查管理办法》所替代。优先审查作为一种普惠的公共政策可能惠及每个专利申请人，只要申请人提出请求，国家知识产权局可以予以优先审查，但发明专利应符合下列条件之一：（1）涉及节能环保、新一代信息技术、生物、高端装备制造、新能源、新材料、新能源汽车、智能制造等国家重点

---

❶ 刘华，刘立春. 政府专利资助政策协同研究 [J]. 知识产权，2010 (2)：31 - 36.
❷ 《专利费用减缓办法》，国家知识产权局局令（第 39 号），2006 年 10 月 12 日。
❸ 文家春，朱雪忠. 政府资助专利费用对我国技术创新的影响机理研究 [J]. 科学学研究，2009 (5)：686 - 691.

发展产业；（2）涉及各省级和设区的市级人民政府重点鼓励的产业；
（3）涉及互联网、大数据、云计算等领域且技术或者产品更新速度快；
（4）专利申请人或者复审请求人已经做好实施准备或者已经开始实施，或
者有证据证明他人正在实施其发明创造；（5）就相同主题首次在中国提出
专利申请又向其他国家或者地区提出申请的该中国首次申请；（6）其他对
国家利益或者公共利益具有重大意义需要优先审查。

　　根据《"十三五"国家战略性新兴产业发展规划》（国发〔2016〕67
号）等产业政策文件，立足我国国情和科技、产业基础，新一代信息技
术、高端制造、生物、绿色低碳、数字创意等产业被认定为我国需要重点
发展的战略性新兴产业；因此，配合当前阶段重点培育和发展战略性新兴
产业的政策导向，优先审查的知识产权公共政策理应支持战略性新兴产业
相关发明专利。因此，这也反映出知识产权公共政策需要与产业政策等其
他公共政策密切配合、协同发展的重要意义。

（二）科技创新相关的知识产权公共政策

　　我国正在建设创新型国家，坚持把科技创新摆在优先发展的战略位
置。我国的知识产权工作应为科技创新提供全程服务，这样才能充分发挥
知识产权在科技创新中的激励作用和纽带作用，为加快创新型国家建设提
供强大支撑。因此，《国家中长期科学和技术发展规则纲要（2006—
2020）》提出要实施知识产权战略和技术标准战略。2006 年 2 月，国务院
印发实施《〈国家中长期科学和技术发展规划纲要（2006—2020 年）〉若
干配套政策的通知》（国发〔2006〕6 号），要求加快推进自主创新成果产
业化，提高产业核心竞争力和促进高新技术产业的发展。2008 年 12 月，
国务院《关于促进自主创新成果产业化若干政策》提出要建立健全自主创
新成果产业化的服务体系，知识产权服务要客观、科学地评估自主创新成
果产业化的价值和市场前景。

　　由于金融是现代经济的核心，科技创新和产业化需要金融的支持。科
技创新能力的提升与金融政策环境的完善是加快实施自主创新战略的基础
和保障。为了促进科技和金融结合，2011 年 10 月，科技部等六部门联合
出台《关于促进科技和金融结合加快实施自主创新战略的若干意见》（国
科发财〔2011〕540 号），通过金融手段加快科技创新是支撑和服务经济发

展方式转变和结构调整的着力点。

总之，我国要实现创新型国家的宏伟目标，必须发挥知识产权在科技创新中的激励作用和纽带作用。科技创新相关的知识产权公共政策要着力营造良好的知识产权法治环境、市场环境、文化环境，大幅度提升我国知识产权的创造、运用、保护和管理能力，为建设创新型国家提供强有力支撑，推动我国科技实力、经济实力、综合国力实现新的重大跨越。❶

（三）贸易政策相关知识产权公共政策

自从我国 2001 年加入 WTO 以来，我国在更大范围和更高层次上参与国际经济技术合作和竞争，对外贸易规模发展迅速。2003 年 1 月，原外经贸部和国家知识产权局对对外贸易中的知识产权问题进行了深入研究，并一致认为：我国应加强对对外贸易中的知识产权保护和管理，充分发挥知识产权制度在企业发展中的作用，支持和引导企业运用有关知识产权法规保护自身利益，遂制定《关于加强对外贸易中专利管理的意见》。《关于加强对外贸易中专利管理的意见》对委托加工、技术设备进出口、货物进出口等不同贸易形态中的专利侵权风险进行了提示，并给出了防范风险的示范合同条款；此外，还提醒外贸经营者按照《知识产权海关保护条例》的要求，开展相关专利权海关备案。

鉴于国际技术贸易的发展形势，跨国公司作为世界技术转移的主体的影响更为突出，以高新技术为对象的技术转移日益增长，2006 年 7 月，商务部、国家发展改革委和国家知识产权局等八部委联合出台《关于鼓励技术引进和创新，促进转变外贸增长方式的若干意见》（商服贸发〔2006〕13 号）。由于经济全球化的趋势明显增强，经济结构调整不断加快，技术创新对经济增长的贡献日益突出，科技竞争成为国际综合国力竞争的焦点。所以，知识产权成为强化技术贸易和竞争的有效手段。在《关于鼓励技术引进和创新，促进转变外贸增长方式的若干意见》中，政府综合运用经济手段鼓励技术引进和创新，既包括国家利用外贸发展基金支持企业通过引进技术和创新扩大出口，也包括对引进先进技术和再创新提供必要的金融支持。

---

❶ 张伟君. 科技创新需要知识产权全程服务 [EB/OL]. [2017 - 06 - 30]. http：//www. sipo. gov. cn/mtjj/2012/201207/t20120720_727490. html.

为了给对外投资"走出去"的中国企业提供知识产权服务与帮助，减少知识产权海外纠纷与摩擦，在地方层面，2008 年 7 月，深圳市知识产权局制定并印发《企业知识产权海外维权指引》（深知〔2008〕129 号）；2009 年，江苏省知识产权局和江苏省对外贸易经济合作厅制定并印发《江苏省企业境外知识产权维权指引》；2011 年 6 月，北京市知识产权局制定并印发《企业海外知识产权预警指导规程》（京知局〔2011〕139 号）。此外，早在 2007 年 11 月，北京市财政局和知识产权局联合发布《北京市企业海外知识产权预警和应急救助专项资金管理办法》，专项资金主要是向企业提供知识产权相关的信息咨询、法律咨询等服务，帮助企业更好地防范和应对海外知识产权风险。在中央政府层面，2011 年 11 月 17 日，商务部成立企业知识产权海外维权援助中心。企业知识产权海外维权援助中心的公共政策与服务包括：发布海外知识产权预警信息，建设并完善海外维权专家库、法规资料库，开展重点行业知识产权竞争与布局调查，建立涉外知识产权重大纠纷协调处理机制，通过政府间知识产权交流机制推动知识产权重大案件的解决，提供境外展会知识产权保护服务等工作，并通过培训、研讨、宣传等形式帮助企业提升知识产权海外维权的意识与能力。

（四）知识产权运用相关的公共政策

《国家知识产权战略纲要》提出：推动企业成为知识产权创造和运用的主体，促进自主创新成果的知识产权化、商品化、产业化，引导企业采取知识产权转让、许可、质押等方式实现知识产权的市场价值。

我国的知识产权公共政策已经强调：充分发挥高等学校、科研院所在知识产权创造中的重要作用。2002 年 6 月，科学技术部和教育部联合发文《关于充分发挥高等学校科技创新作用的若干意见》（国科发政字〔2002〕202 号），鼓励高校运用专利许可、技术转让、技术入股等各种方式推进高校所开发技术的扩散应用，允许高校遵照国家相关政策规定，自主制定有关鼓励技术发明、转让的规定，以调动高校师生从事科技创新的积极性。2008 年 12 月，国务院办公厅转发国家发展改革委等部门《关于促进自主创新成果产业化若干政策》（国办发〔2008〕128 号）。《关于促进自主创新成果产业化的若干政策》既积极培育企业自主创新成果产业化能力，同时大力推动自主创新成果的转移，加大自主创新成果产业化投融资支持力度。

为了确保知识产权得到充分运用，完善的知识产权市场交易体系必不可少。2007 年 12 月，国家发展改革委、科技部、国家知识产权局等 6 部门联合制定《建立和完善知识产权交易市场的指导意见》（发改企业〔2007〕3371 号）。《建立和完善知识产权交易市场的指导意见》作为一项宏观的公共政策，它对于完善交易规则与制度，引导专业中介组织参与交易活动，促进知识产权公开、公正、有序交易等起到了有效的保护和监管。此外，鉴于知识产权服务业对于促进智力成果权利化、商用化、产业化的重要性，2012 年 11 月，国家知识产权局等九部委联合印发《〈关于加快培育和发展知识产权服务业的指导意见〉的通知》，主要是将知识产权服务业纳入现代服务业和高技术服务业的重点发展领域，为市场主体提供知识产权"获权—用权—维权"相关服务及衍生服务；其中，重点发展知识产权相关的代理服务、法律服务、信息服务、商用化服务、咨询服务和培训服务等。

三、探索自贸试验区知识产权公共政策供给的建议

（一）完善知识产权公共政策形成机制

由于知识产权公共政策的影响范围广，影响受众数量多，必须建立一套科学合理的公共政策制定程序。目前，我国知识产权公共政策制定程序的透明度和公众参与度都有待提高。为了改善目前公共政策制定程序中存在的问题，首先，应建立调查研究工作机制，针对社会需求，不断加强调查研究工作，找出政策制定的必要性和可行性。其次，形成政策制定机制，健全政策制定机关和社会公众沟通机制，开展对话与协商，充分发挥社会组织、行业协会、跨国公司、产业工作者、消费者等利益攸关者在政策协商中的作用，❶ 探索建立公共政策有关的论证咨询机制。通过完善制定制度，在知识产权创造、运用、保护和管理各个环节不断扩大公共政策制定力度、提高公共政策的制定水平。最后，在知识产权公共政策制定

---

❶ 刘华，孟奇勋. 公共政策视阈下的知识产权利益集团运作机制研究［J］. 法商研究，2009（4）：121 – 129.

时，需要从纵向和横向等不同角度考虑公共政策体系整体的自洽与完整，防止不同公共政策之间产生冲突与矛盾，影响公共政策的实施效果。对部门间争议较大的重要政策事项，由决策机关引入第三方评估，充分听取各方意见，协调决定，从体制机制和工作程序上有效防止部门利益政策化，影响公共政策实施的整体福利。适时探索政策制定机关委托第三方起草公共政策的草案。

（二）建立知识产权公共政策的评估机制

目前，知识产权相关公共政策的实施效果难以把握。实践中，相同或相似内容的公共政策多次重复发文，影响公共政策的严肃性和权威性。此外，由于对政策实施效果评估不足，导致中央政府和地方政府运用不同手段调整和激励市场主体，可能出现矫枉过正和调整过度等问题。

对于不同的知识产权公共政策，应设立相应的评估指标体系，确立公共政策的评估模式和方法等，对公共政策的实施过程进行动态管理。如果政策实施的前提条件发生变化，应及时作出中止实施或调整实施的决定；如果政策实施预设时间节点和进度，应根据时间节点动态监控和评估。对知识产权公共政策正当性的探讨可以遵循以下分析路径：（1）以工具主义为核心理念；（2）以成本收益为测定手段；（3）以协同效应为政策目标。❶知识产权公共政策评估机制有助于完善知识产权公共政策的体制机制，坚持公共政策的订立、修改、废除与解释并举，增强公共政策的及时性、系统性、针对性、有效性。

（三）强化文化、教育等相关知识产权公共政策

我国已经针对性制定适合相关产业发展的知识产权公共政策，以达到促进产业结构的调整与优化的目标；并正在健全与对外贸易有关的知识产权公共政策，已经建立并逐步完善对外贸易领域知识产权管理体制、预警应急机制、海外维权机制和争端解决机制。但是，在知识产权与文化、教育和卫生等方面没有充分利用国际条约的灵活性，合理利用知识产权的例外和限制条款，制定满足特殊群体和特殊利益需求的知识产权公共政策。

---

❶ 刘华，孟奇勋. 知识产权公共政策的模式选择与体系构建［J］. 中国软科学，2009（7）：10－18.

例如，我国为保障公民的公共健康，国家知识产权局制定《涉及公共健康问题的专利实施强制许可办法》。对于残障人士的信息获取，图书馆、教育机构的信息传播，企业和科研机构的自主创新等方面，我国还需要加强文化、教育、科研、卫生等政策与知识产权公共政策的协调与衔接，切实保障相关主体在文化、教育、科研、卫生等活动中依法合理使用创新成果和信息的权利，促进创新成果合理分享。

（四）加快制定促进知识产权运用的公共政策

十八届三中全会的《中共中央关于全面深化改革若干重大问题的决定》提出："加强知识产权运用和保护。"知识产权创造是前提，知识产权保护是手段，知识产权有效运用才是创新发展的基本目标。知识产权的获取，并不是战略实施的最终目的，关键在于通过知识产权的取得，在市场中转化利用而形成现实的生产力。❶

因此，我国要继续加快制定知识产权债权和股权融资的扶持政策，鼓励知识产权许可及转让的相关政策，完善知识产权成果的登记、分享、许可、转让、投资创业的利益分配制度，推动制定有利于知识产权运用的金融、税收等方面的扶持政策，鼓励科技成果产权化和知识产权产业化。规划建设知识产权运营中心的自贸试验区理应在这方面作出更多探索和实践。

2016年4月19日中国（福建）自由贸易试验区厦门片区管理委员会发布《中国（福建）自由贸易试验区厦门片区知识产权扶持与奖励办法》❷，根据该激励政策，凡在该片区注册、经营的各类商事主体均可按办法规定申请相关扶持与奖励，范围包括专利、商标、版权、集成电路布图设计、地理标志和植物新品种等，实现了知识产权主要领域全覆盖，体现了自贸试验区知识产权集中、综合管理的职能。该激励政策还鼓励知识产权创造、知识产权金融、知识产权创业投资、企业知识产权布局（走出去）、涉外知识产权维权、知识产权服务业发展聚集，从而促进片区新技

---

❶ 吴汉东. 知识产权运用与保护：中国创新发展的重要节点 [EB/OL]. [2017 - 06 - 30]. http：//www. sipo. gov. cn/mtjj/2013/201311/t20131127_884525. html.

❷ 中国（福建）自由贸易试验区厦门片区管理委员会. 关于印发《中国（福建）自由贸易试验区厦门片区知识产权扶持与奖励办法》的通知 [EB/OL]. [2017 - 06 - 30]. http：// www. xmftz. gov. cn/xxgk/zcfg/201604/t20160427_5774. htm.

术、新产业、新业态蓬勃发展，营造良好的知识产权营商环境；并对银行金融机构设立知识产权金融中心开展服务给予开办奖励；设立知识产权中介机构服务产品目录制度，对知识产权托管、专利导航等重点服务给予50%甚至100%的资助；对国内外知名知识产权服务机构等入驻片区给予开办费、房屋租金方面给予补助等。

第四节　加强自贸试验区知识产权公共服务供给

一、知识产权公共服务国际发展概况

（一）国外知识产权公共服务的发展概述

良好的公共服务体系能有效发挥政府作用、加强公共服务职能，切实为公众提供所需的服务。在知识产权领域，各国均在发展和尝试适合本国国情的知识产权公共服务体系。由于知识产权密集型产业对经济发展的贡献日益明显，各国知识产权主管机构将公共服务聚焦于如何发挥知识产权的经济价值和效用。根据知识产权的特点，其公共服务建设表现在以下几个方面：

一是知识产权公众意识的培养和提高，主要是对普通公众进行宣传和培训，对专业人员的培训，提高他们的知识产权保护意识；鼓励个体与企业积极利用知识产权制度保护自身的知识产权。二是拓展公共服务范围，帮助申请人便利地完成商标注册和专利申请等确权工作。三是继续加强信息公共服务，更好地为公众提供信息查询和检索服务。四是在权利保护方面，引导权利人积极维权，保护创新成果所带来的竞争优势和经济价值，包括帮助权利人在海外市场保护知识产权。五是在知识产权与其他公共政策的协调方面，鼓励技术转移和许可，同时积极发布指导性准则，避免知识产权成为不法垄断商业市场的手段。

在各国知识产权公共服务实践中，虽然专利等知识产权作为垄断特权仍然需要政府的确权和管理，但政府服务职能已经大大拓展，这既与服务型政府职能转变密切相关，同时也是充分发挥知识产权经济效益的必然选择。只有作为私有财产的知识产权的潜力和效用被充分发挥，知识产权的价值才能真正促进经济和社会发展，知识产权强国的目标才能得以实现。

（二）WIPO 知识产权公共服务

从国际组织层面来看，WIPO 提供的许多服务是一种知识产权公共服务，服务对象既包括 WIPO 成员国，也包括知识产权的权利人和知识产品的使用者。WIPO 管理的条约体系分为三大类：一是确立保护客体和范围的，如《伯尔尼公约》和《巴黎公约》等；二是全球保护体系相关条约，如与专利保护相关的《专利合作条约》、与商标保护相关的《马德里条约》；三是帮助权利申请和注册的分类体系，如商标分类的《尼斯协定》。这些内容与 WIPO 作为国际组织的使命密切相关。作为国际组织，只能由成员国共同遵守并履行 WIPO 的条约，WIPO 无法直接对成员国进行管理，WIPO 也无法直接实施知识产权保护与执法工作。所以其工作性质，类似于提供一种公共服务，服务于成员国、普通公众和权利人。以知识产权信息服务为例，WIPO 开发了"PATENTSCOPE"数据库，可以使用关键词、申请者名称、国际专利分类号等便利地搜索国际专利申请文档；再如，除马德里体系的国际商标信息数据库之外，WIPO 还建设了全球品牌数据库"Global Brand Database"，它能提供 1 300 余万条商标、原产地和官方标志等供用户查询检索，并保持经常更新。

此外，WIPO 的教育和培训服务也是知识产权公共服务的一大特色。WIPO 学院（WIPO Academy）的培训教育项目包括职业发展、学术机构、远程教育和暑期学校等四大板块。其中职业发展项目重点针对来自发展中国家和过渡经济体的政府官员的培训；学术机构项目针对知识产权研究生、青年教师和研究者，尤其是知识产权教师等群体，包括 WIPO 与大学合作的知识产权硕士学位，也包括 WIPO 与 WTO 合作学术讨论会；远程教育项目自 1998 年创建以来，目前能以 7 种语言提供近 20 门课程的学习；暑期学校项目每年在全球不同国家和地区提供 10 个为期两周的教育培训项目，为高年级学生和年轻的专业人士提供面对面与 WIPO 资深教师交流学习的机会。WIPO 培训服务体系非常完善，针对不同对象群体、涵盖知识产权不同领域，这对于培训和提高公众知识产权保护意识起到了重要作用。

WIPO 仲裁与调解中心也是 WIPO 面向全球提供公共服务的一部分。

总部设在瑞士日内瓦的 WIPO 仲裁与调解中心建于 1994 年，它为解决私人当事方之间的国际商务争端提供仲裁和调解。该中心提供的程序被广泛地适用于涉及知识产权、技术、娱乐和其他争端。由于它在互联网和电子商务争端方面拥有大量资源和专家，已被公认是解决互联网域名争端的主要争端解决服务提供者。此外，它还经常就有关知识产权争端解决和互联网的问题接受咨询。虽然，WIPO 仲裁与调解中心在行政上属于 WIPO 国际局的一部分，但其作为一个独立的和公正的机构，也是国际商事仲裁机构联合会（IFCAI）的成员。

二、我国知识产权公共服务建设

（一）知识产权公共服务的必要性

知识产权的特点决定了知识产权公共服务的必要性。首先，知识产权的确权工作需要政府的管理行为。专利权、商标权等作为知识产权，既是一种普通的民事权利，同时由于国家权力的介入变为了具有行政管理内容的工业产权。例如，不服专利授权决定而引起的行政诉讼。同时，也存在大量无须政府行政管理介入的知识产权，如著作权、商业秘密和域名等。

其次，虽然知识产权的保护可以利用政府的资源作为保障，例如行政执法、行政调解等维权手段的运用，但作为私权的知识产权保护工作还是应当以权利人为中心进行制度设计。因此，权利人私力救济包括申请司法裁决等应当成为发挥主导作用的解决手段。

再次，经过政府注册和行政确权的知识产权并不能直接转化为带来经济效益的资产，权利人必须要在商业实践中积极使用或许可使用，通过在市场中的实施和交易才能充分发挥知识产权的经济价值。因此，政府对知识产权的管理和服务应当是其工作的一部分，而工作的重点应围绕如何最大化发挥知识产权的经济价值来加强公共服务工作。按照我国《国家知识产权战略纲要》的界定，知识产权主管行政机关应该在知识产权的创造、保护、利用和管理等各个环节加强公共服务，切实营造一种尊重知识、崇尚创新、诚信守法的知识产权文化意识。其中，文化氛围的塑造更容易通过公共服务去潜移默化地影响，以达到"润物细无声"的境界。

最后，服务型政府建设为知识产权公共服务的发展提供契机。随着国家治理方式的不断演变，政府与公众的关系从单纯的行政管理转向增强服务职能。以中国为例，早在 2003 年，中国共产党十六届三中全会的《中共中央关于完善社会主义市场经济体制若干问题的决定》强调：增强政府服务职能，首要的是深化行政审批制度改革，政府职能从"全能型"转向"服务型"，政府决策建设突出规范化，增强透明度和公众参与度。2004 年 2 月，时任总理温家宝在省部级主要领导干部树立和落实科学发展观高级研究班上的讲话首次提出"服务型政府"的概念。2005 年 3 月，温家宝总理又在《政府工作报告》中再次强调，要"努力建设服务型政府"。建设服务型政府，首先要创新行政管理体制。要着力转变职能、理顺关系、优化结构、提高效能，把政府主要职能转变到经济调节、市场监管、社会管理、公共服务上来，把公共服务和社会管理放在更加重要的位置，努力为人民群众提供方便、快捷、优质、高效的公共服务。2008 年出台的《国家知识产权战略纲要》中的战略重点"完善知识产权制度"中提及要"健全知识产权执法和管理体制"，具体努力方向包括：加强司法保护体系和行政执法体系建设，发挥司法保护知识产权的主导作用，提高执法效率和水平，强化公共服务。所以，强化知识产权公共服务已经成为我国知识产权战略纲要实施的重要内容之一。

2009 年 11 月，为推进国家知识产权战略实施，加强全国专利信息公共服务体系建设，国家知识产权局制定了《全国专利信息公共服务体系建设规划》，并在全国范围内贯彻实施。《全国专利事业发展战略（2011—2020 年）》提出：为全面推进全国专利事业发展战略实施，必须坚持"政府推动与市场调节相结合"的基本原则：既要充分发挥政府的组织协调和公共服务职能，不断提升政府的政策制定能力和服务水平，又要充分发挥市场机制在专利创造和运用以及资源配置中的基础性作用，大力提升市场主体的专利创造、运用、保护和管理能力。因此，知识产权公共服务和社会服务能力都必须快速发展，以基本满足经济社会发展的需求。

（二）知识产权公共服务的主体

从狭义公共服务界定的角度看，政府应是提供公共服务的唯一主体。但是公共服务的提供主体并不等同于公共服务的"生产主体"，政府可以通过资助和采购等多种形式完成公共服务生产的支付。从公共服务生产的角度来看，知识产权公共服务的主体包括政府部门、私营部门和第三部门（包括非营利机构和非政府组织）。知识产权公共服务的有效供给要解决公共服务有效供给不足和使用效率低下的双重难题。因此，服务主体的确定应根据不同公共服务类型和性质加以区别对待。

知识产权公共服务的发展方向就是改变完全由政府和公有制主体的单一性的公有公益供给方式，发展为公有公益和私有公益（私人所有，公众获益）等二者并存、共同负担的多元化格局，公共服务供给主体分为公有、私有与公私合作等多种模式，消费方式分为有偿消费和无偿消费方式。

知识产权公共服务的供给需要多主体合作来提供是因为市场主体和政府主体在提供知识产权公共服务过程中各有利弊。❶ 市场机制存在失灵的情况，主要表现为市场垄断、缺乏投资动力、追求经济利润导致知识产权保护目标的异化等，这些将导致市场不能充分地公平竞争，这些失灵和缺陷决定了市场主体难以依赖其本身而得到改善，并且不能有效地提供社会所需的所有的知识产品。❷ 但市场服务有敏锐的触觉，能及时高效地捕捉到市场主体的需求，弥补市场空白；市场服务还能切实从需求主体的角度，为解决实际困难提供量身定制的解决方案，服务的针对性和实效性能得到保障。

政府公共服务可能存在信息不对称的情况，主要表现为效率不高、信息缺乏透明度、公共服务存在失效或针对性不足、公共服务活动中的寻租和腐败现象等。政府生产公共服务的优势在于：服务政策具有稳定性，能够解决公共服务相关的附带问题，能够汇集提供公共服务的优势资源等私营部门并不具备的比较优势。

（三）知识产权公共服务的主要形式

根据知识产权的自身特点，知识产权公共服务主要通过教育公共服务、信息公共服务、维权公共服务和运用公共服务等四种形式来实现。

知识产权教育是一个全面的系统工程，教育对象不仅包括专业人士的

---

❶ 朱谢群. 知识产权公共服务及其机制分析 [J]. 知识产权，2008（3）：26-30.

❷ 罗敏光，刘雪凤. 多元主体合作视角下的知识产权公共服务机制构建——以江苏省为例 [J]. 科技管理研究，2011（11）：146-152.

培养，也包括普通公众的知识产权保护意识的培养。其中，普通公众又包括广泛开展对公务人员、企事业单位管理人员、专业技术人员、文学艺术创作人员、教师等群体的知识产权培训。从专业人才培养的角度来看，政府应建设国家知识产权人才培养基地，加快建设高水平的知识产权师资队伍；大规模培养各级各类知识产权专业人才，重点培养企业急需的知识产权管理和中介服务人才。从公众提高知识产权保护意识的角度来看，政府的教育应该发展规划多层次的培训体系，在均衡发展的基础教育融入知识产权理念和意识，坚持运用网络在线培训手段，同时将知识产权纳入多元化的职业教育体系，倡导终身教育。

知识产权的信息公共服务是政府履行知识产权管理职责的重要组成部分。专利、商标和外观设计等知识产权需要公示公信制度，以政府公信力为保障的知识产权数据库的开发与建设是服务公众的必要方式。知识产权信息公共服务供给是否充分直接影响到知识产权的创造、保护、运用和管理等环节。信息服务也是各国知识产权制度建设中的重要课题。以中国专利信息服务为例，《国家知识产权战略纲要》和 2008 年修改的《专利法》都要求加强全国专利信息公共服务工作，促进专利信息资源的开发利用，为提高自主创新能力、建设创新型国家、转变经济发展模式、促进经济又好又快发展发挥了关键的支撑作用和助推作用。

知识产权维权公共服务是一种非营利的专业化服务，❶ 主要是指通过政府提供的公共服务帮助权利人保护自己的财产权益，这种保护应当是对权利人的适当保护，而不能无视权利人滥用权利、影响市场公平竞争等不法行为。维权援助内容包括通过政府的公共服务供给提高权利人自我维权的意识和能力，降低维权成本，提高侵权代价，有效遏制侵权行为。由于知识产权的地域性和国际贸易的全球性，权利人对海外市场掌控有限，再加上贸易保护主义的影响，知识产权海外维权公共服务显得尤为必要。

知识产权运用公共服务是促进知识产权的商业交易，保证知识产权从纸上权利向现实生产力转变，特别是通过公共服务平台的搭建鼓励知识产权的许可和转让等市场行为。此外，政府还应引导和支持创新要素向企业集聚，促进高等学校、科研院所的创新成果向企业转移，推动企业知识产

---

❶ 吴离离. 浅析我国知识产权公共服务体系的构建 [J]. 知识产权，2011（6）：63 - 66.

权的应用和产业化，鼓励面向市场需求的研发活动，激励权利人对权利的开发和利用，通过知识产权获取正当的竞争优势和市场地位。

三、境外知识产权公共服务的实践

（一）欧盟

在欧盟整体层面，知识产权制度正在逐步协调和一体化，例如《欧盟商标条例》《信息社会版权指令》《欧洲专利公约》等。欧洲专利局是根据《欧洲专利公约》规定成立的欧洲专利组织。从欧盟架构上来说，欧洲专利局并不是欧盟机构，但它与欧盟通过双边计划建立合作关系。由于《欧洲专利公约》包括了欧盟的全部成员，因此，二者在专利政策上是一致的，欧洲专利局扮演着欧盟专利主管机构的角色。欧洲专利局提供的特色公共服务有信息服务（机器翻译服务）、法律服务、学习和教育服务等。欧洲专利局的专利信息公共服务包括两种主要方式：一是通过网络向公众提供免费的专利信息服务，例如 ESPACNET 查询系统；❶ 二是提供各种专利信息产品的数据库的订购及相应的服务。早期的欧洲专利实质是在若干个《欧洲专利公约》成员国有效的国内专利，专利申请的语言问题是个重大障碍。同时，由于中国、韩国、日本的专利文献均使用中文、韩语和日语等本国语言，所以，无论是对专利申请、审查，还是对专利技术的实施和许可都是障碍。因此，欧洲专利局为各方提供了语言翻译服务，并从2012 年开始欧洲专利局和中国国家知识产权局联合为欧洲专利局免费自动翻译服务"专利翻译"添加中英（英中）翻译服务。❷ 通过专利翻译服务，用户可以更加便利地获取各国的专利文献，这对于 PCT、PPH、欧洲单一专利制度等机制的充分发挥具有重要作用，同时对于推动技术的传播与发展意义重大。

欧洲专利局的法律服务涵盖诸多方面。首先由于欧洲专利在授权后，

---

❶ EUROPEAN PATENT OFFICE. Espacenet patent search［EB/OL］.［2017 - 06 - 30］. http：//www. epo. org/searching - for - patents/technical/espacenet. html#tab1.

❷ EUROPEAN PATENT OFFICE. Translation services for Asian patent information［EB/OL］.［2017 - 06 - 30］. http：//www. epo. org/searching - for - patents/helpful - resources/asian/translation. html#tab1.

要经受欧盟法和成员国国内法的检验，特别是在国内诉讼程序中，因此，欧洲专利局收集和整理所有有关欧洲专利的司法案例，供公众查询和研究；还会举办欧洲专利法官论坛，既加强同行之间的交流，也促进公众对专利判决的了解。欧洲专利局上诉委员会对于那些对于不服受理处、审查部、异议部或法律部等部门作出的决定所提出的上诉和裁定也向公众提供公开查询等服务。欧洲专利局还提供基于网络平台的用户咨询服务，帮助普通公众尽早介入专利相关的立法程序，通过发表咨询意见等方式对相关草案进行质疑和评论，促进《欧洲专利公约》实施条例、收费规则和审查实践的完善。

欧洲专利局的教育和培训服务既包括线下的课堂培训，也包括各种在线课程。以欧洲专利学院为载体的培训体系十分全面，网站还提供各种学习材料和研究报告的下载。这种教育和培训会紧跟形势发展，例如针对欧洲单一专利制度的网络研讨会（Webinar）。此外，教育培训以及合作研究还延伸到国际层面，例如，由欧洲专利局负责实施的中国欧盟知识产权二期项目（IPR2）和 IPKEY 项目❶。

欧盟的商标和外观设计由欧盟知识产权局（原为"内部市场协调办公室"，OHIM）负责注册和管理，❷ 在欧盟二十八国具有法律效力。同样，欧盟知识产权局向公众提供信息查询和教育培训等公共服务。此外，欧洲议会和欧洲理事会于 2012 年审议通过将"欧洲反假冒和盗版观察员机构"更名为"欧洲知识产权侵权观察员机构"的决议，且将该观察员机构管辖权移至欧盟知识产权局。此举意味着，欧盟知识产权局不仅作为共同体商标和外观设计的注册机构，亦须肩负监管欧洲范围内知识产权保护的职责，以充分利用其拥有的知识产权专家等资源优势。该观察员机构存在的三个功能：首先是做研究，因为调查研究是许多工作的基础；其次是设计政策，帮助各国或者机构作出导向政策；最后是支持企业保护知识产权。

---

❶ European Union and the European Intellectual Property Office（EUIPO）. Strategic Partnership and Cooperation Between Eu and China on Ip［EB/OL］.［2017－06－30］. http：//www. ipkey. org/en/.

❷ 根据欧盟《商标条例》（Regulation（EU）2015/2424），自 2016 年 3 月 23 日起，欧盟内部市场协调局（OHIM）正式更名为欧盟知识产权局（European Union Intellectual Property Office，EUIPO）；该局所管辖的知识产权"共同体商标"（CTM），也将正式更名为"欧盟商标"（European Trade Mark，EUTM）。

只有各国能更好地保护知识产权，国家竞争力才能得到发展。因此，欧洲知识产权侵权观察员机构的工作更像是一种公共服务工作，并非直接的行政管理或执法工作，因为具体的行政执法工作还是要依托成员国的国内执法力量。

（二）韩国

韩国知识产权局（KIPO）总部设在大田市，1998 年之前设在汉城（今首尔）。KIPO 下设规划协调部、知识产权政策部、知识产权保护与国际协调部、信息与客户服务部、商标与设计审查部、专利审查政策部和 3 个专利审查部等，另有知识产权裁判所（Intellectual Property Tribunal）、国际知识产权培训学院（International Intellectual Property Training Institute）以及首尔分局等下属机构。❶

韩国的知识产权公共服务有以下几点特色：一是完善、全面的信息服务体系；信息咨询的方式灵活多样，包括电话、传真、互联网和当面咨询等；信息服务的内容不止涉及专利申请相关的手续咨询，还有申请前的检索调查、申请后的专利的转让、转化、侵权、涉外申请、检索系统的使用等，涵盖了知识产权的方方面面。❷ 二是提供涉外专利纠纷应对服务体系，深入分析海外知识产权纠纷信息，包括案件剖析、应对策略（无效或授权许可）、授权协商、诉讼准备等环节。三是对韩国企业海外主要市场加大知识产权保护力度，提供"一站式"支援服务，向出口企业及参加海外展会的企业提供专利纠纷风险事前调查服务，将纠纷发生率降到最低。❸ 四是重视促进知识产权运用的公共服务；❹ 为了促进知识产权转化为现实生产力，韩国知识产权主管机构十分重视知识产权运用，建立技术交易市场，促进高校和科研机构的专利产业化，培养技术支柱型企业；为中小企业知识产权初期产业化提供融资支持和专利评估服务，为大学和公共研究机构知识产权产业化提供专家顾问团队，发掘有潜力的知识产权并力促市

---

❶　KIPO. 2013 Annual Report［EB/OL］.［2017 – 06 – 30］. http：//www. kipo. go. kr/upload/en/download/annualreport_2013. pdf.

❷　鲁欣蕊. 韩国知识产权信息服务现状介绍［J］. 中国发明与专利，2012（12）：110 – 112.

❸　中国知识产权报. 韩国知识产权政策最新动向［EB/OL］.［2017 – 06 – 30］. http：//www. fjipo. gov. cn/html/7/27/2409_2010723328. html.

❹　吴离离. 浅析我国知识产权公共服务体系的构建［J］. 知识产权，2011（6）：63 – 66.

场化，从而形成知识产权创造、运用、再创造、再运用的知识产权循环发展模式，推动知识经济发展。

（三）印度

印度与中国同属于人口众多的发展中国家，它在知识产权战略上注重运用公共服务促进国家创新体系的建立。首先，公立机构发展公共服务以平衡知识产权和公共利益。具体服务举措包括建立新的国家实验室、加强科技人才培养、提升知识产权管理水平、为研究开发提供管理支持以及强化相关基础设施的建设。公立机构的公共服务不仅在知识产权保护和开发方面发挥重要作用，也使得公立机构成为保障公共利益的工具，避免知识产权滥用和损害公共利益。❶ 其次，在知识产权文化和教育方面，印度国家创新基金率先组织并联合优秀民间组织进行了自下而上的知识产权挖掘行动，将知识产权意识深入基层群体，并逐步形成一条民间创新价值链。在知识产权教育上的创新还表现为：开展特色鲜明的学生创新思想年度国家竞赛和大学创新活动等，培养高素质的知识产权人才，强化了年青一代的知识产权意识。❷ 最后，知识产权公共服务促进本国特色产业发展。印度制药业和信息服务出口快速增长，是很多有利因素共同作用的结果，如语言文化背景、丰富的人力资源优势等，其中，重视知识产权保护和公共服务是重要因素之一。印度政府和行业协会采取多方面的公共服务措施促进其产业发展。例如，1988 年创立的印度软件服务协会（National Association of Software and Service Companies，NASSCOM）在印度的知识产权发展中发挥了巨大的引领作用，它促进政府修订相关政策法规、改善国内软件产业环境，推动印度软件行业逐步实现由低端外包业务服务型向高端增值性的价值创造型业务转变，对印度软件业发展和服务外包强国建设功不可没。其具体服务措施包括：为行业发展构筑知识产权"防火墙"，降低行业内知识产权侵权行为的发生率，同时对新出现的知识产权风险进行处理和防范，营造良好的知识产权保护环境等。❸

---

❶ 胡浚，王娟娟. 平衡知识产权与公共利益的印度模式 [J]. 南亚研究季刊，2011（4）：79 – 83.

❷ 周玲，刘华. 印度知识产权文化建设概况 [J]. 中国发明与专利，2013（12）：10 – 13.

❸ 李静. 印度之鉴——浅析印度知识产权保护对我国的启示 [J]. 中国发明与专利，2011（2）：107 – 109.

四、境外知识产权公共服务的经验和启示

（一）政府公共服务职责的划分

由于国外知识产权制度中行政执法的缺失或不足，知识产权公共服务的作用更加凸显。知识产权公共服务是帮助政府实现行政管理的重要手段，同时也是对知识产权市场服务不足的弥补。政府公共服务职责是指政府在提供公共服务中应当承担的任务和责任。我国政府公共服务职责的划分应当明确分为中央政府专属职责、地方政府专属职责、中央地方共同职责三大部分，使不同层级政府分工各有侧重，将更多财力向基层服务和欠发达地区倾斜，加快制定基本公共服务的国家标准。在此基础上，通过法规和规章等立法形式，实现中央政府和地方政府职责划分的法制化。就知识产权公共服务而言，应当明确划分中央与地方各级知识产权管理部门之间的公共服务职责，它对于提高政府的知识产权公共服务能力、推进知识产权公共服务均等化都有重要意义。

由于不同种类的知识产权公共服务的属性不同，如受益范围、溢出效应、公平享有等方面不同，因而有些服务适合中央政府提供，有些服务适合地方政府提供，有些服务适合各级政府共同提供。❶ 所谓职责划分就是要明确各级知识产权管理机关的公共服务范围与边界，具体操作上可以参照以下两个原则加以执行和确立。一是受益范围原则，本原则以公共服务的受益范围为划分标准。受益范围惠及全国公众、关系国家利益的全国性公共服务，划归国家知识产权行政管理机关。如果受益范围涉及一定区域内、并与当地居民利益直接相关的地方性知识产权公共服务，划归地方知识产权管理机关负责。二是溢出效应原则，本原则以公共服务是否具有溢出效应为划分标准。具有溢出效应的知识产权公共服务视作上级知识产权管理机关介入的理由；外溢效应越大，上级政府分担责任也越大。因为诸如公共教育、卫生防疫、环境保护和知识产权保护等公共服务，都具有正的外溢效应，如果某地方为提供此类服务支付成本，却没有得到全部收

---

❶ 沈荣华. 各级政府公共服务职责划分的指导原则和改革方向［J］. 中国行政管理，2007(1)：9－14.

益，而其他地方享受溢出收益，却没有为此支出相应的成本，这种"搭便车"的现象势必影响地方政府提供此类服务的积极性，导致供给不足。因此，应有中央政府的介入，比如为提供该类服务的地方给予一定的财政补助，使部分支付成本得到足额补偿。

（二）政府公共服务的供给

由于不同层级的政府功能不同，要求公共服务在供给分工上中央和地方政府侧重政策制定的责任，基层政府侧重组织提供的责任，做到各有侧重。高层级政府机构能够发挥宏观性和间接性指导的特点，理应重点负责公共服务的宏观管理、政策制定、统筹协调等决策性职责。低层级政府的功能作用具有针对性、直接性的特点，比高层级政府更了解当地公众对公共服务的需求，应重点负责公共服务的组织实施等执行性任务，主要是面向社会公众直接提供公共服务。国际经验表明，大多数公共服务都可由地方政府来提供。然而，公共服务的供给需要一定的财力来支持。承担公共服务职责的单位，其事权划分与配置要与财政相匹配，保证收支平衡。

从具体服务的供给来看，对于知识产权教育公共服务的供给，可由中央政府和地方政府根据各自优势共同承担；对于专业人士培养等职业教育和高等教育服务应由中央政府来提供；对于针对特定群体的专业服务可由地方政府根据当地特色加以组织和实施。根据知识产权统一注册管理和数据库建设的稳定性和权威性，知识产权信息公共服务则应由中央政府提供统一的信息公共服务。对于维权援助服务，境内的维权援助服务可由地方政府协同行业协会来共同提供；而海外的维权援助服务则应由中央政府加以协调和组织实施。对于知识产权运用公共服务，从国家统一促进知识产权转化与交易的角度来看，适合由中央政府提供此种公共服务。对于与当地经济发展密切相关的技术和产业，地方政府也可通过适当形式的公共服务加以鼓励和引导，但应当注意公众接受知识产权公共服务机会的均等化。

（三）对我国自贸试验区知识产权工作的启示

知识产权公共服务一般应由政府发挥主导作用。纵观美国和欧盟等国家和地区的知识产权公共服务供给，政府在知识产权的教育、信息、维权和运用等多方面提供重要的基础服务，以达到鼓励知识产权的创造、保护、运用和管理。我国在提供知识产权公共服务时，应当发挥国家知识产权管理机构的核心职能，制定和颁布知识产权公共服务的基本政策，引导地方政府根据本地情况针对性地加强基本公共服务的供给。

从目前来看，我国知识产权公共服务体系缺乏整体规划，公共服务规章制度不健全；区域发展差距较大，公共服务资源的开发利用工作发展不平衡，公共服务水平参差不齐。因此，针对这些问题，充分发挥政府主导作用显得更加重要而迫切，各个自贸试验区可以这个领域先行先试。例如，辽宁、浙江、河南、湖北、重庆、四川、陕西等自贸试验区总体方案均提出"构建便民利民的知识产权公共服务体系"，"搭建便利化的知识产权公共服务平台，设立知识产权服务工作站"等。

知识产权公共服务均以促进知识产权保护和运用为首要原则。知识产权保护的根本目的是促进经济和科技发展，因此，鼓励知识产权的商业实施和维护权利人的合法收益是重要手段。所以，维权援助公共服务是知识产权公共服务中的一项重要内容，国外公共服务体系中均有相应的制度设计。由于我国施行知识产权制度的时间尚短以及知识产权制度专业性强、较为复杂等原因，市场主体保护和运用知识产权的能力还比较欠缺，难以适应市场经济发展的需要。在这种形势下，开展知识产权维权援助工作，大力提高全社会知识产权意识和运用知识产权制度的能力，已经成为我国经济社会发展的迫切要求。另外，促进知识产权交易和运用的公共服务体制和机制也显得十分必要。知识产权只用在利用和流转过程中才能体现其价值，知识产权才能保值和增值，才能发挥其促进经济和科技发展的作用。❶

知识产权公共服务需要通过创新服务方式以加强信息和教育公共服务。无论是从政府信息公开的角度，还是从知识产权运用和管理的现实需要，加强信息和教育公共服务都是各国知识产权公共服务的重要内容。知识产权信息公共服务是对知识产权基本信息达成公共开放、公共获取的重要机制，其建设内容应着力于信息自由与知识产权之间冲突的化解，使公

---

❶ 贾辰君. 论我国知识产权公共服务供给的现状和改进［J］. 科学管理研究，2015（2）：5 - 8.

众的信息福利得到实现，信息权利得以协调发展。❶ 国外的知识产权信息公共服务已经不满足于简单地为公众提供专利、商标查询；世界知识产权组织、美国专利商标局、欧洲专利局等都会提供年度报告和专项报告，对数据库中的数据和信息进行挖掘和分析，更好地服务于公众，同时也有助于相关产业的发展和维权公共服务的实施。由于我国当前社会公众知识产权意识还比较淡薄，知识产权保护的宣传、培训和教育还有待加强。虽然，中国知识产权培训中心作为隶属于国家知识产权局的事业单位承担着全国高层次知识产权专业人才的培训任务，但还应根据全社会知识产权培训需求，为从事知识产权工作的专业人员提供知识产权专业培训，并利用多样的培训方式向全社会普及知识产权知识，特别是网络在线远程教育的运用。教育公共服务也可积极利用地方政府和高校系统的资源共同来完成。

知识产权公共服务的生产可采取竞争机制，充分发挥私营机构和第三方机构的作用。由于政府财力及公共服务投入的有限性，合理挖掘其他专业资源对公共服务具有重要意义。虽然私营机构具有商业目的，其服务在本质上属于一种社会服务，但政府可通过政府采购的形式使其为普通公众服务。此外，不能忽视非政府组织和非营利机构在提供知识产权公共服务方面的作用和价值。虽然行业协会和集体管理组织服务于特定群体和个人，但这种服务具有公共服务的某些基本特点，可以视为一种准公共服务。政府应该引导和鼓励这种针对普通公众的市场化服务，特别是在知识产权维权和运用等领域的服务内容，这样不仅可以和政府公共服务相互补充，互为支持，而且有利于提高我国知识产权公共服务的水平。

---

❶ 付夏婕. 信息自由视域下的知识产权信息公共服务探析 ［J］. 知识产权，2015（5）：82 – 86.

第五章 贸易便利化与自贸试验区知识产权海关保护

从保障贸易安全的角度考虑，知识产权保护依然可以归为海关的传统职能。海关有义务保卫国门和保障供应链安全，但是，保护不等于闭关锁国。海关面临贸易便利和贸易安全的双重压力，且需要微妙地平衡二者的关系，不能顾此失彼。无论是重视贸易自由抑或强调贸易便利，知识产权保护都不应成为合法贸易的障碍。换言之，正是因为重视合法贸易的秩序，才需要在边境环节打击假冒贸易。自贸试验区本质是促进贸易自由和便利而设计的特殊经济区域，但绝不意味着自贸试验区是知识产权海关保护的"自由区"；反之，自贸试验区知识产权海关保护应在保障贸易安全的前提下促进贸易便利。

第一节 WTO 对贸易便利化议题的国际协调

一、WTO《贸易便利化协定》的诞生

对于贸易便利化议题的谈判可追溯到 WTO 的"新加坡议题"。1996 年 12 月，在新加坡召开的第一届部长级会议上，WTO 正式开始对贸易便利化问题进行全面考虑和专门分析，并把"新加坡议题"列为新一轮谈判的预备议题，贸易便利化谈判由 WTO 货物贸易理事会负责，这标志着贸易便利化问题名正言顺地被纳入 WTO 工作议程。[1] 2001 年 11 月，WTO 第四次部长会议《多哈宣言》指出："认识到进一步加速货物（包括过境货

---

[1] 李金. 多哈回合贸易便利化议题：回顾、成员立场分析与谈判前景［J］. 世界贸易组织动态与研究，2009，（8）：1.

物）的流动、清关和放行，以及有必要在该领域提高技术援助和能力建设，我们同意在第五次部长级会议之后举行谈判，谈判以该会议上对谈判模式以明确共识形成决定为基础。在第五次会议之前，货物贸易理事会应当审查，适当时澄清和改进 1994 年《关税与贸易总协定》（GATT1994）第 5 条、第 8 条和第 10 条的相关方面，并确定各成员尤其是发展中和最不发达成员的贸易便利需要和优先权。"❶ 2004 年 7 月，在经过多次谈判之后，WTO 总理事会通过多哈工作计划，即"7 月一揽子计划"（July package），明确以附件 D"贸易便利化谈判模式"作为基础启动贸易便利化谈判，它明确了贸易便利化协定的谈判模式。❷ 2004 年 10 月，贸易便利化谈判小组成立，谈判正式启动。在 WTO 成员提案的基础上，《贸易便利化协定》文本草案于 2009 年 12 月形成。经过谈判小组的努力，WTO 贸易便利化谈判文本中详细说明 GATT 第 5 条、第 8 条和第 10 条的范围和运用。2012 年以后，贸易便利化议题作为早期收获议题优先予以推动。2013 年 12 月 3 日至 7 日，在印度尼西亚巴厘岛举行的 WTO 第九届部长级会议发表《巴厘部长宣言》，达成"巴厘一揽子协议"，这是 WTO 成立以后首份全球贸易协议，打破了多哈回合多年的谈判僵局，成为完成多哈回合的重要基石。❸ WCO 对此作出积极回应；2013 年 12 月 11 日 WCO 召开政策委员会会议，作出"都柏林决议"（Dublin Decision），❹ 提出在《贸易便利化协定》实施方面与 WTO 展开合作。

2014 年 7 月 31 日，由于印度等 WTO 成员的反对，WTO 未能按照巴厘部长级会议设定的截止日期通过《贸易便利化协定》的议定书，意味着《贸易便利化协定》的批准和实施程序被推迟。然而，2014 年 11 月 27 日，WTO 却峰回路转地正式通过修订案议定书。随后，WTO 成员方需要在其

---

❶ Doha WTO Ministerial 2001：MINISTERIAL DECLARATION, WT/MIN（01）/DEC/1, 20 November 2001.

❷ Text of the "July package" — the General Council's post – Cancún decision, WT/L/579 1 August 2004.

❸ 详细谈判过程可参见：何力. 多哈回合早期收获与《贸易便利化协定》[J]. 上海对外经贸大学学报，2014（2）：24 – 32. 黄志瑾. WTO《贸易便利化协定》评述——多哈回合的突破？[J]. 上海对外经贸大学学报，2014（5）：5 – 12.

❹ Dublin Resolution, Resolution of the Policy Commission of the World Customs Organization on the Conclusion of an Agreement on Trade Facilitation by the World Trade Organization（Dublin, 11 December 2013）.

境内的立法程序中正式通过该协定。在获得 2/3 的 WTO 成员通过之后，《贸易便利化协定》将正式生效。2017 年 2 月 22 日，WTO 总干事阿泽维多在日内瓦宣布，核准成员数已达 112 个，超过 WTO164 个成员的 2/3，《贸易便利化协定》正式生效。截至 2017 年 6 月 30 日，已经有中国香港、新加坡、美国、欧盟和中国等 119 个 WTO 成员正式批准《贸易便利化协定》。❶

二、《贸易便利化协定》的主要内容

(一) 成员的条约义务

1. 信息公布

每一 WTO 成员应以非歧视地和容易获取的方式迅速公布以下有关信息，使得政府、贸易商和其他利益相关方能获悉：(1) 进口、出口和过境程序（包括港口、机场和其他入境口岸程序）及需要的表格和单证；(2) 与进出口相关或适用于进出口的任何关税税率；(3) 政府部门征收或收取的与进口、出口和过境相关的国内税费；(4) 海关产品归类或估价规则；(5) 原产地规则相关的法规、条例和行政规定；(6) 进口、出口、过境有关限制或禁止性规定；(7) 违反进口、出口或过境手续的惩罚规定；(8) 申诉程序；(9) 与他国缔结的进口、出口或过境相关的条约或条款；(10) 关税配额管理程序。

2. 公众参与（评论机会、生效前信息及磋商）

在可行范围内与国内法制保持一致的前提下，每一 WTO 成员应向贸易商和利害关系方提供机会，使其在合理时间对一般适用于货物流动、放行和清关（包括货物过境）相关的拟议或修订法律和条例进行评论。

每一成员应保证一般适用于货物流动、放行和清关（包括货物过境）的新立或修订法律和条例在生效前尽早公布或相关信息尽早公开，以便贸易商和其他利害方熟知它们。此外，每一成员应酌情规定边境机构与贸易商或其领土范围内的利益攸关者定期磋商机制。

---

❶ WTO. Members accepting the Protocol of Amendment to insert the WTO Trade Facilitation Agreement into Annex 1A of the WTO Agreement ［EB/OL］.［2017 - 6 - 30］. https：//www. wto. org/english/tratop_e/tradfa_e/tradfa_agreeacc_e. htm.

3. 预裁定

预裁定是指 WTO 成员在货物进口前向申请人提供的在货物进口时关于货物税则归类及原产地等事项的待遇的书面决定。如果申请人已经提交书面请求包含所有必要的信息，每一成员应向申请人合理地、及时地签发预裁定。如果成员拒绝签发预裁定，应当立即书面通知申请人，并附相关事实和裁定基础。

4. 上诉或审查程序

每一成员应规定海关所做行政决定针对的任何人在该成员领土内有权提出：（1）由更高行政级别机构、独立机构或作出决定的机构进行行政申诉或复议；和（或）（2）提出司法审查。每一成员立法可以要求在司法审查前进行行政申诉或复议。成员应保证行政复议或司法审查程序以非歧视的方式进行。

5. 增强公正性、非歧视性及透明度的其他措施

如果成员为保护其领土内人类、动物或植物的生命健康，可以就加强食品、饮料和饲料的边境监管，采纳或维持向相关关切机构签发通知或指南的制度。如果进口申报货物因海关或其他主管机关检查需要被查扣，成员应当及时通知承运人或进口商。如果进口申报货物的首次测试结果显示不利，成员方可以经请求同意二次测试的机会。

6. 征收进出口规费和费用

WTO 成员应当及时发布相关规费和费用的信息，此种信息应当包括将要适用的规费和费用、此种规费和费用的原因、主管机关，以及支付时间和支付方式。每一成员应定期审议其规费和费用，并尽可能地减少数量和种类。

7. 货物清关与放行

WTO 成员应采纳或维持允许提交包括舱单在内的进口单证和其他必要信息，以便在货物抵达前开始处理，以加快货物到达时的放行。每一成员应当在切实可行范围内采纳或维持允许电子方式支付海关因进出口征收的关税、国内税、规费和费用。WTO 成员应采纳或维持允许在最终确认海关税、国内税、规费和费用之前放行货物的程序，如果这种确认没有在抵达之前、抵达时或抵达后尽可能迅速作出，并且其他所有监控要求已经满足。WTO 每一成员应尽可能设立或维持为海关监管目的的风险管理制度。

成员设计和适用风险管理应避免武断或不合理的歧视，防止构成对国际贸易伪装的限制。

WTO 成员应为满足特定标准的经营者（授权经营者）提供与进口、出口和过境形式和程序相关的额外贸易便利化措施。或者，成员方可以通过普遍适用于所有经营者的海关程序提供这种便利化措施，而并不要求建立独立的方案。

8. 边境机构合作

WTO 成员应确保其主管当局和机构对边境控制和程序负责，处理货物进口、处口、过境，与另一个边境机构展开合作，并协调它们的活动以便利贸易。

9. 对进口货物运输的海关控制

如果所有监管要求已经满足，WTO 每一成员允许拟进口的货物和在境内运输的货物，在海关控制下从任一进口关点运到另一个待放行或清关的关点。

10. 与进口、出口和过境相关的手续

每一成员应保证进口、出口及过境手续和单证以货物快速放行和清关为目的，以减少贸易商守法时间和成本的方式通过，选择对贸易限制最小的措施。

11. 过境自由

过境法规不得对过境运输构成变相限制，不得对过境征收费用，但运费、行政费用或服务费用除外；各成员不得对过境采取任何自愿限制；每一成员应给予从其他成员领土过境的产品不低于此类产品不需过境应享受的待遇；鼓励各成员为过境运输提供实际分开的基础设施。

12. 海关合作

WTO 成员应鼓励贸易商自愿守法并对违法实施严厉措施，鼓励各成员分享遵守海关规定的最佳实践信息，为管理守法措施在能力建设方面的技术指导或援助中开展合作。

13. 机构安排

WTO 设立贸易便利化委员会，对所有成员开放，每年至少举行一次会议，以给予成员就有关协定的运用或促进其目标实现的任何事项进行磋商的机会，并与贸易便利化领域中的其他国际组织保持密切联系。每一成员应建立一国家贸易便利化委员会或指定一现有机制以促进国内协调和协定条款的实施。

（二）给予发展中成员和最不发达成员的特殊差别待遇

WTO 成员应向发展中成员和最不发达成员提供能力建设援助，实施《贸易便利化协定》条款的程度和时限应与发展中成员和最不发达成员的实施能力相关联；仅要求最不发达成员作出与其各自发展、财政和贸易需求或其管理和机构能力相一致的承诺。❶

三、中国履行《贸易便利化协定》的立场与实践

（一）中国推动贸易便利化的立场

中国存在古代丝绸之路等国际贸易实践，需要贸易便利化和过境自由原则的支持。加入 WTO 之后，中国支持自由贸易和推动贸易便利化的决心十分明确。

中国支持 WTO《贸易便利化协定》的谈判，并充分意识到：《贸易便利化协定》作为未来 WTO 多哈回合谈判最终文件的"一揽子协议"将有强制的执行力，不同于 WCO、联合国经社理事会和亚太经合组织等主导下的贸易便利化的国际软法协调。对我国而言，《贸易便利化协定》实施将加速货物的放行和流动、提高贸易效率、降低贸易成本，对提升我国贸易便利化水平，改善主要出口成员贸易便利化环境，减少产品进出口障碍并营造便捷的通关环境，推动我国外贸健康发展具有积极意义。❷

中国坚持贸易便利化和过境自由原则对"一带一路"建设具有现实的紧迫性和必要性。中国需要更加深入参与区域合作进程，推动亚洲发展和安全相互促进、相得益彰。"一带一路"沿线国家遵守并保障过境自由原则，对于提升区域合作和经济发展无疑具有重要的推动作用。

（二）中国实施《贸易便利化协定》的可行性

在《贸易便利化协定》达成后，为体现我国支持协定尽早实施的积极

---

❶ 杨荣珍，王玮.《贸易便利化协议》的主要内容及影响分析［J］对外经贸实务，2014（11）：39－41.

❷ 李予阳. 商务部世贸司负责人谈《贸易便利化协定》［EB/OL］. ［2017－06－30］. http://www.ce.cn/xwzx/gnsz/gdxw/201501/18/t20150118_4367423.shtml.

姿态，我国于 2014 年 6 月 30 日向 WTO 通报了《贸易便利化协定》实施计划，比巴厘部长会议决定规定的期限提前一个月。2015 年 9 月 4 日，中国正式批准加入 WTO《贸易便利化协定》。根据 WTO 实施《贸易便利化协定》的整体部署，发展中成员可以将《贸易便利化协定》的条款分为三类，即，A 类，协定生效后立即实施的条款；B 类，需要一定过渡期再实施的条款；C 类，既需要一定的实施期，又需要在接受援助并具备实施能力后再行实施的条款。❶ 中国通报没有将下列四项列为 A 类措施：一是关于确定和公布平均放行时间（第 7 条第 6 款）；二是单一窗口（第 10 条第 4 款）；三是货物暂时进口与入境及出境加工（第 10 条第 9 款）；四是海关合作（第 12 条）。由此可以看出，《贸易便利化协定》对于我国立法和国际贸易相关的商务部、海关总署等行政管理和执法提出了非常紧迫的要求。

2013 年 7 月 24 日，国务院总理李克强主持召开国务院常务会议，确定促进贸易便利化、推动进出口和稳定发展的措施。由于我国经贸环境日益复杂严峻，进出口增速均明显放缓，我国需要通过制度创新，提高贸易便利化水平，从而增加企业福利和增强企业竞争力。2014 年，中国海关再推多项举措促进贸易便利化，包括在国内推进区域通关合作，实现不同关区之间一体化作业、无障碍通关，在全国推广关检合作"一次申报、一次查验、一次放行"。结合上海自贸试验区的先行先试，2015 年 1 月，上海自贸试验区在贸易便利化领域形成下列可复制改革试点经验在全国范围内推广，包括全球维修产业检验检疫监管、中转货物产地来源证管理、检验检疫通关无纸化、第三方检验结果采信、出入境生物材料制品风险管理等。❷

2015 年 2 月 25 日，国务院公报正式刊登《国务院关于印发落实"三互"推进大通关建设改革方案的通知》。改革目标是：到 2020 年，形成既符合中国国情又具有国际竞争力的大通关管理体制机制，具体措施包括：强化跨部门、跨区域的内陆沿海沿边通关协作，完善口岸工作机制，实现

---

❶ Preparatory Committee on Trade Facilitation. Notification of Category A Commitments under the Agreement on Trade Facilitation, Communication from China, WT/PCTF/N/CHN/1, 1 July 2014.

❷ 参见《国务院关于推广中国（上海）自由贸易试验区可复制改革试点经验的通知》（国发〔2014〕65 号），发布日期：2015 年 1 月 30 日。

口岸管理相关部门信息互换、监管互认、执法互助，提高通关效率和确保国门安全。2017 年 6 月 28 日，为加快转变政府职能，适应开放型经济新体制要求，深化简政放权放管结合优化服务，海关总署决定推进全国海关通关一体化改革。❶

在国际层面，中国双边或区域自由贸易协定中贸易便利化条款并不充分。中国作为最大的国际贸易出口国、第二大国际贸易进口国，对于贸易便利化的红利更加渴望，这也是我国积极参与国际经贸规则制定、争取全球经济治理制度性权力的重要动力。我国要善于通过国际自由贸易协定和国内自由贸易试验区建设增强我国国际竞争力，在国际规则制定中注重贸易便利化条款的纳入，维护和拓展自由贸易带来的发展利益。从国内法角度而言，我国应总结海关等部门推动贸易便利化的改革实践，适时修订《对外贸易法》《海关法》和《出境入境管理法》，加强货物和人员的便捷流动。

"一带一路"建设的优先领域是设施联通。在尊重相关国家主权和安全关切的基础上，"一带一路"沿线国家宜加强基础设施建设规划、技术标准体系的对接，共同推进国际骨干通道建设，逐步形成连接亚洲各次区域以及亚欧非之间的基础设施网络。❷ 因此，中国作为倡议发起方，应积极保障过境自由原则，为"一带一路"沿线国家提供便捷的过境通道。例如，根据"一带一路"建设的整体部署，中国与哈萨克斯坦合作建设"中哈物流基地"，连云港港口成为哈萨克斯坦，乃至中亚国家的出海口。❸

目前，海关对跨境电商监管作出调整与改变，例如为鼓励跨境电子商务而免征部分税收、各国海关之间数据的提前对接、报关的无纸化及"单一窗口"模式等。

综上所述，我国应在贸易便利化领域进行更深入的研究，为实施《贸易便利化协定》制定或修订国内立法，对双边和多边经贸合作中的贸易便

---

❶ 海关总署.《关于推进全国海关通关一体化改革的公告》（2017 年第 25 号），2017 年 6 月 28 日。

❷ 参见国家发展改革委员会、外交部、商务部.《推动共建丝绸之路经济带和 21 世纪海上丝绸之路的愿景与行动》，2015 年 3 月 28 日。

❸ 习近平会见哈萨克斯坦总统 启动中哈连云港国际物流场站 [EB/OL]. [2017 - 06 - 30]. http：//www. guancha. cn/Neighbors/2014_05_20_230894. shtml.

利化协调作出具体承诺和改革措施方案，切实履行《贸易便利化协定》的条约义务，推动实施贸易便利化措施。

（三）贸易便利与贸易安全

贸易的自由与便利是分不开的，两者相互促进，共同发展；但从逻辑上讲，只有相互间存在自由贸易，才谈得上贸易是否便利。因此，贸易自由化是贸易便利的基础，没有国家间的自由贸易就没有运输和通关便利。而贸易便利是贸易自由化的有机组成部分，降低关税等贸易壁垒本身既是提高贸易自由化，又是便利贸易的表现。

贸易便利化的实质是指国际贸易程序的简化和协调。贸易便利化措施包括减少对文档和数据要求，减少物理检查和测试以及快速的放行时间等。所以，贸易便利的核心内涵是降低贸易过程中的复杂性和高成本，保证规则的透明度和可预见性，提高贸易效率。

一直以来，海关执法措施是非关税壁垒的一个重要方面，GATT 第 20 条例外条款把海关措施纳入其中，GATT 第 5 条、第 8 条、第 10 条及《海关估价协定》《原产地规则协定》和《贸易便利化协定》等使通关措施规则更加规范和透明，从而大大削除了海关措施的非关税壁垒，也减少了各国海关当局的自由裁量权。但是，如果过于强调通关便利，放松必要的海关监管，就可能被不法分子所利用以逃避海关监管，导致关税的流失，甚至对本土安全构成威胁。[1] 因此，贸易安全和贸易便利之间存在一定的冲突，安全性和便利性之间的矛盾本身并不是什么新话题，古今中外都有这样的困惑。[2] 例如，海关通关中计算机技术的应用大大提高工作效率，贸易便利化程度得到提高，同时也带来计算机病毒和网络黑客的安全风险。但如果通关工作只采用手工查验和人工统计，那么，通关效率难以满足国际贸易的发展需要。美国"9·11"事件之后，WCO 一直倡导的偏重便利的价值主张开始向以安全为重心的方向扭转，[3] 先后通过《国际贸易供应链安全与便利决议》和《全球贸易安全与便利标准框架》等一系列决议。

---

[1] 何力. 日本海关法原理与制度 [M]. 北京：法律出版社，2010：142-146.

[2] 党英杰. 贸易便利和国家安全 [J]. 中国海关，2003 (7)：34-35.

[3] 李文健. 海关改革与发展的价值目标——推进贸易便利与维护贸易安全不能顾此失彼 [J]. 上海海关高等专科学校学报，2006 (4)：38-42.

因此，在实施贸易便利化的同时，主权国家都不愿牺牲贸易安全。虽然出口导向型和外贸依存度较高的国家更加注重贸易便利化，但是，为确保国家利益和人民生命财产安全，必须为贸易安全牺牲一部分贸易便利。所以，知识产权海关执法的制度设计中将贸易安全置于更加重要的地位，在确保贸易安全的前提下提高贸易便利程度。

（四）实施《贸易便利化协定》与完善知识产权海关保护制度

如前所述，我国对《贸易便利化协定》的实施工作应与口岸现代化改革进程相结合，做好法律法规配套政策、监管体制和机构职能等方面的准备，推动相关领域的改革和制度建设，提高我国口岸部门管理水平和行政效率，营造便捷高效的通关环境，使其成为我国外贸竞争新优势。例如，2014 年 8 月，中国（上海）自由贸易试验区 14 项海关监管创新制度陆续在长江经济带海关特殊监管区域、全国海关特殊监管区域以及全国海关范围内复制推广。自 2015 年 11 月 1 日（含本日）起向海关总署申请知识产权保护备案的，海关总署暂停收取备案费。❶

在知识产权海关保护方面，主要体现为制度规则和海关执法如何降低权利人的维权成本，如何促进货物快速便捷通关，做到保护权利和贸易便利并重。知识产权海关保护制度的具体改进措施包括：出台立法或司法解释对涉外定牌加工、跨境电子商务等相关法律问题作出明确，在行政执法和法院审判中统一法律的适用，给予市场主体明确的行为评价和指引，维护公平竞争市场秩序和有效保护知识产权。

我国应建立并完善法院与海关知识产权保护信息沟通共享系统，促进行政程序与司法程序的简便有效对接。由于出口货物商标侵权纠纷案件较多的证据材料系在货物出口报关及被海关查扣时形成，而且行政查扣措施与司法保全措施之间需要做好时间上的对接，建议建立法院与海关知识产权保护信息互联互通系统，一方面可以电子化方式调取涉案相关材料，另一方面互相及时了解案件行政程序先期处理情况和司法程序后期处理情况，有利于跨境电商知识产权案件的互动研究。

在担保放行制度方面，海关应与法院协同研究加大跨境电商知识产权

---

❶ 海关总署.《关于暂停收取海关知识产权备案费的公告》（海关总署公告 2015 年第 51 号）[EB/OL].［2017-06-30］. http：//www. customs. gov. cn/publish/portal0/tab49564/info776763. htm.

保护力度和促进贸易自由化的平衡问题，探讨出口货物涉嫌商标侵权案件由货物收货人或发货人提供反担保后海关放行货物的可行性及条件并尝试实施。为解决出口货物涉嫌商标侵权案件审理时间长与促进贸易便利化相悖的矛盾，海关应重点研究出口环节涉嫌侵犯备案商标案件，借鉴《知识产权海关保护条例》中关于涉嫌侵害专利货物的收货人或发货人可以向海关提供货物等值的担保金放行货物的规定，亦实行货物收货人或发货人提供反担保后海关放行货物的可行性及适用条件，以促进货物贸易便利化。

（五）自贸试验区知识产权海关保护的趋势

自由贸易区的设立、允许进入的货物种类以及自由贸易区内货物应遵守作业性质的要求都应遵守我国法律；而且，《京都公约》明确支持对自由贸易区的知识产权执法。[1] 所以，基于知识产权保护和执法的原因而对自贸试验区货物进行海关保护符合国际海关规则。虽然就进出口税费而言，存在"海关特殊监管区域"，但就知识产权保护而言应该不存在任何特殊区域。上海自贸试验区的"特殊"之处不应该是知识产权执法的盲区，或者是治外法权的飞地。在进出口税费、原产地规则、海关估价、知识产权保护等方面适用更加简化和便利的操作规则是自贸试验区的努力方向，前提是遵守 WTO 基本原则、条约义务和我国法律。所以，不能将自贸试验区简单地视为"国境之内、关境之外"的特殊区域。《京都公约》关于"自由区"的附约中第 6 条建议条款规定：不应仅因为从国外进入的货物受到禁止或限制而拒绝准予进入自由区，无论原产国、起运国或者目的国如何，除因维护公共道德或秩序、公共安全、公共卫生或健康，或动植物检疫的需要，或保护专利、商标和版权的需要。

虽然，TRIPS 中没有详细规定自由贸易区相关知识产权执法规则，但是 TRIPS 所设定的是最低标准的条约义务，并不妨碍 WTO 成员采用高于 TRIPS 的执法标准。ACTA 第 16 条第 2 款规定：成员方可以采用或维持程

---

[1] 《京都公约》专项附约四指南第一章"海关仓库"的建议条款 5 和《京都公约》专项附约四指南第二章"自由区"的建议条款 6. 关于简化和协调海关制度的国际公约（京都公约）：总附约和专项附约指南［M］. 海关总署国际合作司，译. 北京：中国海关出版社，2003：255，264.

序对嫌疑过境货物或海关监管下的其他情形货物进行知识产权执法。此处的"海关监管下的其他情形货物"则包括自由贸易区内的货物。《美国韩国自由贸易协定》也在"边境措施相关的特别要求"中规定：一旦进口、出口、过境货物或自由贸易区中的货物被怀疑是假冒货物或盗版货物，每一成员应当规定其主管机关可以依职权启动边境措施。❶

第二节　自贸试验区过境货物的海关监管与执法

一、国际过境货物的概念界定

国内法学领域的国际经济法和国际贸易法教材中对"过境货物"鲜有专门章节提及。经济学和管理学的国际贸易教材将"过境贸易"视为国际贸易的一种形式，但不是主要形式，有的将其理解为国际贸易和物流环节中的"过境运输"，还有学者专门讨论了国际运输中的过境权问题，❷ 但并未就其知识产权海关保护问题进行研究。此外，过境运输还涉及物流问题，❸ 班轮运输、大陆桥运输、国际多式联运等运输方式都是国际贸易运输中的过境运输。所以，过境货物知识产权海关保护是一个知识产权保护、国际贸易和国际物流的交叉学科问题。❹

过境贸易作为一种贸易形式切实存在，并且，随着国际贸易和物流的发展，过境贸易的实践不断发展，而与知识产权保护的冲突和协调更加突出。根据我国《海关法》第100条的规定，经中国领土过境的货物可分为过境货物、转运货物和通运货物（如表5-1所示）。下面分别讨论不同类型过境货物的知识产权海关保护问题。

---

❶ The United States – Korea Free Trade Agreement（KORUS FTA）Chapter 18. ARTICLE 18. 10, para. 22.

❷ 荣朝和. 西方运输经济学 [M]. 2版. 北京：经济科学出版社，2008：242 –250.

❸ 李景涛. 贸易便利化中的过境运输问题研究 [J]. 中国高新技术企业，2009（7）：77 – 78. 姚新超. 国际贸易运输（第三版）[M]. 北京：对外经济贸易大学出版社，2010：35，355，398. 林益松，郑海堂. 国际集装箱班轮运输实务 [M]. 中国海关出版社，2010：16 –25.

❹ 杨长春. 论国际贸易与国际物流的关系 [J]. 国际贸易，2007（10）：28 – 31. 杨子刚，郭庆海. 经济全球化背景下国际物流的发展现状及趋势 [J]. 中国流通经济，2007（11）：17 –20.

表 5 - 1　过境、转运和通运货物一览表❶

类型	运输形式	是否在境内换装运输工具	启运地	目的地
过境货物	通过境内陆路运输	不论是否换装	中国境外	中国境外
转运货物	不通过境内陆路运输	换装		
通运货物	由原转载航空器、船舶载运进出境，不通过境内陆路运输	不换装		

二、过境货物的知识产权海关保护

"过境"有两种解释，广义上的"过境"包括：中国《海关法》中的过境、转运和通运；中国《海关法》中的过境货物是一种狭义的陆路过境。有关过境自由的国际协调实践，最早可追溯至 1921 年 4 月 20 日由国联主持在巴塞罗那议定的《自由过境公约和规约》❷，该公约于 1922 年 10 月 31 日正式生效。《自由过境公约和规约》第 1 条规定：人员、行李和货物及船舶、客货车辆和其他运输工具，如经过一缔约方的主权或权威下领土的一段路程，无论有无转船、仓储、卸货或改变运输方式，仅为起点和终点均不在运输所经过的缔约方领土的全部路程的一部分，则应被视为经过缔约方领土过境。此种性质的运输在本条约中定义为过境运输。

从中国及邻国的过境贸易的现实需要来看，完善中国陆路过境货物的知识产权海关保护规则确有必要。中国陆地边界长约 2.28 万公里，东邻朝鲜，北邻蒙古，东北接俄罗斯，西北接哈萨克斯坦、吉尔吉斯斯坦、塔吉克斯坦，西和西南与阿富汗、巴基斯坦、印度、尼泊尔、不丹等国家接壤，南与缅甸、老挝、越南相连，东部和东南部同韩国、日本、菲律宾、文莱、马来西亚、印度尼西亚隔海相望。来自邻国和本国的过境贸易需求不可忽视，实际上自 1991 年起，中国已经同邻国签订了十多个汽车（过

---

❶ 后东升. 企业报关管理法律实务［M］. 北京：人民法院出版社，2005：249 - 253.

❷ 《自由过境公约和规约》条约英语文本参见 http：//www.wipo.int/wipolex/zh/other_treaties/text.jsp？doc_id = 151517&file_id = 201915，2017 年 6 月 30 日最后访问.

境）运输协定，例如《中华人民共和国政府和塔吉克斯坦共和国政府汽车运输协定》。这些双边协定并没有对过境货物的海关监管作出明确规定。

过境货物贸易为国家和地区带来繁荣的同时，特别是促进运输业的发展，但过境国也要考虑过境给国家带来的潜在威胁。在不违反本国法律和不影响本国安全的前提下，过境国对过境货物持欢迎的态度，并会采取便利措施使货物从本国过境。但是，过境货物本身受到过境国海关的严格监管。

根据1992年《中华人民共和国海关对过境货物监管办法》第7条规定：下列货物禁止过境：（1）来自或运往我国停止或禁止贸易的国家和地区的货物；（2）各种武器、弹药、爆炸物品及军需品（通过军事途径运输的除外）；（3）各种烈性毒药、麻醉品和鸦片、吗啡、海洛因、可卡因等毒品；（4）我国法律、法规禁止过境的其他货物、物品。第（1）项一般适用于发生在贸易制裁特殊情况时；第（2）项和第（3）项则是出于过境国人身财产安全的角度作出禁止性规定；第（4）项兜底条款为侵权知识产品的禁止过境提供了法律依据。依据中国知识产权法律规范，过境货物是否侵权、是否允许自由过境并没有明确规则。

对于防止过境货物进入中国境内市场流通，《中华人民共和国海关对过境货物监管办法》对过境运输全程作出严格规范，包括以下几个方面：第一，过境货物自进境起到出境止属海关监管货物，应当接受海关监管；未经海关许可，任何单位和个人不得开拆、提取、交付、发运、调换、改装、抵押、转让或者更换标记。第二，装载过境货物的运输工具应当具有海关认可的加封条件和装置；海关认为必要时，可以对过境货物及其装载装置加封；运输部门和经营人，应当负责保护海关封志的完整，任何人不得擅自开启或损毁。第三，对于过境时间的要求，过境货物自进境之日起超过3个月未向海关申报的，海关视其为进口货物，按《中华人民共和国海关法》第30条的有关规定处理。并且，过境货物应当自进境之日起6个月内运输出境；在特殊情况下，经海关同意，可以延期，但延长期不得超过3个月。过境货物在规定时间内不能出境的，海关按《中华人民共和国海关行政处罚实施条例》的有关规定处罚。第四，对于过境路线有严格要求。过境货物在进境以后、出境之前，应当按照运输主管部门规定的路线运输，运输主管部门没有规定的，由海关指定。根据实际情况，海关需要派员押运过境货物时，经营人或承运人应免费提供交通工具和执行监管任务的便利，并按照规定缴纳规费。第五，过境货物的卸载和储存行为需要监管。过境货物进境后因换装运输工具等原因需卸地储存时，应当经海关批准并在海关监管下存入经海关指定或同意的仓库或场所。如果由于不可抗力原因，过境货物被迫在运输途中换装运输工具，起卸货物或遇有意外情况时，经营人或承运人应当立即报告所在地海关或附近海关，接受海关监管。

海关严格监管确保过境货物确实出境，并防止知识产权侵权货物进入国内市场流通。对于证实明确是过境货物，我国各地海关在对过境货物的监管工作中，通常会密切配合，简化手续，加速验放，提供方便，使过境货物尽快出境。

三、转运货物的知识产权海关保护

转运货物是指不通过境内陆路运输，并且进行换装作业的特殊过境货物。国际海关转运是过境货物经过境国转运的重要海关程序。为了便于国际转运业务的开展，WCO 提醒《京都公约》缔约方认真考虑加入有关海关转运的国际条约的可能性，典型的含有海关转运条款的国际条约有：1961 年 12 月 6 日通过的《关于暂准进口货物使用 ATA 单证册的海关公约》（ATA 公约），1971 年制定的《关于货物实行国际转运或过境运输海关公约》（ITI 公约），1975 年 11 月 14 日通过的《关于国际货物运输使用 TIR 单证册的海关公约》（TIR 公约），1990 年 6 月 26 日通过的《关于暂准进口的公约》等。例如，根据 ATA 公约和 TIR 公约，国际转运货物不用提交海关，单证册呈交海关办公机构，以便对单据进行处理和审核，这样会大大加快过境货物的转运效率。

1982 年联合国欧洲经济委员会制定的《协调统一货物边境管制国际公约》❶ 于 1985 年 10 月 15 日生效。该公约第 10 条标题为"过境货物"（goods in transit），并没有对其概念作出界定，而是规定：成员方应当为过境货物提供简便和迅速程序，特别是那些置于国际海关转运程序中的货

---

❶ WIPO. International Convention on the Harmonization of Frontier Controls of Goods［EB/OL］.［2017 - 06 - 30］. http：//www. wipo. int/wipolex/en/other_treaties/details. jsp？ treaty_id = 302.

物，并且应努力为集装箱货物和其他足够安全的装载工具所承载的货物提供最大的便利。由此可以看出，《协调统一货物边境管制国际公约》对集装箱运输的推崇，当然这也是由于集装箱运输具有经济性、安全性和可靠性等许多优点。优势的原因在于集装箱的标准化，即使在货物过境时，集装箱货物也能体现出便于检查、便于开展多式联运等优势。

对于国际转运环节中的过境货物，过境转运国是否有权进行知识产权执法并没有明确规则。国际转运的本意是让过境转运货物免受过境国"经济性禁止或限制措施"（economic prohibitions or restrictions）的约束。然而，并不像进出口配额、许可证管理制度那样明显地理解为一种经济性禁止或限制制度，"知识产权保护与执法"是否归为经济性禁止或限制措施并无定论。但是，根据《联合国国际货物多式联运公约》附件的规定，国际转运的原则是尽可能地给予过境自由，即缔约国除按本国境内实施的法律规章和国际公约的规定外，还应给予国际多式联运货物过境自由。在海关国际转运过程中，国际多式联运的货物在途中一般不再受海关检查，除非海关认为有必要保证海关负责实施的规章条例得到遵守。因此，海关当局一般在进出口点上只应检验海关印记及其他安全措施。根据《京都公约》建议的开放转运原则，如果货物的随附单证可以使货物准确无误地得到识别，货物运输时一般可不施加海关封志或固定物。但是从风险管理要求和便利海关转运的角度考虑，或在国际条约有明确要求时，可以施加海关印记。在不影响有关公共或国家安全、公共道路或公共卫生的法律规章的实施的情况下，不必履行用于过境作业的海关过境制度以外的任何海关手续或规定。所以，除非将"知识产权保护和执法"理解为一种事关公共安全或国家安全的重要措施，否则并不能证明过境知识产权执法在国际转运环节的正当性。

TIR 公约也是秉持这种减少对国际转运货物干预，给予充分过境自由的态度。根据 TIR 公约第 47 条的规定，公约的规定不排除适用国家出于公共道德、公共治安、卫生或公共健康考虑，或因动植物疾病上的理由所规定的限制和控制。然而，根据《暂准进口公约》第 19 条有关"禁止和限制"条款规定：《暂准进口公约》不影响成员方根据法律法规对版权和工业产权保护（the protection of copyright and industrial property）措施的适用。上述《联合国国际货物多式联运公约》（1980 年）和 TIR 公约（1975 年）

中在国际转运的过境自由限制条款中并没有出现知识产权（工业产权）保护相关的表述，条约并不支持国际转运环节的过境货物知识产权执法，而到了1990年《暂准进口公约》，缔约方的态度有了明显的变化，虽然没有直接在规则中表明缔约方有义务对国际转运环节的过境货物进行知识产权执法，但已经将知识产权保护视为一种国内法上可以对过境货物实施的禁止或限制措施。

实践中，根据《大连海关海运国际转运货物监管操作规程》和《上海海关关于空运国际转运货物监管办法》等海关执法规程，下列货物禁止转运：来自或运往我国停止贸易国际或地区的货物；我国法律、法规禁止进出境的其他货物、物品；国际禁运的货物。无论是国际空运转运还是国际海运转运，转运货物的进境和出境应当如实向海关申报，并接受海关的监管。存放在专用堆场的国际海运转运货物属海关监管货物，海关有权对其进行查验，并做好查验记录，查验时船舶代理人应在场，负责转运货物的搬移、开拆、加封等事宜。存放期间未经海关许可不得开拆、提取、交付、发运、改换包装及损坏、开启封志。此外，国际转运货物应自运输工具申报进境之日起3个月内转运出境，逾期未办的，海关将按照有关规定处理。这些操作规程确保转运货物确实出境，同时防止知识产权侵权货物进入转运国内部市场流通。对于证实明确是转运过境货物，我国各地海关加速验放，提供方便，使转运货物尽快离境。

四、通运货物的知识产权海关保护

我国的"通运货物"是指由原转载航空器、船舶载运进出境，不通过境内陆路运输也不在过境国进行换装的货物。实践中，运输工具因装卸货物需要搬运或倒装货物时，应向海关申请并在海关的监管下进行。进境时，运输工具的负责人凭注明通运货物名称和数量的"船舶进口报告书"或国际民航机使用的"进口载货舱单"向进境地海关申报；进境地海关接受申报后，在运输工具抵、离境时对申报的货物予以核查，并监管货物实际离境。

我国的通运货物并不属于ACTA中的过境货物，ACTA中过境货物虽处于海关监管之下，但并不包括不转换运输工具而只是停留港口或机场的

"通运货物",中国香港也类似的规定。❶ 这样的区别规定在操作程序上完全得到支持,因为通运货物对过境国的危害较小,货物最终进入过境国商业渠道的可能性较小;而狭义的过境货物或转运货物虽在海关监管之下,但由于通往过境国内陆地区或转换运输工具,并且涉及装卸等众多环节,货物流入过境国的安全风险加大。所以,海关需要对海关转运和转装货物进行知识产权执法;由于这些货物本身处于海关监管之下,无论是依职权还是依申请,执法操作更加便利和切实可行。

为减少对海关法的体系和概念的影响,在自贸试验区过境货物知识产权海关执法的制度设计中,可以保持现有概念及其范畴的界定不变。但相较于过境货物和转运货物,对通运货物的知识产权监管和执法可根据风险管理系统提示或第三方举报、维权时进行重点执法。

五、自贸试验区过境货物知识产权海关保护的制度完善

中国海关对经自贸试验区国际中转的过境货物的知识产权监管,可以借鉴欧盟 2012 年 2 月发布的《过境货物知识产权执法指南》❷ 的做法以规范海关执法实践和法院司法适用;如果能够证明国际中转的货物意图在中国大陆销售时,才能被认定侵犯相关权利,构成假冒或盗版等侵权货物。

中国版的过境执法指南需要肯定《海关法》和《知识产权海关保护条例》适用于所有海关业务中的货物,过境货物、转运货物、通运货物和自由贸易试验区中的货物都不能成为知识产权执法的豁免对象。我国应明确国际过境货物进入中国大陆市场的嫌疑和认定标准,如果过境的货物在进入中国之前,就有销售、许诺销售和广告宣传等针对大陆市场的商业行

---

❶ 香港将这类中国《海关法》中的"通运货物"视为"过境货物",根据《香港进出口条例》(the Import and Export Ordinance)第 2 节,"article in transit"(过境物品)means an article which –(a)is brought in to Hong Kong solely for the purpose of taking it out of Hong Kong;and(b)remains at all times in or on the vessel or aircraft in or on which it is brought into Hong Kong;

❷ 《过境货物知识产权执法指南》,全称为《欧盟委员会关于欧盟海关当局对于过境欧盟的货物(尤其是药品)的知识产权执法执事》。参见 Guidelines of the European Commission concerning the enforcement by EU customs authorities of intellectual property rights with regard to goods, in particular medicines, in transit through the EU [EB/OL]. [2017 – 06 – 30]. http://ec.europa.eu/taxation_customs/resources/documents/customs/customs_controls/counterfeit_piracy/legislation/guidelines_on_transit_en.pdf.

为，则该货物可能进入我国市场而被认定为知识产权侵权。

知识产权问题并不是一个纯粹的法律问题，而是由技术力量决定的经济问题。国家的科学技术发达程度和经济发展水平往往决定着知识产权保护和执法方面的强弱。随着发达国家劳动力成本和原材料价格的上升，以及出于对自然资源和环境的保护，发达国家的低端制造业开始向劳动力充足、原材料资源丰富的发展中国家转移，但这种转移采取的购买劳务和原材料的方式，并不是直接的技术转移。发展中国家的知识产权保护水平受到各种外界压力影响或主动或被动地得到提升，这种提升不一定和本国经济的发展水平相适应。

知识产权的执法还考虑到许多主体的利益平衡。以货物过境上海为例，中国正在大力发展运输业，特别是上海的国际运输，力图打造中国的国际贸易和航运中心，虽然上海航运吞吐量较高，但上海与世界著名的国际航运中心之间仍有不小的差距，尤其是在航运服务领域，包括多式联运体系和货物通关效率等方面。过境货物运输的发展，对于国内的运输企业、港口、机场、自贸试验区的建设和发展，都会起到积极的推进作用。所以，面对需要平衡的利益涉及方方面面，一味强调知识产权保护，可能会有所偏见，关键在如何在尊重知识产权的前提下进行合法贸易。

虽然，TRIPS 等知识产权国际条约已经设定了知识产权保护的最低标准，但仍然为国家层面的立法和执法提供了许多操作空间。TRIPS 序言强调：涉及与贸易有关的知识产权执法的有效性与恰当的措施规定，并顾及各国法律制度的差异。由此可见，知识产权执法的灵活性应该得到充足的运用，这样既能遵守国际条约和国内法律，又能保证考虑到执法中的特殊情况，保证执法效率和效果。所以，过境货物的知识产权执法应当有一定的节制性，并不是针对所有知识产权客体，动用各种执法资源主动执法，而是制定规范的执法指南或守则，明确执法的基本原则，规定基本的操作规程，同时赋予执法主体一定的灵活性。

过境货物本身处在海关监管之下，海关的知识产权执法可以与货物的查验相结合，并不会对货主和贸易商造成额外的负担或成本，而且随着计算机和网络技术的使用和风险管理系统的成熟，过境货物的通关效率还会进一步加快。当然，具体制度设计中要考虑到不同的过境类型，例如对于过境货物、通运货物或转运货物可以设计有针对性的执法规则，便于高效通关。另外，根据过境货物是否在过境国有仓储和加工行为，还可以分为直接过境和间接过境。对于直接过境，可以设计一套规则，而对于间接过境又采用另一套独立规则；这样能兼顾过境自由的本质，即把过境国当作是一种过境运输通道。这时过境国实际上扮演着过境通道的作用，通道本身应该是中立和无害的，并且是保持畅通，以实现快速通过的重要作用，从而降低国际贸易的运输成本，最终惠及终端消费者。另外，还要考虑到间接过境货物可能对过境国安全、公共卫生、人员生命和财产安全等可能造成的影响，而采取针对性的措施；同时，还要履行 WTO 成员的基本义务，特别是《贸易便利化协定》的条约义务，作为过境国不得阻碍过境运输，包括不对过境货物施加不合理的限制或不合理地收取费用或产生不合理的延误。❶

第三节　严格自贸试验区知识产权
海关保护的措施建议

一、完善立法，明确海关执法授权

根据我国《专利法》《商标法》和《著作权法》等法律，知识产权保护的物理范围应包括自由贸易试验区在内的所有中国大陆关税领土，但我国《知识产权海关保护条例》没有明确是否对进出自由贸易试验区货物进行海关监管。根据国务院《中国（上海）自由贸易试验区总体方案》，推进贸易发展方式转变和提升国际航运服务能级的具体措施包括：积极发挥外高桥港、洋山深水港、浦东空港国际枢纽港的联动作用，推动中转集拼业务发展，支持浦东机场增加国际中转货运航班等。由此可见，不进入境内贸易和销售渠道、只在自贸试验区过境中转货物将大量增长，而中国过境货物的知识产权执法问题存在监管盲区。目前，自贸试验区相关法规尚未涉及是否对经由自贸试验区中转的国际过境货物进行知识产权执法。

本书第三章对美国对外贸易区、欧盟自由区知识产权保护的分析，有

---

❶ 邓丽娟. GATT 过境自由争端第一案评析——评哥伦比亚入境口岸限制措施案［J］. 国际经贸探索, 2009 (11)：80－84.

助于我国对自由贸易试验区知识产权执法的立场选择。美欧自由贸易区相关知识产权执法对象与其国内执法并无不同，即使是通过自由贸易区过境中转的货物也不能得到执法豁免。根据我国《海关法》规定，知识产权海关保护对象包括过境、转运和通运货物，却没有与之配套的具体规定，也没有明确提及是否涉及自由贸易试验区或综合保税区等海关特殊监管区。中国《海关法》第 44 条第 1 款虽然规定，"海关依法对进出境货物有关的知识产权实施保护"，但第 2 款中没有提及"进出境货物"或"海关特殊监管区（自由贸易区）货物"。此外，《中华人民共和国海关对保税物流园区的管理办法》❶《中华人民共和国海关保税港区管理暂行办法》❷《中华人民共和国海关珠澳跨境工业区珠海园区管理办法》❸《中华人民共和国海关对出口加工区监管的暂行办法》❹ 和《保税区海关监管办法》❺ 等都未对海关特殊监管区相关知识产权保护问题作出明确回应。

自由贸易试验区是促进贸易自由和便利化的创新举措。然而，贸易便利与自由是相对的，是在不影响国家贸易安全和重大贸易利益之下的有限自由，贸易便利和贸易安全之间必然要取得平衡，而不能有所偏颇。此外，国际条约赋予了过境国为了确保本国的安全（贸易安全）而采取自由贸易区知识产权执法的权力，这种执法检查是有限的基于保护本国公共秩序、生命及财产安全而采取的必要检查，执法检查制度本身应当是公平合理的，并且力求对合法的国际贸易的负面影响减少到最小。

中国对自由贸易试验区货物的知识产权监管，可以借鉴美国立法和实践，以规范中国对自由贸易试验区的海关执法实践和法院司法适用。根据

---

❶ 《中华人民共和国海关对保税物流园区的管理办法》（2005 年 11 月 28 日，海关总署令第 134 号发布），根据 2010 年 3 月 15 日海关总署令第 190 号公布的《海关总署关于修改〈中华人民共和国海关对保税物流园区的管理办法〉的决定》修正。

❷ 《中华人民共和国海关保税港区管理暂行办法》（海关总署第 164 号令）2007 年 9 月 3 日对外公布，2007 年 10 月 3 日正式施行。

❸ 《中华人民共和国海关珠澳跨境工业区珠海园区管理办法》（海关总署令第 160 号）于 2007 年 2 月 14 日经署务会议审议通过，自 2007 年 4 月 8 日起施行。

❹ 《中华人民共和国海关对出口加工区监管的暂行办法》（海关总署第 81 号令）2000 年 5 月 24 日公布，后根据 2003 年 9 月 2 日《国务院关于修改〈中华人民共和国海关对出口加工区监管的暂行办法〉的决定》修订。

❺ 《保税区海关监管办法》于 1997 年 6 月 10 日经国务院批准，于 1997 年 8 月 1 日由海关总署发布。

《中共中央关于全面推进依法治国若干重大问题的决定》，我国要实现立法和改革决策相衔接，做到重大改革于法有据、立法主动适应改革和经济社会发展需要；实践证明行之有效的，要及时上升为法律。我国需要一部"自由贸易试验区法"，对自由贸易试验区的设立、运行和退出作出规定，对自贸试验区市场监管和知识产权保护问题明确监管体制和实施机制。

中国《知识产权海关保护条例》自 1995 年 10 月 1 日实施以来，历经 2003 年和 2010 年的两次修订，各项规则已经日趋成熟和完善。海关通过执行《海关法》《知识产权海关保护条例》《中华人民共和国海关关于〈中华人民共和国知识产权海关保护条例〉的实施办法》等法律规范，有效地维护了我国公平竞争的对外贸易秩序和国内外知识产权权利人的合法利益。❶

根据《对外贸易法》和《海关法》，海关执法对象是"进出境货物"，海关依法对与进出境货物有关的知识产权实施保护。所以，我国知识产权海关保护的对象不是进出口货物，而应是进出境货物，包括过境货物、转运货物和通运货物，以及海关特殊监管区和自由贸易试验区中的货物。但我国《知识产权海关保护条例》规定：知识产权海关保护是指海关对与"进出口货物"有关并受我国保护的商标权、著作权和与著作权有关的权利、专利权实施的保护，其调整范围明显不符合《对外贸易法》和《海关法》等上位法的规定。因此，为加强知识产权海关保护，应当修改《知识产权海关保护条例》，依据中国知识产权法律可以认定该货物涉嫌假冒商标或者侵犯著作权的，海关可以对过境货物和自由贸易试验区货物等采取知识产权执法措施。

在此基础上，充分授权海关对各种海关状态中的货物进行知识产权检查与执法，明确贸易便利化和免征关税不等于知识产权执法的豁免。同时，在《中华人民共和国海关企业信用管理暂行办法》❷ 的基础上，探索企业守法自律、海关高效管理、保障进出口贸易的安全与便利的新举措。这种法制完善并不是简单地借鉴欧盟或美国实践、为迎合外国标准而修

---

❶ 朱秋沅. 知识产权边境保护制度理论与实务 [M]. 上海：上海财经大学出版社，2006：90.

❷ 《中华人民共和国海关企业信用管理暂行办法》（海关总署令 225 号）于 2014 年 10 月 8 日对外公布，自 2014 年 12 月 1 日起正式施行。该办法是在《中华人民共和国海关企业分类管理办法》（海关总署令第 197 号）基础上重新制定。

法，而是考虑到现有自由贸易试验区知识产权海关保护制度中存在的问题，在适当时机主动通过立法加以完善。

二、加强海关执法合作实施机制

在自由贸易试验区内构建完整、合理且层次清楚的知识产权海关保护制度，有利于弥补当前知识产权海关保护体制中的不足和漏洞，同时也会有效减少侵权货物过境中转的问题。无论是从贸易监管还是从知识产权边境保护的角度而言，海关执法对于自由贸易试验区知识产权保护起到了不可或缺的重要作用。广义而言，海关执法合作包括三个层次：一是国家（地区）间海关的执法合作；二是国内海关与其他执法部门的执法合作；三是海关与知识产权权利人的执法合作。目前，中国海关已经和澳大利亚、俄罗斯、南非、印度、日本等国签订海关互助与行政协定，这些协定对于我国自由贸易试验区相关的海关知识产权执法协助和能力建设将起到积极的推动作用。从国际层面来看，中国海关还应当继续加强国家和地区间的执法合作。因此，中国海关应当向国外同行学习，加强知识产权保护与执法能力建设，有效打击知识产权侵权行为，避免知识产权成为中国贸易的"短板"。

在自由贸易试验区的国内执法层面，除了海关保护，迫切需要加强境内加工生产环节的严格监管，确保进入流通和销售渠道的货物是合法的。这要依赖国内行政执法和司法保护水平的提升，例如，在广东、天津和福建自贸试验区总体方案中都提出：提高知识产权行政执法与海关保护的协调性和便捷性。因此，应当加强海关执法与国内知识产权行政执法的合作。在执法过程中，积极与工商、专利、版权、质检等部门加强配合，在商品的侵权认定、风险信息共享、执法交流、案件协作等方面开展互助合作。海关执法应与刑事司法加强衔接，严格按照公安部、海关总署《关于加强知识产权执法协作的暂行规定》，执行相关知识产权侵权案件的移交工作。在与权利人合作执法层面，海关应当拓宽与权利人的沟通渠道，强化执法合作、培训交流等方面的联系配合，帮助解决权利人维权中的困难和障碍，通过切实可行的制度规范在合法合理的范围内理顺维权机制，切实保护权利人的合法权益。

三、加强知识产权海关保护风险管理

风险管理在海关执法领域不是新名词。1992 年《欧共体海关法典》曾将"风险管理"界定为"对风险的系统识别，实施所有必要的措施来限制对风险的暴露，这包括根据国际、共同体和国家的来源和战略来收集数据和信息，分析和评估风险，规定并采取行动和常规监视，并评估这些流程和结果"。❶

《京都公约》中将"风险"定义为"违反海关法律法规的可能性"。风险管理在《京都公约》总附约指南中的定义为"系统地运用管理步骤和实践，从中获取必要的信息，以确物流和货物所含的风险"。❷ 海关实施风险管理就是用科学的方法找到风险所在，找到可能发生偷逃税款、可能发生逃避监管、可能产生腐败的薄弱环节，然后采取对策，堵塞漏洞，消除风险。

在自由贸易试验区知识产权保护领域，风险管理自然也是一个重要方面。如今，国际贸易中的绝大多数货物都是附有知识产权的货物，对货物的风险管理自然涉及知识产权执法。在国际贸易和知识产权条约中，ACTA 首次引入了风险管理的概念。ACTA 第 29 条明确提及边境执法的风险管理的目标是增强知识产权边境执法的有效性，具体的措施包括对风险的识别与处理和数据的收集与分享。为了提高对重大风险的识别，ACTA 成员方主管机关可以和有关利害关系人，以及其他缔约方负责知识产权执法的主管机关共同商议。这也和世界海关组织倡导的海关与商界的伙伴关系不谋而合。因此，自由贸易试验区知识产权保护机构要和私有部门加强合作，特别是相关的利害关系人，共同建立知识产权风险管理系统。

风险管理系统建设还包括不同成员方的执法部门间的国际合作。国际合作是多方面的，不仅包括风险的识别与处理，还包括彼此分享信息，包括为了检查涉嫌侵权货物而更好地进行识别与锁定的有关信息等。如果缔

---

❶ EU. Council Regulation（EEC）No 2913/92 establishing the Community Customs Code，Art 4（26）.

❷《京都公约》总附约指南第六章"海关监管"。参见：世界海关组织编.《京都公约》总附约和专项附约指南［M］. 海关总署国际合作司编，译. 北京：中国海关出版社，2003：68.

约方扣押侵犯知识产权的进口货物，主管机关可向出口该货物的缔约方提供识别与被扣押货物出口有关的货物与当事人的必要信息，❶ 后者的主管机关可依据其国内法对这些当事人与将来的发运货物采取行动。进口方对出口方的信息通报实际是帮助出口方执法机关更好地进行风险识别和管理。对于出口方而言，进口方通报进口查扣的信息可能造成相关企业在出口方的违法记录，甚至不排除追加行政处罚，更重要的是，出口方会对该企业以后的出口行为进行更加严厉的监管，以真正起到识别和定位风险的重要作用。在国际贸易中知识产权侵权行为的调查程序中，如果能在个案上做到相互通报，互通有无，并且相关成员方执法机关能认真对待对方的通报，那么这种国际执法合作必将对自贸试验区相关假冒贸易起到有效的遏制作用。

四、完善自贸试验区跨境电子商务知识产权海关保护

由于各国法律对知识产权的权利穷竭和平行进口问题态度不一，相关商品的国际或区域流通状况不同，再加上不同渠道商品价格差异较大，导致跨境电子商务采购的进口商品的境外来源较为复杂；有些进货渠道源于国外品牌制造商及其授权工厂，有些商品源于国外折扣店或国外买手，有些商品甚至可能是成色较好的二手商品。由于原材料在全球采购，产品在全球生产，相同品牌和型号商品在质量和工艺上存在不同，甚至不排除通过跨境电商平台购买到假冒、盗版等侵权商品。此外，跨境电商境内收货渠道的主体较为复杂，且多为个人消费，这些个人消费者并没有在海关登记和分类，难以对其进行风险管理。由于商品种类丰富，涉及的品牌众多，涉及的部分商标、著作权和专利并没有在海关进行知识产权备案。这些都给海关开展知识产权执法带来困难，海关对跨境电商进口商品知识产权监管的工作量、执法难度大大增加。

（一）进口物品与快件的海关监管

在 B2C（Business – to – Customer）或 C2C（Customer – to – Customer）跨境电子商务模式中，境内消费者通过境内外跨境电商平台采购时，境外

---

❶　参见 ACTA 第 29 条第 2 款。

货物进出海关特殊监管区都由快递企业集中申报"个人物品",从而满足海关对快件监管报关模式的要求。根据《中华人民共和国海关对进出境快件监管办法》❶,进出境快件分为文件类、个人物品类和货物类三类;文件类进出境快件是指法律、法规规定予以免税且无商业价值的文件、单证、票据及资料。个人物品类进出境快件是指海关法规规定自用、合理数量范围内的进出境的旅客分离运输行李物品、亲友间相互馈赠物品和其他个人物品。货物类进出境快件是指文件类和个人物品类以外的快件。

根据海关总署的规定,进出境快件通关应当在经海关批准的专门监管场所内进行,如因特殊情况需要在专门监管场所以外进行的,需事先征得所在地海关同意。此外,进出境快件通关应当在海关正常办公时间内进行,如需在海关正常办公时间以外进行的,需事先征得所在地海关同意。这些规范都确保海关部门有效地监管进出境快件。

随着跨境电子商务的发展,个人或小规模采购商在最终收货人中所占比例不断提高,从而使得交易主体越来越多,而且单笔交易商品数量越来越少。因此,实践中,产生以"快件物品"代替"进口货物"报关的强烈需求。❷ 此外,货物进口需要征收关税、增值税、消费税和销售税等,而个人物品只涉及行邮税,两者在税收上的差异也是导致快件形式个人物品报关量激增的主要原因。

(二) 进口物品与知识产权海关保护

根据海关总署的规定,海关发现个人携带或者邮寄进出境的物品,涉嫌侵犯《知识产权海关保护条例》规定的知识产权并超出自用、合理数量的,应当予以扣留,但旅客或者收寄件人向海关声明放弃并经海关同意的除外。海关对侵权物品进行调查,知识产权权利人应当予以协助。进出境旅客或者进出境邮件的收寄件人认为海关扣留的物品未侵犯有关知识产权或者属于自用的,可以向海关书面说明有关情况并提供相关证据。

因此,消费者通过跨境电商采购的境外商品通过快件渠道进入关境时,海关需要判断快件物品是否为"合理自用"。对于多数商品,这种判

---

❶ 《中华人民共和国海关对进出境快件监管办法》(2003 年 11 月 18 日,海关总署令第 104 号发布),2004 年 1 月 1 日起施行。

❷ 鄂立彬,刘智勇. 跨境电子商务阳光化通关问题研究 [J]. 国际贸易,2014 (9):32 - 34.

断一方面是确定是否征税的依据，另一方面也是知识产权执法的依据。由于"合理自用"范围内的执法豁免成为一种避风港规则，不法分子可能利用跨境电商等网络渠道兜售假冒、盗版产品，并通过邮寄和快件渠道，以"蚂蚁搬家"的方式进出口侵权产品。比起一次性大批量进出口假冒侵权货物，"蚂蚁搬家"的方式更为隐蔽，执法难度更大。

为了有效遏制国际邮递、快件渠道进出口假冒、盗版物品的势头，海关必须采取措施严格防范和打击跨境快件的知识产权侵权现象。第一，我国应当建立行邮渠道知识产权保护的风险管理机制，加大查缉力度。执法部门运用风险管理方法，通过对互联网、海关内部网络系统等渠道收集各类信息，利用大数据原理采集风险数据并加以分析，有针对性地对进出口邮政快件、高风险收寄点和寄达地区邮件、频繁收寄邮件的单位和个人等实施布控，提高海关查验的准确性，有效打击涉及侵权商品快件的进出境。第二，海关要加强对执法人员的业务培训。针对快件行邮渠道的跨境形式和商品特点，执法部门可以邀请知识产权权利人和专业人士讲解品牌商品的特征、真假商品鉴别技能等，不断提高执法水平和执法成效。第三，海关等执法部门加强与邮政企业、快递公司的联系和配合，开展业务交流，加强在收寄包裹环节的验核工作，以确保邮寄包裹信息的真实性，保证申报物品与真品实物相符。第四，我国要加强对快件企业和消费者的法制宣传，讲解知识产权海关保护有关法规，提高快递公司、邮局收寄点、收寄人员和社会公众的知识产权保护意识。

从完善立法的角度来看，对于关税征收而言，可以给予合理自用的进境物品一定的免税优惠，但对于知识产权执法而言，我国《知识产权海关保护条例》应该明确废除"合理自用"的避风港规则。从现有法律规定来看，海关有权并应当扣留超出自用、合理的数量并涉嫌侵犯知识产权的进境物品，但对于少于自用合理数量的进境物品该如处理，法律规范并未明确。此外，简单根据物品数量并不能真实地判断侵权物品的潜在影响，例如，一件假冒名牌箱包和普通品牌衣服的价格和价值有着较大差异。

（三）保税进口货物与知识产权海关保护

2013 年 8 月，国务院下发《国务院办公厅转发商务部等部门关于实施支持跨境电子商务零售出口有关政策的意见》，虽然政策并未提及跨境电商的进口问题，但必然惠及电子商务企业和跨境电商这种新型业态。国家《电子商务"十二五"发展规划》中强调需要促进跨境电子商务协同发展，并加强知识产权保护。目前，经由海关总署批准的跨境电商进口试点城市已有上海、广州、重庆、郑州、杭州、宁波、深圳等城市。2014年2月，为促进跨境贸易电子商务零售进出口业务发展，方便企业通关，规范海关管理，实现贸易统计，海关总署决定增列海关监管方式代码"9610"，全称"跨境贸易电子商务"，简称"电子商务"。❶增列的海关监管方式代码适用于境内个人或电子商务企业通过电子商务交易平台实现交易，并采用"清单核放、汇总申报"模式办理通关手续的电子商务零售进出口商品，但通过海关特殊监管区域或保税监管场所一线的电子商务零售进出口商品除外。

2014年3月，海关总署下发《关于跨境贸易电子商务服务试点网购保税进口模式有关问题的通知》，进一步对"保税进口"模式进行规范。在该模式下，进口电商可以提前批量采购以海运或空运的方式将商品运至保税区（保税仓库），等收到消费者订单后，商品直接从保税仓库经报关报检后发货给境内消费者。通过跨境电子商务保税进口模式，物流相比普通海淘转运的到货速度可提升一到两周，境内消费者的购物体验更加顺畅。

2014年8月1日，海关总署发布《关于跨境贸易电子商务进出境货物、物品有关监管事宜的公告》和《关于增列海关监管方式代码的公告》正式实施，海关总署增列海关监管方式代码"1210"，全称"保税跨境贸易电子商务"，简称"保税电商"，❷它适用于境内个人或电子商务企业在经海关认可的电子商务平台实现跨境交易，并通过海关特殊监管区域或保税监管场所进出的电子商务零售进出境商品，但是，海关特殊监管区域、保税监管场所与境内区外（场所外）之间通过电子商务平台交易的零售进出口商品不适用该监管方式。

为促进跨境贸易电子商务进出口业务发展，方便企业通关，规范海关管理，实施海关统计，2016年12月，海关总署决定增列海关监管方式代

---

❶ 海关总署. 海关总署公告2014年第12号（关于增列海关监管方式代码的公告）[EB/OL]. [2017-06-30]. http://www.customs.gov.cn/publish/portal0/tab49659/info693663.htm.

❷ 海关总署. 海关总署公告2014年第57号（关于增列海关监管方式代码的公告）[EB/OL]. [2017-06-30]. http://www.customs.gov.cn/publish/portal0/tab49659/info714795.htm.

码"1239"，全称"保税跨境贸易电子商务A"，简称"保税电商A"。❶ 适用于境内电子商务企业通过海关特殊监管区域或保税物流中心（B型）一线进境的跨境电子商务零售进口商品。但是天津、上海、杭州、宁波、福州、平潭、郑州、广州、深圳、重庆等10个城市开展跨境电子商务零售进口业务暂不适用"1239"监管方式。

传统的保税货物是指经海关批准未办理纳税手续进境，在境内储存、加工、装配后复运出境的货物。但跨境电商进口放置在自由贸易区或其他海关特殊监管区的货物，其目的是在消费者购买后进境，它并不是严格意义上的保税货物。对于知识产权执法而言，跨境电商保税进口的货物是一种"进境货物"，但应视为一般的进口货物而进行知识产权监管和执法。

根据《海关法》第6条的规定，海关可以行使权力检查进出境运输工具，查验进出境货物、物品；对违反本法或者其他有关法律、行政法规的，可以扣留。此外，《海关法》第44条规定：海关依照法律、行政法规的规定，对与进出境货物有关的知识产权实施保护。所以，从《海关法》的条文规定来看，知识产权海关保护的对象是进出境货物，而不是进出口货物，即包括海关监管的保税货物。《海关法》第100条进一步对"海关监管货物"这一概念作出明确界定，海关监管货物包括进出口货物，过境、转运、通运货物，特定减免税货物，以及暂时进出口货物、保税货物和其他尚未办结海关手续的进出境货物。

因此，我国海关的执法对象是包括进出境货物在内的海关监管货物，而《海关法》的条文中虽然规定海关知识产权保护的对象是"进出境货物"，而根据《知识产权海关保护条例》的规定，知识产权海关保护对象是"进出口货物"。所以，从法律的位阶来说，《知识产权海关保护条例》有违背上位法《海关法》和《对外贸易法》之嫌。因为《对外贸易法》第29条也规定：国家依照有关知识产权的法律、行政法规，保护与对外贸易有关的知识产权。《对外贸易法》没有区分"进出境货物"和"进出口货物"，广义上与对外贸易有关的货物、技术和服务都要受其调整和规范。

此外，传统的"保税货物"是从关税征收的角度来界定的，其最终目

---

❶ 海关总署. 海关总署公告2016年第75号（关于增列海关监管方式代码的公告）［EB/OL］.［2017 - 06 - 30］. http：//www. customs. gov. cn/publish/portal0/tab49661/info831567. htm.

的地是境外。所以，它与过境国的关系本质上仍是过境中转，并不会实际进入过境国市场进行流通。虽然，跨境电商模式中的保税进口货物处于关境之外的自由贸易试验区、综合保税区或保税仓库，但它并不是知识产权执法的豁免对象。❶ 如果"其他尚未办结海关手续的进境货物"最终复运出境，那么它是广义的"过境货物"；但跨境电商模式中的保税进口货物是必然进入中国境内消费者手中的货物。所以，中国海关对其进行知识产权执法在国内层面没有任何法律障碍。而且，这种实践也能得到国际通行经贸规则的支持。根据 ACTA 第 16 条，成员方可以选择的执法对象除了过境货物，还包括"海关监管"之下的其他货物。尽管"海关监管"（customs control）一词本身在 ACTA 中并没有被清楚界定，❷ 但根据《京都公约》，海关监管是指海关为保证海关法得到遵守所采取的措施。❸ 所以，海关依照法律、行政法规的规定，有权且应当对跨境电商模式中的保税进口货物实施知识产权保护。

综上，根据中国《海关法》，海关监管货物包括过境、转运和通运货物，还包括进出口货物、特定减免税货物，以及暂时进出口货物等货物种类。从海关监管的角度来看，我国《海关法》确立的监管规则可以并应当适用于跨境电商模式中的保税进口货物。

第四节　知识产权海关保护担保制度的便利化构造

目前，我国知识产权海关担保制度存在担保形式单一、担保金额等诸多问题。知识产权担保应当具有防止滥用、赔偿权利人损失和海关赔偿风险的作用。从保护知识产权的角度来看，担保金额设置较高可能阻碍权利人寻求救济；设置过低则容易启动程序，遭到权利人滥用。制度完善应当秉持其海关担保的目的，动态调整以适应贸易便利化的需要，同时契合不

---

❶ 参见《海关法》第 32 条。

❷ 根据 2010 年 4 月、7 月和 8 月的 ACTA 谈判文本，当时使用的是"海关监管"（customs supervision）的其他货物；直到 2010 年 10 月的谈判文本才改成"海关监管"（customs control）的表述。

❸ 参见 Kyoto Convention General Annex Chapter 2 Definitions，For the purpose of the Annexes to this Convention "Customs control" means measures applied by the Customs to ensure compliance with Customs law.

同权利人的需求，提高知识产权海关担保的实效性。从促进知识产权保护角度来看，总担保制度应适用于所有海关保护客体，应当允许企业自身提供信用担保和知识产权质押担保，并根据个案动态调整担保金额。从促进通关便利角度来看，完善反担保放行制度，将商标和著作权相关反担保放行申请交由法院裁决。

一、提出问题：海关担保便利化构造的必要性

知识产权海关保护是履行 TRIPS 边境措施条约义务，[1] 维护公平竞争贸易环境的重要举措。在知识产权国际条约中，知识产权海关保护已经与民事执法、刑事执法和网络执法等并列，成为知识产权执法规则的重要组成部分，甚至在条文篇幅上独树一帜。[2] 自 1995 年制定的《知识产权海关保护条例》开始实施，中国知识产权海关保护制度经过 20 多年的发展，取得了显著成绩。在经历一次主动修订和一次被动修改之后，[3]我国知识产权海关保护规则体系已经完全符合 TRIPS 的条约义务，在保护环节、保护客体和保护模式上都超越 TRIPS 的最低标准。虽然我国知识产权保护体系和效果的整体形象不佳，但海关保护却是风生水起，得到国际社会的肯定。根据海关总署公布的历年数据，中国海关在阻击侵权货物出口上成绩突出，但出口货物侵权案件仍然频发；[4] 表示执法成绩的数据同时预示着海关保护面临许多压力，特别是贸易便利化的要求越来越高，知识产权海关担保制度的优化也是势在必行。实践中，我国知识产权海关担保制度较好地发挥了作用，对于打击知识产权侵权货物进出口起到了重要保障作用。但随着贸易便利化的要求不断提高，知识产权海关担保制度在担保金

---

[1]　参见 TRIPS 第 51 条至第 60 条。

[2]　例如，ACTA 中边境措施共有 10 个条文，民事程序 6 条，刑事程序 4 条，网络执法程序 1 条。

[3]　"主动修订"是指 2003 年制定并自 2004 年 3 月 1 日起施行的《中华人民共和国知识产权海关保护条例》。1995 年 7 月 5 日国务院发布的《中华人民共和国知识产权海关保护条例》同时废止。"被动修改"是指为了履行 WTO 中美知识产权争端案的裁决，2010 年修订了《知识产权海关保护条例》，《国务院关于修改〈中华人民共和国知识产权海关保护条例〉的决定》于 2010 年 3 月 17 日国务院第 103 次常务会议通过，自 2010 年 4 月 1 日起施行。

[4]　海关总署. 中国海关知识产权保护状况 [EB/OL]. [2017 – 06 – 30]. http：//www. customs. gov. cn/Default. aspx？Tabid = 2559.

额、担保方式和担保适用等诸多方面存在阻碍权利人维权、抬高国际贸易成本、妨害贸易便利化的因素。

我国知识产权海关保护存在两种模式，即依申请保护模式和依职权保护模式。在依申请保护模式中，知识产权权利人请求海关扣留侵权嫌疑货物时，应当向海关提供不超过货物等值的担保，用于赔偿可能因申请不当给收货人、发货人造成的损失，以及支付货物由海关扣留后的仓储、保管和处置等费用。在依据职权保护模式中，海关发现进出口货物有侵犯备案知识产权嫌疑的，应当立即书面通知知识产权权利人；权利人自通知送达之日起 3 个工作日内提出保护申请，并依照规定提供担保，海关扣留侵权嫌疑货物。所以，权利人在每件案件中申请担保并提供保证金是海关扣押或中止放行知识产权侵权嫌疑货物的前提条件。虽然，海关已经提供总担保制度，但却只适用于商标保护。此外，知识产权海关保护的制度设计中并没有免担保申请扣押嫌疑货物的制度设计。

知识产权海关保护中的担保分为两种：一种是权利人提出的申请扣押涉案货物的担保；另一种是收发货人提出的申请放行涉案货物的担保，常称之为"反担保"。目前，我国对于嫌疑侵犯专利的货物，法律规定允许收发货人提供等值的反担保请求放行嫌疑货物。但在实践中，基层海关已将反担保放行制度适用于嫌疑侵权商标的假冒货物，❶这种行为是大胆实践还是违法冒进？根据风险管理原则，针对不同主体灵活适用担保形式和设定担保额度，限制反担保放行等制度构想，以期完善现行知识产权海关担保制度，促进贸易便利化。

二、制度再造的法理基础：对知识产权海关担保性质的再认识

《海关事务担保条例》对立法目的、适用范围和实施原则有清楚的界定，但却对海关事务担保的性质和目的没有定义，不知是有意回避，还是难以达成妥协才加以舍去。尽管《海关事务担保条例》将知识产权海关担保视为海关事务担保的一种，但从性质上说，知识产权海关担保与普通海关事务担保存在较大差异。

---

❶ 参见浙江省义乌市人民法院（2012）金义知初字第 13 号判决书。

（一）海关事务担保：用担保换取通关便利

首先，虽然海关事务担保借用民法中"担保"的概念，但却与民事担保存在本质区别。民事担保多发生在借贷、买卖、货物运输、加工承揽等经济活动中，为平等主体所创设的一种民事法律关系，属于《民法总则》《民法通则》《担保法》《合同法》等实体法调整的范畴，且属私权范畴。我国《担保法》规定的担保方式为保证、抵押、质押、留置和定金；债权人需要以担保方式保障其债权实现的，可以依照《担保法》规定设定担保；其根本目的是促进资金融通和商品流通，保障债权的实现。担保法律关系的基础是主合同当事人之间的主债权与主债务关系，这是分析和界定海关事务担保性质的逻辑起点。虽然海关是依法管理的行政主体，但在征税法律关系中，海关代表政府行使债权人的权利和义务，且具有强制执行的法律后果。所以，海关对行政相对人征收的关税构成一种"海关债"。无论是海关债，还是普通债，不同的债权债务关系是相通的，债权人与债务人地位的不同、债的原因不同、债的实现方式不同，并不影响债务人履行债务、债权人主张债权的基本法律关系。因此，将当事人负有义务的海关事务作为当事人所负的海关债来加以处理是有理论依据的。❶

其次，海关事务担保是指与海关管理有关的当事人在向海关申请从事特定的经营业务或者办理特定的海关手续时，由其本人或海关认可的第三人以向海关提交现金、实物或者保证函等方式，保证在一定期限内履行其承诺的义务的法律行为。根据《海关事务担保条例》，海关事务担保分为选择性担保与强制性担保。选择性担保是指，在特定情形下，当事人可以选择在办结海关手续前向海关申请提供担保，要求提前放行货物；❷ 强制性担保是当事人申请办理特定海关业务的，必须按照海关规定提供担保，如货物、物品暂时进出境的或货物进境修理和出境加工。❸ 在选择性担保程序中，海关管理的行政相对人通过提交担保换取通关便利，降低交易成本；在强制性担保程序中，行政相对人为了满足货物清关不得不需要提交

---

❶ 石少侠，车震震. 论海关事务担保法律性质的认定及其意义［J］. 当代法学，2013（1）：105 - 111.

❷ 参见《海关事务担保条例》第 4 条。

❸ 参见《海关事务担保条例》第 5 条。

担保。无论是选择性担保还是强制性担保，担保手续的简便与否决定着通关效率的高低。

最后，在国际层面，WCO《京都公约》和 WTO《贸易便利化协定》等海关（贸易）类国际条约都对海关担保作出规定，例如《贸易便利化协定》对担保金额的上限、担保的及时解除、总担保的运用等都有明确指引。❶ 国际协调的目的在于迫使相关条约成员方在其国内法中对海关担保有所约束，避免国内法滥用海关担保制度影响贸易的自由化和便利化。

（二）知识产权海关担保：保护权利与防止滥用并重

如上文所述，海关事务担保是一种非典型的担保关系，它并非以民事法律关系为基础而产生的，既存在征税等海关债的情形，也存在行政管理中为保护不同行政相对人利益而设定的担保，知识产权海关保护中的担保扣押与反担保放行都属于此种类型。侵犯知识产权的行为不仅是民事侵权行为，同时也是违反《海关法》和《知识产权海关保护条例》的违法行为，受到海关行政处罚，缴纳罚金。尽管可以将这种罚金视为广义的海关债，但放行担保主要目的并不是保障海关债权的实现。

知识产权海关担保与普通给付关税的海关事务担保不同，前者主要是担保错误扣货或放行给相对人造成的损失。在这点上，知识产权海关担保同诉讼保全担保类似，其目的在于保障被申请人利益不致因申请人的错误申请而遭受损害。不同点在于二者所指向的对象不同，诉讼保全担保的对象是法院，其并非依据合同关系产生，而是基于诉讼关系产生，也将随着诉讼的结束、申请人对担保申请的撤回、当事人双方对争议达成一致而消灭。知识产权海关保护担保的对象是海关，基于进出口货物的知识产权争议而产生，随着海关认定或法院判决的执行而终止。诉讼保全担保的生效需经法院审查，如果法院认为符合条件则担保可以生效，无须其他机关的介入；当事人对担保裁定不服可以提起上诉。知识产权海关保护担保由于多为现金或保函形式，由海关自主认定是否符合担保条件；当事人对海关担保认定结果不服，则可以请求行政复议或司法审查。

此外，知识产权海关担保是海关扣留侵权嫌疑货物，进行侵权认定的

---

❶ 参见 WTO《贸易便利化协定》第 7 条。

前提条件。知识产权海关担保防止权利人滥用海关保护程序,合理制衡维权程序。在实践中,权利人以侵权为由启动知识产权海关保护程序,其主要意图可能并不在于处理侵权纠纷,而在于通过海关扣留程序,造成竞争对手迟延履行合同、对第三方违约、信誉下降,最终实现客户订单向自己转移。权利人利用知识产权海关保护对进出口实行控制或干扰,控制相关产品进入国际或国内市场。在这种背景下,如果不要求权利人提供担保即可扣留涉嫌侵权的货物,则会助长权利人提起海关保护程序的动机和实践,从而对收发货人的合法贸易和整个国际贸易进出口秩序造成严重干扰。

我国《知识产权海关保护条例》的立法目的表述为:"为了实施知识产权海关保护,促进对外经济贸易和科技文化交往,维护公共利益,根据《中华人民共和国海关法》,制定本条例。"虽然我国知识产权海关保护制度直接受益人是知识产权的权利人,但其根本目的是维护公共利益。因此,整个知识产权海关保护制度体系设计,除了保护权利人利益之外,也需要关于社会公共利益保障措施的规定。海关保护担保制度是落实和执行维护公共利益的具体表现。

相比较而言,TRIPS 对海关担保放行的定位更加明确和具体,海关当局有权要求申请人提供足以保护被告和主管当局并防止滥用的担保或同等保证,这些担保或同等保证不应不合理地妨碍诉诸这些程序。[1] 保护被告是为了防止错误申请和扣押对嫌疑人造成经济损失;保护海关当局是防止海关可能在行政复议或司法审查中被认定为违法而面临的行政赔偿,防止滥用则是有效抑制权利人滥用知识产权的有效措施。从维护公共利益的角度来看,三个目的是有机统一的,兼顾知识产权权利人和第三人利益,同时维护有序的竞争环境,符合利益平衡理论。

综上,知识产权海关保护担保是海关事务担保的一种类型,它是以实现海关管理任务为目的的新型担保关系。普通的海关事务担保以通关便利作为担保制度的首要价值目标,而知识产权海关保护担保则以权利平等保护为首要原则。海关担保的目的是保护知识产权,防止权利人滥用海关保护制度,保障进出口贸易安全。

---

❶ 参见 TRIPS 第 53 条。

三、促进知识产权保护的海关担保制度完善

(一) 总担保制度的完善

海关担保作为一种制度设计较好地平衡权利人和收发货人的利益，但任何制度和程序应当公平和公正，不应不必要的烦琐和费用昂贵。对于经常维权的权利人，每件个案中都提出担保扣押嫌疑货物，大大增加了权利人维权的经济成本和时间成本。所以，我国《知识产权海关保护条例》针对商标权利人设定总担保制度，即在海关总署备案的商标专用权的权利人，经海关总署核准可以向海关总署提交银行或者非银行金融机构出具的保函，为其向海关申请商标专用权海关保护措施提供总担保。总担保的担保金额应当相当于知识产权权利人上一年度向海关申请扣留侵权嫌疑货物后发生的仓储、保管和处置等费用之和，但担保金额不低于人民币 20 万元。❶ 商标权人申请知识产权海关保护总担保，权利人向海关一次性提供担保后，在一定时间内向海关多次申请扣留侵权嫌疑货物，不再需要逐批提供担保的制度，这大大减轻了知识产权权利人向海关寻求保护的经济负担和时间成本。

此外，总担保制度是非强制性的，商标权利人根据维权需要自愿选择。实践中，是否向海关提供总担保都不影响向海关寻求保护，权利人完全可以根据自己的维权情况决定是否向海关提供总担保。海关设立总担保制度的出发点是为了向被侵权案件较多的权利人提供更大的便利，那些在海关案件较少的权利人则没有必要使用总担保制度，否则反而加重自身负担。❷

目前，总担保制度只适用于保护商标客体，尽管实践中海关保护中商标争议占比很高，显示出总担保制度有其必要性和合理性。但在实践中，少数主体的专利权（特别是外观设计专利）或著作权经常遭到侵权，因此，应当允许这些权利人积极申请总担保，充分利用总担保制度的便利性。作为自愿选择的措施，权利人会从理性的角度加以权衡，法律规则层

---

❶ 参见《中华人民共和国海关关于〈中华人民共和国知识产权海关保护条例〉的实施办法》第 24 条。

❷ 李群英. 知识产权海关总担保 [J]. 中国海关, 2006 (7): 53.

面没有必要对保护客体设定门槛。所以，总担保制度应适用于《知识产权海关保护条例》涵盖的专利、商标和著作权等知识产权客体。

对于总担保的担保形式，除了银行或非银行金融机构出具保函等方式之外，应当允许有实力的企业，以担保承诺的方式出具承诺书，以企业自身信用加以担保。虽然通过银行或非银行金融机构的第三方担保在客观上解决了企业自身担保资金的流通问题，但仍然需要向银行和非银行金融机构支付担保费用。企业自身信用担保的具体要求则是企业财务状况良好，能够充分承付其担保项下的相应债责；提供材料可以包括法定代表人签名并加盖企业法人公章的连带保证担保书、企业法人营业执照副本复印件、法定代表人身份证明书、最近6个月的资产负债表、损益表以及由其基本账户开户银行或者审计机构出具的资信证明等相关文件材料，以供海关审查决定。❶

（二）担保形式的多样性

在知识产权海关保护担保中，尽管担保财产不限于现金资产，但在实践中，海关往往优先选择资金财产担保，因为不用顾虑担保财产本身的灭失和变动，没有查封和司法限制等问题，不需要其他执法主体的配合和参与，执法主动性较高。但如果一味坚持高额资金担保，权利人可能因为流动资金受限无法支付高额的担保金，而不得不放弃扣留嫌疑货物的保护申请，特别是对财力有限的自然人和中小企业等权利主体；如此，就会有悖于知识产权海关担保制度设计的初衷。相较于1995年《知识产权海关保护条例》，2004年《知识产权海关保护条例》对于担保形式的提法已经从"担保金"改成"担保"。❷ 另外，TRIPS和ACTA都承认担保形式的多元化，允许使用担保（security）或同等保证（equivalent assurance）;❸《贸易便利化协定》允许使用担保（surety）、保证金（deposit）或其他适当的担保工具（appropriate instrument），❹ 但担保形式不应不合理地妨碍诉诸这些

❶ 参见上海市高级人民法院的《上海市高级人民法院关于财产保全工作的规定》（沪高法（审）〔2014〕3号）第31条。

❷ 参见1995年《知识产权海关保护条例》第14条和2004年《知识产权海关保护条例》第14条。

❸ 参见TRIPS第50条第3款和第53条，ACTA第18条。

❹ 参见WTO《贸易便利化协定》第7条第3款。

程序实施。

此外，海关应当允许知识产权权利人将涉案的知识产权进行质押担保。权利人利用知识产权资产进行海关担保是减少筹措资金的经济活动，也是盘活知识产权的经济价值，实现知识产权价值变现的重要形式。如果知识产权质押担保得以在海关保护中得以推广应用，那么可以大大减少权利人的维权支出。此外，由于错误扣押的概率较低，权利人因错误扣押申请而赔偿收发货人损失的情况并不多见，即使需要权利人赔偿损失，权利人可以通过支付现金等方式加以偿还，而不用顾虑涉案知识产权被强制拍卖或转让等极端情况出现。

综上，完善银行或者非银行金融机构出具保函，引入企业信用担保、知识产权质押融资担保等担保方式是丰富知识产权海关保护担保形式的重要创新。

（三）调整担保金额

对于担保金额的数额，根据保护模式有不同要求。在依申请保护模式中，采用"全额担保"，即知识产权权利人请求海关扣留侵权嫌疑货物，应当在海关规定的期限内向海关提供相当于货物价值的担保。在依职权保护模式中，采用"比例担保"，请求海关扣留侵权嫌疑货物的，货物价值不足人民币2万元的，提供相当于货物价值的担保；货物价值为人民币2万元至20万元的，提供相当于货物价值50%的担保，但担保金额不得少于人民币2万元；货物价值超过人民币20万元的，提供人民币10万元的担保。

由此可以看出，在依职权保护模式下，权利人支出的担保金额较少。然而，权利人要实现海关依职权保护，必须在海关总署备案其知识产权。虽然增加了备案成本，但较于担保金的支出，权利人仍然倾向于选择备案知识产权，积极利用依职权主动保护模式。实践也证明，依申请保护模式形同虚设，从近5年统计数据看，我国海关所查处的知识产权侵权案件大约95%以上都是海关依职权主动保护的。❶ 因此，如果增加依申请保护模式的适用，调整差别的担保金额要求则势在必行，否则，权利人出于经济

---

❶ 王莲峰. 海关应慎重认定涉外定牌加工货物的商标侵权——基于对近年《中国海关知识产权保护状况》的分析 [J]. 知识产权，2015（1）：31–36.

理性的考虑必然会选择依职权保护模式。

依据 1995 年《知识产权海关保护条例》，如果申请人请求海关扣留侵权嫌疑货物，应当向海关提交与进口货物到岸价格或者出口货物离岸价格等值的担保金。这种要求没有对保护模式作出区分，也没有因不同知识产权客体类型而有任何差别。相较于 1995 年《知识产权海关保护条例》和 2004 年《知识产权海关保护条例》对担保金额的规定，可以明显看出海关担保减轻权利人（申请人）担保负担成本的趋势。但在 2004 年《知识产权海关保护条例》中只有"货物价值"或"货物等值"的表述，没有"进口货物到岸价格或者出口货物离岸价格等值"的表述清楚。因此，无论是依申请保护中的等值担保还是依职权保护模式中货物价值等比例担保，都首先需要确定的涉案货物的价值。如果海关对于当事人申报的价值不予认可，海关则会根据内部的价格审核系统，对相同或类似的货物进行价格比对，确定市场价格。因此，出于规避关税等考虑，实践中的货值低报现象不时发生，从权利人维权的角度来看，支出的担保金也相应减少。然而，即便如此，但进出口货物案值较高时，担保金对于中小企业和自然人等权利主体而言仍然是一笔不小的经济负担。因此，未来的担保金额设定应当根据不同情况，调整权利人向海关提交担保的数额，改变目前根据货值一刀切的做法，分别针对不同类型的知识产权和不同信用企业主体制定不同的担保数额标准。然而，较小比例的担保可能会导致权利人滥用海关保护程序，恶意干扰竞争对手等问题，海关应科学合理地设计担保金额标准和比例要求，既能让权利人得以及时启动海关保护程序，同时不至于滥用程序。

此外，担保金额的设定难以明确考虑因申请人错误申请给被申请人所造成的损失的真实范围。例如，ACTA 规定担保金应以在主管机关决定被中止放行或被扣押货物并不侵权时使被申请人免于任何损害为条件。● 因申请人错误申请给被申请人造成的损失范围包括直接损失，如被扣押货物财产出现短缺或因疏于管理造成变质等损失，申请人对此部分损失应承担担保责任。对于被保全货物在扣押期间价格下跌所造成的价差损失以及对合同相对方所负的违约责任损失，申请人应承担担保责任，否则海关担保

● 参见 ACTA 第 18 条。

制度的作用无从体现，也易造成申请人不计后果而轻易申请扣押担保，从而影响正常的国际贸易秩序。难点在于，对于间接损失应否包括在内，例如因货物被保全而错失商业机会所造成的损失。因为实践中因货物中止放行而错失商业机会所造成的可得利益损失较大，特别是对送货时间有明确要求的季节性商品。

另外，在依职权保护模式中，向海关提交的担保金额与司法诉讼保全的担保金额之间差距巨大。权利人一旦申请法院对侵权嫌疑货物进行财产保全，依据《民事诉讼法》第 100 条的相关规定，法院作出裁定时通常要求申请人提供与侵权嫌疑货物等值的担保；那么，在诉讼标的额较高的案件中，司法保全的担保金额往往会远远超过海关依职权保护模式下要求的不超过 10 万元的担保。

最后，从防止海关在保护这种程序性权利被滥用的角度，虽有必要设定一定的担保金额，但海关不应从担保金中扣除支付仓储、保管和处置等费用，除非因申请人错误扣押而造成的损失。然而，根据《知识产权海关保护条例》，海关协助人民法院扣押侵权嫌疑货物或者放行被扣留货物的，由知识产权权利人而非侵权嫌疑人支付货物在海关扣留期间的仓储、保管和处置等费用。所以，当海关没收侵权货物时，知识产权权利人应当按照货物在海关扣留后的实际存储时间支付仓储、保管和处置等费用。如果知识产权权利人未按照规定支付有关费用的，海关可以从知识产权权利人提交的担保金中扣除有关费用或者要求担保人履行担保义务。因此，这种担保并非是担保海关债的履行，而是支付行政执法的成本。然而，这种费用理应由违法者支付，而法律确规定由权利人承担。虽然，权利人可以通过司法途径向侵权行为人追偿，但无疑增加了权利人的维权成本。因此，《知识产权海关保护条例》应当加以修改，涉案货物的仓储、保管和处置等费用不能从担保金中扣除，而应当与罚金合并一起向侵权人收取。

四、促进通关便利的海关担保制度完善

（一）现行反担保放行制度的实践

根据 2004 年《知识产权海关保护条例》，涉嫌侵犯专利权货物的收货人或者发货人认为其进出口货物未侵犯专利权的，可以在向海关提供货物

等值的担保金后，请求海关放行其货物。因此，我国知识产权海关保护反担保放行仅适用于涉及专利权的进出口货物；且担保形式唯一只能是"等值的担保金"。而在修订前，1995 年《知识产权海关保护条例》则适用于所有知识产权客体，且担保形式为相当于进口货物到岸价格或者出口货物离岸价格两倍的担保金。

在依申请保护模式中，海关自扣留侵犯专利权嫌疑货物之日起 20 个工作日内，收到人民法院协助扣押有关货物书面通知的，应当予以协助；未收到人民法院协助扣押通知或者知识产权权利人要求海关放行有关货物的，海关应当放行涉案货物。这条规定可以理解为，海关在收到收（发）货人提出的书面申请和提供与货物等值的担保金之后，有义务放行涉案专利货物。因此，在依申请保护模式中，权利人应当积极通过司法途径进行诉前（讼）保全扣留涉案嫌疑货物；如果在 20 个工作日后，没有收到协助扣押通知，海关则可以根据收发货人的担保后放行涉案专利货物。

在依职权保护模式中，海关依法对扣留的侵权嫌疑货物进行调查，海关不能认定货物是否侵犯有关专利权的，收发货人向海关提供相当于货物价值的担保后，可以请求海关放行货物。海关同意放行货物的，按照相关规定办理。但是，如果海关认定侵权成立，能否适用反担保放行，法律则没有明确规定。因此，在依职权保护模式下，是否同意反担保放行是海关裁量权范围内的事项；海关在收到担保金后也可拒绝放行请求或直接拒绝反担保放行请求。

实践中，义乌海关已经对涉嫌侵权商标的货物进行反担保放行。[1] 这种实践是否违反《知识产权海关保护条例》？从行政执法的角度来看，法无授权不可为，《海关法》和《知识产权海关保护条例》没有授权或禁止海关反担保放行假冒和盗版货物。从公民权利保护角度来看，法不禁止即可为，收发货人有权利提出反担保放行申请。然而，海关收到反担保放行是否是一种合法的自由裁量权，还是法外行权？如果反担保放行后，嫌疑货物被认定为侵权货物，权利人如何得到充分有效的救济？下文将作出回答。

---

[1]　参见浙江省义乌市人民法院（2012）金义知初字第 13 号判决书。

（二）反担保放行的适用客体

根据 2004 年《知识产权海关保护条例》，反担保放行为何只适用于专利货物，而不涉及商标或著作权，特别是与国际贸易密切相关的商标客体？在 1995 年《知识产权海关保护条例》中，收发货人认为自己并未侵犯相关知识产权的，海关可在收取货值两倍的担保金后放行货物。由此可以看出，现行反担保放行制度的适用在知识产权客体上进行了严格的限制。

从理论上说，尽管海关收取了与货物等值或双倍价值的担保金，反担保放行具有较大的法律风险，不排除事后涉案货物被司法机关认定为侵权货物。从法律责任的角度来看，赔偿损失只是其中一种责任形式，权利人在赔偿损失之前，往往会追求停止侵权，防止损失扩大。但是，一旦侵权货物已经进入国际或国内市场，侵权货物会带来潜在的难以预估的市场影响。尽管权利人的直接损失得以从反担保放行的担保金中获得一定的补偿，并不能保证获得全额补偿或惩罚性赔偿。因此，反担保放行这种制度设计意在追求自由贸易和贸易便利的目标，在权利保护方面有所保留。这种制度可以视为对海关追求权利保护和贸易安全价值目标的一种再平衡。

反担保放行只适用于专利保护，可能源于专利本身的技术性和复杂性，海关有限的执法资源难以全面客观认定专利侵权与否。在制度设计上，考虑到进出口贸易中收发货人对贸易便利和成本的考虑，通过反担保放行平衡权利人和货主之间的利益。

在中国语境下，海关执法中涉及专利侵权的案件较少，货值占比不大，对国际贸易进出口秩序的影响有限。因此，即便是制度设计和实施过程中，存在不利后果，其影响面也是十分有限。但如果对商标和著作权客体全面放开反担保放行，执行中出现滥用或异化，则可能产生较大的冲击。

最后，反担保放行制度的国际协调也没有将商标和著作权相关货物纳入其中。从 TRIPS 最低义务的角度，WTO 成员有权对所有知识产权客体的海关保护是否设定反担保放行。从国际趋势发展来看，反担保放行的适用受到严格限制。例如，《反假冒贸易协定》规定：只有在例外情况下或依据司法命令，缔约方可允许被申请人在提交担保书或其他担保时获得涉嫌侵权的货物。❶ 欧盟 2013 年修订《知识产权海关执法条例》规定了货物提早放行制度（early release of goods），对于设计、专利、实用新型、半导体产品拓扑图或植物新品种权利是否被侵犯，货物所有者可以请求海关当局提早放行货物或终止扣留。海关放行货物或终止扣留货物的前提是：（1）报关者或货物持有者已经提供足以保护决定持有者利益的担保（guarantee）；（2）有权决定是否侵权的当局没有授权预防性措施；（3）所有的海关手续已经结清。此外，提早放行的担保不应影响权利人享有的其他法律救济。❷从国际范围来看，没有将反担保放行适用于嫌疑盗版和假冒货物的普遍实践。

（三）反担保放行有限适用的法理基础

从民事担保的角度，反担保由债务人提供，保障担保机构在代偿后能够向债务人或债务人提供的第三方担保进行有效追偿；其实质是求偿担保。在知识产权海关保护中，收发货人提供担保金请求海关放行嫌疑货物并不是担保法中严格意义的"反担保"，《知识产权海关保护条例》和《中华人民共和国海关关于〈中华人民共和国知识产权海关保护条例〉的实施办法》的条文中也未出现"反担保"的表述。国务院法制办公室的《关于〈国务院关于修改《中华人民共和国知识产权海关保护条例》的决定（送审稿）〉公开征求意见通知》中有"反担保"的提法。如果全面实行反担保海关放行制度，则会将扣押与放行货物担保引入无限循环的困境。因为，如果假定嫌疑货物被认定为侵权货物的可能性较大，嫌疑货物被扣押时，形成一种类似留置或质押的担保，那么，权利人申请扣货担保，已经构成某种形式的"反担保"，收发货人申请放行担保则构成"反 - 反担保"。如此，整套反担保规则其实是可以无限循环下去，进而总会剩余一项债权无法得到"担保"的保护。❸ 为了避免这种循环怪圈，海关或司法机关应当主动作为，积极评估侵权风险，在法律授权范围之内谨慎地开展反担保放行操作。但值得注意的是，权利人提供担保申请冻结嫌疑货

---

❶　参见 ACTA 第 18 条和《欧加全面经济贸易协定》［Canada – European Union：Comprehensive Economic and Trade Agreement（CETA）］第 22 章第 24 条。

❷　参见 2013 年《欧盟知识产权海关保护条例》第 24 条。

❸　张淑隽，潘皞宇. 论反担保制度的形成原理及其立法、司法层面的操作理念 [J]. 法学评论，2010（2）：124 – 131.

物的行为，实际上并没有赋予权利人对涉案货物的质权或抵押权。因为如果涉案货物被认定为不侵权，涉案货物虽有经济价值，但由于没有侵犯权利人的知识产权，权利人没有机会实现所谓质权或抵押权；如果涉案货物被认定为侵权，海关对侵权货物加以没收处置，涉案货物则没有经济价值，也难以抵偿权利人的经济损失。

从性质上说，收发货人提供的放行反担保与权利人提供的申请扣押担保应属于相同类型，即当主管机关决定放行或中止放行货物时，担保无辜的申请人（被申请人）免于任何损害。既然如此，权利人提供的申请扣押担保可以广泛适用，为何收发货人申请放行的担保却有严格限制？如前所述，知识产权海关保护的担保制度不同于债权中的担保制度，也不同于负有支付关税之债的狭义海关事务担保。反担保放行制度的主要目的是保护权利人、海关和防止保护程序的滥用。如果全面实行反担保放行制度，则权利人的扣押担保制度形同虚设，因为嫌疑货物并没有得到有效扣留，反而是大张旗鼓地进入国际和国内市场。

综上所述，为了平衡和抑制反担保放行的适用，如果反担保放行制度要适用于商标和著作权客体，❶ 反担保放行在程序和材料要求方面不能简单地要求提供担保金，应同时出具并不侵权的初步法律意见，必要时可举行权利人和收发货人在场的听证会。此外，反担保放行的申请人应当承诺如果事后被司法机关终裁认定构成侵权，海关有权加重行政处罚；法院也可将其视为可适用惩罚性赔偿的法定情节。如果能将反担保放行制度与海关行政处罚、知识产权惩罚性赔偿等制度有机衔接，必将有利于反担保制度的有机运行。因为，在实践中，由于权利人无法直接从海关行政程序中获得赔偿，且需要支付仓储费、处置费等维权成本，权利人不得不另行通过民事诉讼进行追偿；因此，绝大多数海关保护的知识产权争议案件嗣后会进入司法程序。

另一种完善方案是，专利货物的反担保放行仍由海关依法裁量，但著作权和商标权相关的反担保放行申请由法院作出裁定，海关协助执法。我国已经有类似的实践，且效果较为理想。在宁海永来旅游用品有限公司与

---

❶ 徐枫，王正伟. 对涉外定牌加工行为的再思考——以知识产权海关保护执法实践为视角 [J]. 知识产权，2015（7）：29 - 34.

中华人民共和国宁波海关的行政诉讼中，发货人向宁波市中级人民法院提交 100 万元现金担保后，法院裁定解除查封并要求宁波海关协助执行的货物。虽然权利人就相同涉案货物又再次提出扣押申请，海关坚持放行涉案货物，理由是：如果按照权利人的要求再次予以扣留，事实上是一种变相的重复查封，也将直接违反法院《协助执行通知》所要求海关履行的法定义务。法院认为发货人向法院提供的 100 万元人民币远远超过了担保对象本身的价值，权利人基于同一事实和理由向宁波海关申请再次扣留发货人的货物，明显是一种滥用权利的恶意行为。法院最终认定涉案货物并非侵权货物，在针对发货人的民事诉讼和针对海关的行政诉讼中，权利人的主张均没有得到法院支持。❶

五、结　论

对于依申请保护和依职权保护，海关实行全额担保与比例担保的不同做法。《海关法》和《知识产权海关保护条例》对此没有说明，这种差异化实践构成对依申请保护模式的某种"歧视"，客观上使得依申请保护模式形同虚设。此外，知识产权海关保护中的事务担保以保证金和保函（总担保）为主，企业提供保证金或银行保函可能减损企业经济活动能力，抵押、质押和企业信用担保等担保方式极少使用，担保的资金融通和商品流通作用没有充分发挥出来。无论是担保扣押还是反担保放行，申请人须以提交一定数额的担保金为保护知识产权的前提条件。相关主体可能因无法提交高额的担保金而放弃对知识产权的保护或放弃放行货物的请求，故知识产权海关保护中需缴纳固定金额或一定比例担保金额存在不合理性。在实际中，因根据风险管理原则，考虑按照不同的情况实施全额担保、按比例担保或免除担保。海关总署应当完善知识产权权利人和企业的信用体系，依托海关企业管理系统以及海关知识产权备案系统，对在海关备案知识产权的企业（个人）和曾经申请启动海关保护措施的企业建立信用档案，实施分类管理，对不同信用风险等级的企业采取提出不同的担保要求，提高海关知识产权保护的质量。

---

❶ 参见浙江省高级人民法院（2013）浙行终字第 163 号，本案于 2014 年 4 月被浙江省高级人民法院评定为 2013 年度浙江省十大知识产权典型案例。

目前，我国知识产权海关保护担保制度已经形成现金担保和保函信用担保等形式，但仍然值得完善和丰富。首先，引入企业自身信用担保，如果申请人系社会公众普遍认知的大型企业或者有足够资产的金融机构的，经审查并认可后，该申请人可以本企业的信用做担保。从促进知识产权运用和管理的角度，如果涉案知识产权为核心自主知识产权，无形资产评估较高，且能为本企业带来良好的经济效益和社会效益，这种知识产权密集型企业也应当可以以自身信用提供扣押担保。其次，允许多种形式的实物担保和权利凭证担保，例如，债券、存款单、提单、知识产权权益证书等权利凭证担保。再次，根据风险管理原则，针对个案灵活评估担保形式和担保金额。海关应将担保方式与企业信用相结合，对不同类型的企业实施不同的担保条件和方式，这既有利于引导企业自律守法，切实做到守法便利、违法严惩，也有利于海关有效实施监管，提高海关的管理效率。例如，根据《中华人民共和国海关企业信用管理暂行办法》规定的企业信用分类，认证企业对允许企业提交的保函申请扣押侵权嫌疑货物，免收担保金；一般信用企业适用常规知识产权海关担保管理措施；失信企业必须提交保证金，保证金可按规定比例上限缴纳。最后，海关还应研究制定免担保扣押嫌疑货物制度，一方面可以在认证企业中进行试点；另一方面针对需要维权帮助的小微企业和自然人，在知识产权权利状态稳定、侵权事实明显的前提下，允许其申请免担保扣押嫌疑货物。

第六章 自贸试验区知识产权司法保护与争端解决机制

根据《国家知识产权战略纲要》，知识产权司法保护是主导。既然是司法主导，那么就要强化知识产权司法保护的稳定性和导向性，强化知识产权司法保护的实效性和全面性，强化知识产权司法保护的终局性和权威性。因此，自贸试验区知识产权司法保护要严格执行法律，切实实现严格保护的法律效果。此外，司法保护主导并不妨碍多元纠纷解决机制发挥作用。通过多元纠纷解决也可以制止和打击各类知识产权侵权行为，切实维护权利人的合法权益，营造公平竞争的市场经济秩序。自贸试验区知识产权案件审理应当探索适用惩罚性赔偿，着力解决赔偿数额低、侵权成本低、维权成本高等问题。

第一节 自贸试验区知识产权司法保护概述

一、上海自贸试验区知识产权司法保护

上海自贸试验区设立后不久，2013 年 11 月 5 日，上海市浦东新区人民法院自由贸易试验区法庭挂牌成立。结合自贸试验区创新改革的定位和特点，自贸试验区法庭主要以审理与自贸试验区相关的民商事案件为主，具体包括与自贸试验区相关联的投资商贸、金融、知识产权和房地产案件，并根据自贸试验区建设和运行实际，做相应调整。自贸试验区法庭依法在浦东新区人民法院设立，它的判决和裁定是浦东新区人民法院的一审判决和裁定，二审案件将由上海第一中级人民法院管辖；上海知识产权法院成立后，二审知识产权案件由上海知识产权法院管辖。

上海第一中级人民法院根据法律法规以及相关规范性文件，结合审判实际，于 2014 年 4 月 29 日制定并公布了《涉中国（上海）自由贸易试验区案件审判指引（试行）》❶（以下简称《指引》），充分发挥其在法律解释、填补漏洞方面的功能，以法治思维确保法律与政策在自贸试验区内的统一适用，在法治原则指导下再进一步推进改革创新。❷《指引》对知识产权案件的审理提出 5 条意见，分别是第 37 条"知识产权案件审理原则"，即涉及自贸试验区知识产权案件的审判应充分发挥司法保护知识产权的主导作用，降低维权成本，提高侵权代价，促进知识产权的创造、运用、保护和管理。对于专利权保护，《指引》指出：合理界定专利权的保护范围，依法加大对自贸试验区金融、航运、商贸等领域改革试验带来的技术创新的保护力度，激发创新活力，促进技术信息的传播和利用。对于商标权保护，《指引》要求：依法加强对商标权的保护，充分尊重商标权的市场价值，依法制止"恶意抢注"和"傍名牌"的商标侵权行为，净化自贸试验区的市场环境；妥善处理自贸试验区内因"贴牌加工""货物转运""平行进口"等贸易活动引发的商标侵权纠纷，既要根据商标权独立性、地域性原则等商标法基本原理，合理界定权利边界，防止权利滥用，也要充分考量政策导向和个案的特殊情况，防止利益失衡。对于著作权保护，《指引》提出：充分利用著作权保护手段，依法加大对文化类知识产权的保护力度，特别要加强对自贸试验区内商贸、文化、社会等服务领域开放所涉及的文化创意、数字出版、移动多媒体、动漫、游戏、软件、数据库等战略性新兴文化产业的著作权保护，以激励和促进文化类产品的创作、引进、流转和利用，促进培育新型文化业态和扩展文化产业发展新领域。在反不正当竞争方面，《指引》要求依法规范自贸试验区的竞争秩序，培育公平公正、诚信守法的竞争文化，推进构建公平有序、充满活力的市场环境，有效制止各种不正当竞争行为；依法加强商业秘密保护，有效制止侵犯商业秘密的行为，为企业的创新和投资创造安全和可信赖的法治环境，合理把握商业秘密认定和侵权判定的证明标准。

---

❶ 上海市第一中级人民法院.《涉中国（上海）自由贸易试验区案件审判指引（试行）》，2014 年 4 月 23 日上海市第一中级人民法院审判委员会第 12 次会议通过。

❷ 陈立斌. 上海自贸区的司法三环节 [J]. 人民司法（应用），2016（16）：7.

2015 年 10 月 28 日，上海市浦东新区人民法院发布《涉自贸试验区审判工作白皮书》；根据披露的数据，2014 年 11 月至 2015 年 10 月，上海市浦东新区人民法院自贸试验区法庭共受理涉自贸试验区知识产权纠纷 1 102 件。从主要案件类型上看，著作权侵权纠纷 1 013 件、商标权侵权纠纷 51 件、不正当竞争纠纷 12 件、特许经营合同 9 件、网络域名权纠纷 8 件；共审结 788 件，其中判决 232 件、调解 106 件、撤诉及按撤诉处理 446 件、裁定驳回起诉 4 件。❶ 知识产权案件呈现以下基本特点：（1）案件数量大幅攀升。与地域面积和经济总量相应，上海自贸试验区扩区后知识产权案件数量大幅攀升；尤其是张江高科技片区在自贸试验区和国家自主创新示范区"双自联动"的政策环境下，相应产生的涉信息网络知识产权纠纷案件数量较多。（2）涉及新技术的案件多。在自贸试验区环境下，市场主体创业创新活跃程度增强，由此催生大量涉及新技术的知识产权纠纷，法律问题与技术问题往往相互交织，案件审理难度增大。（3）涉及文化创意产业的案件多。在自贸试验区文化产业政策的激励和市场竞争的推动下，自贸试验区互联网企业不断加大在版权内容采购与自制内容方面的投入；但与此同时，网络盗版行为愈演愈烈、形式多样，相关知识产权维权诉讼频发。（4）涉及不正当竞争形态多样。自贸试验区积极培育贸易新型业态和功能，并在众多服务行业扩大投资开放，自贸试验区市场竞争激烈，市场主体违反诚实信用和公平竞争的行为方式和行为样态呈现多样化，既包含以往常见的侵害商业秘密、仿冒、虚假宣传等，还出现了不少法律未列明的行为新样态。

2016 年 10 月，上海市浦东新区人民法院发布《上海市浦东新区人民法院涉自贸试验区审判工作白皮书（2013 年 11 月—2016 年 10 月）》及十大典型案例。❷ 根据白皮书的数据显示，2013 年 11 月至 2016 年 10 月，浦东法院共受理涉自贸试验区知识产权案件 4 209 件。案件主要类型有著作权侵权纠纷、商标权侵权纠纷、不正当竞争纠纷、特许经营合同纠纷等。

❶　上海市浦东新区人民法院：《上海市浦东新区人民法院涉自贸试验区审判工作白皮书》，2015 年 11 月 2 日。

❷　浦东新区法院发布 2013—2016 年涉上海自贸试验区审判工作白皮书及十大典型案例 [EB/OL]．[2017 - 06 - 30]．http：//www. hshfy. sh. cn/shfy/gweb/xxnr. jsp？pa＝aaWQ9NDQyNzY5JnhoPTEmbG1kbT1sbTE3MQPdcssPdcssz&jdfwkey＝v347u1.

3 年共审结涉自贸试验区知识产权案件 3 963 件，其中判决 1 162 件、调解533 件、撤诉及按撤诉处理 2 246 件、裁定驳回起诉 22 件。涉及自贸试验区的知识产权案件呈现以下基本特点：（1）案件数量较大，分布相对集中。伴随着产业变革和技术创新，浦东法院受理的知识产权案件数量快速增长，其中约八成案件集中分布于扩区后的上海自贸试验区内。在自贸试验区范围内，受四大片区功能定位影响，绝大部分涉自贸试验区知识产权纠纷集中在张江高科技片区。（2）涉"四新经济"新类型案件频繁出现。在自贸试验区和自主创新示范示"双自联动"发展背景下，市场主体技术创新活跃程度增强，由此催生了大量涉及新技术、新产业、新业态、新商业模式的知识产权纠纷。如涉及深度链接、聚合盗链、云存储空间分享等侵害作品信息网络传播权纠纷；涉及修改产品、屏蔽广告、竞价排名、垂直搜索等新类型的不正当竞争案件等。（3）大标的、社会关注度高的案件多。3 年中，浦东法院审理的涉自贸试验区知识产权案件中，标的额在 100万元以上的案件 62 件，超过 1 000 万元的有 9 件；浦东法院受理并审结了上海汉涛信息咨询有限公司诉北京百度网讯科技有限公司抓取用户点评信息实施不正当竞争纠纷案❶、上海壮游信息科技有限公司诉广州硕星信息科技有限公司等涉奇迹 MU 游戏著作权侵权、侵害商标权及不正当竞争纠纷❷等一大批具有较大影响力的案件。

2017 年 4 月 12 日，根据上海知识产权法院发布的《2016 年度审判白皮书》显示❸，2016 年，上海知识产权法院共受理各类知识产权案件 1 877件，同比上升 14.38%。其中，民事一审案件 871 件，同比上升 5.83%；行政一审案件 2 件；诉前行为保全、诉前证据保全案件 30 件，同比上升114.28%；民事制裁案件 1 件；民事二审案件 973 件，同比上升 21.32%。其中，审理涉自贸试验区专利、商标、技术秘密、信息网络传播权、特许经营合同等案件 152 件，涉及计算机软件开发、医药设备、化学、化工、

---

❶ 上海汉涛信息咨询有限公司诉北京百度网讯科技有限公司、上海杰图软件技术有限公司不正当竞争纠纷案，（2015）浦民三（知）初字第 528 号民事判决书。

❷ 上海市浦东新区人民法院对上海壮游信息科技有限公司诉广州硕星信息科技有限公司、广州维动网络科技有限公司、上海哈网信息技术有限公司网络游戏侵害著作权、侵害商标权以及不正当竞争一案，（2015）浦民三（知）初字第 529 号民事判决书。

❸ 上海知识产权法院发布年度审判白皮书［EB/OL］.［2017 - 06 - 30］. http：//shfy. chinacourt. org/article/detail/2017/06/id/2895976. shtml.

材料、通信、家具、日用品等诸多领域。在机制建设方面，上海知识产权法院成立自贸试验区案件专项合议庭；在两个现有审判庭基础上跨庭组建自贸试验区案件专项合议庭，对涉自贸试验区知识产权民事、行政案件进行集中审理。这种设立模式最大限度地实现对现有审判资源的整合，体现了"审判团队专业化、收案范围类型化、审判管理集约化、审判延伸系统化"的特点。

二、广东自贸试验区知识产权司法保护

（一）总体工作

广东省建立专门的自贸试验区审判机构，广东法院主动应对新需求、迎接新挑战、促进新发展。首先，广东法院积极应对新形势、新任务，结合各自贸试验区片区的不同定位，设立广东自由贸易试验区南沙片区人民法院（以下简称"南沙片区法院"），成为管辖广州南沙新区片区案件的基层人民法院，并改造升级深圳前海蛇口片区内的深圳前海合作区人民法院（以下简称"前海法院"）和珠海横琴新区片区内的珠海横琴新区人民法院（以下简称"横琴法院"），管辖各自辖区内的涉自贸试验区的案件。其次，广东高级人民法院发布司法保障意见，指导自贸试验区知识产权审判工作。2015 年 6 月 3 日，广东省高级人民法院印发《广东省高级人民法院关于充分发挥审判职能为中国（广东）自由贸易试验区建设提供司法保障的意见》的通知（粤高法〔2015〕173 号）。该意见对广东自贸试验区知识产权司法保护提出两点意见，一是提升知识产权保护的司法力度，加大侵权违法成本，鼓励自主创新。二是珠海中院设立横琴片区知识产权巡回法庭，要通过实施跨行政区域的知识产权案件管辖制度，提高自贸试验区知识产权案件的审判质效和司法水平，积极发挥知识产权司法保护的主导作用。三是建立多元化知识产权纠纷调解和维权援助机制。

2015 年 10 月，广东省知识产权局和广东省自由贸易试验区工作办公室联合印发《加强中国（广东）自由贸易试验区知识产权工作的指导意见》。其中，有 2 项关于建立多元化知识产权纠纷调解和维权援助机制的任务措施。一是完善知识产权纠纷调解和维权援助机制。建立知识产权纠纷仲裁、调解等多元化争端解决机制，引入国际仲裁机制，推进国内外知

识产权仲裁机构开展合作。设立广东自贸试验区知识产权综合调解中心，引入第三方调解机制，鼓励行业协会、专业服务机构参与知识产权调解工作，进一步推动知识产权纠纷解决，构建包含行政调解、社会组织调解在内的多元化知识产权争端解决与维权援助机制。二是建立广东自贸试验区重点产业知识产权纠纷快速处理机制。根据广东自贸试验区重点产业发展需求，适时向国家知识产权局申请设立广东自贸试验区重点产业知识产权快速维权中心，针对广东自贸试验区内专利密集型产业，探索建立跨行业的知识产权（专利）快速授权、快速确权、快速维权通道。

（二）广东自贸试验区法院建设

1. 南沙片区法院

2015 年 11 月 28 日，最高人民法院正式批复，同意设立南沙片区法院，管辖原由广州市南沙区人民法院管辖的、与广州南沙新区片区相关联的第一审民商事案件，主要包括与自贸试验区相关联的投资、贸易、金融、知识产权等案件。❶ 2015 年 12 月 30 日，南沙片区法院揭牌成立，为全国首家自贸试验区法院。❷ 南沙片区法院与南沙法院实行一个机构、两个牌子，其上一级法院为广州市中级人民法院，接受广州市中级人民法院的指导和监督。南沙片区法院以"高起点、高规格、高配置"为原则，集中优势资源，遴选民商事审判经验丰富，专业功底扎实，具有国际视野，通晓英语、粤语、普通话的法官，组建金融、涉外、知识产权等专业化审判团队；将涉自贸试验区案件集中于特定内设审判机构，重点建设"两庭一中心"，即商事审判庭、知识产权审判庭和自贸试验区商事调解中心；实行审判权与司法行政管理权相分离的新型管理模式，探索适应自贸试验区发展建设需求、凸显自贸试验区审判特色的路径，通过发挥司法职能作用，助推自贸试验区营造国际化、市场化、法治化的营商环境，力争形成可复制、可推广的新经验，为全省、全国自贸试验区审判提供示范。❸ 南

---

❶ 2015 年 11 月 28 日，《最高人民法院关于同意设立广东自由贸易区南沙片区人民法院的批复》正式同意设立广东自由贸易区南沙片区人民法院，管辖广东自由贸易区南沙片区内的案件。

❷ 广东自由贸易区南沙片区人民法院揭牌 [EB/OL]．[2017 - 06 - 30]．http：//www. chinapeace. gov. cn/2015 - 12/30/content_11310033. htm.

❸ 广东省高级人民法院. 广东自贸司法保障白皮书 [EB/OL]．[2017 - 06 - 30]．http：//www. gdcourts. gov. cn/web/content/37184 - ? lmdm = 2001.

沙片区法院管辖辖区内与自贸试验区相关的一审商事案件，包括涉外涉港澳台商事案件，以及诉讼标的额为人民币 200 万元以下的第一审一般知识产权民事案件，即除专利、植物新品种、集成电路布图设计、技术秘密、计算机软件、涉及驰名商标认定纠纷案件及垄断案件之外的知识产权民事案件。

2. 前海法院

前海法院于 2014 年 12 月 2 日经最高人民法院批准成立，于 2015 年 1 月 28 日揭牌。前海法院位于深圳前海深港现代服务业合作区内，该区域被称为"特区中的特区"和中国新一轮改革开放的"桥头堡"，同时也是深圳前海蛇口片区的重要组成部分。作为最高人民法院确立的综合性改革示范法院，前海法院根据中央要求和深圳前海"中国特色社会主义法治建设示范区"功能定位，❶ 以打造代表内地法院未来发展方向的样板法院为重要使命，承担着探索立案登记制、跨行政区划管辖案件、审判权与执行权相分离、司法行政事务管理权与审判权相分离、全面落实法官办案责任制、完善人员分类管理改革与职业保障机制等重要改革任务。

前海法院的上一级法院为深圳市中级人民法院，接受深圳市中级人民法院的指导与监督，向深圳市中级人民法院报告工作。前海法院不设审判业务庭，综合设立 2 个司法行政机构，即司法政务处和审判事务处，其中司法政务处负责人事党务、行政事务、司法警务等工作；审判事务处负责诉讼服务、审判管理、司法辅助事务等工作。前海法院管辖辖区内的一审民商事案件，并集中管辖深圳市辖区的一审涉外、涉港澳台商事案件。经最高人民法院指定，前海法院就发生在深圳前海、蛇口片区范围内的一般知识产权民事案件享有管辖权，管辖诉讼标的额为人民币 500 万元以下以及诉讼标的额为人民币 500 万元以上（不含本数）、1 000 万元以下且当事人住所地均在深圳市的第一审一般知识产权民事案件。❷

3. 横琴法院

2013 年 12 月 26 日，横琴法院揭牌成立，坐落于内地唯一与港澳两地

---

❶　2010 年 8 月国务院批复《前海深港现代服务业合作区总体发展规划》中明确提到：前海合作区要承担"中国特色社会主义法治建设示范区"的探索重担。

❷　广东省高级人民法院. 广东自贸区司法保障白皮书 [EB/OL]. [2017 - 06 - 30]. http://www.gdcourts.gov.cn/web/content/37184 - ? lmdm = 2001.

陆桥相连的横琴新区，人员由珠海市人民代表大会任命，向珠海市中级人民法院报告工作，接受珠海市中级人民法院的指导和监督。在内设机构上，横琴法院改变传统做法，不设审判庭，设立"三办一局一队"："三办"为审判管理办公室、人事监察办公室、司法政务办公室，"一局"为执行局，"一队"为司法警察大队。在审判权运行机制上，横琴法院采用1名主审法官配备3名法官助理和1名书记员的模式。❶

横琴法院管辖珠海横琴新区范围内依法应当由基层人民法院管辖的刑事、民商事等各类案件；集中管辖珠海市辖区内的一审涉外、涉港澳台民商事案件；根据最高人民法院指定，管辖发生在横琴新区范围内的诉讼标的额为人民币500万元以下以及诉讼标的额为人民币500万元以上（不含本数）、1 000万元以下且当事人住所地均在珠海市的第一审一般知识产权民事案件。

三、福建自贸试验区知识产权司法保护

2015年7月15日，福建省高级人民法院发布《福建法院服务保障中国（福建）自由贸易试验区建设的意见》（闽高法发〔2015〕8号）。福建省高院提出要依法保障和优化知识产权发展环境。围绕创新驱动发展战略，不断提升知识产权司法保护水平，公正审理专利、商标、著作权以及不正当竞争等知识产权纠纷，充分保护知识产权人的合法权益，有效激励自主创新。依法审理贴牌加工、平行进口、临时过境等行为引发的纠纷，激发各类市场主体的创新动力，努力营造保护自贸试验区知识产权的良好环境。

2016年4月20日，福州市中级人民法院公布福州中院在中国（福建）自由贸易试验区福州片区进行知识产权司法保护的三大举措。根据最高人民法院的指定，马尾法院依法管辖福州自贸试验区内的知识产权纠纷案件，成为福州市第二个具有知识产权案件管辖权的基层人民法院。福州中院在自贸试验区福州片区的知识产权司法保护上主要推出三大举措。一是在现有机制下，继续开展与知识产权行政管理、执法部门的诉调对接工

---

❶ 广东省高级人民法院. 广东自贸区司法保障白皮书［EB/OL］.［2017－06－30］. http：//www. gdcourts. gov. cn/web/content/37184－？lmdm＝2001.

作。知识产权执法部门根据专利法、商标法、著作权法的规定，接受当事人的请求主持达成调解协议的，可以引导当事人向法院申请确认调解协议，人民法院在审理知识产权案件的过程中，也可以邀请知识产权管理、执法部门参与案件的调解，力争形成多元化合力，快速、妥善地处理好知识产权纠纷。二是针对自贸试验区内实施特殊法规、政策背景下的有关知识产权纠纷，加强调研工作。例如涉外贴牌加工产品出口、平行进口等引发的侵犯商标权纠纷；服务贸易中技术进出口引发的专利侵权纠纷和技术合同纠纷，涉及专利权利用尽、默示许可，以及进口产品维修中的专利产品"再造"等问题，需要综合考虑法律规定、政策背景等因素，进一步总结经验，形成调研成果。三是继续贯彻平等保护的司法政策。对于境外主体持有的受我国法律及我国参与的国际公约保护的知识产权，与境内主体同等对待，在法律框架内简化境外主体的起诉、举证手续；对境内律师签署的起诉状，经审查认定具有合法委托权限的，应当予以认可；企业或个人恶意抢注境外知名商标谋取不正当利益的，依法不予保护；境外主体以实施国外公开的现有技术为由主张不侵犯专利权抗辩的，经查证属实，应当依法支持。❶

四、天津自贸试验区知识产权司法保护

根据天津自贸试验区的实际情况，2015 年 9 月，天津市高级人民法院制定了《加强知识产权司法保护服务天津自贸试验区建设的意见》，该意见指出：充分发挥知识产权司法保护的主导作用，运用民事、行政和刑事司法保护措施，加大知识产权保护力度，激励与保障自主创新；加大知识产权侵权赔偿力度，提高损害赔偿的科学性、合理性；按照知识产权侵权纠纷规则，判定涉外贴牌加工出口、平行进口、临时过境等是否构成侵权；合理运用《民事诉讼法》行为保全制度，提高自贸试验区知识产权司法救济的及时性、便利性与有效性。

2015 年 11 月，最高人民法院指定天津滨海新区法院设立专门的知识产权审判机构，对涉自贸试验区知识产权案件实行"三合一"审判。2015

---

❶　福州市中级人民法院. 福州中院公布自贸区福州片区知识产权保护举措 [EB/OL].
[2017 - 06 - 30]. http://news. xinhuanet. com/politics/2016 - 04/20/c_128915178. htm.

年 12 月起，天津滨海新区法院自贸试验区法庭专门负责审理涉自贸试验区的知识产权案件。目前，天津自贸试验区已经初步形成司法、行政、仲裁、人民调解"1＋4"的知识产权保护模式。

五、最高人民法院对自贸试验区知识产权司法保护的部署

2016 年 12 月 30 日最高人民法院发布《关于为自由贸易试验区建设提供司法保障的意见》（法发〔2016〕34 号）。最高人民法院要求加强对自贸试验区内知识产权的司法保护：一是鼓励自主创新，提高侵权成本，这是回应对侵权赔偿的支持力度问题；二是完善有关加工贸易的司法政策，促进加工贸易的转型升级，特别是准确区分正常的贴牌加工行为与加工方擅自加工、超范围超数量加工及销售产品的行为；三是妥善处理商标产品的平行进口问题，合理平衡消费者权益、商标权人利益和国家贸易政策；四是鼓励以知识产权为标的的投资行为，推动商业模式创新，简化维权程序，提升维权质效；五是鼓励知识产权质押融资活动，促进知识产权的流转利用。

人民法院承担着为自贸试验区建设提供司法保障的重大职责，为贯彻中央决策，在自贸试验区运行 3 周年之际，最高人民法院适时总结各地自贸试验区的审判经验，为人民法院涉自贸试验区案件的审判工作提供审判指导。最高人民法院在前期进行了为时 3 年的"中国（上海）自由贸易区司法保障及相关法律问题研究"专题调研、建立自贸试验区司法保障研究基地、举办自贸试验区司法论坛的基础上，经过多次实地考察、征求专家和各地法院意见，制定了《关于为自由贸易试验区建设提供司法保障的意见》。其目的是发挥最高人民法院的业务指导作用，统一认识，更新审判理念，以实际举措支持自贸试验区内实施的各项改革措施，同时解决涉自贸试验区司法实践中迫切需要解决的、带有普遍性的问题。

在知识产权司法保护方面，鼓励自主创新，提高侵权成本。自贸试验区进出口货物商标保护问题是目前的焦点问题：一是外贸贴牌加工中的商标保护问题。在上海自贸试验区乃至全国，以贴牌加工为主的加工贸易在我国的对外贸易中一直占有重要地位。对贴牌加工行为是否构成侵权，主要争议存在于贴牌行为是否属于《商标法》第 52 条规定的"使用"行为。

对此，最高人民法院已通过颁布相关文件及案例予以规范：（1）加工方对商标的有权使用有必要的审查注意义务❶；（2）贴牌加工专供出口的产品不属于商标使用行为❷。

二是商标产品的平行进口问题。平行进口问题是知识产权的地域性和贸易自由化之间的矛盾。对于专利产品的平行进口，我国采取"国际用尽原则"；《专利法》第 69 条第 1 项规定："专利产品或者依照专利方法直接获得的产品，由专利权人或者经其许可的单位、个人售出后，使用、许诺销售、销售、进口该产品的，不视为侵犯专利权。"商标产品的平行进口涉及消费者权益、商标权人利益和国家贸易政策，需要根据不同情形进行区别化处理。针对自由贸易区的创新实践，意见特别提及促进知识产权的投资、融资及流转的要求。❸

第二节　上海自贸试验区知识产权司法保护实践

一、上海自贸试验区知识产权司法保护的体制机制建设

（一）上海自贸试验区法庭

2008 年颁布实施的《国家知识产权战略纲要》将"加强司法保护体系建设"和"发挥司法保护知识产权的主导作用"采纳为国家知识产权战略重点。这既是从保护体制层面对知识产权司法保护工作的职能定位，也是从国家全局和发展战略高度对知识产权司法保护工作提出的全新要求。❹在司法保护方面，我国现行的知识产权司法体制在裁决争议和制裁侵权等方面发挥了重要作用。例如，2016 年，人民法院新收知识产权民事、行政

---

❶　最高人民法院.《关于当前经济形势下知识产权审判服务大局若干问题的意见》，2009 年 4 月。

❷　最高人民法院 2012 年 6 月 29 日在（2012）行提字第 2 号判决书，关于株式会社良品计画诉国家工商行政管理总局商标评审委员会商标异议复审行政纠纷一案。

❸　张勇健，刘敬东，奚向阳，杨兴业.《关于为自由贸易试验区建设提供司法保障的意见》的理解与适用 [EB/OL]. [2017 - 06 - 30]. http：//www. legaldaily. com. cn/fxjy/content/2017 - 01/20/content_6988229. htm？ node = 70694.

❹　吴汉东，锁福涛. 中国知识产权司法保护的理念与政策 [J]. 当代法学，2013（6）：42 - 50.

和刑事一审案件 152 072 件，比 2015 年上升 16.80%。其中，知识产权民事一审案件增幅明显，达到 24.82%。从案件分布来看，北京、上海、江苏、浙江、广东五省市收案数量持续在高位运行，新收各类知识产权案件数占全国总数的 70.37%。❶

根据《上海自贸试验区条例》第 52 条，上海自贸试验区需要完善知识产权纠纷多元解决机制，但这种多元解决机制的完善仍然是以司法保护为主导。实践层面，上海各级法院对于自贸试验区知识产权司法保护极为重视；上海市浦东新区人民法院于 2013 年 11 月 5 日成立专门的自贸试验区法庭，特别安排知识产权法官组成合议庭审理自贸试验区相关的知识产权案件。由于法律规定的级别管辖原因，在上海知识产权法院成立之后，涉自贸试验区的专利案件仍由上海知识产权法院审理。

2013 年 11 月至 2016 年 10 月，上海浦东法院共受理涉自贸试验区知识产权案件 4 209 件。案件主要类型有著作权侵权纠纷、商标权侵权纠纷、不正当竞争纠纷、特许经营合同纠纷等；共审结涉自贸试验区知识产权案件 3 963 件，其中判决 1 162 件、调解 533 件、撤诉及按撤诉处理 2 246 件、裁定驳回起诉 22 件。

表 6-1　上海自贸试验区知识产权纠纷简表❷

类　　型	数量/件
著作权侵权纠纷	3 779
商标权侵权纠纷	201
不正当竞争纠纷	57
特许经营合同纠纷	19
网络域名权属纠纷	7

从审理的自贸试验区知识产权案件来看，与贸易密切相关的突出问题是涉外贴牌加工中的商标侵权问题。涉外贴牌加工是指国内的生产企业受境外企业的委托，按照他们的委托来加工出口产品，商标许可来自于境

---

❶ 最高人民法院：《中国法院知识产权司法保护状况（2016 年）》（白皮书），2017 年 4 月 24 日。

❷ 浦东新区法院发布 2013—2016 年涉上海自贸试验区审判工作白皮书及十大典型案例 [EB/OL]．[2017-06-30]．http://www.hshfy.sh.cn/shfy/gweb/xxnr.jsp? pa = aaWQ9NDQyNzY5 JnhoPTEmbG1kbT1sbTE3MQPdcssPdcssz&jdfwkey = v347u1．

外；但涉案商标可能和国内注册的商标相同或相似。涉外贴牌加工的商标侵权认定一直是一个争议较大的问题，我国学术界和司法界对此都有不同观点。目前，司法界主流观点认为：涉外贴牌加工产品的销售行为发生在境外，我国公众在境内不会接触到产品，不侵犯中国注册商标权利人的利益，认定专为出口的涉外贴牌加工行为并不侵犯商标权。

此外，平行进口相关商标保护问题也是司法认定中的难点。根据《上海国际贸易中心建设 2014—2015 年重点工作安排》、商务部《关于中国上海自由贸易试验区开展平行进口汽车试点有关问题的复函》（商建函〔2014〕869 号）、商务部等 8 部门印发《关于促进汽车平行进口试点的若干意见》（商建发〔2016〕50 号）和上海市商委等 8 部门《关于印发〈关于促进中国（上海）自由贸易试验区平行进口汽车试点工作的实施意见〉的通知》，上海市推动自贸试验区内"平行进口汽车"政策试点，建设平行进口汽车展示、体验、销售等综合性展示交易平台和平行进口汽车综合维修中心。由于汽车平行进口在上海自贸试验区先行先试，将会引发汽车品牌授权和商标使用的问题。

另外，自贸试验区商标纠纷多与海关查处假冒货物进出口密切相关，司法机关应当在知识产权保护方面与上海自贸试验区管委会知识产权局、上海海关等部门的驻区机构加强合作，完善知识产权行政和司法的立体保护体系。

（二）上海知识产权法院建设

2008 年《国家知识产权战略纲要》中提出，研究设置统一审理知识产权民事、行政和刑事案件的专门法庭，并进一步探寻建立知识产权上诉法院的可行性。自从中共十八届三中全会提出"探索建立知识产权法院"以来，全国许多地方法院热情高涨，跃跃欲试，俨然已为率先试点做好准备工作。❶ 2014 年 6 月 6 日，中央全面深化改革领导小组第三次会议审议通过《关于设立知识产权法院的方案》，这意味着酝酿已久的知识产权法院设立问题尘埃落定。2014 年 8 月 31 日，全国人大常委会通过《全国人民代表大会常务委员会关于在北京、上海、广州设立知识产权法院的决定》

---

❶ 丁国锋. 南京铁路法院变身知产专门法院［EB/OL］.［2017 - 06 - 30］. http：//www. legaldaily. com. cn/Court/content/2014 - 07/11/content_5663726. htm？node = 53949.

（以下简称《决定》），拟在北京、上海、广州设立 3 个知识产权法院。根据我国《人民法院组织法》第 28 条，专门人民法院的组织和职权由全国人民代表大会常务委员会另行规定。因此，全国人大常委会没有通过立法来寻求一揽子的解决方案，而是运用《决定》的方式，采取针对性的授权方式也是于法有据。

2014 年 12 月 28 日，上海知识产权法院正式挂牌成立，上海知识产权法院与同时设立的上海市第三中级人民法院合署办公，实行"审判业务独立、行政（党务）合署"，设置独立的审判业务部门，行政管理、政治工作、党务人事、纪检监察、宣传、执行工作、法警事务和后勤保障等工作与市三中院合署；在机构设置上实行精简、高效、扁平化。

根据《上海市高级人民法院关于上海知识产权法院履职的公告》规定，上海知识产权法院依法管辖上海市范围内的下列案件：有关专利、植物新品种、集成电路布图设计、技术秘密、计算机软件的第一审知识产权民事和行政案件；对上海市区、县级以上人民政府所做的涉及著作权、商标、不正当竞争等行政行为提起诉讼的第一审知识产权行政案件；涉及驰名商标认定的第一审知识产权民事案件；第一审垄断民事案件；对上海市基层人民法院第一审著作权、商标、技术合同、不正当竞争等知识产权民事和行政判决、裁定提起上诉的案件；依法应当由其管辖的其他知识产权民事和行政案件。

（三）上海自贸试验区知识产权法庭

如前文所述，目前自贸试验区知识产权纠纷的司法裁决由上海市浦东新区人民法院的自贸试验区法庭和上海知识产权法院来完成。从审判级别上来看，自贸试验区法庭为基层人民法院，而且其受理的案件并不包括专利案件。上海市浦东新区人民法院于 2015 年 4 月 9 日成立自贸试验区知识产权法庭，最高人民法院知识产权审判庭自贸试验区知识产权司法保护调研联系点同时揭牌。从知识产权专业审判机构建设的角度来看，专门自贸试验区知识产权审判的机构设置有以下两点优势。

一是针对贸易环节的特殊情况，统一国际贸易相关知识产权纠纷的裁判标准。根据《中共中央关于全面深化改革若干重大问题的决定》，建立知识产权法院的动议并不是在第 8 部分"加强社会主义民主政治制度建设"，却是在第 3 部分"加快完善现代市场体系"中第 13 节"深化科技体制改革"中提出，并且"加强知识产权运用和保护""健全技术创新激励机制"和"探索建立知识产权法院"是并列提出。由此可知，我国探索建立知识产权法院，其意义不仅仅局限于司法改革，其目标是加强知识产权运用和保护，而且着眼于支撑科技创新驱动，着力于科技成果转化。❶

国际贸易相关知识产权纠纷不仅关系科技创新，还涉及我国的贸易政策和经济安全。因此，上海自贸试验区知识产权法庭完全可以起到先行先试的作用，探索贸易相关知识产权案件的审判经验。这种做法也并非空穴来风：在国际层面，泰国已经于 1996 年建立知识产权与国际贸易法院，专门管辖知识产权和国际贸易相关的民事与刑事案件。❷

二是通过设立上海自贸试验区知识产权法庭，彰显加强知识产权保护的决心、尊重知识产权的国际形象，提升我国应对知识产权国际竞争的综合实力。通过建立上海自贸试验区知识产权法庭，加强我国对外贸易相关知识产权运用和保护，健全我国的国际技术贸易机制，支撑我国的创新驱动和转型发展。通过建设上海自贸试验区知识产权法庭，统一涉自贸试验区案件的知识产权司法标准，整合上海市和浦东新区的知识产权司法资源，提高自贸试验区知识产权司法效率，同时打破自贸试验区法庭知识产权审判中的束缚，进一步理顺知识产权民事和行政审判的体制与机制。

二、上海自贸试验区涉外贴牌加工商标侵权纠纷

（一）自贸试验区涉外贴牌加工第一案

2014 年 4 月 24 日，上海市浦东新区人民法院自贸试验区法庭知识产权第一案依法宣判。原告 LG 公司诉被告佳华公司侵害商标权纠纷一案，法院一审判决：佳华公司立即停止生产侵权产品，并赔偿 LG 公司损失109 770 元。❸ 被告公司从事涉外贴牌（定牌）加工等业务，生产和销售遥

---

❶ 陶鑫良. 建立知识产权法院的若干思考［N］. 上海法治报，2014 - 07 - 16（B06）.

❷ VICHAI ARIYANUNTAKA. Intellectual Property And International Trade Court：A New Dimension For IP Rights Enforcement In Thailand［EB/OL］.［2017 - 06 - 30］. http：//www. wipo. int/wipolex/en/text. jsp？ file_id = 185591.

❸ 天长市佳华电子有限公司侵害商标权纠纷一审民事判决书，上海市浦东新区人民法院（2013）浦民三（知）初字第 1019 号.

控器、高频头等电子元器件，常会按照境外定做方要求将特定商标贴附于商品上，并将商品全部出口销售到境外。但在涉案业务中，虽然被告曾要求境外客商提供知识产权证书，但客商始终没有提供。早在 2013 年 10 月 18 日，安徽省天长市人民法院曾认定：被告相关责任人未经"LG 及笑脸图形"注册商标专用权人许可，生产并报关侵权产品，构成假冒注册商标罪，判处有期徒刑 3 年，并处罚金 35 万元等。❶ 被告辩称：产品全部销往境外，且已被公安机关收缴，被告未从中获得非法利益，原告也未因此遭受实际损失。自贸试验区法庭认为：虽然侵权产品未流入市场销售，但侵权行为客观上已造成涉案商标所承载的商誉损失，也减少了 LG 品牌商品的市场份额，夺去了相应的市场需求，所以，被告应当承担侵权赔偿责任。

至于赔偿数额，由于双方都没有证明原告所受损失，也未证明被告获利数额。上海浦东法院只能按照《商标法》的规定，由法官根据侵权情节酌定法定赔偿，法定赔偿的酌定因素包括：涉案注册商标在世界范围内的知名度（曾被认定为驰名商标）、侵权产品的价值、被告的生产和销售规模、产品被司法机关没收未进入市场流通、原告为维护权益开支律师费和翻译费等。

除了本案外，上海浦东法院还审理了玉环县嘉跃汽车零部件制造有限公司与重庆红宇摩擦制品有限公司侵害商标权纠纷❷、扬州金福工贸有限公司确认不侵害商标权纠纷❸、宁波国际合作有限责任公司与被告平湖市华杨旅游制品有限责任公司侵害商标权纠纷❹等涉外贴牌加工商标侵权纠纷。

（二）涉外贴牌加工的商标侵权风险

改革开放以来，我国许多企业为国外企业贴牌加工，取得了长足的经

---

❶ 安徽省天长市人民法院（2013）天刑初字第 00217 号刑事判决书。

❷ 玉环县嘉跃汽车零部件制造有限公司与重庆红宇摩擦制品有限公司侵害商标权纠纷一审民事判决书，上海市浦东新区人民法院（2014）浦民三（知）初字第 373 号。

❸ 扬州金福工贸有限公司确认不侵害商标权纠纷一审民事判决书，上海市浦东新区人民法院（2014）浦民三（知）初字第 94 号。

❹ 宁波国际合作有限责任公司与平湖市华杨旅游制品有限责任公司侵害商标权纠纷一审民事判决书，上海市浦东新区人民法院（2016）沪 0115 民初 27091 号。

济收益。因此，中国被称为全球贴牌加工的"世界工厂"，贴牌加工成为"中国制造"的显著特点。2017 年 1 月至 5 月，全国出口总额为 8 533 亿美元，其中加工贸易出口额为 2 820 亿美元，占全部出口总额的 1/3。❶

目前，我国涉外贴牌加工仍然处在品牌、标准、研发、渠道、制造的全球产业价值链生产链条的低端阶段；加工的产业主要集中在服装、拉链、玩具、日用小商品、低端电子产品等劳动密集型行业，过分依赖于国外的技术和市场。与此同时，我国涉外贴牌加工行业面临激烈的竞争，既有国内企业的无序竞争，也有国际区域间的因劳动力价格、环保要求等条件变化而形成加工业转移的竞争。❷ 所以，随着劳动力价格和原材料价格的上涨，以及欧美经济的不景气等因素，中国的涉外贴牌加工出口面临许多不确定性。

此处讨论的"涉外贴牌加工"特指委托方外国法人或自然人的情况，加工产品全部报关出口，不在中国境内销售的特殊情况。涉外贴牌加工相关知识产权风险主要有两类：一类是没有合法授权或权利瑕疵，例如，委托方本身不享有相关商标权，作为被许可人的委托方行使商标权受到限制；另一类是商标权地域性所造成的冲突，例如，委托方在货物的出口目的地不享有商标权，委托方在中国不享有相关商标权等。

涉外贴牌加工的基本特征是：委托方的商标系其在国外合法所有或经合法授权，但未在中国注册；相同或相似商标在我国已被他人在相同或类似商品上注册；所生产贴牌产品全部出口至委托方所在的商标注册地销售。对此问题的司法界定涉及对"商标使用"的界定和"商标侵权"的构成要件。

（三）商标使用与侵权认定

根据知识产权的地域性原则，我国《商标法》保护在中国合法有效的注册商标。如果境外委托方和中国注册商标的权利人是同一主体或是关联企业，问题就迎刃而解；而关键是不同主体在不同的地域范围内存在合法有效的权利，不同权利因国际贸易在不同法律管辖的地理范围内的延伸，

---

❶ 中国对外贸易统计学会. 2017 年 1—5 月进出口简要统计 ［EB/OL］. ［2017 - 06 - 30］. http：//tjxh. mofcom. gov. cn/.

❷ 蒋志培. 定牌加工的法律风险 ［J］. 中华商标，2008（12）：13 - 16.

权利冲突在所难免；哪种商标权有效并受到法律保护，自然要依据所在国的法律来确定。

中国的涉外贴牌加工行为应当遵守包括《商标法》在内的中国法律，而根据《商标法》第57条，未经授权对注册商标的使用就构成商标侵权。《商标法实施条例》第3条规定，"商标的使用，包括将商标用于商品、商品包装或者容器"等行为。如果按此规定，未经授权的非法黏附商标（贴牌）本身即构成商标侵权。但是，加工中的贴牌是整个加工贸易行为的一部分，而且加工方使用涉案商标具有委托方的合法授权，能否构成《商标法》意义上的"商标使用"？

因此，争议的关键是商标使用是非法还是合法行为？主张贴牌加工构成对注册商标的非法使用，因而认定侵权成立的逻辑是：未经加工行为所在国家的权利人的同意，加工方非法使用了权利人的商标，尽管加工方的行为是委托方授权的行为。这在根本上是由于商标权的地域性所造成的，再加上无形性的特征，商标本身无法被权利主体实际控制和占有，导致在不同法域内存在多个权利的现实。随着标有商标的产品的国际流通，权利的冲突在所难免。按照法律条文的解释和适用，如果委托方在中国境内没有注册商标，在境外有合法注册商标，委托境内加工方贴牌加工产品，虽然产品只在境外销售的，其加工贴牌行为也构成对加工所在国的商标权的侵犯。

在司法实践中，多数法院判决认为贴牌加工并不侵犯境内商标权人的商标权，如2010年上海市浦东新区人民法院审理的无锡艾弗国际贸易有限公司诉香港鳄鱼恤有限公司确认商标不侵权之诉的案件。法院认为：商标的本意是为了区分商品或服务，商标受保护的基础体现在其所具有的识别性上，因此，认定商标侵权行为应当结合是否会使相关公众对商品产生混淆或误认来进行综合判断。首先，原告的行为属于接受境外公司委托而进行的涉外贴牌加工行为。其次，原告使用涉案商标具有合法授权，原告并无侵权的主观故意和过错。最后，原告贴牌加工的行为并未造成市场混淆，也未对被告造成影响及损失。在该案中，原告基于境外相关权利人的明确委托加工涉案产品后全部发往韩国，并不在中国境内销售，不可能造成国内相关公众的混淆、误认，不会对被告在国内的商标权造成损害，且被告在韩国不享有"CROCODILE"商标专用权，因此涉案牛仔裤在韩国销售也不会对被告的利益产生影响。❶ 浦东新区法院在判决是否构成商标侵权时，根据商标的本质引入了混淆理论来判定侵权与否，还考虑了对被告所造成的损失和影响。

商标基本功能是将不同经营者提供的同类商品或服务相互区别，以避免消费者误认。因此，混淆性原则是商标法的基本原则，也是日常生活中消费者遭遇消费欺诈的原因之一。虽然《巴黎公约》并未把"消费者可能混淆"作为商标侵权的判断标准，但 TRIPS 第 16 条明确规定：注册商标所有人应享有专有权防止任何第三方未经许可而在贸易活动中使用与注册商标相同或相近似的标记去标示相同或类似的商品或服务，以免造成混淆的可能。根据 TRIPS，即使将相同标记用于相同商品或服务，虽然不一定必然造成混淆，但推定已经有混淆之虞。因此，TRIPS 所赋予商标权人的禁止权并不要求以商标的使用造成混淆为前提；但商标权行使目的是防止混淆的出现，会对消费者和公平竞争的市场秩序造成困扰。

（四）PRETUL 案及其影响

2015 年 12 月，最高人民法院对一起前后历时 5 年的涉外贴牌加工商标侵权纠纷案件作出终审判决。❷ 最高人民法院认为，在委托加工产品上贴附的标志，既不具有区分所加工商品来源的意义，也不能实现识别该商品来源的功能，故其所贴附的标志不具有商标的属性，在产品上贴附标志的行为亦不能被认定为商标意义上的使用行为。判决书指出：商标法保护商标的基本功能，是保护其识别性。是否破坏商标的识别功能，是判断是否构成侵害商标权的基础。

尽管我国不是判例法国家，即便是最高人民法院的判决对我国的其他相关司法判决也没有约束力；但是最高人民法院毕竟是我国最高层级的审判机构，其判决在实践层面仍具有一定的指导意义，下级法院还是考虑遵照最高法院判决中的规则进行审判。鉴于最高人民法院的态度十分明确，认为涉外贴牌加工中贴附的标志并不能起到商标的识别作用，不能被认定为商标意义上的使用，并不侵犯商标权人的商标专用权。作为最高人民法院对涉外贴牌加工商标侵权问题的首次正式表态，其意义不亚于出台一个

---

❶　上海市浦东新区人民法院民事判决书（2010）浦民三（知）初字第 146 号。

❷　最高人民法院民事判决书（2014）民提字第 38 号。

司法解释，必将对同类案件的裁判产生影响。

然而，在最高人民法院 PRETUL 案中给出涉外贴牌加工行为不侵犯商标权的判决之后不久，江苏省高级人民法院在另一起涉外贴牌加工商标侵权案件中认定：加工企业的行为侵犯国内商标权人的商标专用权。与 PRE-TUL 案同是涉外贴牌加工问题而判决结果截然不同，这就引发了江苏省高级人民法院是否"违背"最高人民法院"以案释法"的意图的讨论。

在江苏法院的案件中，原告上海柴油机股份有限公司（以下简称"上柴公司"）最早于 1962 年在柴油机等商品上注册了"东风"图文组合商标，并于 2000 年被认定为驰名商标。2013 年 10 月 1 日，印尼 PT ADI 公司以"DONG FENG（东风）"商标持有人的身份委托江苏常佳金峰动力机械有限公司（以下简称"常佳公司"）以该商标生产柴油机及柴油机组件，出口至印尼销售。印尼 PT ADI 公司是一家在印尼注册成立的公司，其于 1987 年 1 月在印尼注册"东风 DONG FENG"商标，核定于柴油发动机等商品上。2013 年 10 月 8 日，常佳公司向常州海关申报出口柴油机配件，该批货物上的标识与上柴公司涉案商标相同。上柴公司主张：常佳公司未经其许可，在同一种商品上使用与其注册商标相同的商标，构成商标侵权，遂向常州市中级人民法院提起诉讼。常州中院一审认为：侵犯商标权的本质即对商标识别功能的破坏，非识别商品来源意义上的使用行为，不构成商标法意义上的商标使用行为；常佳公司依照委托人提供的印尼商标证书生产制造涉案柴油机配件且全部出口印尼，其在我国境内不进入市场流通领域的附加商标行为，在我国境内不具有识别商品来源的功能，不构成商标法意义上的商标使用行为，常佳公司的行为不构成商标侵权。上柴公司不服一审判决，二审上诉至江苏省高院。

二审法院认为：虽然，常佳公司的行为属于涉外贴牌加工行为，但常佳公司系明知上柴公司涉案"东风"商标为驰名商标，且印尼商标持有人有抢注嫌疑，却仍受托贴牌生产，未尽到合理注意与避让义务，实质性损害了上柴公司的利益，侵犯了上柴公司的注册商标专用权。考虑到常佳公司所获取的利润仅仅是加工费，且被控侵权产品全部出口至印尼，未在我国市场上销售，对上柴公司的国内市场份额未产生影响等因素，最终，二审法院判决常佳公司停止侵权和赔偿损失。江苏省高院通过该案裁判不断完善境内加工方的"必要审查注意义务"有关的裁判标准。在该案中，不可否认地存在一些特殊历史事实，一是上柴公司"东风"商标早于印尼PT ADI 公司注册；二是印尼 PT ADI 公司涉嫌在海外抢注"东风"商标，且在印尼与上柴公司有诉讼历史；三是常佳公司明知上述事实，并曾承诺不再继续侵权。对于商标注册的独立性原则和诚信问题，不得不依赖于所在国的国内法去评价，相关国家应当尊重对方的司法判决。因此，本案中认定侵权成立的最好理由是禁止反言原则，即，常佳公司曾经就其擅自使用"东风"商标生产柴油机报关出口至印尼，涉嫌侵犯上柴公司"东风"商标权的行为与上柴公司达成过补偿协议，常佳公司保证不再发生此类侵权行为。江苏高院对涉外贴牌加工行为提出的"合理注意义务 + 实质性损害"的商标侵权判断标准，其立足点在于通过考虑国内加工企业在不同情形下的注意义务，实现司法"两个兼顾"的目的，即兼顾国内一般加工贸易的发展和兼顾对具有一定影响特别是驰名商标的特殊保护。❶ 因此，作为个案判决来说，这种裁判理由可以自圆其说，也回避了与最高人民法院判决"类案不同判"的冲突问题，但并未从本质上解决涉外贴牌加工的商标使用和商标识别作用问题。

无独有偶，浙江省高级人民法院在其作出的（2016）浙民再 121 号民事判决中认定：该案中接受国外委托方委托进行贴牌加工的国内受托方未尽到合理注意义务，构成对国内注册商标权利人的商标侵权行为。

在浙江法院审理的案件中，于某系第 3442685 号"Roadage"商标（以下称"涉案商标"）的注册人，该商标核定使用在大客车、卡车、运货车、汽车底盘、陆地车辆刹车等第 12 类商品上。浙江容大商贸有限公司（以下简称"容大公司"）成立于 2014 年 3 月，主要从事货物及技术的进出口业务。2014 年 10 月，梅山海关书面通知于某，该海关已根据于某的申请将上述容大公司向海关申报出口的使用了"ROADAGE"商标的调整臂 340 箱 2176 个扣留。被诉侵权产品盖板正面均标有"ROADAGE"或"Roadage"标识，其纸质外包装上标示了"Roadage 及道路图形"标识。墨西哥 DAVASA 工业集团有限公司（以下简称"DAVASA 公司"）授权容大公司于 2014 年 3 月至 2019 年 2 月在生产卡车零配件时使用其"Road-

---

❶ 宋健. 对涉外定牌加工商标侵权"合理注意义务 + 实质性损害"判断标准的解读［J］. 知识产权，2016（9）：28 – 36.

age"商标。随后，于某将容大公司诉至法院，请求法院确定容大公司侵犯其商标专用权，判令容大公司立即停止生产、销售、出口被诉侵权产品并销毁库存，赔偿其经济损失及合理支出共计 50 万元。❶

该案先后经宁波市北仑区人民法院、宁波市中级人民法院审理，两审法院均判决认定容大公司未经许可在类似商品上使用与于某持有的涉案商标相同或近似的标识，容易导致相关公众产生混淆，构成商标侵权行为。据此，一审法院判决容大公司立即停止销售、出口侵犯涉案注册商标专用权商品的行为，销毁涉案被诉侵权产品，并赔偿于某经济损失及合理支出共计 15 万元。后经审理，宁波市中级人民法院二审判决维持了原判。容大公司不服二审判决，向浙江省高级人民法院申请再审。浙江省高级人民法院经审理认为，涉案被诉侵权的调整臂与涉案商标核定使用的陆地车辆刹车等属于类似商品；同时，DAVASA 公司在涉案商标核准注册日前应已知晓涉案商标，其于墨西哥注册"Roadage"商标在主观上难为善意；容大公司被授权使用的商标并不包含"道路图形"，其却在被诉侵权产品上标识"Roadage 及道路图形"标识，显然未尽到合理注意义务。

据此，浙江省高级人民法院认为，未尽到合理注意义务加工侵犯国内注册商标专用权的商品，应当承担相应的侵权责任。该案中，涉案商标早已及于国外市场并为相关公众所知悉，即使被诉侵权产品系进入墨西哥市场，但涉案商标核定使用的商品也销往同一国外市场，容大公司在类似商品上使用与涉案商标相同或近似的商标标识，足以使相关公众产生混淆误认，客观上将对于某的利益造成实质损害，构成商标侵权行为，据此，浙江高院再审维持了二审判决。

该案裁判思路与江苏法院的"东风"商标侵权案较为类似，两省高级人民法院均提出了"合理注意义务"和"实质性损害"的裁判标准。但与"东风"案不同的是，该案加工方存在擅自修改使用标识的行为，在相关商品上多次使用与被授权商标不完全一致而与国内商标权利人商标完全一致的商标，因此认定加工者未尽到合理注意义务，将注意义务延伸到审查和使用商标的具体形态。此外，浙江高院还明确指出，因为涉案商标早已及于国外市场为相关公众所知悉，因此足以使相关公众产生混淆误认，最

---

❶ 浙江省高级人民法院（2016）浙民再 121 号民事判决书。

终认为容大公司在类似商品上使用与涉案商标相同或近似的商标标识，属于商标意义上的使用行为。该结论与最高人民法院在"PRETUL"案中涉外贴牌加工的商标贴附行为"不属于商标意义上的使用行为"的认定不同，并且上述关于相关公众产生混淆误认的地理范围突破了国际公约和我国商标法地域性原则的规制。这种说理过程能否成立还值得进一步商榷。

由于自贸试验区"境内关外"的特殊政策，境外货物进入自贸试验区无须经过漫长的审批和烦琐的手续，仅需办理备案即可海关、商检放行，对贴牌加工企业来说，大大缩短了"来料"时间。同时，原材料从境外进入自贸试验区内时免征进口关税，相较于目前加工贸易企业主要在进口原材料时缴税，再加工，出口时再退税，可以大大缩短资金被占用时间，提高资金周转率。自贸试验区便利的营商环境将加快企业资金循环，资金成本、交易成本大幅降低，同时提高贸易便利化程度。因此，自贸试验区内的涉外贴牌加工企业将会很大程度上受惠于自贸试验区的政策并且取得相应的竞争优势。然而，涉外贴牌加工企业在赚取低附加值的低廉利润的同时，却面临着较高的商标权纠纷风险。因此，涉外贴牌加工商标侵权判定的因素值得深入讨论，最高人民法院应当以司法解释的形式明确受托加工方审查义务的边界，以更好地给加工贸易主体清晰的市场预期，同时促进加工贸易企业的供给侧改革和转型升级。

第三节 自贸试验区知识产权纠纷多元化争端解决机制

一、大力发展自贸试验区知识产权纠纷 ADR 解决机制

知识产权纠纷不同于其他民事案件，在侵权事实认定上更多地涉及与专利技术、商标等有关的专业化知识，虽然目前处理的案件中大部分都与商标侵权有关，但随着自贸试验区改革向纵深化方向发展，与专利有关的知识产权纠纷会逐步增多，这就需要自贸试验区法庭在处理相对专业的与专利有关的案件时，能够准确地认定侵权事实。另外，自贸试验区内的金融、电子商务，文化服务等投资开放性领域不断发展，导致了知识产权侵

权行为的多样化、复杂化、新型化，这也对自贸试验区知识产权案件的司法裁判提出了较高的要求。

自贸试验区的发展定位全球化、贸易化和专业化，纷繁复杂的案件如果全部依靠法院审判来解决无法满足自贸试验区发展的高效化、快速化要求。因此，自贸试验区可以借鉴国际上比较流行的 ADR 机制（Alternative Dispute Resolution），通过寻求多元化的纠纷解决机制来处理知识产权纠纷，具体包括建立诉前和诉中调解机制，利用仲裁机构和知识产权相关行业协会进行调解。

总之，自贸试验区应当探索建立多元化的知识产权争端解决机制。随着广东、天津和福建等 10 余个自贸试验区的建设和发展，必定会产生大量的知识产权新型纠纷。自贸试验区要在统一行政执法的基础上，引进知识产权仲裁、调解等机制，建立"行政、司法、仲裁、调解"四位一体的知识产权纠纷多元化解决机制。上海、广东、天津和福建等自贸试验区可以根据各自特色发展知识产权纠纷仲裁解决机制，引入国际仲裁机制，推进国内外知识产权仲裁机构开展合作，健全自贸试验区知识产权国际争端解决机制。自贸试验区应当建设优势产业知识产权快速维权援助机构，为自贸试验区企业和个人提供有效的知识产权快速维权的救济手段。自贸试验区知识产权纠纷调解中心应当建立包含行政调解、行业组织调解、社会调解在内的多元化知识产权争端解决机制。❶

二、自贸试验区商事仲裁的发展

2013 年 10 月 22 日，中国（上海）自由贸易试验区仲裁院揭牌。中国（上海）自由贸易试验区仲裁院的设立是上海仲裁事业发展的新里程碑。上海自贸试验区仲裁院利用上海自贸试验区建设的契机，积极探索争议解决的途径和形式，充分借鉴国内外争议解决机构的先进制度和实践，丰富了自贸试验区多元化争议解决机制。

2014 年 4 月 8 日，《中国（上海）自由贸易试验区仲裁规则》（以下简称《自贸区仲裁规则》）在上海颁布，并于 2014 年 5 月 1 日起施行。

---

❶ 广东省知识产权局课题组. 知识产权是自贸区建设的重要支柱 [N]. 南方日报，2015 – 02 – 28（02）.

《自贸区仲裁规则》共有 10 章 85 条，它吸纳了诸多国际商事仲裁的先进制度，如完善"临时措施"，增设"紧急仲裁庭"制度；突破当事人选定名册仲裁员的限制，确立仲裁员开放名册制度，并细化"案件合并""其他协议方加入仲裁程序"和"案外人加入仲裁程序"等制度。《自贸区仲裁规则》还通过设立仲裁庭组成前的调解员调解程序，进一步完善仲裁与调解相结合的制度，强化仲裁中的证据制度等；纳入"友好仲裁"制度，增设"小额争议程序"，降低相应的仲裁收费等。

2014 年 5 月 4 日，上海市第二中级人民法院《关于对适用〈中国（上海）自由贸易试验区仲裁规则〉仲裁案件司法审查工作的若干意见》（以下简称《自贸区仲裁规则审查意见》）正式发布。《自贸区仲裁规则审查意见》是为了更好地发挥司法服务保障大局的重要作用，特别是服务保障中国（上海）自由贸易试验区发展建设，有效应对《自贸区仲裁规则》。《自贸区仲裁规则审查意见》与《自贸区仲裁规则》同步出台，相互促进，必将有效推动自贸试验区商事仲裁的发展，同时为完善我国的仲裁制度提供积极经验。

尽管《自贸区仲裁规则》和《自贸区仲裁规则审查意见》并非针对知识产权纠纷而专门出台，但作为中国第一部自贸试验区相关仲裁规则，吸纳和完善了众多国际商事仲裁的先进制度，使自贸试验区的纠纷解决增加一层法律保障。根据《自贸区仲裁规则》，在知识产权诉争仲裁过程中，仲裁庭将充分尊重境内外当事人的意思，让当事人拥有充分的程序选择权和自主权，与《WIPO 仲裁规则》等国际通行规则接轨。

此外，天津在自贸试验区设立滨海新区知识产权保护服务中心，先行尝试保护服务中心和行政、司法、仲裁、人民调解"1＋4"知识产权保护运行模式；与仲裁委共建知识产权国际仲裁中心，丰富自贸试验区知识产权保护方式，强化创新主体知识产权保护力度。

2016 年 12 月 30 日，最高人民法院《关于为自由贸易试验区建设提供司法保障的意见》支持自贸试验区商事仲裁的发展。一是扩大提交域外仲裁案件的范围，该意见要求各级法院正确认定仲裁协议效力，规范仲裁案件的司法审查。在自贸试验区内注册的外商独资企业相互之间约定商事争议提交域外仲裁的，不应仅以其争议不具有涉外因素为由而认定相关仲裁协议无效。二是注重诚实信用和禁止反言，引入禁止反言；一方或者双方均为在自贸试验区内注册的外商投资企业，约定将商事争议提交域外仲裁，发生纠纷后，当事人将争议提交域外仲裁，相关裁决作出后，其又以仲裁协议无效为由主张拒绝承认、认可或执行的，人民法院不予支持；另一方当事人在仲裁程序中未对仲裁协议效力提出异议，相关裁决作出后，又以有关争议不具有涉外因素为由主张仲裁协议无效，并以此主张拒绝承认、认可或执行的，人民法院不予支持。三是部分承认临时仲裁，即，在自贸试验区内注册的企业相互之间约定在内地特定地点、按照特定仲裁规则、由特定人员对有关争议进行仲裁的，可以认定该仲裁协议有效。

总之，知识产权领域的争议具有高度国际化、高度复杂化、利益保护迫切性以及利益保护隐秘性等特征。仲裁机制兼具广泛性、可执行性、专业性、高效性和保密性，故在知识产权争议的解决中具有独特的优越性；自贸试验区知识产权纠纷的仲裁解决仍有提高空间。❶

三、自贸试验区知识产权纠纷调解制度的创新

根据《上海自贸区条例》的规定，上海市设立的行业协会、商会以及商事纠纷专业调解机构等可以参与自贸试验区商事纠纷调解，发挥争议解决作用。对于知识产权纠纷，《上海自贸区条例》明确要求完善上海自贸试验区知识产权纠纷多元解决机制，鼓励行业协会和调解、仲裁、知识产权中介服务等机构在协调解决知识产权纠纷中发挥作用。2013 年 11 月 20日，上海自贸试验区国际商事联合调解庭暨上海文化创意产业法律服务平台知识产权调解中心正式成立。❷ 上海自贸试验区国际商事联合调解庭以上海经贸商事调解中心和上海文化创意产业知识产权法律服务平台为依托，但其性质仍是独立的第三方调解机构，它将为上海自贸试验区企业提供快捷、高效和灵活处理知识产权纠纷的方式。此外，上海自贸试验区国际商事联合调解庭与自贸试验区法庭已经建立调解确认程序，使得联合调解庭的调解书能在中国及与中国签订民商事司法协助协定的国家和地区得

---

❶ 王崇敏，王然. 论自贸区知识产权争议的仲裁解决机制［J］. 河南财经政法大学学报，2016（4）：99 - 104.

❷ 姚丽萍. 上海自贸区国际商事联合调解庭揭牌［EB/OL］.［2017 - 06 - 30］. http：//politics. people. com. cn/n/2013/1120/c70731 - 23605560. html.

到执行。

　　自贸试验区知识产权纠纷的调解机制已经经过实践的考验，并且证明这种调解机制对于知识产权纠纷的解决是有效的。下面通过上海自贸试验区调解第一案的简要分析，总结这种调解模式的优势所在。作为知识产权权利人的原告是一家大型台资企业，涉嫌侵权的被告是国内某大型电商。原告发现，被告平台上营销的一种面膜名称与原告的人气产品实质性相似；原告遂以展开商标维权诉讼，将被告起诉到自贸试验区法庭。根据《民事诉讼法》，此类诉讼至少要 6 个月以上才能尘埃落定，主审法官在开庭前建议双方尝试上海自贸试验区调解机制解决诉争。至少在降低诉讼成本上，原被告双方有共同的心理预期。原告的核心诉求是净化市场和扩大份额，赔偿和道歉稍显次要；被告作为一家大型电商，希望规范管理，并维护商誉。因此，只要调解员准确把握原被告双方的核心诉求，抓大放小，满足双方核心利益，就有可能同时让双方都作出适当妥协。因此，理解双方核心需求的调解能够起到快速解决纠纷的作用。❶

　　除了民间调解，法院的诉前调解以及诉前调解与民间调解的衔接机制也是知识产权纠纷解决解决的有机组成部分。2016 年 9 月，上海知识产权法院对一起涉自贸试验区的计算机软件开发合同案开展诉前调解工作并成功结案，案件双方当事人最终以 114 万元化解争议、自行和解，起诉方向法院申请撤诉。❷

　　知识产权争议的背后定是市场的竞争，原被告双方对争议解决的效率要求较高，并且需要确保争议解决方案得到切实执行。调解方式则能适应这种需求，在纠纷发生后及时处置并主动执行调解方案，替诉争双方赢得时间和交易机会。

　　除了上海自贸试验区之外，其他自贸试验区也在进行积极尝试。2015年 8 月，《加强中国（广东）自由贸易试验区知识产权工作的指导意见》提出：设立广东自贸试验区知识产权综合调解中心，引入第三方调解机制，鼓励行业协会、专业服务机构参与知识产权调解工作，进一步推动知

---

❶　张懿. 民间调解展现"自贸区效率"［EB/OL］.［2017 - 06 - 30］. http：//wenhui. news365. com. cn/html/2014 - 08/12/content_1. htm.

❷　陈颖颖. 上海调解一起涉自贸区软件开发合同纠纷［EB/OL］.［2017 - 06 - 30］. http：// www. iprchn. com/Index_NewsContent. aspx？newsId = 95702.

识产权纠纷解决，构建包含行政调解、社会组织调解在内的多元化知识产权争端解决与维权援助机制。2017 年 5 月 3 日，福建自贸试验区的福州自贸片区管委会与马尾区人民法院共同签署《关于合作推进司法服务中国（福建）自由贸易试验区福州片区知识产权协作框架协议》，自贸试验区知识产权调解中心在福州自贸片区正式挂牌成立。

四、建设自贸试验区知识产权网络仲裁中心

如前所述，"替代性争议解决机制"（ADR）又称为替代性纠纷解决方法，包括任何主审法官宣判以外的程序和方法，在这种程序中，通过诸如早期中立评估、调解、小型审判和仲裁等方式，中立第三方在论争中参与协助解决纠纷。ADR 机制可引申为一切诉讼外解决纠纷方法的总称。然而随着仲裁被广泛地纳入各国仲裁法中，加之《承认与执行外国仲裁裁决公约》的生效和实施，仲裁解决争议的方法已经逐步地成为司法外解决争议的独立程序。

近年来，随着互联网的兴起，网上争议解决或在线解决机制（Online dispute resolution，ODR）逐渐进入司法的视野。ODR 是信息通信技术与替代性纠纷争议解决机制（ADR）相结合的产物，最为符合互联网的业务特点，包括在线协商、平台在线调停、在线仲裁，乃至在线诉讼等。在线解决以网络为纠纷解决的基本工具，其纠纷解决原理仍依赖于其他机制。

一般来说，网络仲裁是指仲裁程序的全部或主要环节，均在互联网上进行。这意味着向仲裁庭提出仲裁申请（包括仲裁协议的订立），以及仲裁案件的立案、答辩或者反请求、仲裁员的指定和仲裁庭的组成、仲裁审理和仲裁裁决的作出等主要仲裁程序和环节均在网上进行。网络仲裁庭可利用现代信息技术，如电子邮件、网上聊天室、视频会议系统等，将位于不同国家的当事人和仲裁员联系在一起，由当事各方陈述其各自的观点，仲裁员也可向各方当事人就争议的事实问题和法律问题提问，仲裁庭的合议以及仲裁裁决的作出和传递等均在网上进行。

网络仲裁的优点非常明显，其虚拟性和开放性造就其便利性。由于互联网上没有特定的空间和地点，也没有国界的限制，争议各方当事人、仲裁员或仲裁庭等可以分别位于不同的国家，通过适用特定的软件，使相关

的计算机联网，形成一个临时的网络仲裁庭。网络仲裁的普遍运用可以一定程度缓解司法纠纷处理的压力，也可以减少行政执法的压力。

在网络仲裁方面，不少国内仲裁机关主动迎接"互联网＋"挑战，并且开始积极尝试。例如，在国内实践方面，中国国际经济贸易委员会自2015年起正式成立仲裁委员会网上争议解决中心，专门以网上争议解决方式解决网络域名、电子商务等争议。仲裁委员会网上争议解决中心目前的网址是 www. cietacodr. org。再如，2016年3月，由深圳仲裁委员会与中国电信联合举办的深圳云上仲裁启动暨"网上仲裁中心"落户深圳前海。这标志着作为国内首创的"网上仲裁＋电子证据固化"服务平台的诞生。❶

在欧盟，欧盟委员会启动新的在线争议解决平台作为替代性争议解决机构。❷平台适用于国内和跨境销售，允许消费者与贸易商通过点击鼠标处理在线争议，而不再需要通过冗长昂贵的法庭程序。在消费者和贸易商投诉后，争端解决机构将作为双方的仲裁员来解决争议。从2016年1月9日开始，平台将向替代性争议解决机构开放，以供他们熟悉该平台，并于2月15日向消费者和贸易商开放使用。该在线平台将加强在线销售中的信任，对欧盟数字单一市场战略具有重要贡献。然而，与欧盟实践相比，国内实践还远远不够，缺乏一个顶层设计支持的权威的知识产权网络仲裁中心。自贸试验区应当利用政策优势的契机，积极争取先行先试。

在国家层面，2016年3月中国成功推动联合国国际贸易法委员会第三工作组形成了以中国方案为基础的关于跨境电子商务网上争议解决的法律文件——《关于网上争议解决的技术指引》。❸联合国国际贸易法委员会第49届会议于2016年7月6日审议通过了《关于网上争议解决的技术指引》，并将在提交联合国大会认可后生效。❹因此，知识产权网上争议解决将迎来难得的发展机遇，上海和浙江自贸试验区等在跨境电子商务、网上

---

❶　深圳仲裁委员会. 打造基于互联网＋全流程可信云交易环境——云上仲裁［EB/OL］.［2017－06－30］. http：//online. szac. org/.

❷　EUROPEAN COMMISSION. Online Dispute Resolution［EB/OL］.［2017－06－30］. ht-tps：//webgate. ec. europa. eu/odr/main/? event = main. about. show.

❸　商务部. 对联合国国际贸易法委员会《关于网上争议解决的技术指引》公开征求意见［EB/OL］.［2017－06－30］. http：//tfs. mofcom. gov. cn/article/as/201606/20160601340057. shtml.

❹　UNCITRAL. Technical Notes on Online Dispute Resolution（2016）［EB/OL］.［2017－06－30］. http：//www. uncitral. org/uncitral/en/uncitral_texts/odr/2016Technical_notes. html.

法庭、网络法院❶等建设方面有许多成功的经验，无论是技术支持还是管理理念，都能支持知识产权网络仲裁中心建设。

第四节　跨境电子商务知识产权纠纷的司法解决

司法解决在跨境电子商务知识产权保护中发挥着主导作用，是司法本质属性和知识产权保护规律的内在要求，也是全面推进依法治国和提升司法公信力的重要体现。对于跨境电子商务知识产权纠纷，法律适用的稳定性能最大限度地为利益攸关方提供明确稳定的预期，为当事人选择正确的行为模式提供指引，为知识产权的非诉纠纷解决提供依据和参考。

一、跨境电子商务知识产权纠纷的管辖与裁判

由于网络不受传统地理范围的限定，跨境电子商务知识产权纠纷，首先，要解决管辖问题；其次，由于网络的匿名性，对被告主体身份正确认定也极为关键；最后，在裁决时，应当准确认定平台的法律义务及责任方式。❷

（一）管辖联结点的确定

涉跨境电子商务平台知识产权案件由侵权行为地或者被告住所地人民法院管辖。侵权行为地包括被诉侵权商品的生产地、存储地、实施被诉侵权行为的网络服务器、计算机终端设备所在地等。侵权行为地和被告住所地均难以确定的，原告发现侵权内容的计算机终端等设备所在地可以视为侵权行为地。

在以网店卖家和平台作为共同被告的案件中，知识产权权利人可以选

---

❶　2017 年 6 月 26 日，中央全面深化改革领导小组第三十六次会议审议通过《关于设立杭州互联网法院的方案》。会议强调设立杭州互联网法院，是司法主动适应互联网发展大趋势的一项重大制度创新。要按照依法有序、积极稳妥、遵循司法规律、满足群众需求的要求，探索涉网案件诉讼规则，完善审理机制，提升审判效能，为维护网络安全、化解涉网纠纷、促进互联网和经济社会深度融合等提供司法保障。

❷　参见：浙江省高级人民法院.《浙江省高级人民法院民事审判第三庭关于印发〈电子商务平台中知识产权保护问题的纪要〉的通知》（浙法民三〔2012〕2 号），2012 年 11 月 8 日；浙江省杭州市中级人民法院电子商务诉讼指导办公室.《关于涉电子商务纠纷案件审判疑难问题的解答》，2016 年 2 月 4 日。

择网店卖家所在地法院管辖，也可以选择平台所在地法院管辖。如果平台所在地法院与被诉侵权行为关联度低、管辖依据薄弱，而直接侵权被告身份、地址明确的，法院应当根据原告的具体诉讼内容特别是平台在被诉侵权行为中的不同作用，遵循方便当事人进行诉讼和人民法院尽审判之责、方便对判决执行的原则，作出管辖裁定。

（二）被告身份的确认

权利人（原告）可以选择网店卖家、平台或二者为被告。如果原告以网店卖家为被告或共同被告之一的，如网店卖家为个体工商户，应以营业执照上登记的经营者为被告，登记经营者与实际经营者不一致的，可以登记经营者和实际经营者为共同被告。登记经营者出借身份证、营业执照、账号给实际经营者，实际经营者以登记经营者的名义对外经营的，原告可以直接起诉登记经营者。登记经营者承担责任后，可以向实际经营者追偿。

如果原告仅起诉登记经营者，登记经营者申请追加实际经营者为共同被告的，如原告同意追加，则应予以追加，登记经营者应提供实际经营者的准确身份信息；如原告不同意追加，则一般情况下不予追加。但不追加实际经营者为共同被告会导致案件事实难以认定的，法院应向原告释明，如原告仍不同意追加，法院可根据相关的举证责任分配原则驳回原告的诉讼请求。

如果原告仅起诉实际经营者，实际经营者申请追加登记经营者为共同被告的，如原告同意追加，则应予以追加，实际经营者应提供登记经营者的准确身份信息；如原告不同意追加，则不予追加。

如果原告仅以平台为被告，如不追加网店卖家为共同被告不影响直接侵权行为事实认定的，法院可以直接作出认定，并根据平台是否存在过错认定其责任；如果不追加卖家为共同被告会导致直接侵权行为事实难以认定的，法院应向原告释明，如原告不同意追加，法院可根据相关的举证责任分配原则驳回原告的诉讼请求。

（三）平台的过错与判断标准

法院应当根据平台的过错，确定其是否承担民事责任，平台的过错包括对于网店卖家侵权行为的明知或者应知。

"明知"是指对侵权行为存在明确的、实际的认知状态。是否明知，由原告举证。平台接到投诉人以书信、传真、电子邮件等方式提交的合格通知，未及时采取删除、屏蔽、断开链接等必要措施的，法院应认定其明知相关侵权行为。

"应知"是指通过相关的事实与标准可以推定其应当认识到侵权行为。判断是否应知应当以"合理注意义务"为标准。"合理注意义务"包括与技术发展水平相当的用户身份审查义务和商品信息审查义务，但不包括一般性的事先审查义务和较高的注意义务。平台能够证明已采取合理、有效的技术措施，仍难以发现卖家侵权行为的，人民法院应当认定其不具有过错。

认定平台是否构成"应知"，可综合考虑以下因素：（1）平台提供服务的性质、方式及其引发侵权的可能性大小，以及应当具备的管理信息的能力：对于只提供工具性服务、基本保持技术中立地位的平台，其注意义务应限于采取技术措施屏蔽违反国家规定的信息；对于以对商品或服务作出特殊承诺等方式介入的平台，其注意义务为在准许进入平台时对站内经营者进行初步的资质和知识产权审查；对于招揽卖家销售某商品或服务的团购网站，其注意义务不得低于其对商品或服务进行推销时所作出的保证承诺；（2）权利本身的明确性、公开性及知名度；（3）平台是否积极采取了预防侵权的合理措施；（4）平台是否设置便捷程序接收侵权通知并及时对侵权通知作出合理的反应；（5）平台是否针对同一网店卖家的重复侵权行为采取了相应的合理措施；（6）其他相关因素。

（四）投诉人通知有效性认定

合格的侵权投诉通知应包含以下内容：（1）投诉人的身份证明：以能够准确确定投诉人的身份信息为限。如有效身份证明文件、联系地址、联系电话、真实的电子邮箱地址等；（2）权利证明：以足以确定投诉人为实际权利人为限，例如权利名称、内容以及占有方式及有效期限等；（3）要求删除或者断开链接的被控侵权商品、信息的名称和网络地址：以足以准确定位被控侵权的商品或信息为限；对是否足以准确定位，应当考虑平台的具体经营模式、被诉侵权商品或信息的类型、名称是否具有特定性等具体情况认定；（4）侵权成立的初步证明材料。以能够初步判断侵权成立为限。如公证购买侵权商品的证据、网页上明显的侵权信息、卖家在网络聊天中对侵权行为的自认等。

（五）卖家反通知有效性认定

反通知是指平台根据投诉通知采取了必要措施后，网店卖家认为其并未侵权，向平台提出要求恢复的通知。合格的反通知应包含以下内容：（1）网店卖家的姓名或名称、联系地址、联系电话等；（2）要求恢复链接的被控侵权商品、信息的名称和网络地址；（3）不构成侵权的初步证明材料：应当足以和通知中构成侵权的初步证明材料相当。

（六）平台采取措施的有效性审查

平台对通知或者反通知采取措施的有效性，应从以下几个方面审查：（1）进行形式审查：平台接到通知或反通知后，需要对通知或反通知所列内容进行合格性审查，而无须审查被控侵权行为是否成立；（2）履行合理的帮助义务：平台在依据通知书采取删除链接等措施或者依据反通知书采取恢复链接等措施的同时，应将通知书或者反通知书转送卖家或者投诉方，因地址不明无法转送的，应在信息网络上公告；（3）采取措施的必要性：平台依据通知书采取了删除、屏蔽、断开链接等阻止侵权行为继续或者进一步扩大的必要措施，或者依据反通知书采取了恢复链接等防止网店卖家损失进一步扩大的必要措施；（4）采取措施的及时性：平台在现有的技术水平下的合理时间内采取了必要措施，合理时间可以综合考虑通知或者反通知的形式、准确程度、采取措施的难易程度、网络服务的性质、所涉权利的知名度、现有技术水平等因素予以认定。

（七）责任承担方式

关于停止侵害，主要是删除或屏蔽侵权产品信息、断开侵权产品链接、关闭店铺等。关于赔偿损失，网店卖家在店铺信息描述中对商品的销售数量、实际交易价格等对损害赔偿数额确定有实际参考价值的，可以作为确定法定赔偿数额的依据。关于信息披露，平台应向原告披露卖家的有关信息，主要是其网络注册资料等。

二、跨境电子商务知识产权纠纷审理的疑难问题

跨境电子商务知识产权纠纷的审理主要涉及平台的注意义务、通知删

除规则的正确适用、电子合同中格式条款和电子证据的效力等疑难问题。❶

（一）平台的注意义务

跨境电子商务平台应当承担必要的、合理的知识产权合法性注意义务。能够以更低的成本预防和制止侵权行为的权利人或电子商务平台应当主动、及时采取必要措施，否则应当承担不利后果。

对于自营型电子商务平台，即跨境电子商务平台以自己的名义向公众提供被控侵权交易信息或从事相应交易行为侵害他人知识产权的，应当承担赔偿损失等侵权责任。电子商务平台未明确标示被控侵权交易信息或相应交易行为由他人利用其网络服务提供或从事的，推定由其提供或从事。

网络卖家利用电子商务平台的网络服务提供被控侵权交易信息或从事相应交易行为侵害他人知识产权的，应当依法承担赔偿损失等侵权责任。电子商务平台知道网络卖家利用其网络服务侵害他人知识产权，但未及时采取必要措施的，应当对知道之后产生的损害与网络卖家承担连带赔偿责任。

对于如何认定电子商务平台知道，应当做如下理解：知道包括"明知"和"应知"。"明知"指电子商务平台实际知道侵权行为存在；"应知"是指按照利益平衡原则和合理预防原则的要求，电子商务平台在某些情况下应当注意到侵权行为存在。电子商务平台对利用其网络服务公开传播的交易信息一般没有主动监控义务。不能仅因电子商务平台按照相关管理要求进行交易信息合法性的事前监控，或者客观上存在网络卖家利用其网络服务侵害他人知识产权的行为，就当然认定电子商务平台知道侵权行为存在。

因此，法院应准确把握认定跨境电子商务平台"知道网络卖家利用其网络服务侵害他人知识产权"的要件。只有在同时符合以下情形的，可以认定电子商务平台知道网络卖家利用其网络服务侵害他人知识产权：（1）明知或应知被控侵权交易信息通过其网络服务进行传播；（2）明知或应知被控侵权交易信息或相应交易行为侵害他人知识产权。

如果符合以下情形之一的，可以推定平台在被控侵权交易信息公开传

---

❶ 参见：北京市高级人民法院. 北京市高级人民法院关于审理电子商务侵害知识产权纠纷案件若干问题的解答（京高法发〔2013〕23 号），2012 年 12 月 28 日。

播前"明知或应知被控侵权交易信息通过其网络服务进行传播"：（1）平台与提供被控侵权交易信息的网络用户合作经营，且应当知道被控侵权交易信息通过其网络服务进行传播；（2）平台从被控侵权交易信息的网络传播或相应交易行为中直接获得经济利益，且应当知道被控侵权交易信息通过其网络服务进行传播；（3）平台在交易信息公开传播前明知或应知被控侵权交易信息通过其网络服务进行传播的其他情形。在上述情形中，如被控侵权交易信息或相应交易行为侵害他人知识产权，推定平台"知道网络卖家利用其网络服务侵害他人知识产权"。

如果符合以下情形之一的，可以推定电子商务平台在被控侵权交易信息公开传播后"明知或应知被控侵权交易信息通过其网络服务进行传播"：（1）被控侵权交易信息位于网站的首页、各栏目的首页或网站的其他主要页面等明显可见的位置；（2）平台对被控侵权交易信息进行了人工编辑、选择或推荐；（3）权利人的通知足以使平台知道被控侵权交易信息通过其网络服务进行传播；（4）平台在交易信息公开传播后明知或应知被控侵权交易信息通过其网络服务进行传播的其他情形。

如果符合以下情形之一的，可以推定平台在被控侵权交易信息公开传播后"明知或应知被控侵权交易信息或相应交易行为侵害他人知识产权"：（1）交易信息中存在明确表明未经权利人许可的自认，足以使人相信侵权的可能性较大；（2）知名商品或者服务以明显不合理的价格出售，足以使人相信侵权的可能性较大；（3）权利人的通知足以使人相信侵权的可能性较大；（4）电子商务平台在交易信息公开传播后明知或应知被控侵权交易信息或相应交易行为侵害他人知识产权的其他情形。

（二）通知删除规则

跨境电子商务平台有公示其联系信息的义务，如果平台未公开其名称、联系方式等信息，或公开的信息有误，导致权利人在发现侵权行为后无法发送通知的，平台对因此导致的损害扩大部分承担连带赔偿责任。

权利人认为网络卖家利用平台提供的网络服务侵害其知识产权的，有权以书信、传真、电子邮件等方式通知平台采取删除、屏蔽、断开链接等必要措施。通知应当包含下列内容：（1）权利人的姓名（名称）、联系方式和地址等信息；（2）足以准确定位被控侵权交易信息的具体信息；（3）证明权利归属、侵权成立等相关情况的证据材料;(4)权利人对通知的真实性负责的承诺。权利人发送的通知不符合上述条件的,视为未发出通知。

根据公开传播的交易信息足以对侵权与否进行判断的,权利人可以不提交实际交易的商品或服务的相关证据。根据公开传播的交易信息不足以对侵权与否进行判断的,或者权利人主张交易信息与实际交易的商品或服务不一致的,权利人可以提交实际交易的商品或服务的相关证据。

权利人的通知及所附证据能够证明被控侵权交易信息的侵权可能性较大的,平台应当及时采取必要措施,否则认定其有过错。其中,必要措施应当合理,应当与侵权情节相适应,否则平台应当依法承担法律责任。平台在采取必要措施后,应当及时将通知及所采取措施的情况告知网络卖家,并及时将所采取措施的相关情况告知权利人。网络卖家联系方式不清楚导致无法通知的,平台应当在网络上公告通知的内容。

平台对被投诉商品采取的必要措施应当秉承审慎、合理原则,以免损害被投诉人的合法权益。基于其对专利侵权判断的能力、侵权投诉胜诉概率以及利益平衡等因素的考虑,并不必然要求平台在接受投诉后对被投诉商品立即采取删除和屏蔽措施。但是,将有效的投诉通知材料转达被投诉人并通知被投诉人申辩当属平台应当采取的必要措施之一。否则权利人投诉行为将失去任何意义,其维权行为也将难以实现。平台应该保证有效投诉信息传递的顺畅,被投诉人在接到投诉信息后,对于其产品是否侵权,以及是否应主动停止被投诉行为,作出相应的判断及应对。如果平台未履行上述基本义务的结果导致被投诉人未收到任何警示从而造成损害后果的扩大,平台应对损害的扩大部分与侵权行为人承担连带责任。❶

(三)反通知规则

网络卖家可以在平台告知的合理期限内提出要求恢复被删除的内容,或者恢复被屏蔽、被断开的链接的反通知。逾期不提出反通知的,视为认可平台采取的必要措施。反通知应当包含下列内容:(1)网络卖家的真实姓名(名称)、联系方式和地址;(2)足以准确定位交易信息的具体信息;(3)不构成侵权的证明材料;(4)网络卖家对反通知真实性负责的承诺。

---

❶ 威海嘉易烤生活家电有限公司与永康市金仕德工贸有限公司、浙江天猫网络有限公司侵害发明专利权纠纷案,浙江省高级人民法院(2015)浙知终字第186号。

网络卖家发送的反通知不符合上述条件的，视为未发出反通知。

平台收到网络卖家发送的反通知后，应当将网络卖家的反通知转送权利人，并告知权利人在合理期限内对侵权是否成立进行确认。权利人在合理期限内撤回本次通知，或者未对侵权是否成立进行确认的，平台应当及时取消必要措施，恢复被删除的内容或者恢复被屏蔽、被断开的链接。权利人在合理期限内确认侵权成立，且卖家提供的证据不能充分证明平台采取的措施是错误的，平台不必取消所采取的措施。

（四）错误通知以及恶意投诉的认定及责任

为了维持良好的电子商务生态，市场主体应当实践诚信投诉机制。为了更好地保障权利人知识产权保护的诉求，尽可能避免权利人滥用权利而导致卖家的合法利益受损，应当为诚信的权利人投入更多的精力以帮助维权。平台可以对权利人进行分层管理：把多次发出虚假投诉、造成平台内经营者重大损失的权利人（代理人）纳入"黑名单"。❶ 知识产权局、版权局、商标局等知识产权管理部门应共同建立权利人虚假陈述的"黑名单"制度，并结合平台的"黑名单"，在第三方监督机构（如媒体）上实时发布名单，接受权利人、卖家反馈和完善建议。

此外，通过完善投诉保证金制度可以有效遏制知识产权滥用问题。目前，平台已经普遍实施了卖家保证金制度，它是指由卖家先行支付一定数额的保证金，在其侵犯其他会员知识产权时，扣除保证金并对权利人进行先行赔付的一种制度。为了防范卖家侵权，可以在借鉴财产保全、诉前禁令、海关知识产权保护等制度中的担保制度，设立投诉方保证金制度，即由特定投诉人先行缴纳一定保证金，若其出现错误投诉或者恶意投诉，扣除保证金对造成损失的经营者进行先行赔付。如此，可以遏制投诉领域的知识产权权利滥用问题，例如，恶意的投诉、以不正当竞争为目的的投诉、进行虚假陈述、威胁卖家、恶意申请专利进行投诉、通过商标抢注进行投诉等。❷

---

❶　2017 年 2 月，阿里巴巴在北京市东城区人民法院向杭州网卫科技有限公司提起诉讼，以不正当竞争为由向后者索赔 110 万元，并要求其进行公开的道歉。这是国内第一起电商平台状告"恶意知识产权投诉"案件。

❷　刘斌，陶丽琴，洪积庆. 电子商务领域知识产权保障机制研究［J］. 知识产权，2015（2）：64 – 68.

权利人因错误发送通知，或者在接到反通知后错误地确认侵权，损害网络卖家的合法权益的，应当依法承担赔偿责任。平台错误采取措施，或采取措施不合理，或错误地取消必要措施，损害权利人或网络卖家的合法权益的，应当依法承担赔偿责任。平台因为权利人或网络卖家的错误行为而承担了赔偿责任后，有权依法向权利人或网络卖家追偿。

如果权利人等投诉主体恶意投诉，应当承担赔偿责任。是否构成恶意投诉，应当审查投诉人的具体行为。投诉具备以下三个构成要件时，应认定为恶意投诉：（1）投诉人不正当地实施了投诉行为；（2）投诉人的投诉具有恶意损害他人利益的非法目的；（3）投诉人的投诉具有故意或重大过失；❶ 其中，具有故意或重大过失可以通过行为人没有合法权利、没有事实或法律依据仍发出投诉通知来推定。

投诉人恶意投诉时，平台是否应承担民事责任，仍应遵循过错责任原则。如在被投诉人提出合格反通知后，平台没有接受反通知，也未及时采取恢复措施的，则应当采取恢复措施，并对因其行为造成损害的扩大部分承担赔偿损失等民事责任。

（五）电子合同中格式条款和电子证据的效力

平台以格式条款与用户签订合同的，若平台已提示用户阅读，尽到合理提示义务的，该格式条款一般应认定有效。合理提示包括：格式条款单列、条文加粗、下画线、强制弹出阅读窗口并要求用户主动勾选"同意"选项等。

由于涉及跨境电子商务纠纷，当事人可提交电子商务交易过程中产生的网页打印件、数据库信息、音视频资料等电子证据，包括但不限于电子交易订单、物流信息和交易聊天记录等。

人民法院应结合电子证据的生成、存储、传递的具体环境和方式，根据证据认定规则对电子证据的可靠程度、关联程度和完整程度进行综合判断。除非有相反证据推翻，该些证据一般应认定其真实性。

---

❶ 根据阿里巴巴平台治理部的统计，2016 年阿里巴巴平台总计发现有恶意投诉行为的权利人账户 5 862 个，近 103 万户商家和超 600 万条商品链接遭受恶意投诉，造成卖家损失达 1.07 亿元；恶意投诉总量已占到阿里平台知识产权保护投诉总量的 24%。

三、跨境电子商务知识产权纠纷手续的涉外审查

为进一步规范跨境电子商务知识产权案件相关涉外手续的审查，依法妥善处理好涉外知识产权案件，建议有关外国当事人的主体资格、授权代表的证明文件以及授权委托手续等参照以下审查要求执行。❶

（一）　主体资格的审查

外国当事人作为原告时，应根据我国《民事诉讼法》的规定，向人民法院提供身份证明，证明材料应符合我国法律要求的形式。拒不提供的，应裁定不予受理。案件已经受理的，可要求原告在指定期限内补充提供相关资料，期满无正当理由仍未提供的，可以裁定驳回起诉。

外国当事人作为被告时，应针对不同情况分别做如下处理：（1）原告起诉时提供了被告存在的证明，但未提供被告的明确住址或者依据原告所提供的被告住址无法送达的，应要求原告补充提供被告的明确住址。依据原告补充的材料仍不能确定被告住址的，应依法向被告公告送达相关司法文书；（2）原告起诉时没有提供被告存在的证明，但根据起诉状所列明的被告的姓名、名称、住所、法定代表人的姓名等情况对被告按照法定的送达途径（公告送达除外）能够送达的，送达后被告不在法定的期限内应诉答辩，又拒不到庭的，可以依法缺席审判；（3）原告在起诉时没有提供被告存在的证明，根据起诉状所列明的情况对被告按照法定的送达途径（公告送达除外）无法送达的，应要求原告补充提供被告存在的证明，原告拒不提供或者补充提供后仍无法确定被告真实存在的，可以认定为没有明确的被告，应根据《民事诉讼法》的规定裁定驳回原告的起诉。

（二）　授权代表证明文件的审查

外国当事人在我国境外出具的授权委托书，应当履行相关的公证、认证或者其他证明手续。且在签署授权委托书时，外国法人、其他组织的法定代表人或者负责人还应提供该法人或者其他组织出具的能够证明其有权签署授权委托书的证明文件。根据我国《涉外民事关系法律适用法》第14

---

❶　参见：浙江省高级人民法院民三庭《关于进一步规范涉外知识产权案件相关手续审查的通知》，2013 年 7 月 4 日。

条的规定，法人及其分支机构的民事权利能力、民事行为能力、组织机构、股东权利义务等事项，适用登记地法律。因此，外国法人或者其他组织出具的授权其授权代表对外签署授权委托书的行为属于法人的民事行为能力范畴，应当适用该外国当事人登记地法律予以确定，且该证明文件必须办理公证、认证或者其他证明手续。关于登记地法律的查明，应该根据《最高人民法院关于贯彻执行〈中华人民共和国民法通则〉若干问题的意见》（以下简称《民通意见》）第193条的规定办理。需要注意的是，根据《最高人民法院关于适用〈中华人民共和国涉外民事关系法律适用法〉若干问题的解释（一）》第6条规定，中华人民共和国法律没有明确规定当事人可以选择涉外民事关系适用的法律，当事人选择适用法律的，人民法院应认定该选择无效。前述《涉外民事关系法律适用法》第14条所涉及的内容属于法律没有明确规定当事人可以选择涉外民事关系适用的法律的情形。

（三）授权委托手续的审查

外国自然人在人民法院办案人员面前签署的授权委托书无须办理公证、认证或者其他证明手续，但在签署授权委托书时应出示身份证明和入境证明，法院办案人员应在授权委托书上注明相关情况并要求该外国自然人予以确认。

外国自然人在我国境内签署的授权委托书，经我国公证机关公证，证明该委托书是在我国境内签署的，无须在其所在国再办理公证、认证或者其他证明手续。

外国法人、其他组织的法定代表人或者负责人代表该法人、其他组织在人民法院办案人员面前签署的授权委托书，无须办理公证、认证或者其他证明手续，但在签署授权委托书时，除应出示自然人身份证明和入境证明外，还应当提供该法人或者其他组织出具的能够证明其有权签署授权委托书的证明文件，且该证明文件必须办理公证、认证或者其他证明手续。法院办案人员应在授权委托书上注明相关情况并要求该法定代表人或者负责人予以确认。

外国法人、其他组织的法定代表人或者负责人代表该法人、其他组织在我国境内签署的授权委托书，经我国公证机关公证，证明该委托书是在我国境内签署，且提供了外国法人、其他组织出具的办理了公证、认证或者其他证明手续的能够证明其有权签署授权委托书的证明文件的，该授权委托书无须在外国当事人的所在国办理公证、认证或者其他证明手续。

外国当事人将其在特定时期内发生的或者将特定范围的案件一次性委托他人代理，人民法院经审查可以予以认可。该一次性委托在一审程序中已办理公证、认证或者其他证明手续的，二审程序中无须再办理公证、认证或者其他证明手续。

（四）涉外实体法的查明

我国《涉外民事关系法律适用法》第 10 条规定：涉外民事关系适用的外国法律，由人民法院、仲裁机构或者行政机关查明。当事人选择适用外国法律的，应当提供该国法律。不能查明外国法律或者该国法律没有规定的，适用中华人民共和国法律。该条对于外国法查明的规定主要包括两个方面：一是外国法的查明责任承担；二是外国法不能查明的救济方法。首先，关于查明外国法的责任。根据该条的规定，一般情况下，外国法由法院、仲裁机构或者行政机关依职权查明。如果当事人选择适用外国法律的，则其有义务提供该法律。其次，关于不能查明的后果。根据该条的规定，如果不能查明外国法律或者该国法律没有规定的，适用中华人民共和国法律。

外国法的查明（ascertainment of foreign law），亦称外国法的证明（proof of foreign law）或者外国法内容的确定，是指一国法院在审理涉外民商事案件时，如果依本国的冲突规范应适用某一外国实体法时，如何查明该外国法关于这一特定问题的规定的问题。由于世界上各国法律千差万别，任何法官都不可能通晓世界各国的法律。因此，当法院在审理跨境电子商务知识产权纠纷案件时，如果依本国的冲突规范指引应适用外国法，就必须通过一定的方式和途径来查明外国法的内容。因此，当案件适用某一外国法作为解决案件争议的准据法时，如何查明相关外国法的内容是法院（仲裁机构）等面临的一个重要问题。

关于外国法查明的途径，我国法律包括《涉外民事关系法律适用法》在内对此均未做明确规定。《民通意见》第 193 条规定：对于应当适用的外国法律，可通过下列途径查明：（1）由当事人提供；（2）由与我国订立司法协助协定的缔约对方的中央机关提供；（3）由我国驻该国使领馆提供；（4）由该国驻我国使馆提供；（5）由中外法律专家提供。实际上这一规定没有明确区分查明责任和查明途径。根据《涉外民事关系法律适用法》第 10 条的规定，对于查明责任，一般情况下由人民法院、仲裁机构或者行政机关等机构承担，对于当事人选择适用外国法的，当事人应当提供该国法律。

从司法实践的情况来看，当事人提供外国法和通过中外法律专家❶提供外国法的途径使用较多，而通过我国驻使领馆、外国驻我国使馆查明外国法的途径操作难度较大，花费时间较长，查明效果可能并不理想。据不完全统计，2013—2015 年，我国法院涉及域外法查明与适用的案件共 166 件；其中，未能查明外国法而适用我国法律的案件高达 21 件。❷ 随着"一带一路"倡议的推进，自贸试验区的涉外（知识产权）业务无法回避外国法的查明问题，这不仅为境外投资有效认知和规避风险提供了路径，而且能通过境外法和境内法比较，更好地指导和促进我国立法和司法。

---

❶　2014 年 12 月，上海市高级人民法院与华东政法大学签订《外国法查明专项合作纪要》，构建法院委托该校外国法查明研究中心查明域外法律规范的合作机制。

❷　张勇健. "一带一路"司法保障问题研究 [J]. 中国审判，2017（1）：22 – 25.

第七章　自贸试验区知识产权运营法律制度

从微观上看，知识产权运营是指促进知识产权流转和利用的商业活动行为，其直接目的是实现知识产权经济价值。从宏观上看，只有通过知识产权运营，知识产权的商业价值才能得到充分体现，国家知识产权资源的战略价值才能得以发挥；在文化上表现为国家的文化软实力得到提升；在经济上表现为实现知识产权贸易顺差。在自贸试验区知识产权运营中心建设过程中，知识产权交易市场建设至关重要；知识产权通过交易市场的运作和经营，知识产权的商品化、产业化和资本化可以得到价值实现。同时，应当防止知识产权运营过程中的税收流失，特别是涉外知识产权转让和许可过程中的转让定价问题。

第一节　知识产权运营与文化软实力

"软实力"（soft power），又译为"软权力"，是多年来风靡国际关系领域的流行关键词之一，其概念是美国著名学者约瑟夫·奈于 20 世纪 90 年代首先提出来的。"软实力"主要包括文化的吸引力和感染力，对外政策、意识形态和政治价值观的吸引力等。虽然没有"硬实力"那样具有明显和直接的力量，但"软实力"有更加持久的渗透力和影响力。❶ 约瑟夫·奈认为：国家的软实力主要存在于三种资源中，一是国家的文化，即对其他国家和人民具有吸引力的文化；二是国家的政治价值观，特别是当该国在国内外努力实践这些价值观时；三是国家的外交政策，但这些外交

---

❶　JOSEPH S. NYE, JR. . Soft power ［J］. Foreign Policy, 1990 (80)：153 – 171.

政策需要被认为合法且具有道德权威。❶ 这里讨论的"文化软实力"是指对其他国家和人民具有吸引力的文化资源，它泛指人们从事一切与文化活动有关的生产和生活内容的总称，目前主要表现在文化产品的供给和输出上，即将文化通过产品或服务载体来进行表达和传播。

一、文化软实力与知识产权的关系

软实力的竞争是全球化的产物。20世纪下半叶以来，世界经济日趋全球化和一体化，各类商品和技术在国家间自由流动，国与国之间的经济依存度明显加深，WTO已经维系着160多个主要经济体之间的贸易关系。全球化带来的不仅仅是商业的全球化，在经济交往过程中，文化、价值、观念等一些软实力资源也被带出国门，融入全球化进程之中。并且，这些软实力资源的强弱往往对经济的交往产生重要影响。这样，在全球化的大背景下，国与国之间竞争不是简单的军备竞赛，而是同样体现综合国力的软实力之间的较量。❷ 在当代人类政治的新态势下，文化这个因素重领风骚，引起了人们的高度注意；讨论一个国家权力或国家实力，关键的一条就是留意文化的积极作用。❸ 软实力的重要特点是无形的传播和渗透；而传播的方式多种多样，可以通过人与人之间的交往，也可以通过产品和服务的贸易等多种形式来进行传播，当火车、飞机等交通方式让大陆与海洋不再成为不可逾越的障碍，互联网使文化传播变得更加容易。

文化软实力是一个国家软实力最重要的组成部分。20世纪90年代以来，发达国家、新兴工业化国家和地区纷纷调整文化政策，制定国家文化发展战略，在"创意经济"高地展开了新一轮竞争与博弈。然而，知识产权在这其中发挥了不可替代的重大作用。众所周知，WTO又有"经济联合国"的别称，世界主要国家和地区均已加入WTO。随着TRIPS的实施，知识产权制度比以往任何时候更加受到关注。知识产权运营对于提升国家文化软实力具有举足轻重的作用。

---

❶ 约瑟夫·奈. "软权力" 再思索 [J]. 国外社会科学，2006（4）：90-91.
❷ 李海娟. "软权力"竞争背景下的文化战略 [J]. 毛泽东邓小平理论研究，2004（12）：49-54.
❸ 王沪宁. 作为国家实力的文化：软权力 [J]. 复旦学报（社会科学版），1993（3）：91-96.

二、加强著作权运营以推动文化创新

文化软实力是通过文化生产、文化交流、文化教育和信息传播等途径使本国所倡导和奉行的价值理念赢得国内外受众的普遍认可从而获得国际影响力的能力。因此，文化软实力的核心是思想、观念、原则等价值理念，它的载体是文化产品、文化交流活动、文化教育和信息传播媒介。著作权的核心功能就是保护思想和观念的表达形式，而邻接权则保护作品及衍生品的制作与传播。从 1886 年《伯尔尼公约》开始，国际社会就注重对作品和文化产品的保护。此后，《伯尔尼公约》历经 7 次修订，最新文本是 1971 年的巴黎文本；虽然自 20 世纪 90 年代以来并没有修订《伯尔尼公约》，但针对互联网技术的发展，世界知识产权组织专门制定了 1996 年《世界知识产权组织版权条约》（WCT）。《伯尔尼公约》历次修订的主要目的是应对新技术发展（如录音技术、摄影技术、无线电广播技术、电影技术、电视技术、计算机技术、互联网技术），不断扩大著作权的保护客体和权利的内涵。不难看出，国际版权制度 100 多年的协调历史都是在保护文学艺术作品及其衍生品。这些作品本质上都是文化的凝结，是一个国家或民族所倡导的价值观和理念的体现。只有对文化创造给予充分的保护，才能保护创作的激情和动力，只有对作品的运营和开发才能带来创作的繁荣，真正造成"百花齐放，百家争鸣"的良好局面。

法律为经济服务，文化产品的生产和流通实实在在需要知识产权法律提供保护。而在文化产品资源方面，当今美国具有较大的优势。美国的内容工业（content industry）主要包括电影产业和电视、录音制品、出版物等各种客体。根据美国电影协会的一项数据：2015 年，美国电影和电视工业提供 200 万个就业机会，支付工资总额超过 1 340 亿美元；美国娱乐产业持续的价值和吸引力为美国因视听服务出口挣得 178 亿美元。❶ 这种经济优势也从侧面证明了其文化产业的高度发达，输出的文化产品和服务在

---

❶ MOTION PICTURE ASSOCIATION OF AMERICA. The Economic Contribution of the Motion Picture & Television Industry to the United States 2017 ［EB/OL］. ［2017 - 06 - 30］. http：//www. mpaa. org/wp - content/uploads/2017/02/Economic - Contribution - of - the - Motion - Picture - Television - Industry - to - the - United - States - 2017. pdf.

全球范围内有较大的市场。

因此，文化产业振兴并不是文化企业在体制上由事业转为企业，或者文化公司是否上市的问题，最根本的是要坚持文化产品的创新，利用著作权等法律形式来加强对作品创作、传播的保护和运营，这才是提升文化软实力的根本途径。

三、加强工业产权运营提升文化产品附加值

软实力建设涉及文化创新活动、文化产品经营以及高新技术在文化领域的应用，与著作权、商标权、专利权等知识产权紧密相关。[1] 一方面，拥有专利技术和知名品牌的产品往往有较高的技术含量更容易获得市场认可，从而拥有很强的竞争力，能够为企业带来比较优势，从为而产品和技术输出国获得外汇和贸易收入。另一方面，通过专利技术和品牌产品的输出，来潜移默化地影响输入国的思想和价值，甚至是生产和生活方式。

（一）加强专利运营、提高文化产品的品质

全球化对于知识产权保护带来巨大影响，WTO 倡导贸易自由化以及贸易与知识产权的连接，为文化和技术产品在全世界范围内得到保护提供便利。这也是美国等发达国家的惯常做法，即充分利用本国在国际政治、经济、外交上的优势来支持本国的知识产品占领国际市场。[2] 这种影响积极的一面是，跨国研发活动让新技术在全球不同地区和国家诞生，并在当地获得知识产权保护，而跨国公司企业内部的技术的输出和输入的阻力很小，便于最新技术很快向全世界传播，为整个人类带来福利。例如，越来越多的跨国公司在本土之外的其他国家或地区（中国）设立技术研发中心。此外，跨国公司在海外设厂或和委托贴牌加工（OEM）都会在事实上形成技术流动，尽管这种流动还有很大的局限性；而这种技术流动也在客观上促使技术流入国进行二次创新或配套产品的研发。最后，互联网的发展客观上加速技术流动，特别是信息通信技术的全球化。中国的发展在某些方面甚至超过国外同类的产品或服务，作为技术后发国家的优势在互联

---

[1] 吴汉东. 国家软实力建设中的知识产权问题研究［J］. 知识产权, 2011（1）：3-6.

[2] 刘晓惠. 文化创意产品：国际贸易及贸易促进［J］. 国际经济合作, 2007（3）：38-40.

网领域有了对抗和竞争，不至于完全被国外产品和服务所包围和覆盖。所以，利用技术来保护文化资源，提升文化软实力，是工业产权运营制度需要着力解决的问题。

全球化对知识产权保护、文化和技术产品贸易的消极影响则体现在：全球技术一体化使得新技术（上游和下游技术）更加集中于少数技术优势的国家和企业，更容易形成垄断地位，从而对技术后发的国家和企业造成打压，不利于国际层面形成有序的和良性的竞争。从 WIPO 披露的历年PCT 专利数据来看，PCT 国际专利申请量的前 20 名均为世界著名的跨国企业，日本、德国、韩国和美国等企业数量排名靠前，中国有中兴和华为两家企业入围。这些企业通过专利在全球布局，在事实上更加形成在全球的技术垄断，而不仅限于一个国家和地区内部。此外，技术一体化本身就涉及不同技术的整合，比传统技术创新需要更高的技术实力和资金投入；技术的一体化让技术创新成为一个重大的系统工程，对于个人或实力有限的中小企业来说，则更是有心无力，就实际上排除发展中国家的中小企业参与竞争的可能性。掌握某个技术系统，尤其是关键技术，会增加其在下游技术和产品中的谈判能力，迫使供应商或采购者接受显失公平的交易条件，这也是中国强调原始创新和集成创新的用意所在。发达国家的跨国公司通过这种垄断地位获得一种软实力资源，更容易将理念、思想等文化捆绑在技术产品中，向世界主要国家和市场强势输出。❶

（二）加强品牌运营，促进文化产品传播

品牌或商标的本身只是一个简单字母、数字或图形，而商标背后却体现着无形的商誉，体现在品牌中新产品或服务的理念和价值。在国际关系中，甚至不同国家名称就是国家的品牌，如同美国就代表着它所追求的自由、平等、民主的普适价值。品牌影响力是指通过品牌开拓市场、占领市场并获得利润的能力；同时也是一个国家经济发展的缩影，折射着经济实力的增长和各个产业的发展趋势。品牌影响力已成为左右顾客选择商品的重要因素，而品牌的建立和推广都需要企业具有商标战略来保驾护航。商标的设计要体现在独特的视角和眼光，字母和数字的选择、色彩的搭配等

---

❶ 李长书. 跨国公司的软权力源泉及局限［J］. 特区经济，2007（12）：107－108.

都需要专业的支持。随着经济的发展,商品的销售已经不再局限于某一地域,而是在全国和全世界范围内的销售。

目前,对于品牌的经济价值和品牌影响力的评估,尽管没有一个完全权威的价值评估模型,但根据有一定影响力的世界品牌实验室公布统计数据(如表7-1所示),2016年,美国品牌在500强中入选227个,占近半壁江山,中国则排名第五。但相关国家入选品牌在数量上明显不在同一层次,更重要的是入选品牌所在的行业、优势产品也是特色明显,而且这更能说明品牌影响力中所代表的国家文化软实力;如代表美国信息通信产业实力的IBM、INTEL等,代表快餐文化的可口可乐、百事可乐、麦当劳、肯德基;代表日本电子产品的索尼、松下、NEC等,代表日本汽车产业的本田、丰田等;而中国入选品牌多为依国家政策而垄断的国有企业,并且未在国际市场中占有明显的领先优势,这种现象不利中国产业的整体发展,也难以通过品牌效应来提升软实力的影响。目前,中国正在开展国家品牌计划,希望提供优质产品促进消费升级。

表7-1　世界品牌500强入选国家品牌数量排名[1]　　单位:个

序号	国家	2016年	2015年	2014年	2013年	2012年	2011年	2010年	2009年	2008年
1	美国	227	228	227	232	231	239	237	241	243
2	法国	41	42	44	47	44	43	47	46	47
3	英国	41	44	42	39	40	39	40	39	38
4	日本	37	37	39	41	43	41	41	40	42
5	中国	36	31	29	25	23	21	17	18	15
6	德国	26	25	23	23	23	25	25	24	23

然而,企业的创新力是品牌影响力的源泉。不管在营销品牌上花费多少时间和精力,如果产品质量没有保证,品牌的忠诚度无法保证,影响力的基础就大打折扣。因此,技术和设计创新是品牌影响力的核心。

四、基于知识产权运营的中国文化软实力建设之道

中国作为一个有着悠久历史的文明古国,曾经对东亚和全世界贡献过

---

[1]　世界品牌实验室(World Brand Lab). 2016年《世界品牌500强排行榜》[EB/OL]. [2017-06-30]. http://www.worldbrandlab.com/world/2016/.

许多文化公共产品，然而今天却面临着文化软实力影响有限的困境。

（一）文化资源开发需要知识产权运营提升附加值

不可否认，中国具有丰富的文化资源。但是这个有着 5000 年以上历史、曾经引领过先进文化的文明国家，在今天的国际社会却没有占据应有的地位；而美国这个只有 200 多年历史的文化资源"小国"，却成为一个文化产品输出大国，连曾经深受中华文化影响的日本和韩国都已经在文化输出上占尽先机。问题的关键是将优秀文化资源转化成可以对外进行贸易的文化产品，这也是中国现在还未能提供占领国际市场的文化产品，尤其是被人们广为接受的品牌文化产品的原因之一。

实践中，中国古典名著和民间故事早已被国外进行多次改编，产生了许多电影电视、电脑游戏等衍生产品，如日本电脑游戏《三国志》、美国迪士尼电影《花木兰》、日本电视剧《西游记》等。对于传统民间故事被其他国家采用，我们不能用狭隘的民族主义视角一概反对，这也是中华文明和文化的一种输出方式；然而这种输出并不体现中国的价值观和传统文化理念，仅仅输出一种素材，即一种未经精加工的原始材料。从现代知识产权法的角度来看，这些作品产生的年代并没有知识产权制度来保护，即使当时受版权保护，也已经过保护期限而进入公有领域。这样的案例提醒我们：文化资源本身不等于文化软实力。从拥有资源到形成国家的文化软实力，需要在资源中形成高附加值的先进生产力和先进文化，用现代知识产权制度来进行运营，这样才能更好地输出。

（二）服务文化资源的开发与传播的知识产权运营战略

知识产权在当下"知识资本主义"的背景下更加有用武之地；对于知识产品，不再是简单地创造和保护，而是更要加强运用和管理。2008 年《国家知识产权战略纲要》在其制定目的中明确提出："为提升我国知识产权创造、运用、保护和管理能力，建设创新型国家，实现全面建设小康社会目标，制定本纲要。"《国家知识产权战略纲要》中的"运用"主要是利用知识产权作为智力资本的经济价值，而"管理"则有更丰富的内涵，包括为了实现组织的战略目标，整合所有的知识产权资源，制订相应的方案或规划，并在执行中不断改进完善。因此，从"创造"和"保护"到"运用"和"管理"，这种转变无疑对国家和企业都提出了更高的要求。

《国家知识产权战略纲要》的版权专项任务中特别提到：国家要扶持新闻出版、广播影视、文学艺术、文化娱乐、广告设计、工艺美术、计算机软件、信息网络等版权相关产业发展，支持具有鲜明民族特色、时代特点作品的创作，扶持难以参与市场竞争的优秀文化作品的创作。以文化资源的开发和管理为例，公司企业要有自己的品牌，文化产品要有创新内容；此外，为了让产品有更多的科技内涵，要注重运用高科技技术，并且形成自主控制的知识产权。2009 年国务院通过的《文化产业振兴规划》中也明确提出：文化创新能力要进一步提升；文化体制机制创新取得实质性进展，文化产业发展活力明显增强，以企业为主体、市场为导向、产学研相结合的文化创新体系初步形成，文化原创能力进一步提高，数字化、网络化技术广泛运用，文化企业装备水平和科技含量显著提高。因此，在文化创新过程中要做到以科技为支撑，注意采用最新的网络和数字技术，这样才能做到迎头赶上。

随着知识经济和经济全球化深入发展，中国已经意识到：知识产权日益成为国家发展的战略性资源和国际竞争力的核心要素，成为建设创新型国家的重要支撑和掌握发展主动权的关键。国际社会更加重视知识产权，更加重视鼓励创新。发达国家以创新为主要动力推动经济发展，充分利用知识产权制度维护其竞争优势；发展中国家也正在积极采取适应国情的知识产权政策措施，促进自身发展。作为 WIPO 和 WTO 的成员，中国依据本国知识产权法律所获得保护的知识产品可以依据中国参加的国际公约在其他国家和地区得到同等保护。知识产权制度的全球化协调使知识产权已经不再是文化产品贸易的障碍，这也是以美国为首的发达国家在 WIPO 体系之外，将知识产权议题纳入 WTO 的目标之一，其作用可谓"一石二鸟"；一方面通过强势文化产品的贸易来获取经济利益；另一方面自然是通过文化产品的渗透来输出价值观和思想理念。从表面上看，美国对其文化产业是无为而治；实则不然，政府为文化产品的输出进行了不遗余力的游说和扩张；❶ 美国等采取的方法是主要依靠双边对话，制定了大量的双边贸易协定，也不排除采用 WTO 的争端解决机制来解决问题，美国等文化产业

---

❶ 张慧娟. "无为而治"的背后——解读美国政府在其文化产业发展中的作用 [J]. 生产力研究，2007（15）：88 – 90.

发达国家和地区希望利用国际贸易体制为其文化产品顺利进入他国市场扫清法律障碍。

（三） 文化软实力建设与经济利益获取相辅相成

由于历史的原因，中国不太重视，甚至是忽略了文化产品的贸易，认为文化产品与意识形态密切相关，并且不太可能成为一个自由发展的产业。然而，当一种文化相对较弱时，强势文化自然会侵入，并会造成文化贸易赤字。由于文化教育娱乐不可避免地反映一定的意识形态，如果较多地把文化教育娱乐纳入上层建筑的范畴，可能会忽视精神产品的生产。不能否认，文化教育娱乐领域的产品更大程度上应当是大众消费品。现实中，文化产业的增长和文化产品的贸易已经成为国际贸易中新的增长点。通过文化产品的贸易，可以获取经济利益，这样企业才能有利可图，从而激发起新的创新和供给。如果没有经济利润做支持，其文化产品的创新就没有源源不断的可持续动力。中国过去在文化领域坚持全额拨款事业单位制，从某种意义上来说，并不利于形成企业的自主创新动力和机制。文化体制改革的重点目标是进一步完善文化市场主体，按照创新体制、转换机制、面向市场、增强活力的原则，基本完成经营性文化单位转企改制；这样，文化市场主体才能进一步完善，活力才能进一步增强。我们在实践中应当坚持社会效应，但不能完全忽视经济效益，二者并不是零和关系，而是可以做到有机的统一。❶

美国、日本等文化产品输出大国的实践已经表明，文化产品的贸易可以带动企业持续的创新，这样才能保证文化软实力对输出国产生长期的、持续的影响。反之，文化软实力的积极影响有助于文化产品消费的持续需求。文化产品的消费和有形产品的消费相同，容易形成一种消费习惯和品牌忠诚度，这有利于文化产品输出国的市场占有率保持稳定。

从国际经验来看，随着国民收入的提高和恩格尔系数的降低，国民对精神文化的需求会越来越大，文化消费的比重也将逐步提高。❷ 因此，中

---

❶ 杨明辉. 美国文化产业与对外文化战略 [J]. 世界经济与政治论坛，2006（5）：110 - 113.

❷ 王志平. 越过恩格尔系数——从注重食品支出比重到关注文化教育娱乐消费比重 [J]. 探索与争鸣，2003（6）：4 - 6.

国人均对文化产品的消费会逐渐大幅上升；如果中国不能提供足够的文化产品，必然要从国际市场上进口相关文化产品。因此，无论从国内需要来看，还是从争取文化产品的贸易顺差来看，中国都需要加强产化产品的供给和传播。目前，虽然中国加工的玩偶充斥着发达国家市场，但真正有影响力的卡通人物文化形象却是奥特曼、变形金刚、芭比娃娃和史努比等；此外，中国出口电视机和电脑，却很少出口电视机播放的内容和电脑上运行的软件，即并不出口思想观念和文化理念，仅仅是一个"硬件"加工厂，而不是一个"内容"出口基地，中国在内容产业上与发达国家还存在着很大的差距。中国应该在知识产权运营和文化产品创新上多下功夫，这样才能有长远的可持续发展，文化才有持久的生命力，才能通过传播而具有国际影响力。

中国要改变"文化不能贸易"的传统观念，加强文化产品的供给和输出，通过文化产品的贸易来贡献中国特色文化。当然，想要扭转文化贸易的逆差，首先就要先练好"内功"，加强知识产权战略，鼓励创新与传播，积极用知识产权保护我们的智力劳动成果，只有这样才能提升我们的文化软实力，才能为世界贡献更多的文化产品，提高中国的影响力和国际地位。

中国的自贸试验区建设为文化产业提供了新机遇。以上海自贸试验区为例，截至2015年年底，位于上海自贸试验区对外文化贸易基地的艺术品保税仓库，所带动的进出口货品总值就已高达150亿元以上。深圳前海自贸片区建立之后，亦吸引了众多文化艺术产业进驻。在自贸试验区内，通关便利、税收优惠、海内外艺术资源集中、金融配套完善等优势，吸引了越来越多海内外艺术机构、企业进驻，使得文化艺术产业发展如火如荼。❶由国家文化部命名国家对外文化贸易基地（上海）是全国第一个国家级对外文化贸易基地，旨在为促进文化"走出去"、扩大和鼓励中外文化贸易发展搭建文化贸易公共服务平台。该基地设在上海自贸试验区核心区域，其建设与发展得到文化部等国家相关部委的大力支持和指导。上海自贸试验区成立以来，一直是文化产业和艺术机构关注的重中之重，自贸试验区

---

❶ 张伟伦. 自贸区 3.0 时代 文化产业大有可为 [EB/OL]. [2017-06-30]. http：// ce. cn/culture/gd/201701/12/t20170112_19568900. shtml.

内的主要文化企业动向也成为判断自贸试验区文化产业发展方向的重要参考。自贸试验区的对外文化贸易建设无疑正在经历迅猛的发展，自贸试验区知识产权运营政策如何为文化产业带来更多契机成为一个全新的研究课题。

第二节　服务贸易与自贸试验区知识产权运营

一、知识产权贸易逆差概况

根据国家外汇管理局发布的 2017 年第一季度 "中国国际货物和服务贸易数据"，按人民币计价，知识产权使用费的平均贸易逆差 129 亿元。知识产权使用费包括使用无形资产的专有权、特许权等发生的收支，知识产权使用费的国际收支主要源于专利、商标和技术秘密等的转让和许可。此外，我国 2017 年第一季度个人、文化和娱乐服务类别也存在巨额的贸易逆差；个人文化娱乐服务产业收支是根据音乐、电影、广播、游戏等文化相关产业的对外支付额和进口额推算而来，它与版权密集型产业的贡献度密切相关。

表 7 - 2　2017 年第一季度知识产权使用费贸易收支情况表

时间	收入/元人民币	支出/元人民币	收入/美元	支出/美元
2017 年 1 月	35 亿	115 亿	5 亿	17 亿
2017 年 2 月	17 亿	137 亿	3 亿	20 亿
2017 年 3 月	9 亿	196 亿	1 亿	28 亿

我国令人尴尬的知识产权贸易逆差数据背后主要有以下几方面的原因。首先是我国国际贸易结构不均衡。长期以来，我国以货物出口为主的外贸特点十分鲜明，其中，又以加工贸易为发展重点。尽管加工贸易能够有效解决就业和增加外汇，但加工贸易的弊端也十分明显，加工贸易产业处于国际产业增值链条低端环节，加工增值环节主要停留在原材料和半成品加工和组装等生产阶段，国内加工企业并不掌握产品核心的专利和品牌等。我国贸易结构不均衡的另一个表现形式是服务贸易发展没有紧跟国际形势。虽然长期以来，货物贸易是全球贸易增长和发展的主体；但随着全

球服务业的迅猛发展和服务型经济的到来，服务贸易开始加速增长，在全球贸易中的比重不断上升。相较于货物贸易，服务贸易成为全球贸易中增长更快、更富有扩展空间的部分，成为全球贸易的新型增长点。货物贸易与服务贸易平衡发展，是贸易强国的重要标志之一。如果要保持和增进中国在国际贸易中的扩展空间，我国应高度重视和努力提升服务贸易的竞争力。我国国际服务贸易的不景气与国内第三产业发展缓慢息息相关。

其次是我国高质量的知识产权资源的供给存在不足。由于存在关键技术知识产权拥有量较少、核心技术专利的实施转化能力较弱、国际流行的文化创意和设计产业发展不足、具有全球影响力品牌缺乏等诸多制约因素，我国可供贸易的优质知识产权资源的供给水平尚不尽如人意。

最后是我国知识产权贸易的输出机制有待进一步完善。除了前述贸易结构的原因，中国国内市场庞大，企业往往专注于国内市场和加工贸易，而忽视主动开拓国际市场的重要性。伴随着"走出去"战略的实施，我国已经鼓励知识产权领域的对外投资合作，支持企业利用知识产权入股参与国际投资合作，加强在对外贸易和投资领域的知识产权海外保护与维权的支持力度。此外，"知识产权强国"计划正积极推动知识产权服务机构"走出去"，着力培育具有国际化视角和国际知识产权运作能力的知识产权服务机构。总体来说，我国在出口贸易领域的知识产权保护方面，国家救助机制和海外知识产权保护机制等制度保障措施有待进一步完善。

二、加强知识产权运营　减少贸易逆差

随着知识经济的发展，全球范围内的知识产权贸易已经成为经济社会发展中最活跃、最具革命性的贸易活动之一。我国应充分发挥知识产权制度的支撑作用，加强企业自主创新，扭转知识产权贸易逆差，这是我国深入实施知识产权战略亟待着力加强的工作重点。

从国际经验来看，享受知识产权贸易顺差的欧美等发达国家一方面强化知识产权创造，加大对企业研发和高新技术的支持；另一方面强化对外贸易知识产权保护，多边合作与单边调查并行，追踪各类自由贸易协定的知识产权谈判进程，推动形成对其有利的知识产权规则。例如，自1989年起，美国贸易代表办公室每年公布关于各国知识产权保护的年度报告《特

别 301 报告》，中国已经连续多年被列入重点观察国家名单，同时我国成为遭遇美国"337 调查"最大受害国。欧美各国在立法、司法、行政活动中都为企业和产业知识产权组织的参与提供重要的保障来加强知识产权贸易的扶持和管理，并在国际市场中加强保护的表达机会，政府成为企业利益的忠实代言人和平衡协调者。这些都是中国加强知识产权出口贸易值得学习和借鉴的地方。

在我国经济发展的新常态下，知识产权与经济产业将呈现加速融合的态势，我国面临着由知识产权大国向知识产权强国转变的艰巨任务。根据国家外汇管理局发布的国际货物和服务贸易数据，知识产权资产成为可贸易对象已经形成共识，知识产权转让和许可日趋成为国际服务贸易的重要组成部分。扭转知识产权贸易逆差问题的关键还在于提升我国企业自主创新能力，创造优质的知识产权资源，加强知识产权运营。结合深化企业自主创新和培育外贸竞争新优势的改革形势，提出如下几点建议。

第一，支持企业原始创新，加强专利运营，提升出口产品技术含量。2015 年 3 月，中共中央、国务院《关于深化体制机制改革加快实施创新驱动发展战略的若干意见》提出：完善企业为主体的产业技术创新机制。市场导向明确的科技项目由企业牵头、政府引导、联合高等学校和科研院所实施；政府鼓励构建以企业为主导、产学研合作的产业技术创新战略联盟。只有以企业为主体的原始创新体系充分发挥作用，才能扩大先进技术设备出口，促进质量好、档次高、具有比较优势的产业和产品出口。

第二，鼓励企业全面创新，加强品牌运营，提升出口产品的附价值。企业应把科技创新摆在企业发展战略的核心位置，统筹推进科技、管理、品牌、组织、商业模式创新，统筹推进"引进来"与"走出去"合作创新，实现科技创新、制度创新、开放创新的有机统一和协同发展。企业应积极开展商标和专利的国外注册保护，开展海外维权；采取多种方式，加大企业品牌的海外推介力度。企业坚持全面创新既能提高出口产品质量，同时又能培育外贸品牌，提升贸易产品的经济附加值和品牌影响力。

第三，激励企业协同创新，加强知识产权组合运营，建设产业知识产权联盟。企业应积极利用联盟化手段整合全产业链知识产权资源，凝聚全产业链创新力量，解决产业发展中的知识产权问题，降低产业创新成本，提升产业创新效率。产业知识产权联盟可以依托知识产权资源，优化配置金融资源、技术资源、人力资源、政策资源等，提升产业创新驱动发展能力。产业竞争力的整体提升对于加快外贸转型升级，培育综合型、专业型和企业型出口基地具有重要的推动作用。

第四，引导企业制度创新，加强知识产权交易平台运营，繁荣知识产权交易市场。企业应当认识到金融创新对技术创新的助推作用。政府层面应培育壮大创业投资和资本市场，提高信贷支持创新的灵活性和便利性，形成各类金融工具协同支持企业创新发展的良好局面。

加强知识产权出口贸易，首先需要繁荣国内知识产权交易市场。知识产权不再是"谁创造谁实施"，当理性的"经济人"认为许可或转让能让自己收益最大化时，自我实施就不再是理性选择。创新主体与实施主体之间交易安排已经司空见惯。知识产权因素在企业的经济和管理活动中不断强化；市场和企业越来越意识到保护知识产权不是仅仅防范和禁止他人侵权，更是为提升自己企业的竞争实力，为公司创造更大的经济价值。

第五，推动企业开放创新，积极参与国际交流与合作。中国越来越多的企业十分重视知识产权保护，并开始积极尝试知识产权的国际化运营，通过知识产权的交流与合作来完成企业的转型升级。对于知识产权贸易，政府应搭建中外知识产权交流与合作的桥梁，弥补途径与信息匮乏的短板。

综上所述，知识产权贸易逆差有其复杂的历史背景和现实原因。中国政府和企业已经认识到对外输出知识产权的重要性。《关于深化体制机制改革加快实施创新驱动发展战略的若干意见》《深入实施国家知识产权战略行动计划（2014—2020 年）》和《关于加快培育外贸竞争新优势的若干意见》等政府顶层设计已经为我国大力发展知识产权贸易奠定了宏观政策基础，中国要改变"重货物贸易、轻服务贸易"的传统观念，加强知识产品的供给和输出，通过产品和知识产权贸易来贡献中国智慧。对于目前存在的差距，我们应有清醒的认识：扭转贸易逆差的劣势，首先要先练好"内功"，中国企业需要坚持创新步伐，不断打造有核心竞争力的自主知识产权。其次要继续深入实施国家知识产权战略，鼓励研发和创新，积极用知识产权保护我们的智力劳动成果，为世界贡献更多的"中国智造"，提高中国的影响力和国际地位。

三、自贸试验区扭转知识产权贸易逆差的举措

我国自贸试验区应带头实施创新驱动发展战略,积极采取措施,不断扩大知识产权收益,使我国知识产权贸易尽快摆脱逆差,逐渐转为基本平衡,进而实现顺差。

首先,境内企业利用自贸试验区作为桥头堡,积极进行海外知识产权布局。在主要出口国,根据市场需要积极取得高质量的专利、商标等知识产权。近期,尤其要结合"一带一路"的建设,在有关国家推动保护我国出口的大型成套设备及技术、标准、服务等涉及的知识产权。我国企业应以"走出去"战略为契机,将母公司在东道国取得的知识产权内部许可给在东道国的子公司以获取稳定的收益。这不仅有利于扩大知识产权许可收益,而且可以通过知识产权许可转移利润,合理避税。

其次,自贸试验区应积极发展知识产权密集型产业,推动知识产权密集型产品的出口,降低资源消耗型、劳动密集型产品出口的比重。广义的知识产权贸易,既包括仅以知识产权为标的的贸易,也涉及含有知识产权的产品的贸易。目前,我国应该通过促进知识产权的运用,利用我国货物出口的优势,带动知识产权密集型产品的出口,提高出口产品的附加值,促进我国由贸易大国向贸易强国、由知识产权大国向知识产权强国转变。❶

再次,完善自贸试验区知识产权服务运营机制。目前,在为企业知识产权运营提供第三方服务的建设中,最为重要的是能否吸引企业入驻并进一步集聚知识产权资源。而吸引企业入驻的关键在于知识产权服务中心提供的服务是否具有高附加值,能否真正解决企业在知识产权运营中面临的问题。当前,有的自贸试验区已经开展专利导航试点工程,开始尝试为企业提供完善的知识产权信息服务、评估、金融、登记等一系列服务,但实施的效果并未得到较好体现。另外,自贸试验区的知识产权信息服务体系和金融服务体系还不够健全和完善。例如,目前,申请质押融资的知识产权门槛太高,质押融资中的登记程序较为烦琐,时间较长;也缺乏统一的知识产权质押处置平台,以致知识产权质押实现困难等现实问题。

---

❶ 朱雪忠. 理性看待我国的知识产权贸易逆差 [EB/OL]. [2017 - 06 - 30]. http://ip. people. com. cn/n/2015/0604/c136655 - 27102815. html.

最后，加强自贸试验区知识产权运营中心建设，切实提高知识产权运营的实效。目前，各个自贸试验区初步完成全国范围内的知识产权运营中心的布局。例如，广东自贸试验区提出要建立华南地区知识产权运营中心，探索开展知识产权处置和收益管理改革试点；天津自贸试验区探索开展财政资金支持形成的知识产权处置和收益管理改革试点，建立华北地区知识产权运营中心。湖北自贸试验区建立长江经济带知识产权运营中心，积极推进高校知识产权运营等特色平台建设。河南自贸试验区探索建设中部地区知识产权运营中心，加快建设郑州国家知识产权服务业集聚区。

关键在于如何建立统一、高效的知识产权运营服务平台，为企业提供知识产权登记、查询、交易、托管、融资、运营等多样化服务。在运营中心建立后，不断拓展该平台的相关功能和服务，形成一个以知识产权交易为核心，知识产权运营咨询、分析咨询、司法鉴定及物联网服务为重要辅助功能的综合性区域知识产权运营中心。同时，借助综合性区域知识产权交易中心，促进自贸试验区与周边区域知识产权要素资源高效流转、运用，推动知识产权市场一体化发展。❶

第三节　知识产权交易市场建设

一、我国知识产权交易市场建设情况

（一）知识产权交易市场的初创期

1999 年 12 月 28 日，上海技术产权交易所成立。建设上海技术产权交易所是上海落实《上海市促进高新技术成果转化的若干规定》的重要内容，主要是为了进一步推动高新技术成果转化和产业化进程，解决科技成果转化和产业化过程中，科技与产业资本、金融资本结合之间存在的障碍以及投融资瓶颈问题；同时，探索形成创业（风险）资本的运行和退出机制。2003 年 12 月 1 日，上海市委、市政府联合批复，同意合并上海产权

---

❶　关于完善自贸区知识产权服务运营机制建设的提案［EB/OL］．［2017 - 06 - 30］．http://www. tuanjiebao. com/2016 - 03/01/content_50521. htm.

交易所和上海技术产权交易所，组建上海联合产权交易所。2003 年 12 月 18 日，上海联合产权交易所正式揭牌运行。❶ 自上海技术产权交易所开展知识产权交易之后，国内陆续开始由产权交易所开展知识产权为标的的交易经纪服务。

（二）知识产权交易市场的规范期

为了更好地规范知识产权交易市场的发展，2007 年 12 月 6 日，国家发展改革委、财政部、科技部、国家工商总局、国家版权局、国家知识产权局六部委在对部分省市产权交易市场调研的基础上，联合发布《建立和完善知识产权交易市场的指导意见》（以下简称《意见》），共同推进知识产权交易市场的建立和完善。

1. 指导思想

该《意见》确立了建立和完善知识产权交易市场的指导思想，即，围绕提高企业自主创新能力，依托和发挥现有产权、技术产权和技术等要素市场的作用，发挥市场基础调节作用，加强政策引导和综合协调，推进知识产权交易市场的合理布局和功能多元化，完善交易规则与制度，引导专业中介组织参与交易活动，促进知识产权公开公正有序交易，形成有效的保护和监管体系，创新融资模式，拓宽融资渠道，促进中小企业又好又快发展。

2. 基本原则

该《意见》确立了坚持市场主导与政府推动相结合、重点布局与协调发展相结合、规范发展与探索创新相结合、加快发展与合理监管相结合的基本原则，明确提出了"通过政府引导和市场推动，逐步构建以重点区域知识产权交易市场为主导，各类分支交易市场为基础，专业知识产权市场为补充，各类专业中介组织广泛参与，与国际惯例接轨，布局合理，功能齐备，充满活力的多层次知识产权交易市场体系"的总体目标。

3. 体系建设

为推进知识产权交易市场体系建设，该《意见》从规范交易主体、丰富交易品种、建设交易市场、统筹安排、整合资源等方面作出规定。该

---

❶ 上海联合产权交易所. 机构简介［EB/OL］.［2017 - 06 - 30］. http：//www. suaee. com/f/list - 3. html.

《意见》指出，交易主要包含专利权、技术秘密、著作权及有关权、商标专用权、名称标记权、集成电路布图设计专有权、植物新品种等各类知识产权，具备条件的市场可交易以知识产权为主要载体的有限责任公司或未上市股份有限公司的股权等品种。交易可采取转让、许可使用、合资入股等方式。该《意见》还对规范知识产权交易行为、改进知识产权交易配套服务、加大政策扶持力度、加强领导和监督管理等方面给出具体指导意见。

4. 投融资机制

该《意见》指出，建立适应知识产权交易的多元化、多渠道投融资机制。政策性银行按稳妥审慎原则，经批准应开展知识产权等的质押贷款业务。鼓励商业银行积极开展以拥有自主知识产权的中小企业为服务对象的信贷业务。支持和引导各类信用担保机构为知识产权交易提供担保服务，探索建立社会化知识产权权益担保机制。研究开展知识产权权益托管服务。国家鼓励不同形式的知识产权进场交易。政府财政性资金投入和支持的项目所形成的非关系到国家经济安全、国防安全和国家机密的知识产权应进场交易，促进民间资本投入所形成的和自然人所持有的知识产权进场交易。

5. 监督管理

该《意见》明确指出，为加强对知识产权交易市场的领导和监督管理，将建立由国家发展改革委牵头，财政部、科技部、国家工商总局、国家版权局、国家知识产权局、国务院国资委、证监会等相关部门及部分省（区、市）级知识产权交易管理部门参加的指导委员会，以加强对知识产权市场的指导和协调。依法建立和完善重大知识产权交易活动的审查制度。各业务主管部门要依法建立对知识产权等重大交易活动的特别审查机制，根据各自职能分工履行监管职责，加大知识产权保护力度。

（三）知识产权交易市场的发展期

自《建立和完善知识产权交易市场的指导意见》之后，知识产权交易所取得了长足的发展，综合性和专业性的知识产权交易平台发展兴盛。特别是最近几年，随着知识产权资源数量的聚集以及"双创"活动如火如荼地开展，以知识产权为核心竞争力的创业投资活动十分活跃。广州知识产权交易中心于 2014 年 12 月 3 日正式获得省政府的审批设立，并于 2014 年年底完成工商注册，落户于广州开发区科学城。2015 年 4 月 14 日，广东省省长朱小丹、国家知识产权局局长申长雨为广州知识产权交易中心揭牌，其目的是建立和完善广东省统一的区域性知识产权交易中心，加快推进知识产权质押融资工作，解决知识产权流转交易难和处置变现难的问题，促进科技与金融、产业的有效融合，推动科技成果转化。❶

2015 年 7 月 31 日，广西知识产权交易中心是经广西壮族自治区人民政府批准成立，在广西科技厅、知识产权局指导下，由广西知识产权发展研究中心与北部湾产权交易所集团股份有限公司合作共建并具体运营的自治区级知识产权交易综合服务平台，承担着促进广西知识产权公开公正有序流转、拓宽广西知识产权融资渠道、促进科技型中小企业又好又快发展的基础职能。❷

2016 年 8 月，由浙江省科技厅、浙江大学联合发起设立的浙江知识产权交易中心挂牌成立，是浙江科技大市场和区域金融交易市场的重要组成部分。浙江知识产权交易中心整合多方力量，共同打造集技术成果交易、中介服务、咨询服务、项目孵化于一体的公共创新服务平台，以"互联网＋知识产权"的 O2O、大数据模式促进"政产学研金介用"的协同创新，积极吸引海内外高校、科研机构和企业，让最有潜力的科技成果在平台上交易、转化。❸

2017 年 1 月 13 日，上海知识产权交易中心在漕河泾新兴技术开发区正式挂牌成立。遵循市场化、专业化、国际化的原则，上海知识产权交易中心以国际领先的知识产权交易平台、专业服务平台和智库研发平台的功能建设为目标。❹

横琴国际知识产权交易中心有限公司于 2014 年 12 月经广东省人民政

❶ 广州知识产权交易中心. 平台介绍 [EB/OL]. [2017 - 06 - 30]. http：//www. gzipx. com/CMS/Info/Info. aspx.

❷ 广西知识产权交易中心. 关于我们 [EB/OL]. [2017 - 06 - 30]. http：//bbw. ctex. cn/article/gywm/.

❸ 浙江知识产权交易中心. 关于我们 [EB/OL]. [2017 - 06 - 30]. http：//www. zjipx. com/index/aboutus. html.

❹ 上海知识产权交易中心. 关于我们 [EB/OL]. [2017 - 06 - 30]. http：//zscq. suaee. com/aboutus. html.

府批准成立，承担国家知识产权运营公共服务平台金融创新（横琴）试点平台的建设运行任务，是国家"1 + 2 + 20 + N"的知识产权运营体系的重要组成部分。2017 年 6 月 19 日，首个金融创新知识产权运营交易国家平台——国家知识产权运营公共服务平台金融创新（横琴）试点平台正式上线发布；❶ 其发展愿景是成为具有国际影响力、国内一流的生态型知识产权交易平台，致力于建设成为中国脑力劳动者的自由协作平台、全球知识产权资产集散地、知识产权金融创新策源地、知识产权服务资源整合者、企业知识产权高级管家、知识产权人才摇篮与高端智库。

除了上述综合性知识产权交易平台之外，还出现了细分的专业性的知识产权交易市场。例如，国家动漫游戏知识产权交易平台和中国文博知识产权交易平台等。前者是经财政部和文化部批准，由中国动漫集团负责建设运营的国有资本金项目。国家动漫游戏知识产权交易平台，是国家动漫游戏综合服务平台的交易平台板块，服务对象为著作权或商标权的所有权人、代理机构、衍生品贸易企业及制作工厂，与著作权、商标权推广有关的公关、广告、活动类企业，及各类衍生品零售商、卖场及其他相关企业。❷ 中国文博知识产权交易平台是由中国国家博物馆和北京国际版权交易中心共同建设，旨在以国家博物馆为龙头，打造一个集中、公开的市场平台，逐步整合全国博物馆、美术馆、艺术馆、非遗传承人、书画艺术家等各方面资源，形成一个以馆藏珍品无形资产为基础的集中交易、集中转让平台，发挥平台市场化、产业化的优势，释放产业价值，实现价值转化。❸

二、美国国际知识产权交易所制度

美国国际知识产权交易所公司（IPXI）联合大学、实验室和公司等创始会员发起单位许可权合约（Unit License Rights Contract，以下简称"ULR

---

❶ 横琴国际知识产权交易中心. 关于我们 [EB/OL]. [2017 - 06 - 30]. https://cm-sweb. 7ipr. com/sbmm/index. htm.

❷ 国家动漫游戏知识产权交易平台. 关于我们 [EB/OL]. [2017 - 06 - 30]. https://www. acglicensing. com/public/aboutus. html.

❸ 中国文博知识产权交易平台. 关于我们 [EB/OL]. [2017 - 06 - 30]. http://www. ccipt. com/index. php? c = content&a = list&catid = 15.

合约")交易。这种创新交易模式有助于拓展知识产权权利人的融资渠道，促进知识产权的运用和实施。IPXI 希望通过完善的公司治理架构和精心设计的交易规则减少甚至避免各种法律和商业风险，但这种创新制度仍然存在不少潜在风险，中国相关自贸试验区在制定相关政策时应加以甄别和借鉴。

美国国际知识产权交易所公司（Intellectual Property Exchange International, Inc.）创设的单位许可权合约将私人技术许可转变为可交易的产品，提升市场透明度，简化技术转让流程并提高效率。虽然 IPXI 在其框架中借用了资产证券化中的"特殊目的载体"（SPV）等具有破产风险隔离的公司，但 IPXI 知识产权资本化项目并不是基于未来应收账款（知识产权许可费）作为基础资产的制度设计。此外，ULR 合约产品的销售也不同于证券发行，它是利用许可协议来规范发起人、发行人和合约产品买方的权利和义务，这点类似于合同能源管理的融资模式。❶ 总之，它有别于普通的知识产权许可证券化。因此，本文没有将其界定为"知识产权许可证券化"，而是使用"知识产权金融创新"，简称"IPXI 项目"。

如前文所述，我国现阶段知识产权交易市场还存在交易方式单一、转化率低、缺乏统筹规划等问题，这也导致知识产权估值和资产变现十分困难，知识产权的经济价值和社会价值都没法体现出来，最终影响了知识产权商业化和资本化的发展。我国自贸试验区可以借鉴 IPXI 创新知识产权许可交易的实践，根据我国知识产权发展现状和法制准备情况，深入实施《国家知识产权战略纲要》，创新中国的知识产权金融交易制度，以进一步拓展知识产权的运用和管理。

（一）IPXI 机构和运作机制

1. IPXI 内部机构

IPXI 创设的知识产权许可资本化项目，由于其新颖的运作模式，引来各方积极关注。❷ IPXI 由美国与欧洲投资者团体共同出资建立，投资者包

---

❶ 商惠敏，李朝庭. 美国合同能源管理融资模式及经验探析与启示［J］. 科技管理研究，2013（13）：48 - 51.

❷ The Economist. An Intellectual Property Exchange：Marketplace of Ideas［EB/OL］.［2017 - 06 - 30］. https：//www. ipxi. com/images/The_Economist_May_2012. pdf. TOM GROENFELDT. New IP Exchange Promises Transparency in Patent Pricing［EB/OL］.［2017 - 06 - 30］. http：//www. forbes. com/sites/tomgroenfeldt/2013/12/06/new - ip - exchange - promises - transparency - in - patent - pricing/.

括全球最大的期权交易所芝加哥期权交易所的母公司（CBOE Holdings, Inc.）和在医疗保健、优质生活与照明领域领先的荷兰皇家飞利浦电子公司（以下简称"飞利浦公司"）。IPXI 首任总裁兼首席执行官 Gerard J. Pannekoek 被任命为 IPXI 交易所联席主席，他曾任芝加哥气候交易所总裁兼首席运营官。IPXI 首任董事包括 Ocean Tomo 主席 James E. Malackowski、IBM 知识产权许可前任副总裁 Marshall Phelps、飞利浦执行副总裁兼首席知识产权官 Ruud Peters 以及 CBOE 总裁 Edward L. Provost、美国专利商标局前局长 David J. Kappos 等。❶

　　IPXI 执行委员会至少由 3 名成员组成，其中包括 IPXI 的首席执行官（CEO）。在收到提名委员会推荐候选人的报告之后，IPXI 董事会任命执行委员会的其他成员。执行委员会主席由董事会选举产生。执行委员会的职权有：就 IPXI 商业事务监管向 CEO 作出建议；必要时确立其他执行委员会成员；考虑来自执行委员会委员的建议并向董事会作出建议等。❷

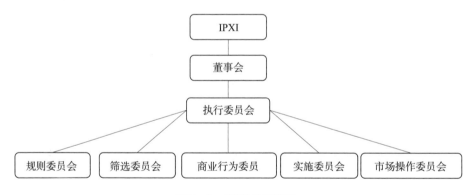

图 7 - 1　IPXI 治理架构

　　执行委员会下辖的规则委员会，负责准备、维护和解释《规则手册》，向执行委员会提出修改或增订建议。规则委员会由每一创始会员代表组成；创始会员代表任职期限不受限制，其他代表任职期限为 1 年。筛选委员会对拟在 IPXI 电子交易平台上挂牌的项目向执行委员会作出建议；其组

---

❶　IPXI：Board of Managers.［EB/OL］.［2017 - 06 - 30］. https：//www. ipxi. com/inside - ipxi/board. html.

❷　IPXI. Market Rulebook［EB/OL］.［2017 - 06 - 30］. https：//www. ipxi. com/public - files/ IPXI - Market - Rulebook. pdf.

成最初由 5 名成员代表组成，每位成员任期 1 年。筛选委员会定期由委员会主席召集召开会议审议提交的授权产品的单位许可权（ULR）合约提案。根据申请人提交的发售申请文档，筛选委员会作出审慎建议，评定因素包括：无形资产组成的许可历史、目标市场的规模、任何限制和阻碍，专利权归属和权利流转链条的尽职调查、相关专利的审查历史、相关的诉讼和裁决行为、下游产品的市场准入和拟议的定价等。执行委员会在决定是否同意挂牌的决策时应考虑筛选委员会提交的书面建议。

商业行为委员会负责对涉嫌违反《规则手册》的调查和监督，接收并审议对违反《规则手册》行为的投诉；对违规行为建议执行委员会作出适当的纪律处罚行动。实施委员会负责审议知识产权的确权和执法。市场操作委员会负责监视交易市场操作，识别需要增强市场表现和流动性，以确保高效的市场表现。

2. ULR 合约的运作

IPXI 的知识产权资本化项目是以知识产权许可使用权为标的的融资交易项目；商业模式是基于美国两项商业方法专利❶而建立的电子交易平台，发行以单位许可权合约的一种新型知识产权许可和融资方式。单位许可权合约是发起人（IPXI 会员）将自己的知识产权通过独占许可的方式授权给 IPXI 成立的专门发行公司，由发行公司通过普通的分许可方式将单位许可权合约销售给流动性提供者和实施专利的操作用户。根据 IPXI《规则手册》和具体项目的发售备忘录，IPXI 没有将自己的产品定位成一种证券产品，因而它并不受制于美国证券法的调整。

目前我国国内对该项目的法律性质尚未有明确界定。有学者认为：就其模式和特征而言，这是以专利许可使用权的期权标准化合约为标的的交易，是一种知识产权证券化的创新方式。❷ 这种证券化类似于普通的资产证券化，通过对两项商业方法专利及 IPXI 公司《规则手册》的解读，如图 7 - 2 所示，可以得出：专利许可使用权项目的基本运作模式为知识产权权利人通过与 IPXI 控股公司设立的全资子公司（特殊目的载体，SPV）达

---

❶　美国专利号 7885897（Intellectual property trading exchange and a method for trading intellectual property rights）和专利号 7987142（Intellectual property trading exchange）。

❷　冀瑜，项珍珍，魏辰雨，李旭. 美国 IPXI 公司专利许可使用权证券化融资机制探析［J］. 浙江金融，2013（5）：48 - 50，69.

成许可合同，将专利独占许可给 SPV 公司；SPV 公司在 ULR 合约中约定专利普通许可的份数、发行价格率等通过 IPXI 电子交易平台向采购会员发售；采购会员又分为流动性提供者和操作用户；操作用户作为 ULR 合约购得者，获得了专利的普通许可使用权，并可直接实施相关专利；而流动性提供者在 IPXI 交易平台上再次出售其所购得的 ULR 合约，即通过二级市场向其他 IPXI 采购会员出售 ULR 合约。

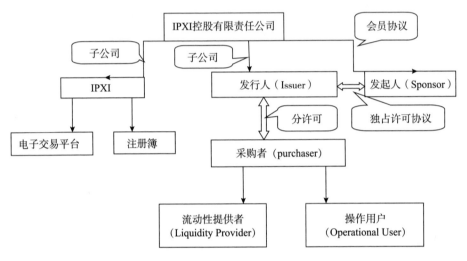

图 7-2 ULR 合约运作简图

IPXI 知识产权资本化项目的法律特征：通过许可合同的方式严格界定许可对象和许可领域，并以标准化和非歧视的合同条款提供 ULR 合约产品的销售，以降低许可谈判的成本；同时，非独占性的终端许可和消费性的合约发售鼓励实施知识产权，加快商业化开发和技术转移，真正发挥知识产权制度服务于生产和生活的目的。其经济特征是：通过第三方的评估和价格发现，根据技术和市场的前景及以交易历史，真正做到公平的市场定价，并通过发现技术供需关系和潜在流动性，决定 ULR 合约的发售配额；并非主观地为融资而单方面地决定价格和数量。

既然 ULR 合约的销售是一种市场行为，就要确保市场主体能实现双赢，保证 ULR 合约产品够为市场所接受。通过 ULR 合约项目的运作，许可方外包营销、审计和执行工作，避免了强制交叉许可和重复许可谈判，大幅度降低法律成本；使得专利产品得到高效的货币化，并且许可证使用情况得到及时汇报和监管。此外，通过市场决定公正合理的许可，这种灵活的制度结构同样保证终端被许可人的利益。被许可方获得授权许可的标准合同，并以市场价格高效地获得基于单位的专利许可证。此外，被许可人还能够将未使用的 ULR 合约进行重新销售，一方面减少自己的许可成本；另一方面为市场提供充足的许可证，以解决技术需求者的切实需要。

IPXI 作为服务的提供者和平台载体不仅有会员费收入，还能有服务费和佣金等收益，包括与第三方的合作提成收入等。但从长远来看，如果 IPXI 收入与发起人关系密切，那么可能忽视 ULR 合约采购者的利益，导致知识产权滥用或许可条件向发起人（知识产权权利人）倾斜等潜在问题。因为，IPXI 不能同时成为裁判员和运动员，也不可能同时代理利益冲突的两方。所以，在具体业务上，IPXI 筛选委员会应当确保高质量的发售计划以及理性定价；当许可方或被许可方向 IPXI 投诉时，IPXI 应协调居中调查和裁决等。

（二）IPXI 项目的法律风险

1. 知识产权风险

就 IPXI 知识产权资本化运作而言，知识产权是指包括任何可保护或专有的无形资产，可以被许可的专利、专利申请、发明、发明披露书、版权、商标、商业外观、设计、软件、商业中使用的符号、名字、图像和设计等。❶ 由此可见，涵盖的知识产权客体范围非常广泛，超越了《建立世界知识产权组织公约》和 TRIPS 中的知识产权客体范围，但并不包括商业秘密。虽然商业秘密也可通过许可的方式为权利人带来收益，但由于商业化运作牵涉主体数量较多，且存在评估困难、不便披露等特点，不利于权利人对商业秘密的保护。作为无形财产，知识产权的性质不同于有形财产，其在权利稳定性和期限等方面存在风险因素，不利于知识产权许可的商业化融资。以 IPXI 有机发光二极管（OLED）专利许可项目为例，❷ 相关知识产权风险如下。

（1）确认不侵权：如果许可专利的权利要求不会被侵犯，即，相关产

---

❶　IPXI. Market Rulebook［EB/OL］.［2017 - 06 - 30］. https：//www. ipxi. com/public - files/IPXI - Market - Rulebook. pdf.

❷　IPXI. Preliminary Offering Memorandum ULRTM Contracts，Series OLED；RISK FACTORS［EB/OL］.［2017 - 06 - 30］. https：//trade. ipxi. com/ulrs#3.

品或服务经法院或仲裁机构确认不会侵犯许可专利，那么 ULR 合约的价值将受影响；ULR 合约的潜在消费者将不会再购买或消费 ULR 合约。

（2）专利无效和不被专利保护：如果专利权利要求被认定无效或者没有满足可专利性的法定条件，那么 ULR 合约的价值将受影响。如果许可相关的妨碍事项事后被披露或发现，这也将有损发售的 ULR 合约价值。

（3）专利不可实施：专利或专利权利要求的实施涉及复杂的法律争议，只能由有管辖权的司法机构才能作出权威裁定，并可能经历上诉程序。如果专利或专利要求被认定为不可实施，潜在的 ULR 合约消费者可能不再需要购买或消费另外的 ULR 合约。

（4）权利要求解释：权利要求解释涉及对权利要求书中特定词语或短语的释义。如果权利要求的解释不利于确认专利保护范围、有效性和实施性，那么也将影响 ULR 合约的价值。

（5）诉讼：如果发生许可专利相关的法律诉讼，ULR 合约的价值可能减少；由于法律诉讼不可预测，诉讼发起人可能是 IPXI 会员或关联企业之外的第三人，不利的诉讼结果可能有损发售的 ULR 合约价值。在实施许可专利的一些权利要求时，可能需要来自第三方的知识产权权利人的授权；发起人和 IPXI 无法保证 ULR 合约购买者能获得这些额外授权；因此，第三方权利主张可能有损发售的 ULR 合约价值。

（6）重新审查、事后审议或无效审议：如果第三人针对专利或专利权利要求发起审议程序，则可引起专利权利要求修改、无效或撤回等，则会发生有损于 ULR 合约价值的不利结果。

（7）维持专利：如果作为专利权人的发起人没有及时缴纳专利年费，或专利权人资不抵债等，可能导致专利被无效，或强制转让给发起人的债权人等不利结果出现，从而影响 ULR 合约的价值。如果资产组合中任一或所有许可专利到期失效，ULR 合约持有者面临失去整个采购价格的风险，如果 ULR 合约仍未被消费时，合约所授权的知识产权许可无法再得到实施和商业利用。如果事后发现许可专利的权利转让链条存在事先未发现或未披露的瑕疵，这也有损发售的 ULR 合约价值。

（8）申请中的专利：由于许可专利的资产组成不仅包括授权专利，还包括处于申请过程的专利申请案，如果专利申请人放弃或撤回申请，或以不同的权利要求语言提出申请，或推迟申请，这些行为均会影响 ULR 合约的价值。

2. 主体破产风险

根据 IPXI 知识产权资本化运作的方式，主体涉及发起人（权利人）、发行人（IPXI 独立子公司）、服务平台（IPXI）和 ULR 合约买方（终端被许可人）等。

（1）发起人破产：如果发起人破产，许可专利为破产人的破产资产；根据发起人的债务状况，部分或所有许可专利可能转移给第三方，发起人与发行人许可协议可能被破产法庭修改。

（2）发行人破产：如果发行人资不抵债，作为一级许可协议的被许可人，发行人可能无法履行支付许可费给发起人；同时，作为发行人与 ULR 合约购买者中的许可方，也存在难以继续履行分许可协议的风险。

根据 IPXI《规则手册》，IPXI 交易模式使用了资产证券化中特殊目的载体（SPV）的"破产隔离"功能。特殊目的载体并不以自身的经营行为营利为目的，它只是作为资产分割与风险隔离的中介，借助基础资产的支撑发行证券以募得资金。因此，IPXI 理应是一个以服务专利许可收益证券化为主要目的的空壳独立实体，除了与之相关的委托管理证券化专利资产，收取并分配预期收益外，它是并不参与其他经营活动的导管体。当发起人面临破产时，专利权就有可能被纳入发起人的破产财产范围当中，SPV 可能将失去专利许可的使用权，那么专利资产证券的信用基础将不复存在。当 SPV 是许可人第三人是被许可人时，如果第三人面临破产，专利的使用权被纳入到该第三人的破产财产范围时，SPV 也就将失去该专利使用权产生的现金流；此时，SPV 就只能以第三人普通债权人的名义，通过法定的破产程序求偿。

（3）ULR 合约买方破产：如果分许可协议的许可费支付已经完成，那么特定 ULR 合约买方的破产对 ULR 合约产品和 IPXI 交易平台的影响十分有限；但如果许可费用没有支付或 ULR 合约正处于消费过程中，则可能对许可专利的实施和商业利用产生不良影响。

（4）IPXI 破产：IPXI 作为服务提供者，其自身并不是许可协议的缔约方主体，但它提供的电子交易平台和注册簿功能可能因其破产而无法使用，从而间接影响发起人、发行人与 ULR 合约买方的合同履行。

因此，IPXI 应当通过完善规则防止 IPXI 和 IPXI 子公司（SPV）的破产，起到证券化基础资产（专利许可收益）与发起人破产相互隔离的作用；此外，还要对证券化基础资产与SPV（IPXI独立子公司）本身破产进行隔离。在IPXI项目中，通过独占许可的方式很难实现基础资产转移的"真实销售"；因此，IPXI的破产隔离制度设计还需要进一步完善，这有赖于对于SPV资产、经营范围以及治理结构的完善。

3. 法律规则风险

除了前述专利风险之外，从商业监管的角度，还有诸多法律风险。首先，法律和政府条例的变化必然会影响到ULR合约的价值；因为许可协议的解释和争端解决都依赖于所适用的国内法。其次，国际条约的变化也会影响到ULR合约的价值。知识产权领域存在许多的国际条约，以WIPO为例，WIPO管理的条约共有三大类26个，一是确立保护客体和范围的，如《伯尔尼公约》和《巴黎公约》等；二是全球保护体系相关条约，如与专利保护相关的《专利合作条件》、与商标保护相关的《马德里条约》；三是帮助权利申请和注册的分类体系，如商标分类的《尼斯协定》。以专利许可相关的《巴黎公约》为例，如果《巴黎公约》中有关专利授权标准发生变化，则可能影响专利的有效性、可实施性等问题，从而间接影响相关ULR合约的市场。最后，不同国家知识产权制度之间的差异也是影响ULR合约的法律风险。因为，虽然知识产权国际条约为知识产权国际保护提供了法律框架和最低保护标准，但主权国家在履行条约义务的基础上仍然有自主立法的空间，这在客观上造成了不同国家知识产权立法之间存在着细微的差异。一方面，由于市场和国际贸易的全球性，只要依然存在着主权国家，知识产权的国际申请和保护就是无法避免的趋势；另一方面，IPXI知识产权许可涉及不同国家的专利，许可的地理范围跨越不同的法律管辖区。这些风险都是ULR合约买方需要重点关注的法律风险。

（三）IPXI项目的问题与挑战

IPXI基于商业方法专利的商业模式的创新受到广泛赞誉，有机发光二极管（OLED）❶和储值卡❷等项目的成功实践使公众增加了对IPXI项目未

---

❶ IPXI. OLED ULR Contract Overview [EB/OL]. [2017 – 06 – 30]. https：//www.ipxi.com/offerings/oled/oled.html.

❷ IPXI. Stored Value Card ULR Contracts Overview [EB/OL]. [2017 – 06 – 30]. https：//www.ipxi.com/offerings/svc/svc.html.

来发展的乐观期许；但是 IPXI 项目作为一个创新产品，本身并非完美无缺。

1. 法律定性与监管

根据 IPXI《规则手册》和相关 ULR 合约产品的发售备忘录，IPXI 并不是官方注册的证券或期货交易所；IPXI 认为其 ULR 合约产品也不是1933 年美国证券法中界定的证券。美国证券法中的"证券"是指任何票据、股票、国库券、证券期货、债券、无抵押债券、债务凭证、利润分享协议之利益或参与证书、担保信托凭证、公司设立前的证书或认股证、可转让股份、投资合同、有表决权信托证、存股证、石油、天然气或者其他矿产权之未分配利益，任何证券、证券存托凭证、一组证券或者证券指数（包括任何利益或者基于其价值所生之利益）的任何卖出期权、买入期权、跨期买卖权、买卖选择权或者优先权，在全国性证券交易所中与外币有关的任何卖出期权、买入期权、跨期买卖权、买卖选择权或者优先权。❶

IPXI 只是企业经营和维护的交易平台，没有在证券交易所登记，公司制的运作和监管如何保证 ULR 合约买方的权益？IPXI《规则手册》中从未出现"投资者"（investor）的表述；因此，作为许可协议中的被许可人，ULR 合约买卖双方的关系完全依靠合同法等私法调整。然而，由于 IPXI 的营利性质，加上其会员制的运作，如何监管 IPXI 和发起人联合滥用知识产权或其他有违反垄断法的操作，例如，如何防止在许可专利资产中"搭售"其他无效或不相关专利技术？因为每个需要用到这些专利的公司，都必须购买一整套的专利许可，而不能根据自身产品或服务的需要从中挑选特定专利，或通过交叉许可方式为自己赢得谈判价码。另外，如何防止IPXI 聘请的第三方评估机构出具虚假或有失公允的评估报告？美国证监会和司法部是否会对 IPXI 商业模式进行重新审查？所以，IPXI 商业模式和法律属性及其变化可能所带来的风险不容忽视。

2. 项目普适性

ULR 合约交易制度是否像传统技术许可制度或证券化项目一样，只能锦上添花，却无法雪中送炭？飞利浦公司 OLED 技术许可项目中囊括 600

---

❶　黄毅. 美国《1933 年证券法》研究——以美国证券发行制度为中心［D］. 北京：中国政法大学，2009：21 - 22.

件大大小小的专利技术（专利申请），摩根大通的借记卡技术中则有20件具体的专利技术，因为单个专利往往难以支撑ULR合约发售所具备的市场条件。IPXI项目中的发起人都是著名跨国公司，其本身的财力和技术研发实力是一般中小企业或个体发明人无法匹敌的。所以，中小型科技企业或个体知识产权拥有者如何利用IPXI交易平台分享技术和获得资金回报也是IPXI应当关注的问题。

3. 项目的反垄断执法

IPXI曾向美国司法部反垄断局发函阐明立场；IXPI认为这种新型商业模式有利于降低许可交易的成本，促进技术许可和转移，能起到激励市场竞争的作用。❶2013年3月26日，美国司法部声明：司法部目前并不会对IPXI进行反垄断执法，但由于这种商业模式的不确定性及其对竞争的潜在影响，不排除未来对其进行反垄断检查。❷由于IPXI获得专利资产的独占许可权，并且其ULR合约产品只面向会员销售，真正有技术需求的市场主体能否获得许可的合约产品仍然存疑。尽管IPXI声称合约产品经过第三方公正评估，但不排除IPXI与发起人联合进行内部交易的可能性。

如果IPXI将不同专利权人的专利打包放在同一个ULR合约产品中，这将产生垄断的风险。因为合约产品中许可专利的可替代性与互补性是考虑是否构成垄断的重要因素。此外，如果相关许可专利构成标准设定中的必要专利，还将涉及标准设定中的反垄断问题，以及联合专利合约的许可条件是否是公平、合理和非歧视（Fair，Reasonable and Non – Discrimination，FRAND）许可❸。综上，美国司法部只能基于发售的ULR合约产品的个案判断相关ULR合约是否减少竞争和产生垄断。❹

---

❶ IPXI. Business review request letter［EB/OL］.［2017 – 06 – 30］. http：//www. justice. gov/atr/public/busreview/request – letters/302094. pdf.

❷ Justice Department Issues Business Review Letter to Intellectual Property Exchange International［EB/OL］.［2017 – 06 – 30］. https：//www. justice. gov/atr/response – intellectual – property – exchange – international – incs – request – business – review – letter.

❸ 叶若思，祝建军，陈文全. 标准必要专利使用费纠纷中FRAND规则的司法适用——评华为公司诉美国IDC公司标准必要专利使用费纠纷案［J］. 电子知识产权，2013（4）：54 – 61.

❹ U. S. Department of Justice Antitrust Division. Re：Intellectual Property Exchange International，Inc. Business Review Request［EB/OL］.［2017 – 06 – 30］. http：//www. justice. gov/atr/public/busreview/295151. htm.

4. 专利蟑螂（Patent trolls）❶ 问题

IPXI 声称其没有内在动机从事非实施主体（Non - practicing entities, NPE）大量开展的诉讼行为。IPXI 还认为这种大量诉讼会损害 IPXI 的目标，因为其目的是建立有效市场，而不是受到专利诉讼威胁的市场模型。❷ 不可否认，在发售 ULR 合约之前，IPXI 需要评估知识产权权利人许可专利并获得经济回报的兴趣，审慎地发售具有市场潜力的 ULR 合约。但是，IPXI 获得合约产品所含专利的独占许可权，并非专利的所有经济性权利；IPXI 的收益仅为 ULR 合约销售收益的 20%，80% 的合约收益将转交发起人，即专利权人。因此，很难直接将 IXPI 认定为专利蟑螂。但是，ULR 合约的终端销售涉及流动性提供者，这一采购主体本身并不是专为实施专利而获得 ULR 合约；因此，如果流动性提供者的购买行为不受任何限制，那么就会造成真正有需求的操作用户无法购买到 ULR 合约，无法真正起到促进高效许可和技术转移的目标。所以，IPXI 应当完善交易规则，防止 ULR 合约采购者演变成专利蟑螂或投机者的可能性。

三、IPXI 项目对自贸试验区知识交易市场建设的启示

2014 年 7 月，国家知识产权局等八部门印发《关于深入实施国家知识产权战略 加强和改进知识产权管理的若干意见》的通知，意见中明确提出"鼓励金融机构继续创新开发专利许可证券化、专利保险试点等新型金融产品和服务"；这也是官方文件中首次明确提出"专利许可证券化"。❸ 借鉴 IPXI 项目，对中国自贸试验区知识产权交易中建设有一定的启示。

（一）国际形势与我国知识产权金融创新

知识产权金融创新与发展的国际形势表明：知识产权的商业化、资本化与资产化是未来知识产权竞争的重点。早在 2006 年，Ocean Tomo 开始

---

❶ 文希凯. "专利蟑螂"的反垄断法规制 [J]. 知识产权，2014（6）：3 - 9.

❷ INTELLECTUAL PROPERTY EXCHANGE INTERNATIONAL, Inc. Business Review Request letter [EB/OL]. [2017 - 06 - 30]. http：//www. justice. gov/atr/public/busreview/request - letters/302094. pdf, last access on Jun. 30, 2017.

❸ 国家知识产权局、教育部、科技部、工业和信息化部、国资委、国家工商总局、国家版权局、中科院，《关于深入实施国家知识产权战略 加强和改进知识产权管理的若干意见》，国知发协字〔2014〕41 号。

发布 OT 300 专利指数（Ocean Tomo 300 ® Patent Index），它是首个基于知识产权价值的工业指数，该项指数主要对 300 家拥有优质专利的公司进行评估，并在纽约—泛欧证券交易所（NYSE Euronext）上发布（纽约—泛欧证券交易所代码：OTPAT）；❶ 2007 年，Ocean Tomo 推出中美知识产权 200 指数（US China IP 200TM Index）。❷ 2010 年 1 月，GreenXchange 在线市场平台发布，企业可以通过该市场进行协作和共享知识产权，以此促成新的可持续发展商业模式和创新。

2011 年 6 月 17 日，中证指数有限公司与深圳新产业技术产权交易所发布中国智能资产指数，该指数反映上市公司中智能资产价值较高群体的整体表现，以客观量化指标衡量上市公司的智能资产水平，彰显了知识经济的时代特征。2012 年 2 月 1 日，香港知识产权交易所（HKIPX）在香港正式开展其业务，其经营理念与 IPXI 有几分相似之处，HKIPX 通过加强市场透明度、实施标准化合同、简化交易流程、向参与者公开市场交易数据，让社会更加深刻地了解知识产权经济的意义。❸

（二）知识产权金融创新的本土实践

我国允许并鼓励知识产权的资本化和商业化，并且已经开始知识产权保险❹、质押融资❺和信托❻等实践，但没有专利许可证券化的成功案例。专利资产证券化的魅力在于：它能够使不具有流动性、安全性低的专利资产在市场上成为具有可转让性和安全性较强的证券，同时降低投资者风险。可见，如果专利资产支撑证券无法成为我国证券法上的"证券"，那么也就无法或者很难实现可转让性流动性较强的目标。而如果专利资产支撑证券的信用水平不高，那么投资者往往会畏于高风险而不敢介入。因此，金融创新产

---

❶ OCEAN TOMO. Intellectual Capital Equity ［EB/OL］. ［2017 – 06 – 30］. http：//www. oceantomo. com/productsandservices/investments/indexes/ot300.

❷ US China IP 200TM Index, Ocean Tomo：Intellectual Capital Equity ［EB/OL］. ［2017 – 06 – 30］. http：//www. oceantomo. com/productsandservices/investments/us – china – ip – 200.

❸ 香港知识产权交易所有限公司. 交易所简介 ［EB/OL］. ［2017 – 06 – 30］. http：// hkipx. com/zh/content/4 – about – us.

❹ 林小爱. 知识产权保险的特殊性研究 ［J］. 知识产权，2009（1）：79 – 84.

❺ 冯晓青. 我国企业知识产权质押融资及其完善对策研究 ［J］. 河北法学，2012（12）：39 – 46.

❻ 李琴. 从激励机制探讨知识产权信托交易模式 ［J］. 河北法学，2008（10）：155 – 157, 161.

品的发展如何实现与专利资产资本化的契合是重要研究内容。

从 IPXI 的实践来看，如何自由发挥这种商业交易的市场本质，同时引入必要的监管机制，是政策设计中需要平衡的问题。我国目前并不具备完全照搬 IPXI 实践的制度基础和政策条件。因为，IPXI 商业交易模式涉及实施美国商业方法专利，我国的实践需要向美国权利人申请许可授权。即使不存在知识产权争议，我国证券法律制度并不支持单个公司作为一个市场交易平台发行证券或金融产品，这可能会涉及非法融资和非法交易等问题。

尽管美国 IPXI 已经提出交易模式的国际化问题，将来有可能在中国搭建相关平台，开展此类业务。❶ 但从国家经济安全的角度来看，我国应该建立自己的知识产权证券或金融交易所。尽管存在着天津滨海国际知识产权交易所这样的知识产权交易服务平台，但其主要功能还是为传统的知识产权转让、许可和融资提供服务，❷ 并没有发展成类似于 IPXI 这种新型交易模式的业务。

综上所述，从国际形势发展的严峻性和国内发展的迫切性来看，知识产权资本化运作是考验我国知识产权转化、运用与管理能力的关键。IPXI 通过交易平台的独占许可和面向终端用户的普通许可相结合的方式，创新地推出 ULR 合约产品，❸ 这是一种典型的科技金融创新，尽管其制度设计并不完美，但不影响我国借鉴其内涵开发知识产权金融创新产品。

（三）自贸试验区知识产权交易中心的能级提升

从我国现有知识产权交易市场来看，主要存在以下几种模式：信息中介模式、促进许可模式、衍生公司模式和权益融资模式。传统的信息中介模式其主要职能是解决供需双方信息不对称的问题，促进交易双方信息匹配，类似于线下的房屋买卖的中介服务。其特点是交易平台的风险较小，

---

❶　聂士海. IPXI：全球首家知识产权金融交易所 ［EB/OL］. ［2017 - 06 - 30］. http：// www. chinaipmagazine. com/journal - show. asp？id = 1542.

❷　滨海国际知识产权交易所介绍 ［EB/OL］. ［2017 - 06 - 30］. http：//www. tipei. net/a/ about. shtml.

❸　浙江阿特多多知识产权交易中心有限公司经浙江省人民政府金融办核准、组织知识产权及其衍生品交易的公司制交易中心，是国内首家推出知识产权限量许可权网上交易的"知识产权 + 互联网 + 类金融"平台。针对知识产权的特性和现状，依托互联网技术，推出了限量单位许可权（Unit License Rights，ULR）与其衍生品定制交收相结合、挂牌与转让相结合的市场交易模式。

提供的服务属于交易中心的底层功能，但竞争同质化严重，核心竞争力不强，业务模式单一，容易被同行替代。促进许可模式是指交易中心促成权利人许可授权专利需求方使用知识产权的标的物，并和权利人就许可费或知识产权应用提成达成分成协议。其本质是知识产权许可的中介服务。权利人不转让标的物所有权，则能对知识产权进一步加以改良或应用，或通过专利池机制，持续获取知识产权的潜在价值。衍生公司模式是指交易中心向权利人或合作伙伴提供投资资金，共同成立新公司，并获取相应股份。这种模式让知识产权交易中心扮演风险投资者的角色，往往与高校的技术转移中心联系密切，确有实力的新设企业还可以到新三板或创业板上市融资。但衍生公司模式比信息平台模式和合同许可模式要承担更大的投资风险。知识产权交易中心最新的功能模式是 IPXI 首创的权益融资模式。权利人将标的物独占许可给交易中心，通过交易中心或其下属公司，设计形成标准化的知识产权单位许可权，以合同约定的价格在一级市场上吸引投资者，融资过程与首次公开募股有些类似。同时，允许多余额度的单位许可权在二级市场进行交易。

自贸试验区知识产权交易中心需要防止低水平重复建设，要积极通过资本运作，提升交易规模和能级。自贸试验区知识产权交易中心的模式选择，应以信息平台模式为主，转向促进许可模式与衍生公司模式为主，同时引入权益融资模式。目前，虽然各个自贸试验区物理资源禀赋不同，但都有着丰富的智力资源，知识产权交易中心不仅要起到撮合交易的基本功能，而且要发挥科技创新的需求引导作用，综合不同交易模式，把智力供给与创新需求有效对接起来。❶

2015 年 5 月，中共上海市委、上海市人民政府《关于加快建设具有全球影响力的科技创新中心的意见》发布。该意见明确要求探索知识产权资本化交易，探索建立专业化、市场化、国际化的知识产权交易机构，逐步开展知识产权证券化交易试点。2016 年 2 月 23 日，上海市发布《关于加强知识产权运用和保护支撑科技创新中心建设的实施意见》，对知识产权运用和探索知识产权金融创新等方面作出了进一步部署。2017 年 1 月 13

---

❶ 李凌. 破解知识产权交易规模与风险的"魔咒"［EB/OL］.［2017 – 06 – 30］. http：// news. youth. cn/jsxw/201703/t20170328_9368446. htm.

日，上海知识产权交易中心正式成立。组建知识产权交易中心是上海建设具有全球影响力的科创中心的重要配套措施，是促进知识产权转化运用、实现价值的重要手段，是推动创新驱动发展、经济转型升级的重要途径。

横琴国际知识产权交易中心有限公司于 2014 年 12 月经广东省人民政府批准成立，由珠海金融投资控股集团有限公司、横琴金融投资有限公司、横琴发展有限责任公司强强联合投资组建而成，注册资本为 1 亿元人民币；承担国家知识产权运营公共服务平台金融创新（横琴）试点平台的建设运行任务。位于横琴自贸试验区的七弦琴国家知识产权交易平台涵盖 8 类交易品：知识产权资产（专利、商标、版权）；知识产权运营服务（受托、收购、专利池、标准化）；知识产权服务（代理、诉讼、分析、咨询、培训）；知识产权创业项目（以知识产权为核心的创业项目）；创业辅导及投融资服务；研发服务；设计产业服务；知识产权支撑型商品。横琴国际知识产权交易中心成为具有国际影响力、国内一流的生态型知识产权交易平台的战略目标值得肯定，但能否成为"知识产权金融创新策源地"还有待实践的检验。

第四节　知识产权关联交易转让定价问题

随着全球经济一体化的飞速发展，越来越多的跨国公司在世界范围内开展多角度和全方位的经营活动。跨国公司凭借其强大的跨国生产和全球营销的优势，抓住世界各国税制的差异，尤其是税率差别较大的特点，实施多种策略进行转移利润和规避税负，以谋求跨国公司在全球布局的最优化。对外直接投资（FDI）是衡量税基侵蚀和利润转移规模的有效指标。根据经济合作与发展组织（OECD）和国际货币基金组织（IMF）的资料：2010 年，巴巴多斯、百慕大和英属维尔京群岛吸收 FDI 占全球总量的 5.11%，高于德国（4.77%）和日本（3.76%）；而这三个地区海外投资额占全球总量的 4.54%，高于德国的 4.28%。2010 年，英属维尔京群岛是对中国的第二大投资者，占中国大陆 FDI 总额的 14%，高于美国的 4%。❶ "在最能挣钱的

---

❶ OECD（2013），Addressing Base Erosion and Profit Shifting, OECD Publishing［EB/OL］.［2017 - 06 - 30］. http://dx. doi. org/10. 1787/9789264192744 - en.

地方挣钱，在税率最低的地方纳税"，这成为跨国公司避税的惯用技巧。通过支付专利与版权许可费等转让定价方式是跨国公司常用的经典策略；❶甚至在美国已经出现专门用于避税的商业方法专利，它是指有助于合法地减少纳税人的纳税额或者延迟纳税时间的方法的专利；这种新型商业方法专利的出现牵涉专利法和税法等问题，涉及激励创新与促进公共福利、维护税负公平等公共政策的冲突和协调，受到广泛关注和激烈争论。❷这里通过对两个案例的引入，分析跨国公司滥用知识产权关联交易进行避税的法律问题及完善建议，希望引起自贸试验区管理当局的重视。

一、跨国公司知识产权交易转让定价的实践案例

（一）小型跨国公司的"拙劣操作"

上海 C 公司是德国 A 公司（股份占比 90%）和德国 B 公司（股份占比 10%）投资入股的子公司（外商独资企业），上海 C 公司每年根据 A 与 C 之间签订的著作权转让合同将 C 公司主要利润转移至德国 A 公司，B 公司对于 C 公司长期微利表示质疑，向税务部门举报 A 和 C 之间存在转让定价以逃避中国税收监管的行为。税务部门查明以下事实：A 与 C 之间合同名称是"软件著作权转让合同"；"转让"合同中明确提及："A 公司同意将 X 软件在中华人民共和国的著作权转让给上海 C 公司，A 公司保留除中华人民共和国之外的所有国家的著作权""C 公司受让的 X 软件在中华人民共和国的著作权是独占的""在 2011 年 10 月 1 日至 2012 年 9 月 30 日期间，A 公司向 C 公司转让 X 软件在中华人民共和国的著作权的价格为……""合同于 2012 年 10 月 1 日在上海签订"等。此外，转让合同是在每个会计年度报税之前补签的，除签约期限和转让价格之外，每年的转让合同条款是相同的，每年不同的转让价格是根据 C 公司当年的利润确立的。

根据《伯尔尼公约》和我国《著作权法》规定，著作权转让的对象是财产权。我国著作权转让的对象是《著作权法》第 10 条第 5 项至第 17 项

---

❶ 潘寅茹. G20 盯上跨国避税拟联手打击转移定价 [N]. 中国贸易报，2013 - 02 - 21 (008).

❷ 谢黎伟. 激励创新抑或损害公益：避税方法专利的是与非 [J]. 电子知识产权，2011 (7)：79 - 83.

的财产性权利。著作权的转让导致著作权主体的变更。如果权利人转让作品财产权利的全部，受让人是全部著作权主体；如果权利人转让作品的部分财产权，受让人则是部分著作权的主体。

在该案中，软件著作权"转让"合同的具体条款中明确提及："A 公司同意将 X 软件在中华人民共和国的著作权转让给 C 公司，A 公司保留除中华人民共和国之外的所有国家的著作权。"因此，从表面上，这是 A 公司与其关联公司 C 公司之间的正常交易，即，外方向中方外资企业转让软件著作权；然而，合同中却出现与转让行为不符的表述，例如，"C 公司受让的 X 软件在中华人民共和国的著作权是独占的"；转让行为并不存在是否独占的说法，独占是针对著作权的许可行为。此外，在同一地域管辖范围内，转让行为不能多次进行，简单地说不能进行"一物多卖"，权利一旦转让后，即归受让人，并不存在"非独占"转让或多次转让。最后，转让合同中提及"在 2011 年 10 月 1 日至 2012 年 9 月 30 日期间，A 公司向 C 公司转让 X 软件在中华人民共和国的著作权的价格为……"这种规定违反著作权转让的常识，转让是一次性的买卖行为，并不是约定期限的许可行为。

（二）大型跨国公司的"经典之作"

跨国公司葛兰素史克（Glaxo Smith Kline，GSK）的英国母公司 GSK UK 将其研制开发的系列药品以许可销售的方式转让给其在美国的子公司 GSK US 在美国市场上经销，其中包括著名 Zantac 商标专利药品。GSK UK 主要负责药品研发，为药品申请专利，设计全球范围内的营销平台和营销战略。GSK US 主要职责包括为药品获得美国食品药品管理局的批准提供协助，根据母公司制定的全球营销策略在美国进行营销活动，包括向美国市场推介 Zantac 等药品。❶

作为纳税人的 GSK US 认为：有关药品涉及的专利和商标的所有权都属于 GSK UK，GSK US 仅仅是母公司在美国的当地经销商，它根据 GSK UK 的营销策略行事，并按照许可销售协议的约定向 GSK UK 支付有关专利

---

❶ ANDREA MUSSELLI, DONATELLA MARCHETTI HUNTER. Glaxo transfer pricing case: economic rationale, legal framework and international issues. ［J］. International Transfer Pricing Journal, 2007, 14 (3): 165 – 173.

和商标的特许权使用费，GSK US 从事的这些营销和市场推介活动本身并不构成某种无形资产。美国税务局（Internal Revenue Service，IRS）认为：GSK US 在美国市场从事的营销推介活动，已经超出一般的药品经销代理服务范围，这些营销活动本身已经创造出某种关于 Zantac 商标药品在美国本地市场的营销性无形资产，从而大大增加了 Zantac 商标的价值；因此，GSK US 与 GSK UK 之间存在转让定价问题，并借此把部分利润从美国转移到英国，IRS 向 GSK US 发出 80 亿美元的追缴欠税通知，涉税调整年度为1989 年至 2005 年。后 GSK US 向法院提起诉讼，IRS 与 GSK 于 2006 年 9月 11 日达成庭外和解，GSK 补缴税款 34 亿美元。❶

案件处理过程中，双方对于营销性无形资产范围认识产生分歧，这妨碍了在该案处理过程中 GSK US 与 IRS 之间达成预约定价协议，并影响美国和英国双方税务主管当局未能通过相互协商程序解决对 GSK 集团公司的国际重复征税问题。❷ 不可否认，GSK US 对无形资产作的贡献，GSK US具有特别强势的销售团队，在美国本土建立了良好的品牌，使其在医院和医生群体中享有良好的声誉。广告和促销的费用由 GSK US 承担，但 GSKUK 却拥有相关的商标和无形资产。❸ 从真实交易原则和公平原则来看，GSK US 应享有相应的受益。但是 Zantac 品牌药品比竞争产品具有更小的副作用，且所需用量更少等优势也得益于专利技术的创新，所以，对营销的贡献、研发支出、营销支出等因素都应加以综合考虑。

二、知识产权关联交易的转让定价规则

（一）转让定价规则的国际协调

转让定价也称转移定价，通常指跨国公司内部关联企业之间在产品购销、货物租赁、无形资产使用许可以及资金借贷的过程中，控制收费标准

---

❶ THOMAS C. PEARSON. Proposed International Legal Reforms For Reducing Transfer Pricing ManipulationOf Intellectual Property ［J］. New York University Journal of International Law & Politics, Winter 2008, 40 （541）.

❷ GARETH GREEN. The UK reaction to the Glaxo case. ［J］. Tax Planning International Transfer Pricing, T. P. I. T. P. 2006, 7 （11）: 5 – 8.

❸ HARLOW N. HIGINBOTHAM. 营销型无形资产和服务：美国方面的观点 ［EB/OL］. ［2017 – 06 – 30］. http：//www. nera. com/newsletter/Higinbotham_ShanghaiLaunch_Chinese. pdf.

和价格，或不合理的对成本费用的分摊进行人为安排。避税角度下的转让定价有以下特点：一是转让价格与成本的联系较弱，成交价格与成本、市场价格的严重偏离。二是它作为跨国公司实现内部资源配置利润最大化的手段，通过调整局部利益的来实现全局利益的最大化。三是通过转让定价来滥用避税会损害东道国税收权，严重地损害东道国的经济利益。但由于各国之间税收制度存在差异，跨国公司转移定价实现避税而获得较高利润似乎是司空见惯的事情。各国都在付出诸多努力，通过完善立法和严格执法来限制此种行为，维护国家的税收主权。❶

OECD 在转移定价税制与法律规则发展中起到了重要作用。OECD 关于转移定价调整的最初表述可以追溯到 1963 年公布（1977 年通过）的《关于对所得和财产避免双重征税协定范本》（以下简称《OECD 范本》）。《OECD 范本》第 9 条规定了"关联企业交易"，可以把它看作 OECD 转移定价规则的早期雏形。《OECD 范本》中明确规定，如果关联企业间的交易价格相较正常市场价格处于非正常状态，在之后计算应税所得额时，应当适当调整，即赋予税务机关在此情况下修正关联企业的税前利润的权力。❷ 因为，转移定价行为有可能使政府失去相当一部分来自跨国公司的合理税收收入，也可能使跨国公司处于被双重征税的位置。所以，无论是双方政府还是跨国公司，都不能够忽视转移定价行为带来的消极影响和不利局面。

1995 年，OECD 考虑当时全球经济发展实践，剖析跨国贸易的增长趋势，结合各国立法的实际情况，在其 1979 年《转让定价与跨国公司》报告的基础上颁布《跨国公司和税务部门转让定价指南》（以下简称《转让定价指南》）；❸ 它被 OECD 成员作为相关税收立法与实践的指导性文件来使用，并对非 OECD 成员也产生了重大影响。在 1996 年和 1997 年，《转让

---

❶　ERNST & YOUNG. Transfer Pricing Global Reference guide ［EB/OL］. ［2017 – 06 – 30］. http：//www. ey. com/Publication/vwLUAssets/Transfer_pricing_global_reference_guide_2013/ \$ FILE/Transfer_pricing_global_reference_guide_2013. pdf.

❷　OECD. Articles of the Model Convention with Respect to Taxes on Income and on Capital. Article 9：Associated Enterprises.

❸　OECD. Transfer Pricing Guidelines for Multinational Enterprises and Tax Administrations，July 1995.

定价指南》相继增加"无形资产""服务"❶ 和"成本分摊协议"❷ 3 个章节。1998 年和 2000 年,OECD 分别出台《有害税收竞争:一个正在出现的全球性问题》❸ 和《认定和消除有害税收行为的进程》❹ 等研究报告,关注"有害税收竞争"与"国际避税天堂"等问题。1997 年和 1999 年,《转让定价指南》补充增加监督指南执行程序和商业社会参与的规定,以及相互磋商程序下的预约定价协议指南等附录;2010 年 7 月 22 日,《转让定价指南》再次更新,增加第 9 章"商业重组相关转让定价",❺ 并更新前言、序言和词汇表等内容。❻ 尽管《转让定价指南》保持继续更新,但 OECD 已经形成较为完整的转让定价规则体系,成为全球接受的转移定价指引准则。

(二) 知识产权关联交易转让定价调整

无形资产是对企业拥有的智力资源的总称。❼《国际评估准则 (2013)》将"无形资产"定义为"是以其经济特性而显示其存在的一种资

---

❶ Transfer Pricing Guidelines for Multinational Enterprises and Tax Administrations have been supplemented by the report on intangible property and services, adopted by the Committee on Fiscal Affairs on 23 January 1996 [DAFFE/CFA (96) 2] and noted by the Council on 11 April 1996 [C (96) 46], incorporated in Chapters VI and VII.

❷ Transfer Pricing Guidelines for Multinational Enterprises and Tax Administrations have been supplemented by the report on cost contribution arrangements, adopted by the Committee on Fiscal Affairs on 25 June 1997 [DAFFE/CFA (97) 27] and noted by the Council on 24 July 1997 [C (97) 144], incorporated in Chapter VIII.

❸ OECD. Harmful Tax Competition: An Emerging Global Issue [EB/OL]. [2017 - 06 - 30]. http://www.oecd.org/tax/transparency/44430243.pdf.

❹ OECD. Progress in Identifying and Eliminating Harmful Tax Practices [EB/OL]. [2017 - 06 - 30]. http://www.oecd.org/tax/transparency/44430257.pdf.

❺ Transfer Pricing Guidelines for Multinational Enterprises and Tax Administrations have been supplemented by the report on the transfer pricing aspects of business restructurings, adopted by the Committee on Fiscal Affairs on 22 June 2010 [CTPA/CFA (2010) 46] and approved by the Council on 22 July 2010 [Annex I to C (2010) 99], incorporated in Chapter IX.

❻ Transfer Pricing Guidelines for Multinational Enterprises and Tax Administrations have been supplemented by a revision of Chapters I - III, adopted by the Committee on Fiscal Affairs on 22 June 2010 [CTPA/CFA (2010) 55] and approved by the Council on 22 July 2010 [Annex I to C (2010) 99]; and By an update of the Foreword, of the Preface, of the Glossary, of Chapters IV - VIII and of the annexes, adopted by the Committee on Fiscal Affairs on 22 June 2010 [CTPA/CFA (2010) 47] and approved by the Council on 22 July 2010 [Annex I to C (2010) 99].

❼ 吴汉东. 试论知识产权的无形资产价值及其经营方略 [J]. 南京理工大学学报 (社会科学版),2013 (1):1 -6,20.

产，无形资产不具有实物形态，但为其拥有者获取权益和特权，而且通常为其拥有者带来收益"。❶ 中国资产评估协会发布的《资产评估准则——无形资产》第 2 条将"无形资产"表述为：特定主体所控制的，不具有实物形态，对生产经营长期发挥作用且能带来经济利益的资源。OECD《转让定价指南》指出：无形资产包括使用专利、商标、商号、设计或模型的权利，还包括文学和艺术财产权利，以及专有技术、商业秘密等类的知识产权。❷ 我国财政部《企业会计准则——应用指南》规定：无形资产是指企业拥有或控制的没有实物形态的可辨认非货币性资产；无形资产主要包括专利权、非专利技术、商标权、著作权、土地使用权、特许权等。❸

综上所述，从经济学和企业会计实务的角度，知识产权是一种无形资产。由于"知识产权"概念的外延并不清晰，可以纳入企业无形资产的知识产权种类还在不断发展中，并不限于《建立知识产权组织公约》和《与贸易有关知识产权协定》中界定的有限客体种类。

正常交易原则（the Arm's Length Principle），又称独立核算原则或独立竞争原则，它是整个转让定价制度的核心。税务机关对关联企业交易是否决定进行调整，关键要看关联企业交易的定价方法是否符合正常交易原则。只有在转让定价的方法不符合正常交易原则时，税务机关才能对转让价格进行调整。

完全市场经济下的"正常交易"应具有以下要素：交易主体平等和独立，双方都追求利润最大化。交易主体地位的平等性是交易公平的前提与保证，只有主体地位平等才有可能产生公平的市场交易价格。然而，跨国公司规模存在差异，关联企业之间存在着相互投资、共同控制或共同被控制等复杂关系；因此，很难保证交易主体的平等和独立，这在客观上给转让定价调整造成了困难。作为独立的市场主体，必然主张在交易中追求利

---

❶ 《国际评估准则》（International Valuation Standards）由国际评估准则理事会（International Valuation Standards Council）发布，它是全球影响力最大的评估准则之一。最新版《国际评估准则（2013）》于 2014 年 1 月 1 日开始实施。See, http：//www.ivsc.org/library/download, last access on Jun. 30, 2017.

❷ OECD. Transfer Pricing Guidelines for Multinational Enterprises and Tax Administrations, July 2010. Chapter VI Special Considerations for Intangible Property, Sec. 6. 2.

❸ 中华人民共和国财政部：《企业会计准则——应用指南》（财会〔2006〕18 号），2006 年 10 月 30 日。

润，并且以利润最大化作为终极目标；虽然在单笔交易中存在着因长期合作、战略利益互换等原因而给予对方特殊优惠条件等因素，但如果交易一方长期或无条件地给予交易伙伴特殊优惠，那么这种交易避税的嫌疑就会增加。

对关联企业的不当操纵转让价格的行为，税务机关有权按照市场经济的一般原则模拟出一个类似的正常交易的价格，或者用类似交易的市场价格代替关联企业间实际的成交价格。而模拟出的价格是为了正确计算各关联企业的所得及应纳税款。我国《特别纳税调整实施办法（试行）》指出：税务机关及其他主管机关在调查、审计并实施税收调整工作时应依法进行，企业也必须承担在经济往来中的交易定价的举证材料。这可理解为我国对正常交易原则的应用。

然而，在对个案中的转移定价进行调整时，还要充分考虑每一具体案例的事实和环境、可用的综合证据、方法的相对可靠性等因素，选择能对交易结果作出最可靠判断的方法。那么如何甄别最可靠的方法或一种方法多次使用后最可靠的结果，这就需要以非关联企业之间交易数据为客观基准进行可比性分析，遵循最优化原则。因此，最优化也可理解为接近本应该发生的客观事实，因为其具有较高的可比性，以及与交易具有更直接的关系，更接近交易的实际。

（三）知识产权关联交易对公平交易的挑战

可比非受控价格方法（Comparable Uncontrolled Price Method）是税务主管机关通过参考可比非受控交易的价格，来评价受控交易中的价格是否符合正常交易价格的方法。❶"非受控性"的交易是指跨国公司中的关联公司与一个毫无关联关系的独立第三方的交易。简言之，就是对于同一纳税义务人销售同一种商品或提供相同服务时，以其与独立的第三方作为买方交易时的价格为依据，以这个价格来进行比较。如果该关联企业交易的价格是按照公平交易的原则确定的，那么与其关联企业交易的价格，与其无关联关系的独立第三方交易时的价格相同。

然而，在采用这种方法时，必须仔细衡量和分析非受控价格与受控价

---

❶ OECD. Transfer Pricing Guidelines for Multinational Enterprises and Tax Administrations，July 2010. Chapter Ⅱ：Transfer Pricing Methods，Sec. 2. 13.

格之间的可比性。最大的可比性才能保证可比非受控方法的可靠性和合理性；当可以找出确定的可比非受控交易时，它就具有超过其他方法的优越性；其核心在于两种交易之间可比性的衡量和确定。有形财产（产品）主要需要考虑以下可比性因素：产品的相似性、产品质量、合同条款（如交易数量、保证条款和运输条款等）、交易所处的地域性、交易时间和货币支付与汇率风险等。

对于知识产权的转让来说，交易对象往往是独一无二的，并不存在相同或相似的客体对象。实践中，知识产权转让交易有时涉及无形资产的组合，并非单件专利或商标；例如专利池（技术标准）的销售，专利与专有技术、商业秘密共同转让，数个相似商标的共同转让等。对于资产组合的交易就更加难以找到可比非受控交易对象。对于知识产权独占许可和排他许可来说，许可人和被许可人之间的交易是排他的，无法找到其他可比的交易对象；对于普通许可，虽然在理论上可能存在可比的非受控交易，用以确定关联交易的价格是否为合理的市场价格；但在不同许可交易实践中，许可地域、许可使用范围和许可期限等条件的变化都会影响整个许可交易的定价。因此，关联交易的双方完全可以通过在许可协议中约定不同于第三方的许可条件来确立一个独特的"市场价格"；这也给税务机关的调查和认定带来了困难。

再销售价格方法（Resale Price Method）是从可比的非受控的再销售价格中减去合理的利润，来衡量受控交易价格是否符合正常交易价格的方法。❶ 采取此方法需要考虑两个因素：一是确定可比的非受控再销售价格；二是确定合理利润。由于前述原因，确定可比的非受控价格本身已经非常困难，想要确立可比的非受控再销售价格就难上加难。虽然，知识产权可能会像有形财产一样在市场经历多次"销售"，但其发生概率和实际交易频率远远小于有形财产。首先，虽然没有权威数据表明知识产权的交易链条和再销售数据，但市场中真正能为权利人带来可观经济收益的知识产权往往不会被再次出售。其次，不同于有形产品数量众多，知识产权的唯一性导致其流转主体和流转次数都非常有限。而且，商标、专利等转让行为

---

❶ OECD. Transfer Pricing Guidelines for Multinational Enterprises and Tax Administrations, July 2010. Chapter Ⅱ: Transfer Pricing Methods, Sec. 2. 21.

像房产交易一样，需要到主管机关登记备案并变更权利人，根本无法实现"一物多卖"；即使只是知识产权许可，为了保护许可合同的双方当事人和普通公众的利益，法律也要求到主管机关登记备案。最后，由于知识产权的期限性，不同时间对同一知识产权转让或许可的价格必然不同。

如果将知识产权许可中的"分许可"视为一种再销售，它与有形产品的再销售同样不具有可比性。由于分许可受制于前一份许可合同的约定，在许可期限、地理范围和使用方式等方面只能受制于前面的许可条件，分许可的价格当然与许可价格存在较大差异，因此，也无法据此来衡量"非受控的再销售价格"。

成本加成模式（Cost Plus Method）是以使用受控交易产品的生产成本，加上合理的利润，来衡量正常交易价格的方法。在不存在可比的正常交易，或对转售产品增加重大价值的情况下，应用成本加成模式更合适。《转让定价指南》指出，此方法最适用于关联企业之间通过转移定价销售半成品或提供劳务时使用。❶ 应用此方法的关键是确定成本与合理利润，OECD 规定了成本加成法中的成本不应当包括企业经营费用（一般费用、监管费用、管理费用等），利润是指毛利即不扣除企业经营费用的利润。然而，知识产权的研发成本与实际价值之间很难找出所谓的合理利润空间。以专利研发为例，专利市场交易价格必然大于研发的支出成本，但专利产品（服务）的销售还与品牌、市场营销与推广等密切联系；因此，也很难套用有形产品生产成本加合理利润的方法来评估知识产权关联交易的公平价格。

三、我国规制跨国公司知识产权转让定价的法制发展与完善

（一）特别纳税调整制度的形成与发展

我国 1991 年《外商投资企业和外国企业所得税法》（2008 年 1 月 1 日起废止）第一次以立法的形式对转让定价税务调整问题作出明确规定，如果关联企业不按照独立企业之间的业务往来收取或者支付价款、费用，而

---

❶ OECD. Transfer Pricing Guidelines for Multinational Enterprises and Tax Administrations, July 2010. Chapter Ⅱ: Transfer Pricing Methods, Sec. 2. 39.

减少其应纳税的所得额的，我国税务机关有权进行合理调整。为完善《外商投资企业和外国企业所得税法》的实施和适用，国家税务总局于 1998 年出台《关联企业间业务往来税务管理规程（试行）》，该规定使关联企业转让定价的税务管理工作更加规范化和程序化，并首次将预约定价作为解决转让定价的一种调整方法。2001 年修订的《税收征收管理法》和 2002 年发布的《税收征收管理法实施细则》❶ 进一步对反避税和转让定价问题作出规定；《税收征收管理法实施细则》第 51 条至第 56 条明确转让定价关联交易的认定，要求纳税人向税务机关提供关联交易的价格制定标准，还规定了转让定价的追溯调整期限，将追溯年限最长可向前追溯 10 年。2004 年国家税务总局颁布《关联企业间业务往来预约定价实施规则（试行）》，规范关联企业间业务往来预约定价的税收管理程序。❷ 2007 年通过的《企业所得税法》将反避税界定为"特别纳税调整"，进一步完善现行转让定价和预约定价法律法规；为更好地防止避税行为，《企业所得税法》明确了转让定价的核心原则，即"独立交易原则"；明确了企业及相关方提供资料的义务；增列了"成本分摊协议"条款；通过这些规则进一步完善了转让定价和预约定价方法的内容，强化了纳税人及相关方在转让定价调查中的协助义务，对成本分摊协议的认可和规范有利于保护本国居民知识产权收益权，防止滥用成本分摊协议，乱摊成本费用，侵蚀税基。2009 年国家税务总局出台《特别纳税调整实施办法（试行）》，❸ 对于特别纳税调整作出了更为系统和完整的规定。

2014 年 7 月 30 日，国家税务总局办公厅发布《国家税务总局办公厅关于对外支付大额费用反避税调查的通知》（税总办发〔2014〕146 号）指出对存在避税嫌疑的特许权使用费支付，应重点关注：（1）向避税地支付特许权使用费；（2）向不承担功能或只承担简单功能的境外关联方支付

---

❶ 《税收征收管理法实施细则》于 2002 年 9 月 7 日以中华人民共和国国务院令第 362 号公布，根据 2012 年 11 月 9 日中华人民共和国国务院令第 628 号《国务院关于修改和废止部分行政法规的决定》第一次修订，根据 2013 年 7 月 18 日《国务院关于废止和修改部分行政法规的决定》第二次修订。

❷ 国家税务总局：《关联企业间业务往来预约定价实施规则（试行）》（国税发〔2004〕118 号），2004 年 9 月 3 日。

❸ 国家税务总局：《特别纳税调整实施办法（试行）》（国税发〔2009〕2 号），2009 年 1 月 8 日。

特许权使用费；（3）境内企业对特许权价值有特殊贡献或者特许权本身已贬值，仍然向境外支付高额特许权使用费。

2015 年 3 月，国家税务总局发布《关于企业向境外关联方支付费用有关企业所得税问题的公告》（国家税务总局公告 2015 年第 16 号），其中规定，企业使用境外关联方提供的无形资产需支付特许权使用费的，应当考虑关联各方对该无形资产价值创造的贡献程度，确定各自应当享有的经济利益。企业向仅拥有无形资产法律所有权而未对其价值创造作出贡献的关联方支付特许权使用费，不符合独立交易原则的，在计算企业应纳税所得额时不得扣除。

2016 年 7 月 13 日，国家税务总局正式对外发布了《国家税务总局关于完善关联申报和同期资料管理有关事项的公告》（国家税务总局公告 2016 年第 42 号）。该公告对关联申报、国别报告及同期资料进行了全新规范，替代了《特别纳税调整实施办法（试行）》（国税发〔2009〕2 号）第 2 章、第 3 章、第 74 条和第 89 条及《中华人民共和国企业年度关联业务往来报告表》（国税发〔2008〕114 号）文件的内容。

（二）当前规则的问题

虽然，我国税法体系中已经建立了较为完善的反避税规定，并赋予税务机关对跨国公司关联企业转让定价进行调整的权力。但知识产权交易与商品交易之间存在很多不同，知识产权的独立性和专有性使其转让和许可很难找到相对应的标准来确定正常交易价格。因此，OECD 在转让定价税制规则中对无形资产转让定价作出了大篇幅的详细规定；而中国的立法相对简单，缺少详细规定，在税务实践中就更难操作。我国税法制度中对跨国公司利用知识产权交易进行利润转移的规范仍然存在诸多问题。

首先，税法制度中对关联企业知识产权交易的规定过于简单，并没有对不同知识产权客体的转让和许可交易进行针对性指引；相关规则没有充分考虑到知识产权的特点和知识产权交易和评估的特性。其次，对于知识产权转让交易，知识产权转让的过程、环节和环境都不同于有形财产，需要特别考虑知识产权的资产类别、用途、适用行业和预期收益等。知识产权的开发投资、转让条件、独占程度、受有关国家法律保护的程度及期限、受让成本和费用、功能风险情况、可替代性等也是判定正常关联交易的重要因素。再次，对于知识产权许可交易，相关法规和操作政策中并没有就许可期限内的知识产权增值和营销性无形资产的确切范围、构成营销性无形资产的条件以及如何确定营销性无形资产的权益归属和价值收益分配等问题作出具体的规定和说明。最后，对于跨国公司涉嫌利用转让定价进行逃税的行为进行特别纳税调整实施时，需要根据知识产权的特性、交易各方功能和风险、合同条款、经济环境和经营策略等因素，并根据个案情况从可比非受控价格法、再销售价格法、成本加成法、交易净利润法和利润分割法等之中选取符合独立交易原则的方法。

因此，如何参考借鉴 OECD《转让定价指南》，依法有效地规制跨国公司知识产权关联交易的转让定价是一个亟待税法和知识产权法学界，以及实务部门关注和研究的课题。

（三）完善规制知识产权关联交易转让定价的建议

在客观条件上，各国之间税率的差异为跨国公司利用转移定价避税提供了机会。根据安永会计师事务所《2013 年度全球转让定价调查报告》显示：全球转让定价环境变化迅速，越来越多的国家引入了转让定价法规，要求纳税人准备并保留转让定价同期资料以证明其转让定价符合独立交易原则，许多国家引入越来越多的针对转让定价调整的严峻处罚。❶ 我国 2008 年 1 月 1 日实施的《企业所得税法》将内外资企业的所得税税率统一调整为 25%，它的实施在一定程度上增加了外资企业的税负，追逐利润的本性会增加跨国公司通过知识产权关联交易转移利润的内在动机，我国境内外资企业的避税问题会更加突出。笔者结合前文个案中表现出的问题和 OECD《转让定价指南》的规定，提出以下几点完善建议。

（1）随着国与国之间商业活动的紧密联系，跨国公司的跨境商业活动日益增多，跨国公司通常游走于不同的税收规则之间，通过规则差异来实现套利。尽管对于"有害税收竞争"还存在不同认识，❷ 但税收管辖权事关每个主权国家专属的税收征管权力。当税收管辖权相互交叉和发生冲突时，各方通过税收国际协调解决矛盾在所难免。从国际协调的角度来看，

---

❶　ERNST & YOUNG. Transfer Pricing Global Reference Guide [R]. February, 2013.

❷　萧明同. 国际反有害税收竞争的溃败、前景预测和启示 [J]. 税务研究, 2004 (4): 66 – 70.

中国既是对外直接投资的输入国，也是对外直接投资的输出国，我国应在各种国际场合中提出通过国际合作处理避税问题，限制跨国公司利用知识产权关联交易向海外低税率区域转移利润和少缴税收的做法。

（2）在完善国内规则的基础上，我国应加强双边税收协定的谈判和预约定价制度的实施，遏制"水往低处流"的税收"洼地效应"。这一方面是为了保障本国的税收利益；另一方面也是纠正关联企业操纵转让定价扭曲正常的客观交易和真实的盈亏状况，防止造成国际税收秩序的混乱。

（3）我国税务部门应当与知识产权主管部门加强合作，出台符合知识产权特性和交易特点的转让定价指南或准则，在政策试行成熟后将其上升为法律规则。这种指南规则要紧密围绕知识产权的特点，充分考虑不同知识产权客体和交易类型的独特之处，这样才能为企业提供操作指引，同时为行政执法和司法解决提供参考依据。

（4）我国税务部门在纳税审核时，不仅要在形式上审核知识产权交易合同，还应当对交易合同的实质内容进行审阅，避免出现本文案例中所描述的跨国公司连续多年将同一著作权转让给我国关联企业的荒唐事件。

（5）随着我国境外投资和知识产权数量的迅速发展，我国内资企业也可能利用我国与海外投资东道国税率差异，采用知识产权关联交易的方式将本应在我国缴纳的税收转移到离岸避税天堂。因此，无论是内资企业还是外资企业，知识产权密集型跨国公司都应成为我国纳税特别调整的重点调查对象，而不仅仅是特别纳税调整界定的 7 种类型企业。[1] 知识产权密集型企业应当是具有较强创新能力并获得良好知识产权资产、企业产品或服务中知识产权附加值高，知识产权形成企业核心竞争力并成为其主要营利模式的企业。

从企业角度来看，跨国公司关联企业应该尽可能地在涉及知识产权转让或许可交易合同中，就有关产品或服务的营销功能的履行、成本费用和风险的分担方式，以及知识产权增值的贡献回报等事项作出明确清楚的合同约定。当然，这种约定应当与实际交易相符，不能为避税而故意操作合同条款。因为，税务主管机关有权通过转让定价事后调整，推定符合事实的交易合同条款。

---

[1] 国家税务总局：《特别纳税调整实施办法（试行）》第 29 条。

　　众所周知，运营成本的最小化和税后利润的最大化是跨国公司追求的经营目标。知识产权作为无形资产没有实体形态，市场上难以找到相同或相似商品，真实市场价值难以评估并缺乏可比性，跨国公司采用关联企业内部交易，操作知识产权的转让定价，规避在东道国本应缴纳的税款。监管层应当完善知识产权法律和税收政策，制定针对性的知识产权转让定价指南，防止跨国公司滥用知识产权关联交易达到利润转移和避税目的，尤其防止跨国公司设立在自贸试验区的关联企业，通过知识产权转让定价规避我国税收立法。

第八章 自贸试验区知识产权保护：
反思与展望

与国际自由贸易区的渊源和特点不同，我国 11 个自贸试验区是中国单方自主决定的特殊经济区，不同于 WTO 体制之下双边或数边自由贸易区。尽管国际条约及 WTO 等国际组织并没有就自由贸易试验区知识产权执法议题形成明确的共识，但自由贸易试验区知识产权严格执法已经在实践中被认可和实施。如此，引发另一个思考：自贸试验区知识产权执法是否会造成执法资源的特殊分配，导致区内外执法标准和尺度的不统一，对于区内企业构成一种反向歧视？

TRIPS 中的最低保护义务成为知识产权国际保护棘轮机构中的止回棘爪，贸易利益成为驱使棘轮机构的运动棘爪，二者共同作用使得知识产权国际规范中的保护标准越来越高。知识产权保护的"递增规则"不断扩张保护范围，并提升执法标准；体制转换为知识产权国际立法中棘轮效应的发挥提供不同的舞台。只有辩证地看待棘轮效应，才能积极利用知识产权的限制和例外制度，防止知识产权不断侵蚀公有领域和公共利益，确保国际知识产权体制有序发展。

越来越多的双边条约正在规定 TRIPS – plus 条款，而且对知识产权执法程序的规定更加严格和全面，留给相关成员方自主规定的弹性条款越来越少，例如下文中的《欧盟加拿大经济贸易协定》。国际知识产权规则的趋同既为执法合作带来便利，也是执法合作的必要性保障。既需要严格知识产权保护，也需要关注保护水平和强度，同时需要加强对话和合作，确保知识产权领域的国际分歧得到有效管控。

第一节　知识产权国际保护中的棘轮效应

WTO 成功地将知识产权议题与国际贸易成功结合，TRIPS 成为 GATT 乌拉圭回合最重要的成果之一。由于不同主体在不同场合推动高于 TRIPS 的保护水平和执法标准，知识产权保护的棘轮效应在 TRIPS 实施后得到凸显。知识产权国际协调不能一味地提高保护水平和执法标准，棘轮效应也应在知识产权的限制和例外制度中得到灵活运用。

一、棘轮效应及其运用

在机构领域，棘轮机构是由棘轮和棘爪组成的一种单向间歇运动机构。棘轮轮齿通常用单向齿，棘爪铰接于摇杆上，当摇杆逆时针方向摆动时，驱动棘爪便插入棘轮齿以推动棘轮同向转动；当摇杆顺时针方向摆动时，棘爪在棘轮上滑过，棘轮停止转动；为了确保棘轮不发生反转，常在固定构件上安装止回棘爪。棘轮的发明非常巧妙，据考古介绍，我国大约在西汉时代便有棘轮发明，后来又有许多改进，并且应用范围也越来越广。[1]

由棘轮机构的特征所引发的只能前进不能后退的单向运动效应被称为棘轮效应。棘轮效应在各个领域都有广泛的应用，最典型的是经济管理学中的使用，如在 20 世纪 50 年代，美国专家博林纳就曾提出过研究中央计划经济中计划者为国有企业所定生产计划中的"棘轮效应"问题，博林纳是用"棘轮效应"一词描述这样一种实践现象：计划者根据一个企业的本期绩效来制订其下期的计划指标；[2] 在人力资源管理领域，棘轮效应可以解释企业对员工的激励机制；[3] 在法律领域，学者尝试用棘轮效应分析和解释法律规则的发展机制。[4] 日常生活中，"棘轮效应"被用来归纳事物的

---

[1]　武际可. 从仙鹤喝水谈棘轮效应 [J]. 百科知识，2010 (19)：31.

[2]　韦森. 棘轮效应与代理的动态行为 [J]. 经济科学，1998 (6)：27–36.

[3]　王明辉，张光旭. 人力资源管理中"棘轮效应"的对策研究 [J]. 生产力研究，2008 (7)：100–102.

[4]　FRANK H. EASTERBROOK. Is There a Ratchet in Antitrust Law? [J] Texas Law Review, 1981, 60 (705).

发展规律，例如，只升不降的房价和物价。

由于棘轮效应实现单向运动，运动方向是否正确非常重要；如果运动方向错误，那么由于棘轮单向推动，结果只会错得越来越远，越来越严重。然而，判定运动方向根本上依据事物本身的性质及其发展规律。例如，国家根据经济发展水平的提高不断增加国防预算，企业根据熟练工的最佳生产水平设定新的计件标准，家长根据学生学习成绩的提高不断设定新的学习目标，这些"棘轮效应"常常受到挑战。如果根据不断发展的经济水平，不断提高环境保护标准和医疗保险水平，则鲜有质疑。

此外，对于许多呈现出棘轮效应的事物，并不是所有人都能从中受益。因为，当棘轮是朝一个方向运动时，一个群体受益；而朝相反方向运动时，则其他群体受益。而且，不同主体对于棘轮效应的接受程度不同。在国际层面上，知识产权保护涉及不同国家的国家利益、不同市场主体的权益，这些会让问题变得更加复杂。知识产权保护领域的棘轮效应当是最佳的注解。

二、棘轮效应在知识产权国际保护中的运行机制

知识产权保护领域的棘轮效应已经得到重视，❶ 有学者尝试从不同客体的角度去论证和分析。❷ 自 1883 年《巴黎公约》至今，知识产权保护标准总体上表现为只升不降的单向运动，呈现出棘轮机构运动的特点。由于知识产权国际实施机制的欠缺，知识产权保护的棘轮可以倒转，并可能会出现上上下下的往复运动。由于 TRIPS 规定了成员方最低保护义务，并借助 WTO 争端解决机制的强制力保障使得知识产权保护的棘轮真正实现了单向前进运动。

（一）知识产权保护棘轮机构的止回棘爪

TRIPS 第 1 条中关于"义务的性质和范围"，第 1 款规定："各成员方应使本协议的规定生效。各成员方可以，但不应受强制地，在其本国法律

---

❶ PETER DRAHOS. Secure the Future of Intellectual Property: Intellectual Property Owners and Their Nodally Coordinated Enforcement Pyramid [J]. Case Western Reserve Journal of International Law, 2004, 36 (58): 53 – 77.

❷ 陶锋，邢会歌. 专利权国际保护的异化：棘轮效应 [J]. 特区经济，2008 (1)：237 – 238.

中实行比本协议所要求的更加广泛的保护，只要这种保护不与本协议条款相抵触。"这一条款集中反映了 TRIPS 在国际知识产权保护体系中的作用和地位。

"成员方应使本协议规定生效"，这种表述明确规定了成员方的首要义务。根据 TRIPS 第 1 条第 1 款，成员方应使 TRIPS 各项规定"得以有效"（shall give effect）。"shall"明显不同于第 2 款中的"may"，表明第 1 款是不容商量且不得保留，必须在成员方域内得到实施。这一条是 TRIPS 对 WTO 成员方规定的第一项义务，也是最主要的国际法义务。因此，各成员方政府必须在其域内，通过立法、行政与司法实施，使 TRIPS 各规定成为有效的法律制度；除享受过渡期安排的成员，成员方自加入 WTO 之日起，应使域内相关知识产权制度与 TRIPS 相一致。❶ 正因如此，我国在加入 WTO 之前，曾修订大量的知识产权法律法规，保证我国法律规范符合 WTO 的规则。根据《建立 WTO 协定》第 16 条第 4 款："每一成员应保证其法律、法规和行政程序与所附的各项协定对其规定的义务一致。"根据丹尼尔教授对 TRIPS 的起草与谈判过程的研究发现："得以有效"这一宽泛的术语表述，旨在强调不局限于成员方政府的立法改变，还包括政府间安排（例如欧盟）的成员采取所有合理措施来确保这种安排与 TRIPS 的一致性。❷ 基于这样的认识，可以说，TRIPS 规定的第一项国际法义务就是成员方的"有效实施"义务。当然，就其义务渊源来说，这首先是 TRIPS 的条约法义务。根据《建立世界贸易组织协定》第 2 条第 2 款，包括 TRIPS 在内的 WTO 一揽子协议"对所有成员具有约束力（binding on all Members）"。在国际法上，国家是一个拟制的国际人格者，通常由一定的政府行使国家主权或条约规定的其他权利，承担相应的义务以及由此可能产生的国家责任。作为国际条约的 TRIPS，它对 WTO 成员方具有的约束力是指该成员政府必须履行条约规定的国际义务。❸

尽管 TRIPS 确立了最低义务，知识产权国际立法应当保存国内知识产权体制中常见的平衡。一旦对国家最低义务过分关注，由于国内法没有通

---

❶　张乃根. 论 TRIPS 协议义务 [J]. 浙江社会科学，2002（5）：70 - 77.

❷　DANIEL J. GERVAIS. The TRIPS Agreement: Drafting History and Analysis [M]. London: Sweet & Maxwell, 1998: 42.

❸　张乃根. 论 TRIPS 协议义务 [J]. 浙江社会科学，2002（5）：70 - 77.

过例外和公共利益来保障平衡，其制定的政策可能无法真正起到保护本国产业和国民的目的。

（二）知识产权保护棘轮机构的驱动棘爪

对贸易利益的追求是知识产权国际保护的根本驱动力。尽管有学者认为"与贸易有关的知识产权协定"这种表述名实不符，似乎是知识产权与贸易无关，而 TRIPS 完全是关于知识产权的内容。❶ 这种理解确实过于狭隘，现实中的问题恰恰是过于重视"知识产权"，而忽视了 TRIPS"与贸易有关"的宗旨，也包括被忽视的"包括假冒商品贸易在内的"这一附注。❷

只要一种知识产权能够带来经济利益或者经济上的比较优势，与它有关的规则都是"与贸易有关"，以至于现在很难找到一种完全"与贸易无关"的知识产权。无论是 WIPO 列举的传统的 7 种保护客体，还是后来被 TRIPS 纳入的计算机程序等，抑或自成体系的数据库和网络域名保护等，这些都是贸易主体激烈竞争和追求保护的对象。对于贸易利益的渴望曾经引发人类对海洋、新大陆的瓜分，以及大大小小的无数次战争；现在对贸易利益的追求也是不断扩大知识产权保护客体和不断提高执法标准背后的经济动机。表面上看，知识产权国际立法的主体是国家和政府，实际上他们只是代理人，而幕后真正的始作俑者则是寻求知识产权利益的跨国公司。❸ 正如纪录片《公司的力量》所揭示的国家经济实力与公司的关系，"在经济全球化进程中，情况变得越来越复杂，在其中公司的作用越来越重要。是否拥有大量强大的公司，已经成为关乎一个国家经济实力的问题"。❹

TRIPS 对国际知识产权立法带来不曾预料的结果。知识产权成为众多国际组织或场合的重要议题，国际社会在一些场合制定了新型条约，而在

---

❶ 孔祥俊. WTO 知识产权协定及其国内适用 ［M］. 北京：法律出版社，2002：2.

❷ 郑成思. 关贸总协定与世界贸易组织中的知识产权：关贸总协定乌拉圭回合最后文件《与贸易有关的知识产权协议》详解 ［M］. 北京：北京出版社，1994：8.

❸ 苏珊·K. 塞尔. 私权、公法——知识产权的全球化 ［M］. 董刚，周超，译. 北京：中国人民大学出版社，2008：45 –54.

❹ 中央电视台《公司的力量》节目组. 公司的力量 ［M］. 太原：山西教育出版社，2010：16.

另一些场合则通过解释现有条约，或产生不具有拘束力的宣言、指南、建议等软法。❶ 从长远来看由于知识产权和国际贸易交织在一起，对于贸易利益的渴望促使发达国家不断运用棘轮效应，提高知识产权保护水平和执法标准。

三、棘轮效应在知识产权国际保护中的外在表现

（一）"TRIPS 递增"规则的发展

由于 TRIPS 为知识产权保护所设定的底线，再加上双边、数边和区域协定的扩张，留给主权国家自主地制定知识产权政策的空间变得越来越小。尽管有些 WTO 成员并不具备与发达国家知识产权制度相匹配的经济发展水平和技术能力，也不得不严格遵守 TRIPS 的规则。

由于 TRIPS 所设定的规则是"地板"（the floor）而非"天花板"（the ceiling），所以才出现了许多"TRIPS 递增"（TRIPS – plus）、"TRIPS 额外"（TRIPS – extra）相关的条约和条款，甚至出现"TRIPS 倍增"（TRIPS – plus – plus）❷ 等不同规则；它们的共同点是以 TRIPS 规则为最低标准。"TRIPS 递增"是指 TRIPS 第 1 条规定的各成员方可以规定高于 TRIPS 保护标准的规定；那么即使 TRIPS 有相关规定，但成员方也可采用更高的标准。例如 TRIPS 中的边境措施只规定成员国有义务适用进口环节，但中国《知识产权海关保护条例》对进、出口商品都进行知识产权边境执法。"TRIPS 额外"是指 WTO 成员的规则要求根本不是 TRIPS 所要求，虽然从字面上理解，既然是"额外的"，制定的规则既可以规定一些不在 TRIPS 规则之内的，例如对权利穷竭理论的适用，有的成员禁止平行进口，有的成员方允许平行进口；但这些规则仍不得与 TRIPS 的规则相冲突，这就限制 WTO 成员自主的政策选择空间。因此，不难总结得出：TRIPS 的最低标准义务是底线，是成员方必须遵守的；而成员方在此基础上可以提高保护标准、

---

❶　LAURENCE HELFER. Regime Shifting: the TRIPS Agreement and New Dynamics of International Intellectual Property Law Making [J]. Yale Journal of International Law, 2004, 29 (1): 1 – 83.

❷　SUSAN K. SELL. The Global IP Upward Ratchet, Anti – Counterfeiting and Piracy Enforcement Efforts: the State of Play [EB/OL]. [2017 – 06 – 30]. http: //keionline. org/misc – docs/Sell_IP_Enforcement_State_of_Play – OPs_1_June_2008. pdf.

增加保护范围、严格执法标准，在 TRIPS 的基础之上进行法律规则的制定和执行。

从广义的角度来看，上述条款都是超越 TRIPS 的，都是 "TRIPS 递增"（TRIPS – plus），这是从不同保护范围标准和限制条件上进行的阐释。常见 TRIPS – plus 规则可分为：增加知识产权的保护客体，消灭或减少允许的例外和限制，延长保护期限和增加严格的知识产权执法标准等。

对比 TRIPS 生效实施前后，知识产权国际保护制度变化明显。首先，保护客体的范围在不断增加，除了 WIPO 公约的保护客体，另外增加了计算机程序和数据库；WIPO 互联网条约还增加技术措施和电子权利管理信息的保护等。同时，获得保护的门槛却在降低，无须实际加入《伯尔尼公约》或《巴黎公约》，甚至都不用在意《保护集成电路华盛顿公约》本身是否生效，因为 TRIPS 已经纳入上述条约，那么单独关税区加入 WTO 即可获得系统的知识产权保护。随着 TRIPS 将国民待遇和最惠国待遇原则引入知识产权保护领域，在不同国家获得知识产权保护的门槛降低；此外，国际谈判和协调的成本也大大降低。然而，对于 TRIPS 例外条款的规定，也是施加更严格的解释来限制例外规则的适用，❶ 从而实际上增加了侵权行为种类和范围的认定。此外，TRIPS 特点之一就是严格规范执法，增加对侵权行为的惩罚和救济，例如刑事措施、边境措施和诉前禁令等。知识产权保护期限的变化则体现在多个方面：专利保护期限统一为 20 年；对于集成电路布图设计，《保护集成电路华盛顿公约》提供的保护期为 8 年，而 TRIPS 统一为 15 年。

（二）区域、双边协定中的 "TRIPS 递增" 规则

知识产权国际保护领域是以 TRIPS 为基础，却不限于 WTO 多边场合，美国等发达国家总是选择理想的场合（体制）进行知识产权谈判。美国是体制转换理论（Regime shifting）最主要和最积极的使用者，因为其有能力和资源同时在多个场合加强谈判。

由于非洲国家在 TRIPS 理事会寻求公共健康和药品专利的平衡，导致 TRIPS 的《公共健康多哈宣言》对美国制药产业的专利利益造成打击。美

---

❶ See，WTO Panel Report，WT/DS114/R.

国对自由贸易协定一直保持关注，并于近年来在大量双边和数边自由贸易协定中进行知识产权的国际协调。双边和数边条约中出现大量超出 TRIPS 的规定，例如，在《美国新加坡自由贸易协定》中，专利保护纳入了 TRIPS 第 27 条第 3 款规定的除外客体中的动植物，❶ 美国把"太阳底下任何东西都可专利"的想法带进双边协调中，这就超出 TRIPS 的规定。对于著作权的保护期限，TRIPS 规定为"作者有生之年加死后 50 年"，而《美国新加坡自由贸易协定》则规定为"作者有生之年加死后 70 年"。❷ 此外，TRIPS 不涉及权利穷竭问题，而《美国新加坡自由贸易协定》则明确采用国内权利穷竭的理论。❸

以晚近达成的 ACTA 为例，其中有诸多高于 TRIPS 的条款，特别在执法层面。ACTA 第 2 章专门规定了知识产权执法的法律框架，民事、边境和刑事执法措施都更加细化和严格，还在第 2 章第 4 节增加了网络环境下的知识产权执法等内容，规定了网络环境下例外和限制的运用、网络服务供应商的救济和限制、技术保护措施的规避及其法律责任等。

最低保护原则继续在知识产权国际保护的棘轮效应中扮演着重要作用。每个双边或多边协定都会有一个条款，规定成员方可以实施比该协定所要求的更高保护。❹ 这就意味着每个后来的双边或数边协定都将建立一个更高的标准，总是朝着更高的标准单向递进运动。

四、体制转换为发挥棘轮效应提供应用平台

虽然体制转换（regime shifting）或场合选择（forum shopping）表述不同，但其基本意思是一致的，那就是根据自身的利益选择最适合自己的谈判主题，并选择能达成理想结果的谈判体制或场合。体制转换的基本原因就是给寻求转换者带来胜利的机会。"体制转换"可以分为"体制之内的转换"（intra-regime shift）和"体制之间的转换"（inter-regime shift）。体制之内的转换是同一议题从双边到多边或从多边到双边的回归，例如，

---

❶ 参见《美国新加坡自由贸易协定》16.7.1 条。
❷ 参见《美国新加坡自由贸易协定》16.4.4 条。
❸ 参见《美国新加坡自由贸易协定》16.7.2 条。
❹ 参见《北美自由贸易协定》1702 条，《美国约旦自由贸易协定》4.1 条，《美国澳大利亚自由贸易协定》17.1.5 条，《反假冒贸易协定》2.1 条。

知识产权国际立法从 TRIPS 走向 ACTA，它是从多边主义向数边或双边的一种体制内转换。体制之间的转换是将知识产权议题从知识产权国际组织切换到其他组织或论坛，例如，知识产权立法从 WIPO 转向 WTO，或是将传统资源从 WTO 切换到生物多样性论坛等就属于体制之间的切换。根据国际谈判实践，国际协调中的体制转换的两个基本策略：把议题从一个组织转向另一个组织，或者同时在多个组织间推动议题。当然，现实中现有可能暂时地离开或放弃某一个组织；然而，这并不常见，即使是离开也是策略性地离开，等时机成熟时可以再回归；因为，对于话语权强的国家，任何场合都是可以"为我所用"的。正如约瑟夫·奈在其代表作《软实力》中所言，在世界政治博弈中，不同的牌桌上有着不同的牌手和不同的筹码;❶ 而拥有硬实力的美国也非常注重软实力和巧实力，美国自然是国际社会中体制转换实践的高手，TRIPS 就是其值得自豪的代表作。

（一）体制转换的主体

当前知识产权体制的发展是各种动力与阻力不断交互的产物。多边推动的动力强调统一性和增加协调；而反对的阻力则是抵制的异见，即对动力和潮流的抵制，倾向于保护国家的自主空间和国际层面的多样性。❷

知识产权国际协调的体制转换现在不仅为发达国家所用，发展中国家，甚至非国家行为体也学会了使用体制转换。它们学会了在不同适合场合来谈论它们希望的议题。体制转换并不意味着绝对放弃一种体制来寻求另一种体制，对一种体制的坚守，只要是对它们有利的场合，同样是对体制转换所做的广义解释。例如，发展中国家通过 TRIPS 理事会通过了《公共健康多哈宣言》和修改第六段实施决定等，这些都是体制转换成功的例子。此外，在 TRIPS 之后，知识产权议题上的"南北差异"不再那么泾渭分明，部分国家集团可能某一主题秉持共同立场，发达国家可能默认甚至支持发展中国家的体制转换。体制转换对于发展中国家和发达国家都可接受，在发达国家看来，在其他体制讨论这个问题，就为在 WTO 体制探讨该问题产生了借口和回避的理由。而发展中国家则也认为体制转换是一个

---

❶ JOSEPH S. NYE, JR. Soft power [J]. Foreign Policy, 1990 (80): 153 – 171.

❷ PETER K. YU. Currents and Crosscurrents in the International Intellectual Property Regime [J]. Loyola of Los Angeles Law Review, 2004 (38): 323 – 444.

安全阀，发展中国家内部对议题的分化；缓解国内利益集团对政府施加的压力，辩解政府已经尝试在多边舞台解决问题。更有利于达成理想政策结果的体制，产生知识产权规范的对抗体制，发展出能够在未来融合到WIPO 和 WTO 中的具体建议。

此外，由于 TRIPS 的影响，知识产权保护标准和其他国际体制的原则、规范和规则之间的冲突和紧张。从知识产权保护的角度，要求成员方给基因资源、药品和植物新品种以保护，但在其他体制中，这些因为道理或文化的理由，是不能落入私有权的范围之内的。从程序上说，WTO 体制之外的条约实施没有 WTO 严格，其他体制的原则规范和规则要从属于WTO 条约，例如，生物多样性、植物遗传资源、公共健康和人权等。

最后，在后 TRIPS 时代，非国家行为体和许多非政府组织也在利用各种场合积极进行知识产权有关议题的谈判和推动。例如，面对网络环境的挑战，特别是域名和商标的冲突，发展出域名争议解决统一政策（UDRP）；而面对著作权与网络的分享精神的冲突，发展出开放源代码运动（open source）、开放存取运动（open access）、知识共享运动（creative commons）等。

（二）体制转换的正外部性

知识产权的体制转换还会带来条约谈判的竞赛。以 WTO 和 WIPO 关系为例，在 TRIPS 这场国际知识产权革命后形成一种格局，即，由 WTO 负责知识产权的实施、执法和争端解决，而 WIPO 负责知识产权保护新规则的制定，管理现有知识产权协定，给发展中国家提供技术援助。WTO 在国际知识产权立法体制中的成功似乎激励 WIPO 要更加有所作为，其后很快导致了两个 WIPO《互联网条约》《专利法条约》《新加坡商标法条约》《视听表演北京条约》《马拉喀什视障者条约》等数个知识产权条约的缔结。WTO 通过争端解决机制对 WIPO 知识产权规则的规范性进行反馈，也会影响 WIPO 协定的修订和补充。国际知识产权保护中 WIPO 和 WTO 的双轨制促进了知识产权保护标准的提高。WTO 导致了 WIPO 产生危机和竞争意识，让 WIPO 能更加适应新形势的要求和挑战。

尽管知识产权保护已经成了单向棘轮，公共领域逐渐被侵占，但知识产权领域的国际圈地运动并不是一个绝对的单向运动，发展中国家和非政府组织的抵制起到了重要的平衡作用。❶ 知识产权国际协调中主体和场合的多元化对于国际知识产权的发展是有利的，而发展中国家的行业协会和集体管理组织发挥的功能有待加强。

（三）体制转换的案例解读

知识产权议题成功从 WIPO 体制转向 GATT/WTO 体制，就是体制转换理论的成功运用。根据不同学者对 TRIPS 谈判历史的回顾，知识产权从 WIPO 转向 GATT 原因主要有三：一是国际社会特别是发达成员对 WIPO 管理条约的谈判和协调感到不满；二是 GATT 制度的特点，便利采纳更加严格的知识产权保护标准；三就是争端解决机制的吸引力。在 1980 年至 1984 年的 WIPO 外交会议期间，成员代表要求修订《巴黎公约》的专利规则，美国和发展中国家并没有就此达成一致，从而形成僵局。由于 WIPO 的一国一票的决策规则所限，1985 年外交会议没有达成任何条约修订的成果。此后，美国产业界认为要提高在国外市场的竞争力，打击广泛存在的假冒商标等侵权活动。修订《巴黎公约》的失败让美国意识到不能继续在 WIPO 体制下进行知识产权议题的谈判，美国开始积极在双边关系中将知识产权和贸易连接起来。这种单边主义的行动让发展中国家意识到：美国的做法对多边规则是有害的。在双边领域连接策略的成功和国内企业跨国公司的推动下，美国开始转向多边场合进行知识产权谈判。❷ 在 GATT 体制下，这些发达国家享受重要的谈判资源。由于美国和欧盟巨大的市场，它们承诺对国外商品开放市场是一种巨大的利益刺激。此外，GATT 谈判中的共识原则和"一揽子协定"的设计会大大降低谈判和协调的成本，让与贸易成功连接的知识产权议题更加容易在多边场合达成。

知识产权议题从 WIPO 转向 GATT 这种体制之间的转换并不是独创，更不是空前绝后，只是特定发展阶段国际协调的产物。只要具备相应的天时地利人和，知识产权议题在不同场合之间的转换将会变得十分普遍，ACTA 的谈判和缔结就是另一个很好的例证。

---

❶ PETER K. YU. The International Enclosure Movement [J]. Indiana Law Journal, 2007 (82): 827 – 907.

❷ LAURENCE HELFER. Regime Shifting: the TRIPS Agreement and New Dynamics of International Intellectual Property Law Making [J]. Yale Journal of International Law, 2004 (29): 1 – 83.

五、棘轮效应在知识产权国际保护中的反向运用

由私有机构的逐利行为所导致的国际知识产权规则，不断侵占公共利益和公有领域的地盘。由于国际社会中并没有形成"全球公共利益"的代表性机构和个人，一国的消费者或终端用户要与国际规则抗衡，显得势单力薄。知识产权领域的国际圈地运动非常危险，以致人类对基本药品和信息资源的获取都受到私有产权的限制。如果不在国际层面进行宏观的政策调整，知识产权领域的"富者越富，贫者越贫"的马太效应将越发明显。发达国家追求严格的知识产权执法标准以保障其知识产权利益，而发展中国家更需要稳定政治的环境和宽松的经济环境来谋求发展，特别是保障弱势群体对基本药品和信息资源的获取。

（一）知识产权保护棘轮的反向运动以促进公共健康

WTO 成员之间贫富差距较大，发达国家在富起来之后并未像改革设计者所预想的那样自觉承担起与其所得相匹配的社会责任，有拘束力的国际技术转让条约遥遥无期；发达国家并没有按 TRIPS 第 66 条要求进行技术转让和能力建设的援助，而是高价垄断或甚至拒绝许可药品专利，使得发展中国家感到不满，国际协调的难度在不断加大。自 2001 年 11 月 WTO 第四次部长级会议决定启动新一轮多哈多边贸易谈判以来，关于知识产权议题的谈判进展有限。

2001 年 11 月 14 日，WTO 多哈会议通过《关于 TRIPS 与公共健康的宣言》，该宣言强调 TRIPS 与公共健康的关系对于实施 TRIPS 的重大影响，并提出：WTO 成员方有权在保护公共健康方面运用 TRIPS 的"灵活"或"弹性"（flexibility）原则。2003 年 8 月 30 日，WTO 成员方达成《TRIPS 与公共健康多哈宣言第六段的实施决定》，该决定主要是解决基本药品的强制许可、药品当地生产与平行进口问题。这些改革是 WTO 的发达成员向发展中和最不发达成员作出的重大妥协，是完善知识产权国际立法框架的重大进步。

在国际范围，发达国家拥有全世界绝大多数的药品专利，而发展中国家和最不发达国家的生活水平比较低，穷人更难以承受专利药品的相对高价。在发生严重流行疾病等公共健康危机时，药品专利权与个体健康权的

矛盾更加尖锐。健康权是《世界人权宣言》第 25 条所包含的基本人权，即"人人有权享受为维持他本人和家属的健康和福利所需生活水准"。对健康的保障是维持个体生命的必要条件。当健康受到负面影响时，个人有权获得医疗照顾。根据《经济、社会及文化权利国际公约》第 12 条，国家承担保障"公共健康"的义务，即，为了促进健康权的充分实现，会员国有义务采取预防、治疗和控制传染病等步骤。

根据 WTO 的成功实践，解决知识产权与公共健康问题的最好办法是根据 TRIPS 规定的知识产权保护目标和宗旨，尽可能地平衡两者，将冲突降低到最低限度。如果国际社会只是协调知识产权保护棘轮朝向权利人单向运动，无法回应发展中国家和穷困人群的呼声，那么这种单向的棘轮运动不具可持续性，也会从根本上有损于知识产权权利人的利益和社会的整体福利。

（二）知识产权保护棘轮的反向运动以促进信息获取

根据 TRIPS 第 7 条，知识产权的保护和实施旨在促进技术更新和技术转让及传播，技术知识的创造者与使用者之间的互利，增进社会与经济福利，平衡权利与义务。因此，不能一味强调保护知识的创造者（知识产权的权利人），而忽视技术知识或作品使用者的正当利益。

作品使用者的利益是著作权生态体系中的重要组成部分，它具有不同的面孔，既是作品载体的所有者和消费者，也是重要的传播者和创作者。使用者的利益通过默示许可、首次销售和合理使用原则等得到庇护。❶

虽然，《伯尔尼公约》等国际条约并没有规定"使用者权"，著作权法的使用者利益却在《世界人权宣言》《经济、社会和文化权利国际公约》和《残疾人公约》等国际条约得到充分体现。例如，《经济、社会和文化权利国际公约》第 15 条规定：公约缔约各国承认人人有权参加文化生活，并享受科学进步及其应用所产生的利益。从国际条约的表述来看，国家有义务保障社会公众获取作品的权利。

由于文化产品在国际贸易领域占有独特的位置，双边自由贸易协定中的著作权及相连权的保护水平和执法标准的不断提升，著作权保护期限、

---

❶ 梁志文. 论版权法上使用者利益的保护［J］. 法律科学（西北政法大学学报），2013
（6）：119 – 129.

侵权行为的认定、侵权救济的种类和方式等都在不同程度得到拓展。与此同时，在 WIPO 管理的著作权保护体系中，出于对残障人士等特殊群体、图书馆和档案馆等特殊业务以及教育及科研等特殊需求的关注，著作权限制和例外的国际协调成为新兴热点问题。非洲集团原本期望通过整体解决方案，协调制定统一的著作权例外条约；❶ 然而，由于 WIPO 成员众多，其协调难度太大。WIPO 采取"视障者例外""图书馆例外""教育例外"三部曲的渐进方式，达到重构著作权例外制度的目的。《关于为盲人、视力障碍者或其他印刷品阅读障碍者获得已出版作品提供便利的马拉喀什条约》（以下简称《马拉喀什视障者条约》）在缔结后 1 年内签署方已经达到 80 个国家，并于 2016 年 9 月 30 日正式生效。❷ 它的成功对于图书馆及教育相关著作权例外条约的缔结是一个积极的激励信号。这也反映了知识产权国际保护并不能一味地迎合知识产权权利人的利益，以促进信息获取为目的的国际立法协调能够得到国际社会的认可和接纳。

六、结　语

出于对经济利益的追逐，知识产权成为公司赚钱的有力工具。虽说知识产权是一种合法的工具，关键在于合理的创作成本和研发投入，以及合理的利润空间如何确定，知识产权是否可以成为谋取非法暴利的合法外衣？如果保护范围不断加大、执法标准不断上升，最终是放弃规则，进入一种无序的状态？

世界经济已经连成一体，虽然知识产权保护规则的不断强化不会引起全球范围内的体系崩溃，但加重了发达国家与发展中国家之间的不平衡。发展中国家难以利用知识产权作为后发优势来超越发达国家，因为，国际知识产权条约体系并没有赋予主权国家更多自由选择的政策空间。

知识产权国际保护的棘轮效应已经通过 TRIPS 不断放大，由于体制转换为棘轮机构只升不降提供丰富的平台，知识产权保护水平和执法标准相

---

❶　WIPO SCCR/22/12, JUNE 3, 2011. Draft WIPO Treaty on Exceptions and Limitations for the Persons with Disabilities, Educational and Research Institutions, Libraries and Archives, Proposal by the African Group.

❷　WIPO. WIPO – Administered Treaties [EB/OL]. [2017 – 06 – 30]. http：//www. wipo. int/treaties/en/ShowResults. jsp? lang = en&treaty_id = 843.

应不断地水涨船高。因此，对症下药的做法有两种，一是限定知识产权的最高保护水平；二是保证国际协调始终在同一体制内有序地稳步推进。前者是一种矫枉过正的做法，实践中也难以通过国际立法确立知识产权保护的最高边界。后者通过棘轮效应的反向运用，确保在加强知识产权保护的同时，合理利用知识产权的限制和例外制度，确保在不同主体之间实现利益平衡。

第二节　国际自由贸易协定中知识产权执法条款

知识产权因其与经济贸易之间的密切联系，往往成为经贸和投资协定中的重要议题。正如 TRIPS 名称所示，几乎找不到与贸易无关的知识产权。近年来，由于 WTO 谈判议题进展有限，诸多贸易伙伴寻求多边舞台之外的区域或双边作为贸易协调的新平台。双边主义的兴起离不开美国的作用。美国正在打造一个以美国为中心的自由贸易协定网络，借助这个网络来实现美国在多边贸易体制中不能实现的利益，其中突出的是美国知识产权的利益。❶ 以《韩美自由贸易协定》为例，与 TRIPS 相比，关于知识产权效力、范围和使用的标准方面等实体部分的国际义务未有大的突破，知识产权的执法程序部分有较大发展。这是因为 TRIPS 执法程序是产生于互联网盛行前的时代，网络环境中的知识产权实施问题并未成为当时关注的主要对象；另外，假冒产品贸易对正常的国际贸易的影响日益加剧，全面地加强知识产权执法成为打击假冒商品贸易的关键。❷

这里选择了美国的两个重要盟友欧盟和加拿大之间全面加强双边经贸关系的重要协定《欧盟加拿大经济贸易协定》（CETA）作为分析样本，不仅因为其知识产权规则内容丰富，特别强调地理标志和药品专利的保护，执法程序涉及知识产权保护的民事程序和边境执法措施，而且保护水平和执法程度上超越 TRIPS 等现行知识产权国际规则。《欧盟加拿大经济贸易协定》知识产权规则进一步彰显通过区域或双边经贸协定加强知识产权保

---

❶　朱颖. 美国知识产权保护制度的发展——以自由贸易协定为拓展知识产权保护的手段 [J]. 知识产权，2006（5）：87 - 91.

❷　CHRISTOPHER WADLOW. "Including Trade in Counterfeit Goods"：The Origin of TRIPS as a GATT Anti - Counterfeiting Code [J]. Intellectual Property Quarterly，2007（3）：350 - 402.

护的发展趋势。

对于实施自由贸易区战略的中国而言，特别是在 ACTA 生效进程缓慢以及 TPP 生效未知的背景下，对《欧盟加拿大自由贸易协定》知识产权规则的关注便于研判和把握自由贸易协定、自由贸易区知识产权规则的发展趋势。

一、CETA 知识产权谈判的背景

2013 年 10 月，欧盟委员会主席和加拿大总理在布鲁塞尔签署《欧盟加拿大经济贸易协定》（CETA）相关文件，双方就 CETA 条款达成了原则性协议；2014 年 9 月，CETA 的条约文本对外发布。CETA 协调的议题涵盖范围十分广泛，涉及产品贸易、服务业准入、政府采购和知识产权保护等多方面内容；该协定首次把大西洋两岸的两个重要市场紧密联系起来，对欧盟和加拿大以及世界经济的发展将产生重要影响。❶ 和所有的贸易谈判一样，CETA 旨在降低关税，消除非关税壁垒，让企业能更有效地进入彼此的市场；其中，知识产权的保护与执法是保障市场主体合法垄断和有序竞争的重要手段。

CETA 知识产权谈判的目的是在很大程度上保护双方贸易利益的行为。尽管加拿大是发达国家，也是 G7 集团的成员，但在 CETA 知识产权谈判中，欧盟与加拿大却扮演着传统的"北南"关系，即欧盟通过双边经贸协定谈判对加拿大国内知识产权规则施加影响。欧盟希望在加拿大市场上更好地保护其品牌产品；因为，欧盟许多优质产品高度依赖创新、创造力和品牌保护，这也是欧盟产品在世界主要市场中具有比较优势的原因。如果贸易伙伴不能以合理方式对欧盟知识产权进行保护和执法，那么将会损害欧盟产品和服务的合法附加值。当欧盟的创意、品牌和产品遭到侵犯时，欧盟自身的经济增长和持续就业就存在风险。欧盟对于加拿大存在的知识产权侵权行为表示担忧，如果欧洲企业要在加拿大市场从事业务，他们需要依赖加拿大对于欧盟专利、商标、设计、版权和地理标志的保护。

为改善加拿大知识产权保护，欧盟通过 CETA 知识产权条款希望在以

---

❶ 肖光恩，袁盼盼. 欧盟加拿大经济贸易协定的影响与中国对策 [J]. 亚太经济，2014（2）：140 – 146.

下几方面提升保护水平。首先是版权。欧盟希望其艺术作品能在加拿大得到适当的保护，就如同加拿大作品在欧盟得到保护。因此，加拿大需要通过一个有效的和最新的版权体制，以保护原始创新素材，例如，音乐、戏剧和文学作品。其次是通过地理标志保护来自特定地域的产品。例如，欧盟生产的"Prosciutto di Parma"不能以本名出口到加拿大并得到保护，因为加拿大已经有"Parma"注册商标。地理标志产品的声誉和品质和地理标志紧密联系；因此，欧盟希望这样的产品在加拿大市场上得到更好地保护。再次是专利和商业秘密。例如，加拿大在药品保护方面落后于许多发达国家；这种情况不利于欧盟以研发为基础的制药企业在加拿大开展业务，有损于经济增长、创造就业和新药研发。同样重要但常被忽视的是，欧盟和加拿大之间平衡的竞争领域能够确保更加公平和优惠的竞争市场，对于欧盟和加拿大的仿制药企业，相关条款的协商将确保不影响同发展中国家和最不发达国家之间的药品贸易。最后关于执法水平，欧盟希望加拿大将知识产权执法水平提升到欧盟的水平；所以，协定中知识产权规则并不是推动提高已经在欧盟成员国适用的保护标准。因此，CETA 中不会与欧盟现有知识产权规则相冲突或增加规则，其知识产权条款也将完全尊重 WTO 的 TRIPS，但在执法规则上具体细化显然是超出 TRIPS 最低义务要求的。

综上所述，从产业利益的角度来看，欧盟制药企业将受益于加拿大专利制度的改革；欧盟的创新、艺术品和品牌产品也将从商标保护水平提升中受益。如果加拿大地理标志和原产地标志保护标准得到提高，欧盟的农民和食品加工企业也将从中获利。

此外，由于欧盟与加拿大都参与 ACTA 谈判并签署了该协定，CETA 知识产权谈判考虑到 ACTA 被欧洲议会否决的事实。CETA 知识产权规则的早期版本中有些与 ACTA 规则相类似的条款在后来被放弃；因为，目前 ACTA 尚没有成为欧盟规则。在执法规则方面，目前的文本与 ACTA 存在很大不同，特别是 ACTA 中那些引起争议的不确定性条款，主要是与互联网知识产权执法相关的条款。例如，ACTA 中关于网络服务供应商（ISP）责任的规定没有在 CETA 知识产权条款中体现；在刑事执法规则方面，ACTA 中有关刑事制裁的内容也完全从 CETA 早期文本中删除。

二、CETA 知识产权规则主要内容

（一）CETA 知识产权条款概述

CETA 条约文本第 20 章"知识产权"共有 50 条，分为 5 节，分别是第 1 节"一般条款"、第 2 节"知识产权标准"、第 3 节"知识产权执法"、第 4 节"边境措施"和第 5 节"合作"。

在第 2 节"知识产权标准"中，分为 7 个小节，分别是"版权和相连权""商标""地理标志""设计""专利""数据保护""植物品种"。CETA 不同于一般知识产权条约，将"数据保护"作为一个独立标题单设一小节，突出其重要意义。

第 4 节"边境措施"与第 3 节"知识产权执法"并列，这点也与 TRIPS 等结构安排不同。在 TRIPS 中，边境措施是知识产权执法措施的一种，与民事措施、刑事措施等并列。

从整体篇章结构来说，确定知识产权保护标准和范围的条款共 26 条，而规范知识产权执法的条款共有 18 条。在 TRIPS 中，两者分别为 32 条和 11 条。由此，可以看出知识产权执法规则的国际协调逐渐丰富和细化。

表 8-1　CETA 知识产权条款文本结构

第一节　一般条款	目标（A1）、义务的性质和范围（A2）、公共健康关注（A3）、权利穷竭（A4）、信息披露（A5）
第二节　知识产权标准	定义（A6）
第一小节　著作权和相连权	授权保护（A7）、向公众广播和通信（A8）、技术措施的保护（A9）、权利管理信息的保护（A10）、中间服务供应商的责任（A11）、盗录（A12）
第二小节　商标	国际条约（A13）、注册程序（A14）、商标权例外（A15）
第三小节　地理标志	定义（A16）、范围（A17）、地理标志目录（A18）、附件目录中地理标志的保护（A19）、同音异义的地理标志（A20）、例外（A21）、附件目录的修订（A22）、其他保护（A23）
第四小节　设计	国际条约（A24）、与版权的关系（A25）
第五小节　专利	国际条约（A26）、药品自成体系的保护（A27）、药品相关的专利连接机制（A28）

第六小节　数据保护	药品相关的未披露数据保护（A29）、植物保护产品相关的数据保护（A30）
第七小节　植物品种	植物品种（A31）
第三节　知识产权执法	一般义务（A32）、有资质的申请者（A33）、证据（A34）、保护证据的措施（A35）、知情权（A36）、临时预防性措施（A37）、其他救济（A38）、禁令（A39）、损害赔偿（A40）、法律成本（A41）、作者或著作权人的推定（A42）
第四节　边境措施	边境措施的范围（A43）、权利人的申请（A44）、权利人提供信息（A45）、担保或同等保证（A46）、侵权认定（A47）、救济（A48）、边境措施领域的特别合作（A49）
第五节　合作	合作（A50）

在知识产权执法部分，CETA 知识产权条款并没有沿用 TRIPS 和 ACTA 中关于民事执法、数字环境执法、刑事执法和边境措施等的分类方式，而是以民事司法保护为主，详细规定知识产权民事司法保护相关的证据、临时措施、禁令和损害赔偿等重要问题。这也表明贸易相关知识产权规则越来越倾向于将知识产权保护义务进行分解和细化，条款规则便于成员方履行条约义务参照实施。

（二）知识产权保护范围和水平

首先，虽然 CETA 中并未对"知识产权"本身进行范围界定，根据第 2 节知识产权标准，类似于 TRIPS 第 2 部分，详细规定知识产权的法律框架，即保护的客体范围有著作权、商标、设计和专利、药品相关未披露数据的保护，专利连接机制，商业秘密，植物保护产品的数据保护，植物新品种。虽然，CETA 中没有涉及集成电路布图设计等知识产权保护客体，但由于双方都是 WTO 成员，TRIPS 中的最低保护义务仍然在欧盟和加拿大之间得到遵守。此外，根据 CETA 第 22 章第 2 条，协定中的知识产权条款与 TRIPS 条款之间是补充关系；因此，CETA 在最低保护义务的基础上提出更新的保护水平。

其次，对于不同知识产权保护客体的具体范围和义务，CETA 沿用了 TRIPS 中纳入其他知识产权保护基础性条约的做法。然而，由于 TRIPS 包含的《巴黎公约》和《伯尔尼公约》等协调内容相对陈旧，CETA 中增加了许多晚近的知识产权国际协调成果。例如，在版权保护方面，欧盟和加拿大双方还须履行《世界知识产权组织版权条约》（WCT）、《世界知识产权组织表演与录音制品条约》（WPPT）和《保护表演者、录音制作者和广播组织条约》（以下简称《罗马公约》）的条约义务，❶ 前两者又被称为"互联网条约"。CETA 特别对"技术措施保护""权利管理信息保护"和"网络服务供应商的责任"等 TRIPS 中并不包括的内容进行细化规定。❷ 虽然，加拿大早在 1997 年 12 月 22 日就已经签署 WCT 和 WPPT，但一直没有递交批准文书，直到 2014 年 5 月 13 日才正式加入 WCT 和 WPPT。相比之下，当时的欧共体于 1996 年 12 月 20 日签署该条约，欧盟于 2009 年 12 月 14 日正式批准，并于 2010 年 3 月 14 日起在欧盟实施。因此，CETA 中的规定意图明显且效果直接，欧盟迫使没有加入 WIPO 互联网条约的加拿大积极行动，达到相关条约所要求的最低保护水平。

在商标保护方面，CETA 成员需要遵守 2006 年新加坡《商标法条约》和《国际商标注册马德里协定》。❸ 在工业设计方面，CETA 成员应当加入 1999 年《工业设计国际注册海牙协定日内瓦文本》。❹ 在专利保护方面，CETA 成员应当加入 2000 年《专利法条约》。❺ 在植物品种保护方面，CETA 成员应根据《植物新品种保护国际公约》加强合作和实施保护。❻

对于地理标志保护，双方同意采用清单方式进行保护范围划定。在知识产权章节的"附件一"中，欧盟方面入选的地理标志共有 173 个，而加拿大方面则没有地理标志入选清单。从表 8-2 中不难看出，欧盟方面保持地理标志愿望非常强烈，特别是法国、意大利、西班牙、葡萄牙和德国等欧盟成员拥有众多地理标志，涉及的食品几乎涵盖西方饮食中的主要素材。但是，地理标志清单将实现动态管理，双方组成的共同委员会有权决定增加或删减清单中的地理标志。❼

---

❶　CETA, Art. 20. 7.

❷　CETA, Art. 20. 9 20. 10 and 20. 11.

❸　CETA, Art. 20. 13.

❹　CETA, Art. 20. 24.

❺　CETA, Art. 20. 26.

❻　CETA, Art. 20. 31.

❼　CETA, Art. 20. 22.

表8-2 欧盟地理标志保护清单

国家	数量	类别（数量）
捷克	2	啤酒（1）、啤酒花（1）
德国	14	啤酒（2）、啤酒花（2）、新鲜、冷冻和加工肉（3）、甜食和焙烤食品（4）、奶酪（2）、新鲜和加工蔬菜产品（1）
丹麦	1	奶酪（1）
希腊	16	原味和加工橄榄油（2）、甜食和焙烤食品（1）、奶酪（6）、油和动物脂肪（4）、香料（1）、新鲜和加工蔬菜产品（2）
塞浦路斯	1	甜食和焙烤食品（1）
西班牙	27	油和动物脂肪（15）、新鲜、冷冻和加工肉（5）、奶酪（2）、新鲜和加工的水果与坚果（2）、甜食和焙烤食品（2）、香料（1）
法国	42	香料（1）、奶酪（28）、新鲜和加工的水果与坚果（2）、新鲜、冷冻和加工鱼类产品（1）、新鲜、冷冻和加工肉（6）、腊肉（1）、油和动物脂肪（1）、精油（1）、新鲜和加工蔬菜产品（1）
意大利	41	醋（2）、新鲜、冷冻和加工肉（10）、腊肉（4）、奶酪（11）、新鲜和加工的水果与坚果（6）、新鲜和加工蔬菜产品（3）、甜食和焙烤食品（1）、谷类食品（1）、油和动物脂肪（3）
匈牙利	2	新鲜、冷冻和加工肉（2）
奥地利	3	新鲜、冷冻和加工肉（1）、新鲜和加工蔬菜产品（1）、油籽（1）
葡萄牙	20	奶酪（3）、油和动物脂肪（9）、新鲜和加工的水果与坚果（3）、新鲜、冷冻和加工肉（5）
荷兰	2	奶酪（2）
瑞典	1	新鲜、冷冻和加工鱼类产品（1）
罗马尼亚	1	新鲜和加工的水果与坚果（1）

最后，对于特殊客体或需要特殊保护的对象，CETA 直接在条款中加以明确成员方的义务。例如，对于电影作品的版权保护，CETA 鼓励双方对于电影院非法盗录的行为进行刑事处罚；❶ 又如，当经权利人申请时，CETA 成员方有义务对受基本专利保护的药品提供单独的保护期。❷

由此可以看出，CETA 以 TRIPS 最低义务为基础，不断囊括其他知识

---

❶ CETA, Art. 20. 12.
❷ CETA, Art. 20. 27.

产权条约中的保护义务，再通过自由贸易协定自身的特殊要求，推动国际贸易相关知识产权的保护范围的扩大和保护水平的提升。

（三）执法程序规则

CETA 知识产权条款第 3 节内容为"知识产权执法"，分别是一般义务、有权申请者、证据、保护证据的措施、知情权、临时和预防措施、其他救济、禁令、损害赔偿、法律成本、著作权或所有权的假定。❶ 与 ACTA 制度设计不同，在执法部分并没有明显区分"民事执法""网络环境执法"和"刑事执法"。虽然 CETA 中没有直接提及民事执法程序，但具体规定法院或有关机构对知识产权侵权可采取的有关救济程序和措施，而且，这些原则性程序规定在没有特别注明时适用于所有执法程序。总之，CETA 特别重视知识产权执法条款的程序性规则。

首先，CETA 明确可申请救济的知识产权权利主体。除了权利人之外，维权主体包括有权使用知识产权的第三人，包括被许可人在内的众多的实际使用权利的行为人和知识产权集体管理组织。因此，这将众多的行业协会和管理组织也纳入其中，甚至还包括律师事务所或知识产权咨询公司等专业的维权机构。❷ 然而，维权主体的最终确定需要在国内法层面加以明确规定。

其次，CETA 规范执法程序涉及证据及保护证据的具体措施。❸ CETA 规定：在涉嫌有商业规模的侵权案件中，司法机关有权获取相关信息，包括由反对方控制的银行、财务或商业文档；相关取证程序可由国内法加以明确，并且秘密信息应当得到保护。CETA 还规定，即使在案件评判开始前，当维权方提出合理证据证明知识产权被侵权或即将发生时，司法机关可以下令采取及时有效的措施保存涉嫌侵权的相关证据。

对于保存证据的具体措施，CETA 规定：权利人可以采取样本，实际查扣涉嫌侵权货物；在某些情况下，查扣物品包括生产或销售中使用的材料或工具及相关文档。如果有必要，司法机关有权决定在听证前采取这些措施，特别是当延时可能造成对权利人不可弥补的损害或有很大风险证据

---

❶ 刑事执法条款出现在 2012 年 4 月 CETA 版本中，但在 2013 年 12 月的谈判文本中已经删除。

❷ CETA，Art. 20. 33.

❸ CETA，Art. 20. 34.

将被毁损时。❶

再次，CETA 进一步规范了知识产权权利人和司法机关的知情权。❷ 当不减损关于机密信息来源保护、个人数据处理等法律实施时，CETA 成员方应当规定：在知识产权民事程序中，司法机关在权利人合理请求时有权下令侵权者或涉嫌侵权者向权利人或司法机关提供侵权者或涉嫌侵权者掌握或控制的相关信息，至少是为了收集证据，国内法应该提供这种知情权保护。具体信息可以包括任何涉及侵权或涉嫌侵权人，或者是侵权或涉嫌侵权的货物或服务的生产方法或销售渠道，还包括涉及相关产品或服务的生产、销售或销售渠道有关的第三人的身份信息等。

最后，CETA 要求成员方提供临时措施或预防措施保护知识产权。❸ CETA 成员方应规定司法机关有权下令及时和有效的临时和预防措施，包括对于另一方的诉中禁令；适当时，也可针对司法机关对其有管辖权的第三方，以防止侵权行为持续发生，尤其是防止侵权货物进入商业渠道。CETA 成员方还应规定：司法机关有权下令查扣或其他使涉嫌侵权货物进入监管状态的措施，以防止货物进入商业渠道或在商业渠道内流动。

根据 CETA 要求，在涉嫌商业规模的侵权案件中，司法机关根据其国内法可以下令预防性查扣涉嫌侵权者的财产，包括查封其银行账号或其他资产。为实现该目的，司法机关有权查阅相关银行、财务或商业文档，或在必要时获取相关信息。经权利人申请，司法机关也可以下令完全将货物清理出商业渠道，以防止对权利人因侵权而造成任何损失，或无须任何赔偿而销毁确定侵权的货物。此外，在适当时，司法机关可以下令销毁主要用于生产或制造侵权货物的材料或工具。❹ 在考虑此种救济时，应当考虑侵权严重程度和救济措施之间的相称性以及第三方利益。CETA 成员方应确保司法机关有权下令执行救济措施时，由侵权者承担成本，除非有特定理由不这么做。

（四）边境措施

在边境保护措施中，CETA 具体规定海关或其他有关机构对侵权货物

---

❶　CETA，Art. 20. 35.
❷　CETA，Art. 20. 36.
❸　CETA，Art. 20. 37.
❹　CETA，Art. 20. 38.

通关中可采取的实体及程序措施。❶ 首先，执法对象是盗版商品、假冒商标商品和假冒地理标志产品。其次，在执法环节上，既包括对进口货物的执法，又包括对出口货物的执法；对于过境货物 CETA 未做强制要求，成员方可以自行选择。最后，对于执法模式，既可以依权利人申请而执法，也可以依职权而主动执法。此外，成员方可将旅客个人行李或小件托运中的非商业性少量货物排除于适用范围之外。

此外，边境保护措施协调的内容还涉及：海关判定货物侵犯知识产权的程序，是对侵权货物的没收、销毁和可能的例外，侵权货物仓储和销毁费用的承担，权利人提供担保防止程序滥用等。

TRIPS 中的保护知识产权边境措施的目的主要是中止放行进口的侵权商品，即在进口环节控制假冒商标商品和盗版商品；而对于制止侵权商品的出口，TRIPS 只规定成员可以提供相应的程序，但不是必须履行的国际义务。而 CETA 在保护客体、执法环节等方面都有重大突破，而在边境执法具体规定上也更加细致和更具操作性。CETA 中强化边境执法是与国际层面知识产权执法水平日趋严格的形势相一致的，不仅体现了发达国家对于侵权货物全球流动的担忧，也表明了知识产权执法为贸易和经济利益服务的本质。

三、CETA 知识产权规则的影响

（一）对当事方的影响

在发达国家中，加拿大知识产权保护和执法问题十分突出，曾经几度登上美国特别 301 报告中的观察国家名录。由于 ACTA 建立知识产权保护国际新秩序的目标并未实现，发达成员通过双边或数边贸易协定不断推动知识产权保护和执法水平得到提升的目标从未放弃。尽管在双边贸易协定中，知识产权因素并不是最直接动因或最主要目标，但知识产权与贸易存在着千丝万缕的联系，使得知识产权保护水平较低的国家不得不随着强势贸易伙伴的要求而不断拔高。在 CETA 中，加拿大不得不对欧盟提出的要求进行回应或妥协。因此，CETA 对加拿大国内的知识产权保护和执法将

---

❶　CETA，Art. 20. 43.

产生直接影响。反之，CETA 知识产权规则对欧盟成员国的影响十分有限。

（二）知识产权执法标准提升

虽然，《伯尔尼公约》和《巴黎公约》等 WIPO 公约已经成为知识产权保护的基本国际义务。TRIPS 为 WTO 成员方设定了基本的知识产权执法义务作为基础，并依托 WTO 争端解决机制作为后盾，但其知识产权执法规则的实施效果依然有限。截至 2017 年 6 月 30 日，共有 34 个 WTO 争端涉及 TRIPS 的条约义务，但只有 13 个案件涉及知识产权执法条款的争议，其中，只有美国诉欧盟商标和地理标志案（DS174）、欧盟诉美国拨款法案（DS176）、澳大利亚诉欧盟商标和地理标志案（DS290）和美国诉中国知识产权执法措施案（DS362）作出裁决并执行。❶ 而且，只在中国知识产权执法措施案中，专家组对 TRIPS 第 46 条、第 51 条和第 61 条进行较为全面的解释和分析。由此可以看出，执法标准的确立和国内实践并非是修改法律可以从根本上加以解决的。知识产权执法涉及当事方的经济社会发展水平、执法资源、意愿与能力等诸多因素。因此，这种执法标准在规则层面的一味提升并不能从根本上改变实践中的问题。即便是 ACTA 得以生效实施，也无法乐观地估计其对假冒贸易产生有效的抑制，尽管 ACTA 代表着打击知识产权侵权的最新国际标准。

（三）强调程序性规则的积极意义

在晚近的国际贸易知识产权保护及谈判中，强调知识产权执法程序的"最佳实践"成为一种趋势。这种最佳实践往往涉及知识产权执法的具体程序和措施。实际上，在 TRIPS 中已经引入一些程序性规则：例如，民事救济方式中禁令和诉前程序的使用，足额赔偿包括权利人的维权费用，如诉讼费、律师代理费，责令侵权者披露侵权产品生产与销售的相关信息等。

在 CETA 中，知识产权执法的程序性规则体现了知识产权民事保护的最高要求。规则设计全面，较 TRIPS 执法规则变化明显，包括从预防措施到禁令，从侵权产品本身到生产原料与工具的处置，从赔偿直接损失到间

---

❶ 在 WTO 知识产权争端中，13 件涉及知识产权执法条款的案件的案号分别是 DS28、DS82、DS83、DS115、DS124、DS125、DS174、DS176、DS186、DS290、DS362、DS408 和 DS409。其中，DS28、DS82、DS83、DS115、DS124、DS125 因双方达成和解方案，已经撤销。

接损失等。以权利人知情权为例，以收集证据为目的并经权利人请求，司法机关有权强令侵权者或嫌疑侵权者提供有关侵权产品生产方式、销售渠道、第三方侵权情况等信息。在赔偿权利人损失的计算方面，司法机关可以考虑权利人提交合理估算产品价值和损失的方法。

程序性规则中的语言表达清楚，不容易引起歧义，压缩了成员方自主选择履行国际义务的方式和方法。知识产权执法程序性规则的拓展为国际社会成员提供直接适用的参考模板，它对于解释和评估知识产权国际条约义务的履行具有明显的效果。

(四) 对中国的潜在影响

我国自加入 WTO 以来对外贸易发展迅速，中国已经成为世界第一大贸易出口国。同时，我国知识产权保护备受贸易伙伴广泛关注。根据 2017 年 4 月美国贸易代表办公室公布的特别 301 报告：自 1989 年美国发布 301 报告始，中国连续 28 年列为特别 301 报告中的重点观察国家。❶ 尽管中国知识产权保护的成绩和进步有目共睹，但由于美国、欧盟等查获的涉嫌侵犯知识产权的进口货物中我国出口占比最高，主要贸易伙伴仍然通过双边谈判和 WTO 争端解决等多种方式向中国施压。

虽然作为双边协定，CETA 只约束当事国家和地区，但其内容则是围绕国际贸易而展开；而贸易伙伴之间的相互联系错综复杂，任何一国知识产权政策的变化必然影响其贸易实践，第三方贸易伙伴受到牵连也是在所难免。

随着中欧投资协定等双边谈判的展开，中欧之间知识产权保护的协调与谈判也在所难免。因此，透过 CETA 知识产权条款，中国可认识到将来可能面临的外来压力，及可能对国内知识产权执法资源调整所造成的挑战。因此，我国应不断提高自身的知识产权保护和执法水平，确保知识产权执法的成效。

我国知识产权执法应当围绕"成效"二字做文章，思考和解决影响和制约知识产权执法成效的根本性问题；比如努力建立专家型执法队伍，收

---

❶　USTR. USTR Releases 2017 Special 301 Report on Intellectual Property Rights ［EB/OL］. ［2017－06－30］. https：//ustr. gov/about－us/policy－offices/press－office/press－releases/2017/a-pril/ustr－releases－2017－special－301－report.

集分析并公布打击知识产权侵权的最佳实践信息，增强执法透明度和公众意识；在国际合作的基础上，加强国内各执法部门之间的协作，促进执法部门与以权利人为代表的私营部门的合作等。例如，根据全国打击侵犯知识产权和制售假冒伪劣商品工作领导小组的要求，从 2014 年 6 月 1 日起，全国范围公开侵权假冒行政处罚案件信息，在震慑违法者的同时，促进严格规范公正文明执法。❶ 这种符合法治理念的实践本应有之，无奈却姗姗来迟。另外，我国保护知识产权的体制机制问题也是难疾，关键是克服多头执法和权责不清，提高行政执法效能。执法实践和成效却依赖于基层执法力量，因此，引导和发挥地方政府的积极性是重要难题。由于经济利益和政绩羁绊，地方政府在知识产权保护方面没有中央政府的决心和意志；因此，在打击侵权假冒工作中，往往是运动式执法，没有将知识产权执法作为基础性和长效性工作持之以恒。

第三节　自贸试验区知识产权保护：
严格保护与比例协调

一、严格保护：国际贸易与知识产权地域性

（一）知识产权地域性的概念

知识产权的地域性，是指知识产权"只能依一定国家的法律产生，又只在其依法产生的地域有效"。❷ 地域性一直被视为知识产权的特点或基本特征，甚至被视为知识产权独有的特性。然而，学者们已经开始反思知识产权地域性是否为专有特征。法律无不具有地域性，法律的域外效力一般不被承认。因此，作为来源于法律的权利也只能在法律的效力范围内发生效力。知识产权作为一种法定权利自然不能例外。❸ 何敏教授认为，知识产权的地域性不能简单认为是知识产权的特征，但是由于知识产权的特殊

---

❶　汪洋. 不断提升打击侵权假冒工作水平 [EB/OL]. [2017–06–30]. http：//news. xinhuanet. com/politics/2014–04/29/c_1110474096. htm.

❷　郑成思. 知识产权法 [M]. 北京：法律出版社，1997：19.

❸　陶鑫良，袁真富. 知识产权法总论 [M]. 北京：知识产权出版社，2005：78

性，其权利区域更加明确、更加狭窄，知识产权的法律特征应当是"区域的特定性"。❶ 和有形物的物权相比，知识产权不能进行实质性占有，所以无法适用权利推定而适用"涉外物权平权原则"，❷ 所以，知识产权的地域性较之物权，更容易导致涉外冲突。

不管名称是"地域性"还是"区域特定性"，也不论其是否是知识产权所独有的特点，知识产权只在一定地域范围内发生法律效力是不容争辩的事实，这个地域范围在地理空间上可能是一个单独关税区，可能是一个国家，也可能是一个超国家的政治实体，例如欧盟。

不论学术上争论地域性是否是知识产权所特有的性质，地域性确立的原则就是各国知识产权作为一种法定权利，它是独立的，依据不同国家法律产生的知识产权必须遵守本国的法律，国际协调没有也不可能削除这种地域性和独立性。地域性背后是国家主权，它是现代国家体系得以建立和维持的基础。承认知识产权的地域性就是尊重国家主权和平等的表现。因此，涉及知识产权地域性的知识产权规则的国际协调都显得十分困难。

（二）知识产权地域性的历史发展

知识产权的地域性是伴随着知识产权制度的诞生而自发产生的，并不是在后天的制度的演变过程中才发展起来的。在欧洲封建国家末期，原始著作权与专利权都是君主恩赐并作为特权出现的；因此，这种权利只可能在君主管辖的地域内行使。❸

尽管后来知识产权的性质从特权演变为私权，但仍然要经过国家的登记注册或确认，尤其是专利、商标等工业产权，因此，地域性特点仍然保留下来。地域性特征得以产生和维持最重要的原因还是背后的经济因素。古往今来，各国立法者首先都要考虑本国的科技水平、文学艺术成果以及经济利益来确定本国对知识产权保护的对象、范围和限度；同时，各国也都在一定程度上协调国内不同方面的利益，并兼顾国内国外情况，既要发展和维护本国经济和文化，又要更多地吸收国外先进科技文化成果。❹ 以

---

❶ 何敏. 知识产权基本理论［M］. 北京：法律出版社，2011：141.
❷ 吴汉东. 知识产权基本问题研究［M］. 北京：中国人民大学出版社，2009：24.
❸ 吴汉东. 知识产权基本问题研究［M］. 北京：中国人民大学出版社，2009：25.
❹ 王捷. 知识产权的地域性［J］. 外交评论（外交学院学报），1984（2）：65 – 73.

美国著作权保护为例，1787 年，美国的第一部成文宪法第 1 条第 8 款❶就规定了对作家创作作品的保护，1790 年美国制定了第一部著作权法，1909 年国会颁布了第二部著作权法，1976 颁布了第三部著作权法，这也是美国现代版权制度的基础。❷ 然而，美国却不是著作权保护的世界典范，至少在其文化产业强大之前，甚至于 19 世纪在当局许可下，美国盗版无数英国书籍；《大不列颠百科全书》第一次登陆美国时就以盗版形式出现，就连美国"国父"乔治·华盛顿、汤玛斯·杰弗逊等都是人手一本。❸ 在很长一段时间内，美国曾经对包括著作权在内的知识产权保护国际公约持消极态度。但是，随着美国文化产业的强盛，美国的态度发生了重大转变。从1954 年加入《世界版权公约》开始，在 GATT 和 WTO 时期，美国为保护包括文化产业在内的知识产权竞争优势，强力推动保护包括著作权在内的知识产权。1988 年加入《伯尔尼公约》，2002 年作为最早的国家之一加入《世界知识产权组织版权条约》（WCT）和《世界知识产权组织表演和录音制品条约》（WPPT）。

综上所述，在坚持知识产权地域性原则的前提下，各国均在其属地管辖范围内就智力成果拟制规定知识产权。一方面，各国均有权就智力成果资源进行分配而不会影响到他国国民利益；另一方面，一国不承认根据另一国法律所授予的知识产权，实质上是保留了本国在知识产权领域的主权。❹ 地域性背后有强烈的经济动机，地域性是和国家利益密切相关的，地域性服务于国家利益的排他性。只要民族国家仍然是基本的国际政治行为体，那么国家利益与国际利益就会继续存在对立统一的关系。不管国际形势如何变化，国际社会成员之间的共同利益不可能完全消除国家对自身核心利益的追求。

（三）知识产权地域性的表现形式

按照知识产权获得和行使等发展逻辑来划分，知识产权地域性上具体

---

❶ U. S. Constitution – Article 1 Section 8. To promote the progress of science and useful arts, by securing for limited times to authors and inventors the exclusive right to their respective writings and discoveries.

❷ 李明德. 美国知识产权法 [M]. 北京：法律出版社，2003：133 – 135.

❸ 美国才是盗版祖师爷 [EB/OL]. [2017 – 06 – 30]. http：//finance. sina. com. cn/leadership/mroll/20090710/04466463946. shtml.

❹ 冯术杰，于延晓. 知识产权地域性的成因及其发展 [J]. 长白学刊，2004 (6)：34 – 37.

表现在权利的取得、权利的行使和权利的救济等方面。首先，权利的取得是解决某项权利属于一个或某几个主体的问题，按照权利取得的先后可以分为原始取得与继受取得；按照是否履行申请程序，原始取得可以分为自动取得和申请取得。❶ 根据知识产权的地域性特点，原始取得具有独立性。依照一国法律取得的权利，只有该国法律管辖范围内具有法律效力。《巴黎公约》《伯尔尼公约》等国际条约都旨在加强知识产权的国际保护；例如《巴黎公约》第 4 条之二规定，在本联盟不同成员国就同一发明授予的专利是相互独立的。《专利合作条约》是在《巴黎公约》原则指导下产生的对专利申请案的受理及审查程序作出国际协调的国际公约，但它只是一个程序性的条约，并不涉及专利的批准问题，因此，并不影响其成员国的专利实体法，❷ 各成员国还是独立地按照本国法律给予、拒绝、撤销或终止某项权利。

其次，权利的行使和灭亡也是遵守地域性原则。权利人在本国法律管辖范围内的使用行为只受其本国法律所调整，例如专利、商标的转让和许可。然而，前提是交易行为没有牵涉外国主体或在外国法律管辖范围内进行。

最后，权利人的维权行为只能依据本国法赋予的救济方式而进行。在案件受理和审判上，依据该国的司法体系和诉讼程序所进行，一国法院或知识产权管理机构一般只受理在本国境内发生的侵犯本国法律所保护的知识产权案件。国际协调也不要求统一知识产权执法的体制和程序；TRIPS第 41 条关于知识产权执法的一般义务中规定：成员应保证规定的执法程序依照其域内法可以行之有效，并不要求成员方为知识产权执法，而使用不同于一般执法的司法制度，也不产生知识产权执法与一般执法之间涉及财力物力分配的义务。因此，就权利的救济而言，完全依赖于其地域范围内的域（国）内法，知识产权的地域性表现得更加明显。

（四）知识产权国际保护与知识产权地域性

虽说知识产权是一种私权，但知识产权的价值主要体现在为权利主体带来的经济利益上。现代知识产权的保护主要是保护商业交易背后的经济

---

❶ 陶鑫良，袁真富. 知识产权法总论［M］. 北京：知识产权出版社，2005：130－133.

❷ 郑成思. 知识产权论［M］. 3 版. 北京：法律出版社，2007：335.

利益；国际贸易的发展必然要求知识产权在国际范围内得到保护。知识产权的国际保护自 19 世纪 80 年代开始走上历史舞台，特别是 TRIPS 将知识产权与国际贸易紧密结合，使得知识产权国际保护为贸易服务的宗旨更加明显。

关于知识产权的国际保护，由于不同的概念表达，有着不同的内涵和外延。有学者认为：知识产权的国际保护是指参加了知识产权国际公约或缔结了知识产权双边条约的国家，如何以国家的"公"行为（如立法等）去履行自己参加或缔结的国际条约义务。❶ 还有学者认为：知识产权的国际保护制度是指以多边国际公约为基本形式，以政府间国际组织为协调机构，通过对各国国内知识产权法律进行协调并形成相对统一的国际法律制度。❷ 也有学者认为已经形成一个新的独立的国际法分支，即国际知识产权法，它是以国际条约为主要渊源，国际组织为合作形式，用以协调各国知识产权制度，促进各国在知识产权领域进行合作的法律制度。❸ 另有学者认为：国际知识产权法是调整国际知识产权法律关系的法律规范的总和。❹ 实践中，"国际知识产权"已经作为一个术语广泛出现在各类文献中。然而，"知识产权的国际保护""国际知识产权法"这样的表述是否会引起误解，将其理解为一种独立于"国内保护"的新"国际法"保护制度？知识产权的保护最初由国内法规定，现在依然归结为国内法问题。这是因为，知识产权国际保护制度所表现的国际公约，最终要通过国内法程序，才能在域内发生法律效力。❺ 所以，知识产权保护的"国际协调"更能反映知识产权国际保护的本质。

知识产权的国际保护是否突破地域性曾引起许多争议，支持者认为知识产权国际条约已经突破或者改变其严格的地域性特点；❻ 反对者则认为：

---

❶ 郑成思. 知识产权法 [M]. 北京：法律出版社，1997：103.
❷ 吴汉东. 知识产权基本问题研究 [M]. 北京：中国人民大学出版社，2009：196 - 197.
❸ 古祖雪. 国际知识产权法：一个新的特殊国际法部门 [J]. 法学评论，2000 (3)：69 - 73.
❹ 宁立志. 知识产权法 [M]. 武汉：武汉大学出版社，2006：493.
❺ 张乃根. 国际贸易的知识产权法 [M]. 上海：复旦大学出版社，2007：53 - 54.
❻ 叶俭. 知识产权的国际保护与地域性 [J]. 中山大学研究生学刊（社会科学版），1997 (2)：69 - 73.

知识产权的国际条约没有也不可能引起知识产权地域性的消失；❶ 而折中观点认为：知识产权的地域性出现"淡化"。赞成地域性被突破或淡化的理由是：以版权保护为例，根据《伯尔尼公约》，作品的权利人只要符合公约规定的"人身标准"或"出版标准"，无须任何手续，就能在公约的成员国得到保护。此外，知识产权的"区域化"也被认为是地域性淡化的标志，例如欧盟《商标条例》和非洲知识产权组织的《班吉协定》在区域内的实施。

　　再如，过境运输工具专利侵权免责也被视为对知识产权地域性的消极性限制。例如《巴黎公约》第5条之三规定：暂时或偶然进入本国境内的其他成员国的船舶、飞机或汽车，若有使用本国专利所包括的发明或在本国注册的商标的，不构成侵犯本国工业产权。从法理上看，即使是暂时或偶然进入本国境内，但实际效果是在本国境内，并使用了本国权利人的知识产权，应该是一种侵权行为，并受到本国法院管辖。法律正视这种行为的非法性，但由于需要服务于过境自由这一原则，而作出的利益妥协，对其"不视为"侵权；因此，这不应视为对地域性的突破或淡化。例如，我国《专利法》第69条规定：临时通过中国领陆、领水、领空的外国运输工具，依照其所属国同中国签订的协议或者共同参加的国际条约，或者依照互惠原则，为运输工具自身需要而在其装置和设备中使用有关专利的，不视为侵犯专利权。"不视为侵犯专利权"的表述，是专利法对这种"侵权行为"的一种修正和妥协。此外，运输工具的临时过境免责也是有条件的，一是客观条件，涉及的专利必须是为运输工具自身需要而使用的；二是法律条件，需要依照双边协议或国际条约，或者是互惠原则，而不是完全无条件自动单方面给予的免责。适用时需要两个条件同时满足，缺一不可。因此，从这种严格的适用条件来说，看不出"地域性"的淡化；从某种角度来说是强化了《专利法》中所体现的法律主权，强调了知识产权的地域性。

　　如前文所述，知识产权的国际保护并没有突破知识产权的地域性，但不意味着国际贸易没有对知识产权的地域性造成挑战。追根溯源，这种挑

❶ 王春燕. 论知识产权地域性与知识产权国际保护［J］. 中国人民大学学报，1996（3）：61－65. 张乃根. 国际贸易的知识产权法［M］. 上海：复旦大学出版社，2007：51.

战源自经济的全球化。虽然全球化在一般意义上被人们理解为一种超地域性的现象，但在全球化的实际进程中，地域性因素却作为全球化的一种具体的实现形式，或者作为对全球化的一种应对方式被表现出来。国际贸易相关知识产权领域的冲突尤为明显。对于知识产权国际协调（国际条约）出现之前的知识产权，没有人怀疑其地域性特点。正是由于知识产权的地域性，才造成知识产权领域国际条约的涌现。因此，要辩证地看待国际贸易对知识产权地域性带来的挑战。

国际贸易促成了知识产权的国际协调，协调的重点是克服地域性带来的不便，使国际经济贸易不受不正当的阻碍。19 世纪末，正是资本主义科学技术进步、产业飞速发展的时期，越来越多的商品、资本和技术向外输出。19 世纪的几项重要发明为国际贸易的发展奠定了技术基础，电报和电话为国际通信提供了便捷，铁路成为一种重要的国际运输方式；❶ 因为，只有长距离运送大量商品的交通技术设备逐步完善，才会形成国际或区域市场。❷ 国际经济交易迫切需要国际贸易规则的统一。然而，这时的知识产权法并没有趋同，各国的规定也没有在国际层面得到协调。当国际贸易的交易对象不再是简单的原材料或初级制品，而是精加工的制成品，即带有知识产权的知识产品时，矛盾就出现了。1873 年，当时的奥匈帝国准备在维也纳举办世界商品博览会；大多数接到邀请的国家都不愿意参加，原因是担心自己国民的发明或商标在国际博览会上得不到保护，被其他国家的人们所利用。❸ 为了解决国外参展期间的知识产权的临时保护问题，更重要的是为了工业产权的国际协调，《巴黎公约》随之而生。因此，国际贸易的发展带动了知识产权保护的国际协调。

知识产权保护国际协调不断深入让国家意识到地域性在保护本国知识产品及相关产业上的重要作用，然而国民待遇的引入，使国家利用知识产权地域性造成知识产品"内外有别"的愿望无法实现。《巴黎公约》第 2 条第 1 款规定："本联盟任何国家的国民，在保护知识产权方面，在本联盟所有其他国家应享受各该国有关法律现在授予或今后可能授予国民的各

---

❶ 江晓原. 技术与发明 [M]. 上海：复旦大学出版社，2010：4 - 6.
❷ 富田彻男. 技术转移与社会文化 [M]. 北京：商务印书馆，2003：171.
❸ 郑成思. 知识产权法 [M]. 北京：法律出版社，1997：146.

种权益；一切都不应损害本公约所特别规定的权利。因此，他们应和国民享有同样的保护，对侵犯他们的权利享有同样的法律上的救济手段，但是他们遵守对国民规定的条件和手续为限。"因此，成员国有义务使他国国民在本国和本国国民享受同样的权益，包括给予相同的法律救济，这对于他国国民的权利的真正行使和救济至关重要。正所谓"无救济则无权利"。只有权利得到有效救济，才是实实在在的权利。如果权利受到侵犯之后，他国国民无法获得有效的法律救济，那么，这些法律上的权利和自由对他国国民而言都只是一纸空文，国民待遇原则也就形同虚设。但是在获得相同的救济之前，也要遵守对国民规定的条件和手续，既体现了权利和义务的对等，又最大限度地尊重了本国的法律权威和知识产权的地域性原则。这也是《巴黎公约》议定之初，条约缔约方放弃采用强制性的实体规则和法律冲突解决方案，而采用国民待遇原则这一通行方案的重要原因。❶

　　然而，国民待遇原则不意味着国家之间一定要实现对等保护，地域性原则仍然发挥独立的价值。例如，甲国专利法规定，专利保护期限为 17 年，且不需要权利人缴纳专利维持费；而乙国专利法规定：专利保护期限为 20 年，需要缴纳专利维持费。甲国公民在乙国要获得专利并维持专利有效必须遵守乙国法律，反之亦然。成员国之间这种差异化的保护水平实际上会给国民不同的权益感受，虽然同是国民待遇，但并没有在所有成员国得到同样水平的保护，并且权利人和贸易商需要了解不同成员国的法律规则，客观上给他们的国际贸易行为带来了不便；因此，在一定程度上会促成成员国法律规则的逐渐趋同，让非国民享受到国民待遇和互惠的对等保护。

　　虽然国民待遇没有从根本上突破或淡化知识产权的地域性，但在知识产权国际条约中的成功引入，解决了知识产权的地域性和知识产品国际保护冲突的问题，为国际贸易的发展铺平了道路。实施这一原则，有利于在相对平等的工业产权保护条件下，鼓励各国国民在他国从事工商业活动，从而推动国际贸易。因此，国民待遇原则是与贸易有关的知识产权国际保护的基石。❷

---

❶ 郑成思. 知识产权法［M］. 北京：法律出版社，1997：147.

❷ 张乃根. 国际贸易的知识产权法［M］. 上海：复旦大学出版社，2007：61.

综上所述，自贸试验区处在一国（地区）管辖权范围之内，主管当局依据当地法律严格执法，无可非议。知识产权国际协调没有就自贸试验区知识产权保护作为特别约定，更应适用知识产权保护的一般原则和普遍规则。

二、比例协调：自贸试验区知识产权执法中的私权与公益

（一）公共利益与知识产权

公共利益是一个典型的不确定法律概念，这种不确定性主要体现在两个方面：一是利益内容的不确定性；二是受益对象的不确定性。❶ 既然公共利益的内涵和外延模糊，那么司法实践中就会出现适用困难，甚至出现滥用，影响其真实的法律作用。在知识产权法学者看来，知识产权法与公共利益存在密切关系，在知识产权的专门法律如著作权法、专利法、商标法中都有重要的公共利益。❷ 知识产权法本身具有激励知识创新、维护公平竞争和增进社会利益等重要的公共利益目标。关于知识产权保护的美国宪法条款表明：知识产权保护是"为了促进科学和艺术的发展"这一公益目标。❸ 因此，立法目的往往反映法律需要调整的社会关系和需要平衡的利益关系，即个体权利与公共利益之间的平衡。

根据中国《专利法》第 1 条的规定，其立法目的是保护专利权人的合法利益，鼓励发明创造，推动发明创造的应用，提高创新能力，促进科学技术进步和经济社会发展。因此，《专利法》立法目的有两个层次，首先是个体利益，即保护专利权人的合法利益，这是对个体权利的保护，从而起到鼓励发明创造的作用。其次是发明创造的应用和创新能力的提升，这与公共利益存在重大关系。发明创造只有在实践中运用，才能切实提高生产效率，改善劳动条件，改变人类的生产和生活方式，便利人们的生活。通过创造发明的应用不断激励人的创造，客观上会提升社会整体的创新能

---

❶ 倪斐. 公共利益作为不确定概念的法律化思考 [J]. 安徽师范大学学报（人文社会科学版），2010（5）：565 - 570.

❷ 冯晓青. 知识产权法与公共利益探微 [J]. 行政法学研究，2005（1）：49 - 60.

❸ U. S. Constitution – Article 1 Section 8：To promote the progress of science and useful arts, by securing for limited times to authors and inventors the exclusive right to their respective writings and discoveries.

力，从而达到促进科学技术进步和经济社会发展的最终目标。因此，这两个层次的目标相辅相成，缺一不可。

中国传统上习惯于把"公"和"私"截然对立起来，正所谓："自环者谓之私，背私谓之公。"❶ 放弃个体利益就能成全公共利益吗？这种不顾自己私利是一种道义上的主动行为，而非法律上的制度设计；如果法律真的有此种规定，那么这种成全公共利益的制度设计违背了最起码的"自利"，不具有可持续性。因为，自利是人性的普遍动机和正常取向，追求个人利益的努力，也会促进公共利益。个人利益与公共利益在本质上具有一致性。公共利益是以个人利益为基础的，只有知识产权权利人的个体利益得到保护，才能起到激励创新，推动社会发展的作用。反之，没有对公共利益的尊重，个人利益的保护也将难以实现；一个不尊重创新的民族和国家，假冒和盗版等侵权现象必然严重，个体的知识产权保护无法真实落到实处。但是公共利益绝不应该高高凌驾于个人利益之上，它应当是源于个人利益，同时又以个人利益为依归，能够还原为个人利益的公共利益才是真实的，不存在与个人利益无涉的公共利益。❷ 正如罗尔斯所言，"利益，不论是个人的或集体的，最后必须像饥饿或发痒那样，落实到个人，为个人所感觉到。换句话说，不存在不能落实为个人利益的国家利益或社会的集体利益"。❸ 公共利益的确立和保障的最终目的应当是实现和增进个人利益。

（二）知识产权法中的公共利益与权利限制

相较于其他法律制度，知识产权法中公共利益的目标更加明显，制度设计中体现的公共利益更加直接和具体。即便是公共利益，设计了权利限制与例外制度，但对例外制度本身设定了严格的适用条件。

首先，知识产权立法的最终目标是促进公共利益。知识产权法在立法目的上具有双重性；在保护权利人专有权的同时，也当促进社会公共利益。❹ 还有学者认为：现代知识产权制度的核心应是促进社会的发展；知

---

❶　参见《韩非子·五蠹》。
❷　石佑启. 论公共利益与私有财产权保护［J］. 法学论坛，2006（6）：74 – 81.
❸　罗尔斯. 正义论［M］. 何怀宏，等，译. 北京：中国社会科学出版社，1998：257.
❹　陶鑫良，袁真富. 知识产权法总论［M］. 北京：知识产权出版社，2005：399.

识产权不是对知识创造劳动的报酬，而是一种对知识创新的激励，其终极目标是公共利益。❶ 以我国《著作权法》立法目的为例，保护文学艺术和科学作品的著作权和相连权是著作权法制度设计的直接目的，它同时是实现最终目的的手段和方式，通过保护著作权和相连权来鼓励作品的创作和传播，从而"促进社会主义文化和科学事业的发展与繁荣"。

其次，知识产权法制度设计重点考虑公共利益的需要。知识产权制度中的权利限制制度是指基于公共政策的考虑，对知识产权的权利内容、权利行使和救济给予适当的限制，以平衡个体权利和公共利益。权利限制依据不同标准有不同的分类，有的学者将其分为期间限制制度、地域限制制度、权利用尽制度、平行进口制度、合理使用制度和强制实施制度；❷ 有的学者将知识产权权利限制分为：基于鼓励知识传播的限制、基于非商业性利用的限制、基于商品自由流通的限制、基于在先使用的限制、基于善意行为的限制和基于独立创造的限制。❸ 另外，还可从权利的获得和行使的角度，将其分为基于权利取得的限制和基于权利行使的限制。

知识产权法中基于权利取得的限制制度为公共利益保留公有领域。以专利保护的除外客体为例，我国《专利法》对违反国家法律、社会公德或者妨碍公共利益的发明创造，科学发现，智力活动的规则和方法，疾病的诊断和治疗方法，动物和植物品种，原子核变换方法获得的物质等不授予专利权。其中，科学发现、智力活动规则和方法等这类除外客体是因为其本身不能满足专利授予实质条件要求，同时也是为了防止个体垄断智力活动规则。对疾病的诊断和治疗方法排除授予专利权，最能体现公共利益的考虑。专利法不仅保护产品发明，也保护方法发明；如果一项疾病的诊断和治疗方法满足新颖性、创造性和实用性的三性要求，理应授予专利权。有学者认为：疾病的诊断和治疗方法实施的对象是具体的人或动物，不能在工业上重复应用。❹ 这种说法值得商榷，专利药品的实施对象也是人或动物，并且可以重复应用，诊断和治疗方法自然也不例外。虽然疾病的诊断和治疗可以是一种产业上的营利行为，但其本质也可以是一种"救死扶

❶ 陈传夫. 防止知识产权对公共利益的损害 [J]. 情报资料工作，2002（6）：5.
❷ 何敏. 知识产权基本理论 [M]. 北京：法律出版社，2011：216－264.
❸ 陶鑫良，袁真富. 知识产权法总论 [M]. 北京：知识产权出版社，2005：223－225.
❹ 宁立志. 知识产权法 [M]. 武汉：武汉大学出版社，2006：202.

伤"的人道主义行为。而人的健康权是一种最基本的人权，而从财产权的视角来看，知识产权本质也是人权，必须正视一种人权与另一种人权的冲突及其协调问题。❶上述的权利冲突不仅是个人权利与公共利益的冲突，更是一种公共利益与另一种公共利益的冲突。比较而言，健康权是《世界人权宣言》和《经济、社会及文化权利国际公约》所包含的基本人权，每个国家都有义务保障公民的公共健康。知识产权，特别是工业产权，只是被视为一种经济性的财产权利，因而必须为人的生命权和健康权这种更高的公共利益作出让步。

除了知识产权法不保护的客体外，保护期限的规定也是为公众保留更多公有领域的表现。以著作权为例，作品的创作体现作者的辛勤劳动，一定期限的专有保护确保作者对作品的控制、使用和收益，真正起到鼓励创作的作用。但如果不设期限地永久保护，不利于创作的推陈出新，也不利于作品的传播和利用，让作品更早地进入公有领域为公众享用，让其转化为全社会的公共财富。综上所述，知识产权取得的限制制度是知识产权法中公共利益的最直接和典型的表现。

知识产权法中基于权利行使的限制制度也是在为公共利益运行提供便利。知识产权权利人获得知识产权之后，最大的收益和回报体现在权利的行使环节；不论是自己使用谋利，还是许可他人获得许可使用费，都是实现利益回报的重要手段。知识产权的制度设计恰恰在权利行使环节设置了许多限制。例如，专利的强制许可制度是为公共利益限制权利人权利行使的典型表现。专利权人获得专利后，只要按规定缴纳专利维持费，专利权没有被提起异议和无效，专利在保护期内就处于有效状态，并假定不侵犯他人的权利，专利权人可以自己实施专利，可以许可他人实施；也可以不实施专利，就如同有形财产的所有人将自己的财产闲置不用。《巴黎公约》第5条第1小节第2款规定：本联盟各国都有权采取立法措施规定授予强制许可，以防止由于行使专利所赋予的排他权而可能产生的滥用，例如，不实施。如果专利权人自己不实施，并拒绝以合理条件许可他人实施专利，就会阻碍相关工业的发展，或者没有以充分数量的专利产品供应市

---

❶　张乃根. TRIPS：理论与实践［M］. 上海：上海人民出版社，2005：26 - 43.

场，或者对专利产品定价过高等情况。❶ 这些情况都与公共利益存在直接关系，而产业的发展、市场对专利产品的合理需求和期待都是公共利益的表现。

我国《著作权法》的相关规定更加明确。著作权人行使著作权，不得违反宪法和法律，不得损害公共利益。国家对作品的出版、传播依法进行监督管理。❷《伯尔尼公约》第 17 条规定：本公约的规定不影响本联盟各成员国政府根据法律或规章，在该国主管当局认为必要时，行使准许、控制或禁止任何作品或制品的流通、表演或展览的权利。《伯尔尼公约》将作者权利与公共秩序冲突问题留给国内法自行解决；当作者权利与公共利益存在冲突时，作者只能在不与公共秩序相冲突的情况下行使他们的权利，作者的权利必须让位于公共秩序。

那么，知识产权的权利行使是否存在一种基于货物自由流通的限制制度？或者说能否将自由贸易（货物的自由流通）或贸易便利化也视为一种公共利益？虽然，《巴黎公约》第 9 条规定，成员方对于过境货物没有执法义务，但并没有否认过境国有权进行知识产权执法。因此，并不能从《巴黎公约》第 9 条推导出基于过境自由原则或贸易自由原则而对知识产权权利行使进行限制。根据《巴黎公约》第 5 条之四，对于过境的交通工具，过境国不得进行专利执法，或者将过境交通工具的专利侵权视为一种法定豁免侵权责任的行为。这种规定对于保证货物自由流通显然具有积极意义，但是从条约条款中无法解读出过境交通工具侵权免责同样适用于侵犯商标和著作权的行为，或适用于交通工具上所承载的货物。

货物自由流通显然是一种公共利益的需要，对于整个国际贸易制度和实践来说，货物自由流通是重要的前提和基础。国内自由贸易试验区是保障货物自由流通的一种重要制度设计，但知识产权保护的国际协调并没有创设一种为保证货物自由流通而限制知识产权行使的法律规则。然而，部分国家或地区规定经自贸试验区过境的货物免受知识产权执法或者规定在自贸试验区内加工的出口货物贴附境外商标不构成国内法意义上的商标使

---

❶ 博登浩森. 保护工业产权巴黎公约指南（附英文文本）[M]. 汤宗舜，段瑞林. 译. 北京：中国人民大学出版社，2003：46.

❷ 参见《中华人民共和国著作权法》（2010 年修订）第 4 条。

用，这些都是平衡公共利益和权利保护相互冲突的妥协做法。

2016 年 7 月 7~8 日，全国法院知识产权审判工作座谈会暨全国法院知识产权审判"三合一"推进会在江苏南京召开。最高人民法院副院长陶凯元提出知识产权司法保护应遵循的四项基本司法政策，即"司法主导、严格保护、分类施策、比例协调"。其中，比例协调就是要合理确定不同领域知识产权的保护范围和保护强度；要区分不同情况，根据侵权行为的性质、作用和侵权人主观恶性程度，恰如其分地给予保护和确定赔偿。

运用比例协调原则还要注意实现知识产权保护符合发展规律、国情实际和发展需求，依法合理平衡知识产权人权益、其他权利人合法权益及社会公共利益、国家利益。因此，比例协调不仅可以用在司法保护中，也可以适用行政执法。自由贸易试验区知识产权保护应当充分关注加工贸易、平行进口、跨境电子商务等不同形式、不同业态的发展规律，也要注重贸易便利化的发展形势，还要关注我国的国际、国内自由贸易区的战略，在严格保护的基础上，合理确定贸易有关知识产权的保护范围和强度。

三、自贸试验区知识产权执法与合作

知识产权是国际经济贸易关系中的一个重要因素，国际关系的新自由主义对国际合作的强化必然会带来国际经贸规则的趋同和知识产权执法合作的深入。知识产权执法实施虽然依赖于本地执法，但国际合作能推动知识产权执法的完善，帮助实现合作共赢的良好局面。

（一）新自由主义和知识产权国际合作

国际关系理论中早期的"理想主义"认为，人性可以改造，利益可以调和，战争可以避免，建立国际机构，遵守国际法可以保证世界和平；"现实主义"则认为，人性本恶，国际社会处于无政府状态，国家为了自身利益会忽视国际道德，维持国际和平最好的办法是依靠均势。❶ 由于现实主义将国家利益置于核心地位，对国际事务把握客观而精准，为国家外交政策提供决策框架，因而，它在和理想主义的论战中占据主导地位。从现实主义的角度来看，国际知识产权制度对于国际体系的影响仅仅限于国

---

❶　倪世雄. 当代西方国际关系理论［M］. 上海：复旦大学出版社，2004：33-38.

家利用这一体系来维护自己的国家利益。知识产权问题不仅是国际关系中的一个经济问题，而且还是一个政治问题。知识产权保护最终反映的不仅是国家的经济利益，还是国家的政治利益。对于现实主义者来说，国际知识产权制度可以被操控、扭曲甚至放弃，只要其行为符合自己国家的国家利益。❶ 当然，维护国家利益并不必然只能依靠现实主义所强调的竞争和冲突来实现，特别是国际知识产权体制的建设和发展必然需要新自由主义所强调的国际合作。

此处的"新自由主义"只是一种泛指，内容包括以下几个方面：首先，主张"全球相互依存"为中心的观点，国家不再是占中心地位的国际社会角色，世界政治经济多极趋势导致众多的角色活跃在国际舞台上。其次，经济技术合作及全球相互依存正逐步占据国际关系的主导地位，经济福利与国家安全同等重要，不能随意放弃或牺牲，经济是和平的前提。最后，因为国家是理性的，国际机制、规则、制度是解决国际无政府状态这一问题的有效手段，能确保实现国家间合作这一目标。❷ 因此，国家的决策是有理性指导的，决策行为者要权衡得与失，并从长远和全局角度来考虑国家利益的最大化。

知识产权作为经济合作的一个方面，国家在知识产权国际协调的行动也不再是"形单影只"和"离群索居"，而是强调合作共赢，特别是具有共同利益和愿景的国家集团之间的合作。以知识产权和公共健康的冲突协调为例，从2001年11月的《关于TRIPS与公共健康问题多哈宣言》，到2003年8月的《关于实施多哈宣言第六段的决议》，再到2005年12月的《关于修正TRIPS的决定》，WTO通过澄清和修改TRIPS的相关条款，为缓解发展中国家，特别是最不发达国家的公共健康危机提供了法律保障。TRIPS得以澄清和修改，原因是多方面的，但从国际关系的角度看，主要是发展中国家和最不发达国家总结和吸取了GATT时期乌拉圭回合知识产权谈判议题的教训，紧密团结，立场一致，并且利用其他政府间和非政府间组织对公共健康危机的高度关切，积极开展外交努力，形成强大的国际

---

❶ 曹阳. 国际知识产权制度：冲突·规范·非国家行为体［J］. 知识产权，2007（2）：93－98.

❷ 郑雪飞. 新自由主义国际关系理论评析［J］. 中州学刊，2007（6）：9－11.

舆论，迫使发达国家改变其在知识产权保护问题上的强硬政策，从而表现了"南南联合自强"的力量与作用。❶ 同样，ACTA 的缔结也是以发达国家为主的国家集团共同合作的国际协调成果。由于知识产权的国际协调在多边领域的成果有限，而数边和区域层面却是硕果累累，除了 ACTA 之外，《跨太平洋伙伴关系协定》知识产权规则进一步强化知识产权保护，知识产权国际强保护趋势也将更加深入发展。❷ 这些都是与国家之间的紧密合作分不开的，虽然美国在知识产权领域没有完全抛弃霸权主义的单边做法，但更加注重联合发达国家来共同推动知识产权保护水平的提升和执法标准的提高，特别是在知识产权协调领域"南南合作"风生水起的形势之下，以美国、欧盟、日本为首的强国之间知识产权国际合作更加丰富和多元。

在全球化时代，在世界各国的相互依存、相互影响日益加深的形势下，南北双方必须面对现实，通过平等的对话与合作，才能建立起一个于南北双方都有利的国际知识产权法律新秩序。❸ 然而，由于国家处在不同的发展阶段，对于知识产权的保护和执法存在不同的利益诉求，要建立公正合理的国际知识产权新秩序将是一个长期的过程，不能只强调"南南合作"和"南北对抗"，而是需要南北双方共同努力。

（二）贸易规则的统一与知识产权规则的趋同

经济全球化是国际贸易规则逐渐统一的根本原因。因为随着经济全球化的发展，国家、公司与个人彼此之间的涉外联系和交往日益频繁，跨国民商事关系和国际商业交易得到前所未有的发展。相互交往必然要有共同遵守的规范来指引彼此的行为；否则，发生冲突的概率和数量都会大大增加。为了保证国际社会正常的经济贸易活动的安全与便利，进一步推动国际经济贸易的深化，需要制定更多的国际规范来协调国际经济贸易交往关系，平衡相关主体间的利益冲突，同时也更加需要各国法律之间互相交

---

❶ 古祖雪. 后 TRIPS 时代的国际知识产权制度变革与国际关系的演变——以 WTO 多哈回合谈判为中心 [J]. 中国社会科学，2007（2）：143-146.

❷ 陈福利. 知识产权国际强保护的最新发展——《跨太平洋伙伴关系协定》知识产权主要内容及几点思考 [J]. 知识产权，2011（6）：71-78.

❸ 杨长海. 论国际知识产权法律制度的改革和发展——基于国际关系之南北关系的视角 [J]. 西北工业大学学报（社会科学版），2009（1）：24-30.

流，互相借鉴，以提供法律制度上的保障。换言之，经济全球化将最终导致国际社会各国法律制度和法律规范上的趋同化或全球化。

具体来说，不同法律部门的全球化的程度存在差异，由于 WTO 的国际贸易规则领域的国际协调，各国的国际经济贸易法律关系的趋同化程度最高。国际经济关系的紧密度以及国际经济交往的利益平衡之要求，必然对原有的将国际市场条块分割的法律制度提出更高的自由化要求，开展以自由化立法为主要手段的拆除市场壁垒的行动成为必然。其根源在于本市场经济具有天然扩张的属性，市场是一种极富穿透性的经济力量，具有很强的地理扩张倾向，其本质是将经济活动集中于一切有利于生产并能获取高额利润的地方，从而将超越政治藩篱和国家界限。❶

由于知识产权与贸易的连接，知识产权规则已经成为贸易规则的一部分，知识产权制度必然也面临全球化的需要。19 世纪之前，交通和通信障碍限制了国家进行知识产品跨国生产和国际贸易的能力。所以，当时的知识产权国际保护并不是一个真正的问题。随着交通和通信产业的发展，工业革命大大加速了知识产品的生产，跨越国境的国际市场开始发展壮大，国家担心有限的知识产权国内保护和产品的国际贸易不匹配。尽管当时外国人作为本国居民可以获得保护，但这种保护并不充分。虽然《巴黎公约》《伯尔尼公约》等 WIPO 体系的基础性公约对知识产权国际保护进行了有效的协调，但由于 WTO 体制本身的强制力和可实施性问题，并没有完全解决与贸易有关的知识产权冲突。直到 GATT 东京回合的《反假冒守则》谈判，知识产权议题开始和贸易紧密相连。TRIPS 充满曲折的谈判过程表现出国际社会对知识产权保护标准远没有达成一致。然而，最终还是形成了对世界贸易规则和国际知识产权立法体制都产生重要影响的 TRIPS，因此，也可以认为 TRIPS 是知识产权法律全球化的一种形式；换言之，TRIPS 也是全球法律的地方化，即 WTO 的规则被各国全部承认或接受，通过这种承认或接受，全球性的法律成为各国法律的组成部分。因为，一旦加入 WTO，成员方就必须根据 TRIPS 调整自己的法律制度，修改本国的知识产权法律规范，可以高于但不得低于 TRIPS 的保护水平。因此，知识产

---

❶ 刘志云. 全球化背景下国际经济法律自由化探析 [J]. 厦门大学学报（哲学社会科学版），2005（4）：27 – 34.

权法律规则的趋同主要表现在：首先，在 WIPO 管理公约的基础上，TRIPS 统一了传统的国际知识产权保护制度规则；其次，TRIPS 依托 WTO 的争端解决制度，通过贸易制裁来加强知识产权的执法尺度的统一；最后，大量存在的自由贸易协定首先使区域或双边的知识产权规则趋同，这为知识产权规则在全范围内的逐渐统一奠定了基础。

（三）本地化执法更加需要国际规则指导

执法行为的本地化，是指法律的执行和实施，需要依赖本地执法机关主要针对本地行为的执法。当然，并不排除部分法律存在域外管辖权，可以对域外的本国公民或行为适用；但这并不掩盖执法行为的"本地化"这一重要特征。因此，"执法"一词很难与"国际"相联系，出现的形式往往是"国际执法合作"或"国际合作执法"，即并不存在独立意义上的"国际执法"。知识产权执法合作也必然是依赖本地执法或以本地执法为主的国际合作。

长期以来，国际法被这样一个指责所困扰，即国际法缺乏一种集中或有效的立法、执法或司法体系。亨金教授认为，虽然没有警察，国际法院数量极少，但国际法体系在国家中间产生了内在的动因，建立了外在动机，并且发展了服从的文化，以致几乎所有国家都遵循所有的国际法原则和国际义务。❶ 国家遵守国际法，并不等同于国际法在国家层面都能得到全面和有效的实施，国际法的实施效果往往依赖于成员国国内的立法和执法，其中执法效果问题又尤为突出。

国际条约的成员方通过直接适用或转化的形式很容易将国际条约的内容转变成域内立法，但法律实施的效果却难以保证，并且也很难适用统一的标准来衡量。因为，行政执法具有相对灵活的自由裁量性，行政执法机关依法掌握并具体适用的裁量权力。行政执法的裁量性是由行政执法机关适用的具体法律的稳定性、滞后性、概要性、有限性和执法实践状况的广泛性、多变性、复杂性、灵活性之间的矛盾决定的。❷ 如果执法机关没有一定的自由裁量权力，就不可能将规范划一的法律规范适用到千差万别的

---

❶ 亨金. 国际法：政治与价值 [M]. 张乃根，等，译. 北京：中国政法大学出版社，2005：64 - 65.

❷ 贲国栋. 行政执法的伦理研究 [M]. 北京：法律出版社，2011：41.

执法实践活动中；同时，执法机关的裁量权力不是绝对自由的，必须在法律规定的限度内根据执法实践的具体情况合理决定相应的执法标准。执法的复杂性远远超过规则制定者的想象，国际条约更加无法预见它在成员国转化实施中会碰到的许多现实困难，因此，执法的困难程度并不是裁量权造成的，而是由复杂的社会实践决定的。

本地化的执法还离不开法律适用和法律解释。正确适用法律和解释法律，既是行政执法的应有之义和必然要求，又是行政执法发挥创造性、能动性的重要途径和空间。● 执法状况如何往往可以从法律适用和法律解释状况中体现出来，其核心在于法律解释。法律解释是针对成文法所做的解释，是解释主体对法律文本进行理解和说明的活动；它作为一种使法律从纸面走向生活的工具，是维持法律生命的心脏。● 法律的天然滞后与实践生活的复杂多变衍生出的法律文本的"空白结构"（open texture）使得法律人不得不认真对待法律解释；上述空白结构出现在国内法中是司空见惯的，那么出现在国际条约中更是显得理所当然。从立法文本来看，国际条约的议定比国内法更加复杂，它可能涉及不同语言和文化之间的交流和碰撞，而且没有统一和权威的立法机构作为保障。因此，不确定的国际条约的文本语言转化成国内法之后，在执法过程被准确把握就更加困难。此外，执法过程还涉及各国不同的政治制度、经济体制、宗教信仰、文化背景、法律价值等差异的存在，本地执法国际协调的过程会是漫长而曲折的。

最后，知识产权的地域性也决定了知识产权执法只能依赖于本地执法，知识产权的创造和保护都是依据本地法作出，执法行为自然也只能依靠本地的执法机关。实际上，国际层面没有一支执法力量可以"帮助"成员国进行知识产权执法。国际条约的议定中也都充分认识到知识产权执法要由成员方自行决定，并且没有不同于一般执法的特殊性。TRIPS 序言中就明确规定：在涉及与贸易有关的知识产权执法的有效和恰当的措施方面要顾及各国法律制度的差异。因此，WTO 成员方有自由确定以其域内法律制度及实践实施本协议的恰当方式，并不要求成员方为知识产权执法而设

● 姜明安. 行政执法研究［M］. 北京：北京大学出版社，2004：166.
● 王利明. 法律解释学［M］. 北京：中国人民大学出版社，2011：11.

计不同于一般执法的司法制度，也不产生知识产权执法与一般执法之间涉及资源分配的义务。ACTA 作为强化知识产权执法国际协调的最新成果，也沿用 TRIPS 相关表述，ACTA 缔约方在其自身的法律体系与实践中自由决定实施本协定条款的适当方法，并不创设在知识产权执法与一般执法之间进行资源分配的义务。❶

综上所述，知识产权执法实施的效果最终还是依赖于成员国的本地执法；但这并不排除国际执法合作的可能性，反而从侧面证明这种国际执法合作的迫切性和必要性。首先，本地化的执法存在许多致命的缺点，例如执法中滥用自由裁量权，执法中信息透明度、执法人员的教育和培训力度缺乏等，而国际执法合作则可以相应地弥补这种缺点。以能力建设为例，相关的国际组织和执法能力建设较强的国家拥有更多的专业资源，它们可以举办各种形式的工作坊和研讨会，有助于提高执法人员的专业水平。其次，国际执法合作有自己的独特优势。例如，专业性的国际组织和非政府组织是重要的智囊团和支持者，它们在收集和分享各国执法信息、最佳执法实践以及跟踪调查、统计报告等方面能发挥单个国家无法企及的作用。最后，知识产权执法合作也是融入知识产权国际体制的一个重要方面。知识产权的国际协调不仅仅是立法规则的协调，执法合作与执法信息分享也是很重要的组成部分，通过执法合作，双方的联系会更加紧密，彼此的沟通机制会更加畅通，对于双方的保护立场和执法困难也更容易达成共识，便于在国际场合发出共同的声音。

即便是美国，也非常注重各种形式的执法合作。美国历史上第一份《知识产权执法联合战略计划》中就认识到了国际执法合作的重要意义，它不仅对于打击全球的盗版和假冒非常关键，也是保护知识产权、履行TRIPS 义务的重要保障。美国鼓励联邦执法机构与外国同行展开合作来加强跨境的知识产权执法行动，希望知识产权执法协调员（IPEC）和相关联邦机构、知识产权协调中心一起增强知识产权执法的意识，与国际组织合作加强知识产权执法；其中，国际组织包括 WIPO、WTO、WCO、WHO、G20、INTERPOL、APEC、OECD 等。

知识产权国际协调出现的冲突和合作表明，知识产权越来越成为重要

---

❶　参见 ACTA 第 2 条。

的国家利益，越来越成为各国在经济全球化下参与国际市场竞争的一个有力工具，越来越成为国际竞争力的一个核心内容，越来越成为各国对外关系的原动力之一。❶ 国际关系中新自由主义所强调的国际合作在知识产权国际协调中也得到呼应；国际经贸合作的深入必然带来贸易规则和知识产权规则在全球范围内的趋同，但执法规则的有效实施还是依赖于当地执法机关的努力，国际执法合作能够帮助本地执法机关更加有效地实施知识产权执法，从而推动知识产权对经济和就业的贡献，进而提升国家的综合竞争力。

自由贸易试验区所在国在确保本国安全的前提下，提高通关效率和中转服务能力来吸引货物进出自贸试验区。对于国际贸易中相关的私有主体，知识产权权利人希望加强自贸试验区执法，以确保它们在全球市场中的垄断利益，但国际贸易商却希望减少在过自贸试验区环节中的各种执法检查，享受贸易自由和贸易便利。由于知识产权具有较高的公共利益属性，知识产品的传播不应该局限于某一国家和地区，而是增进全球不同国家和地区的福利，这就需要保证国际贸易的自由和便利。因此，自由贸易试验区知识产权执法规则的设计和实施更加需要国际合作来保障，包括贸易管制部门、海关、税务、检验检疫、国家安全等多个部门、多个层级的执法合作。

---

❶ 凌金铸. 知识产权因素与中美关系：1989—1996 ［M］. 上海：上海人民出版社，2007：264.

参考文献

一、中文文献

（一）著作

[1] 曹建明，贺小勇. 世界贸易组织 ［M］. 北京：法律出版社，2004.

[2] 陈晖. 海关法评论（第 1 卷）［M］. 北京：法律出版社，2010.

[3] 陈晖. 海关法评论（第 2 卷）［M］. 北京：法律出版社，2011.

[4] 陈晖. 海关法评论（第 3 卷）［M］. 北京：法律出版社，2013.

[5] 陈晖，邵铁民. 海关法理论与实践 ［M］. 上海：立信会计出版社，2008.

[6] 董世忠. 国际经济法 ［M］. 上海：复旦大学出版社，2005.

[7] 冯晓青. 知识产权法利益平衡理论 ［M］. 北京：中国政法大学出版社，2006.

[8] 海闻，P. 林德特，王新奎著. 国际贸易 ［M］. 上海：世纪出版集团，上海人民出版社，2003.

[9] 何力. 国际海关法学：原理和制度 ［M］. 上海：立信会计出版社，2007.

[10] 何力. 日本海关法原理与制度 ［M］. 北京：法律出版社，2010.

[11] 何力. 世界海关组织及法律制度研究 ［M］. 北京：法律出版社，2012.

[12] 何敏. 知识产权基本理论 ［M］. 北京：法律出版社，2011.

[13] 何明珂，刘文纲等. 贸易便利化与过境运输 ［M］. 北京：知识产权出版社，2008.

[14] 欧盟、加拿大、新西兰海关法 ［M］. 黄胜强，符慧，蒋兆康，译. 北京：中国社会科学出版社，2001.

[15] 孔祥俊. 商标法适用的基本问题 ［M］. 北京：中国法制出版社，2012.

[16] 李明德，黄晖，闫文军. 欧盟知识产权法 ［M］. 北京：法律出版社，2010.

[17] 李顺德. WTO 的 TRIPS 协议解析 ［M］. 北京：知识产权出版社，2006.

[18] 陶鑫良，袁真富. 知识产权法总论 ［M］. 北京：知识产权出版社，2005.

[19] 万鄂湘. 国际知识产权法 ［M］. 武汉：湖北人民出版社，2001.

[20] 王传丽. 国际贸易法——国际知识产权法 ［M］. 北京：中国政法大学出版社，2003.

[21] 王贵国. 世界贸易组织法 ［M］. 北京：法律出版社，2003.

[22] 王迁. 知识产权法教程 ［M］. 3 版. 北京：中国人民大学出版社，2011.

[23] 王殊. 中国知识产权边境保护 [M]. 北京：北京师范大学出版社，2011.

[24] 吴汉东. 知识产权基本问题研究 [M]. 北京：中国人民大学出版社，2009.

[25] 吴汉东，郭寿康. 知识产权制度国际化问题研究 [M]. 北京：北京大学出版社，2010.

[26] 薛虹. 十字路口的国际知识产权法 [M]. 北京：法律出版社，2012.

[27] 杨帆. 国际知识产权贸易法 [M]. 北京：高等教育出版社，2005.

[28] 杨建锋，张磊. 中国自由贸易试验区知识产权制度创新 [M]. 北京：格致出版社，2016.

[29] 曾令良. 世界贸易组织法 [M]. 武汉：武汉大学出版社，1996.

[30] 张斌. 浦东法院服务保障上海自贸试验区的探索与实践 [M]. 北京：法律出版社，2016.

[31] 张勤，朱雪忠. 知识产权制度战略化问题研究 [M]. 北京：北京大学出版社，2010.

[32] 张玉敏. 知识产权与市场竞争 [M]. 北京：法律出版社，2005.

[33] 张乃根. TRIPS 协定：理论与实践 [M]. 上海：上海人民出版社，2005.

[34] 张乃根. 国际贸易的知识产权法 [M]. 2 版. 上海：复旦大学出版社，2007.

[35] 张乃根. WTO 争端解决机制论：以 TRIPS 协定为例 [M]. 上海：上海人民出版社，2008.

[36] 张乃根. 国际贸易相关知识产权法 [M]. 上海：上海人民出版社，2016.

[37] 张旗坤，等. 欧盟对外贸易中的知识产权保护 [M]. 北京：知识产权出版社，2006.

[38] 赵维田. 世贸组织（WTO）的法律制度 [M]. 长春：吉林人民出版社，2000.

[39] 郑成思. 关贸总协定与世界贸易组织中的知识产权：关贸总协定乌拉圭回合最后文 [M]. 北京：北京出版社，1994.

[40] 郑成思. WTO 知识产权协议逐条讲解 [M]. 北京：中国方正出版社，2001.

[41] 郑成思，等. 知识产权法新世纪的若干研究重点 [M]. 北京：法律出版社，2004.

[42] 郑成思. 知识产权论 [M]. 北京：法律出版社，2007.

[43] 周阳. 美国海关法律制度研究 [M]. 北京：法律出版社，2010.

[44] 朱秋沅. 知识产权边境保护制度理论与实务 [M]. 上海：上海财经大学出版社，2006.

[45] 朱秋沅. 国际海关法研究 [M]. 北京：法律出版社，2011.

[46] 朱秋沅. 知识产权边境保护制度国际化与本土化研究 [M]. 北京：知识产权出

版社，2014.

[47] 朱文奇，李强. 国际条约法 [M]. 北京：中国人民大学出版社，2008.

[48] 朱雪忠. 知识产权协调保护战略 [M]. 北京：知识产权出版社，2005.

[49] 朱雪忠. 知识产权管理 [M]. 北京：高等教育出版社，2010.

[50] 左海聪. 1994 年关贸总协定逐条释义 [M]. 长沙：湖南科学技术出版社，2006.

[51] 中国社会科学院知识产权中心. 完善知识产权执法体制问题研究 [M]. 北京：知识产权出版社，2009.

（二）译著

[1] ［美］苏姗·K. 塞尔. 私权、公法——知识产权的全球化 [M]. 董刚，周超，译. 北京：中国人民大学出版社，2008.

[2] ［美］约翰·H. 杰克逊. 世界贸易体制：国际经济关系的法律与政策 [M]. 张乃根，译. 上海：复旦大学出版社，2001.

[3] ［美］布鲁斯·E. 克拉伯. 美国对外贸易法和海关法 [M]. 蒋兆康，等，译. 北京：法律出版社，2000.

[4] ［比］伍尔夫，索科尔. 海关现代化手册 [M]. 上海海关翻译小组，译. 中国海关出版社，2008.

[5] ［比］约斯特·鲍威林：国际公法规则之冲突：WTO 法与其他国际法规则如何联系 [M]. 周忠海，等，译. 北京：法律出版社，2005.

[6] ［英］伊恩·布朗利. 国际公法原理 [M]. 曾令良，余敏友，等，译. 北京：法律出版社，2003.

[7] ［英］詹宁斯，瓦茨修订. 奥本海国际法 [M]. 9 版. 王铁崖，等，译. 北京：中国大百科全书出版社，1995.

[8] ［英］安托尼·奥斯特. 现代条约法与实践 [M]. 江国青，译. 北京：中国人民大学出版社，2005.

[9] ［荷］格劳秀斯. 战争与和平法 [M]. ［美］A. C. 坎贝尔，英译；何勤华，译. 上海：上海人民出版社，2005.

[10] ［荷］格劳秀斯. 论海洋自由或荷兰参与东印度贸易权利 [M]. 马忠法，译. 上海：上海人民出版社，2005.

[11] ［法］德尼·西蒙. 欧盟法律体系 [M]. 王玉芳，李滨，赵海峰，译. 北京：北京大学出版社，2007.

[12] ［法］克劳德若·贝尔，亨利·特雷莫. 海关法学 [M]. 黄胜强，译. 北京：中国社会科学出版社，1991.

［13］［澳］彼得·德霍斯. 知识财产法哲学［M］. 周林，译. 北京：商务印书馆，2008.

［14］［奥］博登豪森. 保护工业产权巴黎公约指南［M］. 汤宗舜，段瑞林，译. 北京：中国人民大学出版社，2003.

［15］［日］朝仓弘教. 世界海关和关税史［M］吕博，安丽，张韧，译. 北京：中国海关出版社，2006.

［16］［新西兰］迈克·穆尔. 没有壁垒的世界：自由，发展，自由贸易和全球治理［M］. 巫尤，译. 北京：商务印书馆，2007.

［17］保护文学和艺术作品伯尔尼公约（1971年巴黎文本）指南：附英文文本［M］. 刘波林，译. 北京：中国人民大学出版社，2002.

［18］关于简化及协调海关制度的国际公约［M］. 黄胜强，李荪，译. 北京：中国社会科学出版社，2000.

［19］世界海关组织. 京都公约总附约和专项附约指南［M］. 海关总署国际合作司，编译. 北京：中国海关出版社，2003.

［20］世界贸易组织乌拉圭回合多边贸易谈判结果法律文本［M］. 对外贸易经济合作部国际经贸关系司，译. 北京：法律出版社，2000.

（三）学位论文

［1］孙益武. 过境货物相关知识产权执法研究［D］. 上海：复旦大学，2013.

［2］张敏. 过境货物知识产权问题研究——以欧盟法及实践为例［D］. 上海：复旦大学，2012.

［3］汤涛. 知识产权海关保护制度研究［D］. 上海：华东政法大学，2009.

［4］张永亮. 欧盟知识产权海关保护条例［D］. 杭州：浙江工商大学，2008.

［5］陈旭东. 知识产权海关保护法律制度浅论［D］. 上海：复旦大学，2002.

（四）期刊论文

［1］曹艳华. 保护私权，还是维护公共利益？——对中国海关在知识产权边境保护中角色定位的法律分析［J］. 上海海关学院学报，2007（3）：23-27.

［2］陈咏梅. 国际知识产权协定之间的冲突与协调——以世贸组织和自由贸易区的知识产权协定/条款为视角［J］. 法商研究，2015，32（1）：173-184.

［3］陈福利. 《反假冒贸易协定》述评［J］. 知识产权，2010（5）：85-91.

［4］陈福利. 知识产权国际强保护的最新发展——《跨太平洋伙伴关系协定》知识产权主要内容及几点思考［J］. 知识产权，2011（6）：71-78.

［5］陈伟，祝鹏飞. 基于经济全球化的知识产权与国际贸易发展关联研究［J］. 科技

管理研究，2010（3）：214－216.

［6］陈豪. 中国自贸试验区知识产权特殊保护制度之建构［J］. 海关与经贸研究，2017（4）：62－73.

［7］程文婷.《反假冒贸易协定》与我国知识产权法比较刍议［J］. 电子知识产权，2011（8）：48－54.

［8］崔国斌.《反假冒贸易协议》与中国知识产权法的比较研究［J］. 电子知识产权，2011（8）：39－47.

［9］杜颖. 中国（上海）自由贸易试验区知识产权保护的构想［J］. 法学，2014（1）：36－42.

［10］邓丽娟. GATT 过境自由争端第一案评析——评哥伦比亚入境口岸限制措施案［J］. 国际经贸探索，2009（11）：80－84.

［11］董晶. 亚洲部分国家知识产权海关保护工作比较［J］. 知识产权，2001（5）：47－48.

［12］段立红. 香港知识产权及商标保护研修报告［J］. 中华商标，2008（3）：6－11.

［13］冯洁菡，李蔚然. 印度仿制药品过境运输争端案评析——以理事会 1383/2003 条例与 TRIPS 协议为视角［J］. 法学杂志，2011（12）：39－42.

［14］冯术杰，于延晓. 知识产权地域性的成因及其发展［J］. 长白学刊，2004（6）：34－37.

［15］符正.《反假冒贸易协定》的主要特点及中国的应对之策［J］. 中华商标，2012（2）：20－22.

［16］高华. 对我国知识产权边境保护制度的法律思考［J］. 国际贸易问题，2007（11）：123－128.

［17］黄旭荣. 提升知识产权海关保护工作执法效能探究——以分类通关改革为视角［J］. 上海海关学院学报，2012（6）：76－79.

［18］江列平. 中国海关加强知识产权保护初探［J］. 国际经贸探索，1995（5）：65－67.

［19］康添雄，廖志刚. 论知识产权与贸易自由的目标协同性［J］. 甘肃社会科学，2011（1）：199－202.

［20］林珏，王缙凌. 世界知识产权保护动向与中国自贸试验区知识产权管理体制创新［J］. 海关与经贸研究，2015，36（3）：1－13.

［21］李晓锋. 三维视角下天津自贸区知识产权保护机制构建战略［J］. 科技管理研究，2016，36（13）：140－144.

［22］李景涛. 贸易便利化中的过境运输问题研究［J］. 中国高新技术企业，2009

（7）：77－78.

[23] 李小伟. 论知识产权与现代国际贸易的关系 [J]. 国际贸易问题，1994（4）：19－22.

[24] 李宗辉.《反假冒贸易协定》（ACTA）的"表"与"里"[J]. 电子知识产权，2011（8）：13－19.

[25] 李冰.《反假冒协议》边境措施影响分析——基于《与贸易有关的知识产权协定》的对比 [J]. 现代商贸工业，2011（15）：92－93.

[26] 李金. 多哈回合贸易便利化议题：回顾、成员立场分析与谈判前景 [J]. 世界贸易组织动态与研究，2009（8）：1.

[27] 李力. 中国保税区应向自由贸易区转型 [J]. 特区理论与实践，2001（6）：32－33，41.

[28] 李铭典，张仁颐. 海关保税物流中各特殊监管区域之间的关系 [J]. 物流科技，2007（1）：95－98.

[29] 李文健. 海关改革与发展的价值目标——推进贸易便利与维护贸易安全不能顾此失彼 [J]. 上海海关高等专科学校学报，2006（4）：38－42.

[30] 马忠法. 论中国（上海）自由贸易试验区制度下的知识产权问题 [J]. 电子知识产权，2014（2）：50－62.

[31] 马维野等. 加强知识产权行政执法努力建设创新型国家 [J]. 知识产权，2006（05）：11－14.

[32] 马永飞. 世界海关组织倡导贸易便利与安全并举 [J]. 进出口经理人，2012（4）：58－59.

[33] 聂毅，黄建华. 欧美知识产权海关保护制度的特点及对我们的启示 [J]. 知识产权，2005（1）：63－64.

[34] 任晓玲. 欧盟加强海关知识产权保护——2009 年度《欧盟海关知识产权执法报告》公布 [J]. 中国发明与专利，2010（10）：92.

[35] 孙益武，王春晓. 跨境电子商务进口商品知识产权海关监管问题探讨 [J]. 电子知识产权，2016（7）：26－32.

[36] 孙益武. 自主创新扭转知识产权国际贸易逆差 [J]. WTO 经济导刊，2015（8）：88－89.

[37] 孙益武.《欧盟加拿大经济贸易协定》知识产权条款研究 [J]. 电子知识产权，2015（10）：38－45.

[38] 孙益武. WTO 视角下中国（上海）自由贸易试验区知识产权保护问题探析 [J]. 上海对外经贸大学学报，2014（1）：66－77.

［39］孙益武. 自贸区知识产权执法的国际协调［J］. WTO 经济导刊, 2014 (1)：90 – 92.

［40］孙益武. 美国对外贸易区知识产权执法制度研究［J］. 首都经济贸易大学学报, 2014 (2)：44 – 50.

［41］孙益武. 自由贸易区过境货物的商标侵权［J］. 中华商标, 2014, (3)：59 – 63.

［42］孙益武. 论知识产权的国际协调与海关保护［J］. 上海海关学院学报, 2011 (3)：64 – 70.

［43］孙海龙, 姚建军. 贴牌加工中的商标问题研究［J］. 知识产权, 2010 (5)：77 – 82.

［44］邵铁民. 试论海关特殊监管区域的若干问题［J］. 商场现代化, 2009 (29)：88 – 89.

［45］万鄂湘, 陈建德. 欧盟知识产权保护与货物自由流动原则［J］. 法学评论, 2000 (2)：4 – 12.

［46］王迁. 上海自贸区转运货物的知识产权边境执法问题研究［J］. 东方法学, 2015 (4)：37 – 46.

［47］王宏军. 自贸区知识产权保护的"立法"平衡——从天津自贸区切入［J］. 人民论坛, 2015, (26)：110 – 111.

［48］王崇敏, 王然. 论自贸区知识产权争议的仲裁解决机制［J］. 河南财经政法大学学报, 2016, 31 (4)：99 – 104.

［49］王淑敏. "一带一路"的贸易便利化与海关知识产权保护的互动［J］. 社会科学辑刊, 2017 (2)：85 – 89.

［50］王春蕊. 欧盟发布"过境货物知识产权海关执法指南"［J］. 中国海关, 2012 (6)：42 – 43.

［51］王春燕. 论知识产权地域性与知识产权国际保护［J］. 中国人民大学学报, 1996 (3)：61 – 65.

［52］王芳, 赵永红. 我国知识产权边境刑事保护探析——以海关与公安机关知识产权执法协作为视角［J］. 知识产权, 2006 (4)：28 – 33.

［53］温芽清, 南振兴. 国际贸易中知识产权壁垒的识别［J］. 国际经贸探索, 2010 (4)：65 – 71.

［54］吴汉东. 知识产权本质的多维度解读［J］. 中国法学, 2006 (5)：97 – 106.

［55］吴敏. 多哈回合谈判下的"贸易便利化议题"及我国的对策［J］. 中国经贸导刊, 2010 (9)：32 – 32.

［56］吴敏. 欧盟贸易便利化制度及其启示［J］. 人民论坛, 2010 (14)：136 – 137.

［57］吴雪燕. 从欧盟国家扣留过境仿制药品看过境货物的知识产权保护［J］. 学术

论坛，2010（6）：84–88.

[58] 徐慧.《反假冒贸易协定》对我国经济贸易的潜在影响分析 [J]. 电子知识产权，2011（8）：56–65.

[59] 薛洁. 走近《反假冒贸易协议》（ACTA）知识产权边境执法部分初探 [J]. 电子知识产权，2012（2）：61–67.

[60] 薛洁. 过境贸易的知识产权保护问题研究——从 ACTA 看转运环节的边境保护措施 [J]. 求索，2012（11）：187–189.

[61] 宋红松，于溯源. 过境货物的知识产权边境执法措施研究 [J]. 知识产权，2012（9）：95–102.

[62] 苏喆，张磊. 上海自贸区知识产权过境保护问题研究 [J]. 天津法学，2016，32（1）：31–36.

[63] 夏勇. 以严格执法促进社会主义法律体系的完善 [J]. 探索与争鸣，2011（9）：14–15.

[64] 许春明，朱令. 中国（上海）自由贸易试验区知识产权保护研究 [J]. 科技与法律，2014（5）：754–777.

[65] 徐昕. 贸易便利化视角下的知识产权边境执法——兼对《反假冒贸易协定》的评论 [J]. 世界贸易组织动态与研究，2012（5）：31–37.

[66] 谢红霞. 论我国的知识产权边境保护法律制度 [J]. 政治与法律，2005（2）：49–54.

[67] 谢凤燕. 美国知识产权海关保护的执法现状及对我国的影响 [J]. 对外经贸实务，2012（1）：24–27.

[68] 杨建锋. 上海自贸区知识产权服务业问题探索 [J]. WTO 经济导刊，2015（8）：86–87.

[69] 杨燃，吴国平. 广东自贸区知识产权保护探析 [J]. 知识产权，2016（5）：95–98，103.

[70] 杨静. 基于内生需求与外向视野的上海自贸区知识产权保护构想 [J]. 电子知识产权，2014（2）：27–33.

[71] 杨静，朱雪忠. 中国自由贸易协定知识产权范本建设研究——以应对 TRIPS-plus 扩张为视角 [J]. 现代法学，2013（2）：149–160.

[72] 杨静. 自由贸易协定中知识产权保护的南北矛盾及其消解 [J]. 知识产权，2011（10）：88–91.

[73] 杨静，朱雪忠. FTA 知识产权保护强度评价体系设计研究与试用 [J]. 科学学研究，2013（6）：85–93.

[74] 杨静，朱雪忠. 欧盟贸易协定知识产权规范：演变，动因与趋势 [J]. 商业研究，2013 (7)：171 – 177.

[75] 晏凌煜，唐春. 中国（上海）自由贸易试验区内涵及其涉及的知识产权保护问题初析 [J]. 电子知识产权，2014 (2)：20 – 26.

[76] 燕秋梅. 国际贸易便利化发展状况及我国的应对措施 [J]. 商业时代，2010 (33)：42 – 43.

[77] 姚新超. 解析欧盟知识产权产品边境保护措施新指令 [J]. 对外经贸实务，2004 (8)：26 – 28.

[78] 易朝蓬. 试论我国大陆与香港知识产权边境保护之异同 [J]. 武汉公安干部学院学报，2004 (1)：43 – 48.

[79] 易玉. 反假冒贸易协议与我国知识产权执法机制改革 [J]. 特区经济，2012 (3)：254 – 257.

[80] 袁真富，郑舒姝，徐洋.《反假冒贸易协定》的主要特点及其现实影响 [J]. 电子知识产权，2011 (8)：20 – 25.

[81] 袁真富，郑舒姝.《反假冒贸易协定》（ACTA）：制度评价及其国际影响 [J]. 国际贸易问题，2012 (7)：164 – 176.

[82] 余敏友，廖丽，褚童. 知识产权边境保护——现状、趋势与对策 [J]. 法学评论，2010 (1)：20 – 28.

[83] 张红. 我国知识产权边境保护范围探析——兼论知识产权货物的平行进口问题 [J]. 政法论坛，2004 (6)：131 – 135.

[84] 张红. 知识产权海关保护的私权性及利益平衡要求 [J]. 政法论坛，2010 (5)：75 – 79.

[85] 张永亮. 欧盟知识产权海关保护条例—Council Regulation (EC) No. 1383 /2003 评析 [J]. 行政与法，2010 (6)：122 – 126.

[86] 张怀印，孔瑶，孙大龙. 欧盟过境货物知识产权保护最新态势——兼评欧洲法院"NOKIA"案和"PHILLIPS"案 [J]. 知识产权，2012 (4)：92 – 96.

[87] 赵世璐. 国内贸易便利化研究现状及展望 [J]. 上海海关学院学报，2011 (3)：83 – 89，94.

[88] 赵学武. 欧盟知识产权边境措施及应对方法 [J]. 电子知识产权，2008 (7)：57 – 61.

[89] 赵杰，满丽娟，张丽. 上海自由贸易试验区知识产权问题探析 [J]. 科技管理研究，2015，35 (23)：151 – 154，174.

[90] 郑成思. 国际知识产权保护和我国面临的挑战 [J]. 法制与社会发展，2006

（6）：3 – 13.

[91] 郑国辉. 上海自贸区知识产权的行政监管体制 [J]. 上海政法学院学报（法治论丛），2016，31（4）：78 – 84.

[92] 张乃根. 论 TRIPS 协议的例外条款 [J]. 浙江社会科学，2006（3）：83 – 88，138.

[93] 周阳. 美国经验视角下我国海关贸易便利化制度的完善 [J]. 国际商务研究，2010（6）：19 – 28.

[94] 张冬，李博. 知识产权私权社会化的立法价值取向 [J]. 知识产权，2012（3）：55 – 58.

[95] 张娜. 论《反假冒贸易协议》对我国的影响 [J]. 国际商务（对外经济贸易大学学报），2012（2）：121 – 128.

[96] 张敏. WTO 框架下欧盟知识产权边境措施适用于过境货物之合法性分析 [J]. 世界贸易组织动态与研究，2013（1）：31 – 44.

[97] 张雪梅. 知识产权海关保护与贸易便利化 [J]. 开放导报，2012（4）：47 – 50.

[98] 周超. 试论《反假冒贸易协议》的达成对我国的影响 [J]. 学术论坛，2012（5）：73 – 76.

[99] 祝建军. 涉外贴牌加工中的商标侵权 [J]. 人民司法，2008（2）：57 – 59.

[100] 朱雪忠，孙益武. 欧盟知识产权海关执法条例的修订及其影响评析 [J]. 知识产权，2014（5）：88 – 93.

[101] 朱雪忠，黄静. 试论我国知识产权行政管理机构的一体化设置 [J]. 科技与法律，2004（3）：82 – 85.

[102] 朱玲. 涉外定牌加工中的商标侵权认定——以法律解释学为视角 [J]. 福建政法管理干部学院学报，2008（1）：59 – 64.

[103] 朱秋沅. 中国自贸区海关法律地位及其知识产权边境保护问题的四点建议 [J]. 电子知识产权，2014（2）：40 – 49.

[104] 朱秋沅译，周阳校. 反假冒贸易协定 [J]. 上海海关学院学报，2011（1）：102 – 110.

[105] 朱秋沅. 论我国知识产权边境保护立法的推进 [J]. 政法论丛，2009（4）：21 – 25.

[106] 朱秋沅. 国际贸易便利化发展进程新特征分析 [J]. 国际商务研究，2011（2）：9 – 17.

[107] 朱秋沅. 欧盟知识产权边境保护制度的国际化战略 [J]. 上海海关学院学报，2011（3）：105 – 114.

[108] 朱秋沅. 知识产权海关保护制度研究二十年发展综述 [J]. 上海海关学院学报，2011（2）：72 – 80.

［109］朱玉荣. 自由贸易的新障碍：知识产权壁垒［J］. 国际经贸探索，2005（3）：
　　　68－71.

［110］左玉茹.《反假冒贸易协定》与欧盟知识产权法比较研究［J］. 电子知识产权，
　　　2011（8）：32－38.

［111］朱颖. 美国知识产权保护制度的发展——以自由贸易协定为拓展知识产权保护
　　　的手段［J］. 知识产权，2006（5）：87－91.

［112］朱一飞. 论知识产权行政执法权的配置模式［J］. 法学杂志，2011（4）：122－124.

［113］只功宕. 完善天津自贸试验区知识产权服务运营机制的建议［J］. 港口经济，
　　　2016（2）：50－51.

二、英文文献

（一）著作

［1］ANTONY TAUBMAN, HANNU WAGER, JAYASHREE WATAL. A handbook on the
　　WTO TRIPS Agreement［M］. Cambridge：Cambridge University Press, 2012.

［2］CATHERINE SEVILLE. EU Intellectual Property Law and Policy［M］. Northampton,
　　MA：Edward Elgar, 2009.

［3］CORREA, CARLOS MARIA. Trade Related Aspects of Intellectual Property Rights：a
　　Commentary on the TRIPS Agreement［M］. Oxford：Oxford University Press, 2007.

［4］CATTIER, THOMAS. Concise International and European IP Law：TRIPS, Paris Con-
　　vention, European Enforcement and Transfer of Technology［M］. Alphen on the Rhine：
　　Kluwer Law International, 2008.

［5］DANIEL GERVAIS. The TRIPS Agreement：Drafting History and Analysis［M］. Lon-
　　don：Sweet and Maxwell, 2012.

［6］FRIEDRICH－KARL BEIER, Gerhard Schricker. From GATT to TRIPS：the Agreement
　　on Trade－Related Aspects of Intellectual Property Rights［M］. Weinheim, New York：
　　VCH, 1996.

［7］LI XUAN, CARLOS CORREA. Intellectual Property Enforcement：International Perspec-
　　tives［M］. Northampton, MA：Edward Elgar, 2009.

［8］O. VRINS, M. SCHNEIDER. Enforcement of Intellectual Property Rights Through Border
　　Measures：Law and Practice in the EU［M］. Oxford：Oxford University Press, 2012.

［9］PEGGY CHAUDHRY, Alan Zimmerman. The Economics of Counterfeit Trade：Govern-
　　ments, Consumers, Pirates and Intellectual Property Rights［M］. New York：Spring-
　　er, 2009.

[10] SUSAN K. SELL. Private Power, Public Law: The Globalization of Intellectual Property Rights [M]. Cambridge: Cambridge University Press, 2003.

(二) 期刊论文

[1] ADITYA GUPTA. Border Enforcement of Intellectual Property Rights in India: Recent Developments [J]. Trade, Law and Development, 2009, 1 (2): 260.

[2] ANA RAMALHO. The European Union and ACTA – or Making Omelettes without Eggs (again) [J]. International Review of Intellectual Property and Competition Law, 2011, 42 (1): 97 – 101.

[3] ANDREW CLARK. The Use of Border Measures to Prevent International Trade in Counterfeit and Pirated Goods: Implementation and Proposed Reform of Council Regulation 3295/94 [J]. European Intellectual Property Review, 1998, 20 (11): 414 – 425.

[4] ANDREW RENS. Collateral Damage: The Impact of ACTA and the Enforcement Agenda on the World's Poorest People [J]. American University International Law Review, 2011, 26 (3): 783 – 810.

[5] ANNA KINGSBURY. Intellectual Property Provisions in Bilateral and Regional Free Trade Agreements: What Should New Zealand Expect from a New Zealand/United States Free Trade Agreement? [J]. New Zealand Business Law Quarterly, 2004 (10): 222.

[6] ANNA – MARIA MOSELEY. European Union: Trade and Service Marks – Counterfeit Goods – Whether Reg. 3295/94 Applies to Goods in Transit between Two Non – E. U. Countries [J]. Entertainment Law Review, 2000, 11 (6): N69 – 70.

[7] BRYAN MERCURIO. Beyond the Text: the Significance of the Anti – Counterfeiting Trade Agreement [J]. Journal of International Economic Law, 2012, 15 (2): 361 – 390.

[8] CORREA, CARLOS MARIA. Harmonization of Intellectual Property Rights in Latin America: is There Still Room for Differentiation? [J]. New York University Journal of International Law and Politics, 1996 (29): 109 – 134.

[9] CHRISTOPHER WADLOW. "Including Trade in Counterfeit Goods": The Origin of TRIPS as A GATT Anti – Counterfeiting Code [J]. Intellectual Property Quarterly, 2007 (3): 350 – 402.

[10] DANIEL LIFSCHITZ. The ACTA Boondoggle: When IP Harmonization Bites off More than It Can Chew [J]. Loyola of Los Angeles International and Comparative Law Review, 2011, 34 (2): 197 – 236.

[11] EDWARD KWAKWA. Reflections On "Development", "Developing Countries" And

The "Progressive Development" Of International Trade And Intellectual Property Law [J]. Denver Journal of International Law and Policy Winter, 2011 Spring, 2012 (40): 221.

[12] FREDERICK M. Abbott. Seizure of Generic Pharmaceuticals in Transit Based on Allegations of Patent Infringement: a Threat to International Trade, Development and Public Welfare [J]. World Intellectual Property Organization Journal, 2009, 1 (1): 43 –50.

[13] GULAY KARAN. Recent Developments in Turkey on Combating Counterfeiting by The Seizure of Counterfeit Goods in Transit or Those Placed in Free Zones as Compared with European Practice [J]. International Review of Intellectual Property and Competition Law, 2006, 37 (6): 670 –683.

[14] HENNING GROSSE RUSE KHAN. A Trade Agreement Creating Barriers to International Trade? ACTA Border Measures and Goods in Transit [J]. American University International Law Review, 2011 (26): 645 –726.

[15] HENNING GROSSE RUSE – KHAN, THOMAS JAEGER, ROBERT KORDIE. The Role of Atypical Acts in EU External Trade and Intellectual Property [J]. European Journal of International Law, 2010 (21): 901 –940.

[16] HENNING GROSSE RUSE – KHAN, THOMAS JAEGER. Policing Patents Worldwide? EC Border Measures Against Transiting Generic Drugs under EC and WTO Intellectual Property Regimes [J]. International Review of Intellectual Property and Competition Law, 2009, 40 (5): 502 –538.

[17] JAEGER, THOMAS. Juxtaposed to ACTA or More of the Same? A Look at IP Enforcement under the EU's Economic Partnership Agreements [J]. European Foreign Affairs Review, 2012 (17): 411 –450.

[18] J. H. REICHMAN. Beyond The Historical Lines of Demarcation: Competition Law, Intellectual Property Rights, and International Trade After The GATT's Uruguay Round [J]. Brooklyn Journal of International Law, 1993 (20): 75.

[19] KIMBERLEE WEATHERALL. Three Lessons from ACTA and its Political Aftermath [J]. Suffolk Transnational Law Review, 2012 (35): 575 –604.

[20] KENNETH L. PORT. A Case against the ACTA [J]. Cardozo Law Review, 2012 (33): 1131 –1184.

[21] KENNETH CHIU. Harmonizing Intellectual Property Law between the United States and Singapore: the United States—Singapore Free Trade Agreement's Impact on Singapore's Intellectual Property Law [J]. Transnational Lawyer, 2005 (18): 489.

［22］LAURENCE HELFER. Regime Shifting: The TRIPS Agreement and New Dynamics of International Intellectual Property Law Making ［J］. Yale Journal of International Law, 2004 (29): 1 – 84.

［23］LEROY J. PELICCI, JR. China and the Anti – Counterfeiting Trade Agreement – ACTA Faith, or ACTA Futility?: An Exposition of Intellectual Property Enforcement in the Age of Shanzhai ［J］. Penn State Journal of Law & International Affairs, April, 2012 (1): 121.

［24］LEWIS E. LEIBOWITZ, TERESA M. POLINO, MELANIE A. FRANK. WTO Negotiations on Trade Facilitation: Prospects for Cutting Red Tape at the Borders and Opening Doors for Developing Countries ［J］. International Trade Law & Regulation, 2007, Int. T. L. R. 2007, 13 (1): 4 – 15.

［25］LOUISE BLAKENEY, MICHAEL BLAKENEY. Counterfeiting and Piracy – Removing the Incentives through Confiscation ［J］. European Intellectual Property Review, 2008, 30 (9): 348 – 356.

［26］MARGOT E. KAMINSKI. The U. S. Trade Representative's Democracy Problem: The Anti – Counterfeiting Trade Agreement (ACTA) as a Juncture for International Lawmaking in the United States ［J］. Suffolk Transnational Law Review, 2012 (35): 519 – 552.

［27］MARGOT KAMINSKI. The Origins and Potential Impact of the Anti – Counterfeiting Trade Agreement (ACTA) ［J］. Yale Journal of International Law, 2009 (34): 247 – 256.

［28］MATTHEW A. MARCUCCI. Navigating Unfamiliar Terrain: Reconciling Conflicting Impressions of China's Intellectual Property Regime in an Effort to Aid Foreign Right Holders ［J］. Fordham Intellectual Property, Media and Entertainment Law Journal, Summer 2013 (23): 1395.

［29］MICHAEL BLAKENEY, LOUISE BLAKENEY. Stealth Legislation? Negotiating the Anti – Counterfeiting Trade Agreement (ACTA) ［J］. International Trade Law and Regulation, 2010, 16 (4): 87 – 95.

［30］MÔNICA STEFFEN GUISE ROSINA, LEA SHAVER. Why Are Generic Drugs Being Held Up in Transit? Intellectual Property Rights, International Trade, and the Right to Health in Brazil and Beyond ［J］. Journal of Law, Medicine and Ethics, 2012 (4): 197.

［31］NATALIE P. STOIANOFF. The Influence of the WTO over China's Intellectual Property Regime ［J］. Sydney Law Review, March, 2012 (34): 65.

［32］NATHAN SNYDER. Putting Numbers to Feelings: Intellectual Property Rights Enforcement in China's Courts——Evidence from Zhejiang Province Trademark Infringement Cases 2004—2009 [J]. Northwestern Journal of Technology & Intellectual Property, April 2012 (10): 349.

[33] OLIVIER VRINS. The Real Story of a Fiction: Transit after Montex under Regulation (EC) 1383/2003 [J]. Journal of Intellectual Property Law & Practice, 2010 (5): 358 – 371.

[34] OLIVIER VRINS. The European Commission's Proposal for A Regulation Concerning Customs Enforcement of IP Rights [J]. Journal of Intellectual Property Law and Practice, 2011 (6): 774 – 805.

[35] PETER DRAHOS. Secure the Future of Intellectual Property: Intellectual Property Owners and Their Nodally Coordinated Enforcement Pyramid [J]. Case Western Reserve Journal of International law, 2004 (36): 53 – 77.

[36] PETER K. YU. Currents and Crosscurrents in the International Intellectual Property Regime [J]. Loyola of Los Angeles Law Review, 2004 (38): 323 – 443.

[37] PETER K. YU. The International Enclosure Movement [J]. Indiana Law Journal, 2007 (82): 827 – 907.

[38] PETER K. YU. ACTA and Its Complex Politics [J]. World Intellectual Property Organization Journal, 2011, 3 (1): 1 – 16.

[39] RACHEL BREWSTER. The Surprising Benefits to Developing Countries of Linking International Trade and Intellectual Property [J]. Chicago Journal of International Law, Summer, 2011 (12): 1.

[40] SHASHANK P. KUMAR. Border Enforcement of Intellectual Property Rights against In – Transit Generic Pharmaceuticals: an Analysis of Character and Consistency [J]. European Intellectual Property Review, 2010, 32 (10): 506 – 519.

[41] SHASHANK P. KUMAR. European Border Measures and Trade in Generic Pharmaceuticals: Issues of TRIPS, Doha Declaration and Public Health [J]. International Trade Law and Regulation, 2009, 15 (6): 176 – 184.

[42] SIMENG HAN. Chinese Use of Administrative Proceedings to Enforce Intellectual Property Rights: Evaluating and Improving ADR in China [J]. Cardozo Journal of Conflict Resolution, 2012 (14): 195.

[43] STEPHANIE HUTCHINSON. In Transition——When Should In – Transit Goods be Seized for Intellectual Property Infringement in the European Union? [J]. European Intellectual Property Review, 2010, 32 (12): 614 – 621.

［44］ SUSAN K. SELL. TRIPS Was Never Enough: Vertical Forum Shifting, FTAS, ACTA, and TPP ［J］. Journal of Intellectual Property Law, 2011 (18): 447 – 478.

［45］ SHERZOD SHADIKHODJAEV. International Regulation of Free Zones: An Analysis of Multilateral Customs and Trade Rules ［J］. World Trade Review, 2011, 10 (2): 189 – 216.

［46］ SYED SAIFUDDIN HOSSAIN. Border Enforcement of IPR Laws in Australia ［J］. Global Trade and Customs Journal, 2009 (4): 1.

［47］ TIMOTHY P. TRAINER. Intellectual Property Enforcement: A Reality Gap (Insufficient Assistance, Ineffective Implementation)? ［J］. John Marshall Review of Intellectual Property Law, 2008 (8): 47 – 79.

［48］ XUAN LI. The Agreement on Trade – Related Aspects of Intellectual Rights flexibilities on intellectual property enforcement: the World Trade Organization Panel interpretation of China – Intellectual Property Enforcement of Criminal Measures and its Implications ［J］. Journal of World Intellectual Property, 2010, 13 (5): 639 – 659.

［49］ ZHANG NAIGEN. Goods in Transit: Enforcement of IP Rights by Customs Officers ［J］. Asia Pacific Law Review, 2012 (20): 257 – 275.

［50］ YIWU SUN. Customs Agency Enforcement of IPRs in an FTZ ［J］. Global Trade and Customs Journal, 2015, 10 (5): 181 – 188.

(三) 学位论文

［1］ GUSTAFÅKESSON. Counterfeit Goods in Transit ［D］. Faculty of Law Lund University, Supervisor Xavier Groussot, European Law/IP – law, Spring 2010.

(四) 案例

［1］ Joined Cases C – 446/09 and C – 495/09 Opinion of Advocate General Cruz Villalón delivered on 3 February 2011 (1), Joined Cases C – 446/09 and C – 495/09 European Court Reports 2011.

［2］ Nokia Corporation v. Her Majesty's Commissioners of Revenue & Customs (HMRC) ［2009］ EWHC 1903 (Ch) (United Kingdom).

［3］ Eli Lilly & Co v. 8PM Chemist Ltd ［2008］ EWCA Civ 24 ［2008］ F. S. R. 12 (2008) 100 B. M. L. R. 53 (2008) 31 (4) I. P. D. 31023 Official Transcript (United Kingdom).

［4］ Sisvel v. Sosecal, case number/roll number 311378 / KG ZA 08 – 617; Judgment in preliminary relief proceedings of 18 July 2008 (Netherlands).

[5] Montex Holdings Ltd v. Diesel SpA. EU: Case C – 281/05 European Court Reports 2006 page I – 10881.

[6] Class International BV v. Colgate – Palmolive Company and Others. EU: Case C – 405/03 European Court Reports 2005 page I – 08735.

[7] Philips, v. Furness, Mega Data, Princo Germany, and Princo Switzerland; Docket Number 02/2947, Date of Judgment: July 13, 2005. (Netherlands).

[8] Philips, v. Postech c. s. , Supreme Court 19 March 2004 (Netherlands).

[9] A. T. Cross, Co. v. Sunil Trading Corp. , 467 F. Supp. 47 (S. D. N. Y. 1979) (United States).

[10] Reebok International LTD v. American Sales Corp. , 1989 WL 418625 (C. D. Cal.) (United States).

[11] WTO DS408, European Union and a Member State—Seizure of Generic Drugs in Transit Request for Consultations by India WT/DS408/1 G/L/921 IP/D/28, 19 May 2010.

[12] WTO DS409, European Union and a Member State—Seizure of Generic Drugs in Transit Request for Consultations by Brazil WT/DS409/1 IP/D/29 G/L/922, 19 May 2010.

[13] WTO DS366 Colombia Indicative Prices and Restrictions on Ports of Entry, WT/DS366/R, 27 April 2009.

(五) 研究报告

[1] APEC Policy Support Unit. The Mutual Usefulness between APEC and TPP [R]. APEC, 2011.

[2] The European Union Chamber of Commerce in China. Dan Prud'homme. Dulling the Cutting – Edge: How Patent Related Policies and Practices Hamper Innovation in China [R]. August 2012.

[3] International Chamber of Commerce. BASCAP report, Controlling the Zone: Balancing facilitation and control to combat illicit trade in the world's Free Trade Zones [R]. May 2013.

[4] U. S. Economics and Statistics Administration, the United States Patent and Trademark Office. Intellectual Property and the U. S. Economy: Industries in Focus [R]. March 2012.

[5] U. S. Administration's White Paper on Intellectual Property Enforcement Legislative Recommendations [R]. March 2011.

[6] United Nations. Free Trade Zone and Port Hinterland Development [R]. 2005.

中国自由贸易试验区知识产权保护制度研究

（六）条约和条例（含决议文件）

[1] Anti – Counterfeit Trade Agreement, 2011.

[2] EU European Commission. Guidelines of the European Commission concerning the enforcement by EU customs authorities of intellectual property rights with regard to goods, in particular medicines, in transit through the EU, 2012.

[3] EU Council Resolution on the EU Customs Action Plan to combat IPR infringements for the years 2013 to 2017 (2013/C 80/01).

[4] EU Commission Regulation (EC) No 450/2008 of the European Parliament and of the Council of 23 April 2008 laying down the Community Customs Code (Modernised Customs Code), 2008.

[5] EU Commission Regulation (EU) No 608/2013 of 12 June 2013.

[6] EU Commission Regulation (EC) No 1172/2007 of 5 October 2007.

[7] EU Commission Regulation (EC) No 1891/2004 of 21 October 2004.

[8] EU Council Regulation (EC) No 1383/2003 of 22 July 2003.

[9] EU Council Regulation (EC) No 241/1999 of 25 January 1999.

[10] EU Council Regulation (EC) No 3295/94 of 22 December 1994.

[11] EU Council Regulation (EEC) No 2913/92 of 12 October 1992.

[12] EU Council Regulation (EEC) No 3842/86.

[13] ITO Charter (Draft), 1947.

[14] The Transpacific Partnership (TPP) Agreement, 2015.

[15] UN Convention and Statute on Freedom of Transit, 1921.

[16] UN Convention on Transit Trade of Land – Locked States, 1965.

[17] UN International Convention on the Harmonization of Frontier Control of Goods, 1982.

[18] WCO Model for National Legislation to Give the Customs Power to Implement the TRIPS, 2001.

[19] WCO Model for National Legislation to Give the Customs Power to Implement the TRIPS, 1988.

[20] WCO Standards to be Employed by Customs for Uniform Rights Enforcement (SECURE), 2007.

[21] WIPO Advisory Committee on Enforcement. A Review of Statistical Information on Counterfeiting and Piracy, 2011.

[22] WIPO Advisory Committee on Enforcement. The Contribution of, and Costs to, Right Holders in Enforcement, Taking into Account Recommendation 45 of the WIPO Devel-

· 356 ·

opment Agenda, 2009.

[23] WTO Article V of GATT 1994 Scope and Application, TN/TF/W/2, 12 January 2005.

[24] WTO Doha Work Programme Decision Adopted by the General Council on 1 August 2004, WT/L/579, 2 August 2004.

[25] WTO GATT 1947/1994.

[26] WTO GATT Art. V On the Freedom of Transit: Document TN/TF/W/79 Issued by the WTO on 15 February 06 an International Road Transport Union (IRU) Analysis.

[27] WTO Singapore Ministerial Declaration Adopted on 13 December 1996 WT/MIN (96) /Dec.

[28] WTO Trade Facilitation Agreement, 2013.

[29] WTO TRIPS, 1995.

后　记

　　我对知识产权法的关注可追溯至 2004 年 9 月,那时,我刚到复旦大学法学院攻读研究生,并有幸参加了复旦—飞利浦知识产权教席项目,此后,博士、博士后研究聚焦到知识产权执法议题。对于自由贸易区知识产权问题的深入研究要追溯到 2013 年上海自贸试验区成立之前,也是源于我对国际贸易相关知识产权、知识产权海关执法等问题的兴趣。

　　国内对自由贸易试验区的关注还是更多地把它看作一种优惠政策,一种新型的"经济技术开发区"或"综合保税区"。因此,地方政府都在积极谋求申报自由贸易试验区。从积极的角度来看,这种努力尝试是值得肯定的,促进贸易自由和便利是大势所趋;如果消极地看,这种中央特许的"政策福利"能在多大程度上促进当地经济和社会发展? 审批先后是否会造成地区发展的差异和不平衡? 总之,自由贸易试验区的国家立法应当提上议程,否则,自由贸易试验区的申请和退出机制就不透明,自由贸易试验区的评估和评价机制就不健全;自由贸易试验区建设可能会成为新的一轮轰轰烈烈的政绩工程。相较于投资、贸易和金融规则,知识产权议题只是自由贸易试验区中的一个小众议题,但如果知识产权保护和执法规则确实能够借助自由贸易试验区的东风,在体制和机制等方面有所突破和完善,并为全国层面的知识产权工作提供可复制的经验,那么也是一件两全其美的事情。希望本书的出版能为这个领域的研究起到一点带动或推动作用。

　　本书出版得到杭州师范大学科研启动基金的支持,杭州市社科优秀青年人才培育计划以及自己主持或承担的相关研究课题为写作积累了研究素材,内容写作受益于复旦大学法学院、同济大学知识产权学院、杭州师范大学沈钧儒法学院各位师长的教诲。特别感谢复旦大学法学院张乃根教授、同济大学上海国际知识产权学院朱雪忠教授和远在比利时的 Alexia

Herwig 教授对我的指导和帮助,感谢妻子、家人、朋友和同事的支持!感谢女儿,她让我为业绩不佳找到一个冠冕堂皇的借口,但我要继续努力让她为我感到骄傲。

如果严格要求,本书的出版可能还须时日来打磨完成,因为书中还有很多值得完善和提高的地方。因此,不曾想过、也不敢找业内专家或导师为本书作序,因为愧对师长们对我的要求和期望。不管怎么说,希望以此书为起点,希望自己以后多出一些高质量的作品。

孙益武

2017 年 8 月 15 日

杭州师范大学仓前校区恕园